RESEARCH O
THE LEGAL STATUS OF DERIV
IN COPYRIGHT LAW

衍生作品著作权法中法律地位问题研究

法律、现实及对策

殷源源◎著

中国法制出版社
CHINA LEGAL PUBLISHING HOUSE

序　言

自二十世纪以来，影视剧作、通俗文学兴旺发达，文化产业从业人士为社会大众提供了丰富的文化产品。二十世纪九十年代，互联网的高度发展让文化产品的传播速度更快、覆盖范围更广，更是让原本联络手段有限、天各一方的文化产品受众群体对作品共同欣赏、共同评论研讨的门槛大为降低，也刺激了作为非文化从业人士的读者的创作欲望。文化产品受众已不仅仅是被动的消费者，而是成为使用者与主动参与者、创作者。在上述主动参与者、创作者的努力下，大量的衍生作品开始涌现，已经成为不可忽视的社会文化现象。

衍生作品极大丰盛，也引起了原作著作权人、衍生作品创作人与社会公众的关注和争议。这些争议反映了原作著作权人与衍生作品创作人的立场冲突，以及不同群体之间的利益纠葛。更重要的是，它改变了著作权法原有的权力结构，让“用户利益”正式出现在著作权制度的历史舞台之上，成为权力结构的一极。因此，本书所重点探讨的问题，即为了帮助作者、文化产业与用户达至利益的均衡，如何通过法律之外与法律之内的制度方式来进一步加强衍生作品的合法性。

在导论之外，本书共分为三篇。第一篇包括两章。第一章首先确定了本书研究的衍生作品范围为衍生文字作品及衍生视听作品，其原因是上述两种类型的作品较为习见，创作门槛相对较低，与原作表达元素联系也相对紧密，具备较强的代表性。在第二章中，本书通过对我国著作权法相应规定与司法判例进行分析，认为衍生作品较易落入我国著作权法相关经济权利与人身权利的范围，并分析了造成该等情况的共性原因与个性原因。

第二篇则侧重于讨论衍生作品合法化的必要性。该篇从历史和社会原因角度进行分析，认为衍生作品极大丰富的原因，在于它是文化层累传统的再生，以及反映了深植于人们心底的表达与交流需要。之后该篇从成本收益角度进行分析，认为权利人直接对抗衍生作品及其创作者的动力并不充足，衍生作品规模巨大的现状，也是权利人与用户之间权力斗争趋于动态平衡的结果。在对衍

第三篇　各方利益协调之路径

导 论

一、背景及问题的提出

（一）衍生作品：一种社会文化现象

自二十世纪以来，影视剧作、通俗文学兴旺发达，文化产业从业人士为社会大众提供了丰富的文化产品。二十世纪九十年代，互联网的高度发展让文化产品的传播速度更快、覆盖范围也更广。互联网让原本联络手段有限、天各一方的文化产品受众群体对作品共同欣赏、共同评论研讨的门槛大为降低，同时也刺激了作为非文化从业人士的读者的创作欲望；文化产品受众已不仅仅是被动的消费者，而是在一定程度上成为使用者与主动参与者、创作者。① 在上述主动参与者、创作者的努力下，大量的衍生作品开始涌现；本书所重点讨论的衍生作品，即指这种用户借用现有作品的部分表达元素独立创作而成的新作品。

衍生作品的数量之多、影响之广，从以发表、分享衍生作品为主要目的或附带内容的网络传播平台即可见一斑。以国内知名的“晋江文学城”网站为例，截至2018年10月，其自称“注册作者数逾160万，平均日更新字数超过3600万，网站累计发布字数超过685亿……注册用户数已超2800万，日平均在线时间长达94.19分钟”②。该网站首页即设有“衍生小说”栏目，衍生小说数量超过400万篇。③

① 关于消费者和使用者的相关论述，可参见 Tianxiang He，Copyright and Fan Productivity in China：A Cross-jurisdictional Perspective（Singapore：Springer，2017）中“Prosumer Versus Consumer”具体章节。另可参见 Jane C. Ginsburg，Authors and Users in Copyright，45 J. Copyright Soc'y U. S. A. 1（1997）；Yochai Benkler，From Consumers to Users：Shifting the Deeper Structures of Regulation toward Sustainable Commons and User Access，52 Fed. Comm. L. J. 561（2000）；Julie E. Cohen，The Place of the User in Copyright Law，74 Fordham L. Rev. 347（2005）。

② 见晋江文学城“关于我们”栏目，http：//www. jjwxc. net/aboutus/，最后访问日期：2018年10月23日。

③ 晋江文学城专门设有“衍生小说”栏目，在网站设定的作品分类搜索栏中，将作品根据“原创性”分为“原创”与“衍生”两种；选择“衍生”进行搜索，可显示3957页，每页100篇作品。该数量在未来仍会增加。见 http：//www. jjwxc. net，最后访问日期：2018年10月23日。

由此可见，衍生作品已经成为一种极具影响力的社会与文化现象。

（二）社会影响：立场冲突与利益纠葛

1. 立场的冲突

衍生作品的蓬勃发展，很自然地引发了原作著作权所有人与衍生作品创作者的立场冲突。在中文文字作品中，被称为“同人小说第一案”的“金某诉江某案”即凸显了双方之间的矛盾：[①]

江某（本名杨某）于2000年在网络平台开始发表《此间的少年》，于2002年经由西北大学出版社出版，此后多次再版，有“迄今共5个版本，110万册”之宣传。[②]《此间的少年》以虚构的“汴京大学”为背景，使用了金某（本名查某镛）小说中多位耳熟能详的人物（如郭靖、黄蓉、杨康、穆念慈、黄药师、欧阳锋、令狐冲等人）及某些特定人物之间的关系，刻画了一段精彩的大学校园生活故事。金某对于衍生作品一向持反对态度，其于2004年12月30日在新浪第二届华语原创文学大奖赛接受采访时称：“网上拿我小说的人物去发展自己再写一部小说，我觉得盗用我的版权是完全不可以的，……侵犯我版权的，只是暂时我不追究，……要真理你的话，你已经犯法了。”[③] 2016年，金某起诉称，“杨某创作的《此间的少年》未经查某镛许可，照搬金某作品中的经典人物，包括人物名称、人物关系、性格特征等，在不同环境下量身定做与金某作品相似的情节，对金某作品进行改编后不标明改编来源，擅自篡改金某作品人物形象，严重侵害了查某镛的改编权、署名权、保护作品完整权及应当由著作权人享有的其他权利”[④]。杨某则辩称，“《此间的少年》与查某镛的武侠小说存在根本区别，也未使用金某作品中具有独创性的表达部分，不构成实质性相似，没有侵犯查某镛的改编权；《此间的少年》既不是查某镛自己的作品，也不是基于金某作品的演绎作品，未侵犯查某镛的署名权，《此间的少年》并不涉及

---

① 见查某镛诉杨某著作权侵权及不正当竞争纠纷案，广东省广州市天河区人民法院（2016）粤0106民初12068号民事判决书；新闻报道及社会舆论中多称该案为“金某诉江某案”“《此间的少年》案”。

② 见广东省广州市天河区人民法院2018年8月16日微信公众号文章《金某诉江某著作权及不正当竞争纠纷案一审宣判》，https：//mp. weixin. qq. com/s/bDerKJq5Kf2vpSDok7XWsw，最后访问日期：2018年11月7日。

③ 参见查某镛诉杨某著作权侵权及不正当竞争纠纷案，广东省广州市天河区人民法院（2016）粤0106民初12068号民事判决书。

④ 参见广东省广州市天河区人民法院2018年8月16日微信公众号文章《金某诉江某著作权及不正当竞争纠纷案一审宣判》，https：//mp. weixin. qq. com/s/bDerKJq5Kf2vpSDok7XWsw，最后访问日期：2018年11月7日。

针对金某作品本身的改动，未侵犯查某镛的保护作品完整权；杨某在《此间的少年》中对金某作品要素的使用属合理使用；查某镛另主张角色商业化使用权缺乏依据”[①]。

而早在“金某诉江某案”之前，“一个馒头引发的血案”视频也曾在网络引起轩然大波。胡某将电影《无极》与其他电视节目中的片段场景进行混剪，形成新的“恶搞”视频；胡某自己亦不认为该作品侵犯了《无极》的著作权，但《无极》导演陈某歌对该视频深表不满，并表示要起诉胡某。

上文所述的立场冲突现象是世界性的，它不仅见于中文世界，亦早已见于世界其他国家：已故美国作家玛莉恩·辛莫·布拉德蕾（Marion Zimmer Bradley）是著名魔幻小说《阿瓦隆迷雾》与科幻小说《黑暗之极》（Darkover）系列的作者，她曾将自己的作品中创造的世界比喻成小孩子邀请玩伴一起游玩的游乐场，欢迎、鼓励读者们创作《黑暗之极》系列的同人小说；在她的允许下，《黑暗之极》的同人小说杂志得以商业性出版。[②] 但是当她创作新小说《禁运品》（Contraband）的时候，却被认为该小说和一位同人作者 Jean Lamb 创作的、已经发表在同人杂志上的小说《面具》有相似之处；出版社拒绝发表这一作品。[③] 双方意见未能达成一致，其后布拉德蕾即不再持有她之前的鼓励性态度，而是发布了《〈黑暗之极〉的禁止性指南》，声明任何人写作的《黑暗之极》故事，或者使用布拉德蕾笔下的世界、人物，均侵犯了她享有的版权。遗憾的是，她新作的版权问题并未顺利解决，直到最后也未能出版。[④]

值得注意的是，随着衍生作品的蓬勃发展，同人创作者们也建立了自己的组织，以为衍生作品及其创作者争取权益：根据 Organization of Transformative Works（OTW 再创作组织）网页自述，其“是一个非营利性组织，由同人爱好者建立，通过推广和保护各种形式的同人作品和同人文化以服务于同人爱好者

---

① 参见广东省广州市天河区人民法院 2018 年 8 月 16 日微信公众号文章《金某诉江某著作权及不正当竞争纠纷案一审宣判》，https：//mp. weixin. qq. com/s/bDerKJq5Kf2vpSDok7XWsw，最后访问日期：2018 年 11 月 7 日。

② See Aaron Schwabach，Fan Fiction and Copyright：Outsider Works and Intellectual Property Protection（Farnham，Surrey：Ashgate，2011），110-111.

③ Ibid，112-113.

④ See Aaron Schwabach，Fan Fiction and Copyright：Outsider Works and Intellectual Property Protection（Farnham，Surrey：Ashgate，2011），112-113；该指南原名为 Darkover Non-Guidelines，其全文亦可见 http：//darkover. apiacoa. org/guide/short-stories/non-guidelines. en. html，最后访问日期：2018 年 11 月 7 日。

年》发表后，接连出版多部极其畅销的玄幻小说，[①] 据报道，其至少于2013年、2016年成为我国作家版税收入中的榜首人物。[②] 以某网站为例，其创始人之一 Naomi Novik 曾创作了大量的衍生作品，同时她也是玄幻小说系列 Temeraire（《战龙无畏》）的作者，其创作的 Uprooted（《无根之木》）[③] 亦获得2015年星云奖最佳小说，据报道该作品的影视改编权已售出，可以说是与主流文化已产生了紧密联系与利益融合。[④]

结合以上现象，我们可得出初步结论：在互联网时代，衍生作品海量产生、文化产品极大丰富的同时，也导致了原作著作权人与衍生作品创作人的立场冲突，以及不同群体之间的利益纠葛。

3. 著作权法与衍生作品：问题的提出

从国际公约和国内立法层面而言，著作权法的历史，也正是著作权具体权能范围及权利项目不断扩大的历史。版权法初始阶段，版权仅指复制与禁止未经许可复制特定作品（限于文字作品）的权利，[⑤] 并未包括作者控制演绎作品的权利。[⑥] 十九世纪中期以来，随着出版业、戏剧产业和广播影视产业的发展，著作权由复制原作的权利逐渐扩张至缩写、翻译、改编等演绎权，司法实践中亦以“实质性相似”标准对著作权的保护加以扩大，即将整体甚至部分表达形式上存在“实质性相似”的、并非逐字逐句复制地挪用纳入版权保护范围。[⑦] 以上述标准，文字作品的著作权可能扩大至人物、情节、场景设定等表达元素，

---

① 江某所作畅销作品包括但不限于：《九州缥缈录》系列（人民文学出版社2015年版）、《龙族》系列（长江出版社2010年版）、《上海堡垒》（长江出版社2016年版）等。

② 见新浪网，http：//book. sina. com. cn/news/a/2016-03-22/1025796953. shtml，最后访问日期：2018年12月23日。

③ Naomi Novik，Uprooted（New York：Del Rey，2015）。中文译本为：［美］娜奥米·诺维克：《无根之木》，雒城译，天地出版社2017年版。

④ 其获奖信息参见星云奖官方网站，https：//nebulas. sfwa. org/nominees/naomi-novik/。该小说据报道已由华纳兄弟公司竞得影视改编权利，见 https：//www. hollywoodreporter. com/heat-vision/ellen-degeneres-produce-adaptation-naomi-800931。该小说在某网站上亦拥有近百篇同人小说作品。

⑤ See Paul Goldstein，Copyright's Highway：From Gutenberg to the Celestial Jukebox（Stanford：Stanford University Press，2003），1.

⑥ 安妮法案仅赋予作者14年内印刷、重印、出售其作品的权利。

⑦ 如二十世纪三十年代以来，美国司法中以 Arnstein v. Porter，154 f. 2d 464（2d cir. 1946）、Nichols v. Universal Pictures Corporation，45 F. 2d 119（2d Cir. 1930）、Sid & Marty Krofft Television Productions，Inc. v. McDonald's Corp.，562 F. 2d 1157（9th Cir. 1977）等数个案例逐渐建立“实质性相似”的标准，英国版权法也在“关于电影或广播的复制”条款中引入了“实质性部分”的概念，见 Copyright，Designs，and Patents Act，1988，c. 48，§17（4）（U. K.）。

音乐作品的著作权可能扩大至某几个音调的组合。[①] 有学者将之形象地称为“迷你著作权与定义不清的‘实质性相似’”标准。[②] 而包括小说、视频在内的广大衍生作品因挪用了原作的人物、情节、设定或静态、动态画面等表达方式等，则均有可能落入这些“迷你著作权”的范围；权利人也会采取种种措施，对创作衍生作品的个人或网站传播平台加以阻吓，[③] 或通过其影响力对国际条约与国内立法作出有利于己的规定。[④]

在我国，制定于1990年的《著作权法》已于2001年、2010年、2020年历经三次修订。通过历次修订，《著作权法》扩张了权利人的专有权利范围，[⑤] 规定了封闭列举式权利限制与“三步检验法”条款，[⑥] 从而加强了对著作权人的保护；同时，司法实践中对于侵犯专有权利及著作权限制的认定标准也不尽一致。因此，尽管目前有个别司法案例对于衍生作品作出相对有利的判决，但大量衍生作品仍是位于原作的专有权利范围之内，其合法性相当不确定。基于衍生作品的产生有其社会文化原因，其数量相当庞大、影响人群也较广，因此将其置于不确定的法律地位，将对诸多人的利益与生活方式产生影响；从长远而言，也并不利于创作者的成长、作品的传播与文化产品的繁荣。因此，本书所探讨的问题即为著作权制度能否回应，以及以何种方式、在何等程度上协调这

---

① See Hannibal Travis, Copyright Class Struggle: Creative Economics in a Social Media Age (Cambridge [UK]), New York: Cambridge University Press, 2018, 104-105.

② Ibid, 102.

③ Ibid, 106.

④ 欧盟《数字化单一市场版权指令》(Directive on Copyright in the Digital Singles Market) 的制定充分反映了这一点。在音乐、影视产业及出版商的大力呼吁下，2019年3月26日欧盟议会通过的《数字化单一市场版权指令》第十七条为互联网服务提供者增设了事先获得授权、版权内容过滤审查等义务，旨在加强对版权权利人利益的保护，重塑其与互联网传播平台之间的权利义务关系。如互联网传播平台不得不加强版权相关内容审核，衍生作品的创作与传播也会受到极大影响。见 P8_TC1-COD (2016) 0280, Article 17, http://www.europarl.europa.eu/sides/getDoc.do?pubRef=-//EP//TEXT+TA+P8-TA-2019-0231+0+DOC+XML+V0//EN。

⑤ 如1991年6月1日起施行的《著作权法实施条例》第五条第（八）项规定，“改编，指在原有作品的基础上，通过改变作品的表现形式或者用途，创作出具有独创性的新作品”。2001年《著作权法》经历第一次修改，其中增加的第十条第一款第（十四）项规定改编权为“改变作品，创作出具有独创性的新作品的权利”，废止了上述条款。有评论认为，“改编权对于作品形式的改变已经不再作要求，这使得改编权具有更大的弹性空间，不仅可以涵盖超越媒介形式的改变，也包括同一媒介形式的内部改变。这种立法上的改变实际上是扩展了改编权的权利范围，增加了著作权人对改编权控制的范围，加强了对著作权人的保护力度”。见张玲玲、张传磊：《改编权相关问题及其侵权判定方法》，载《知识产权》2015年第8期。

⑥ 见2001年修订的《著作权法》第二十二条、2002年修订的《著作权法实施条例》第二十一条及2020年修订《著作权法》第二十四条。

种冲突，如何更好地帮助各方利益主体达致利益的基本均衡；具体来说，亦即通过分析衍生作品在我国《著作权法》框架下合法性的不确定及其成因，并通过梳理衍生作品的发展历史和社会文化背景，明确衍生作品合法化的意义并得出相应的各方利益协调方案。

二、文献综述

（一）英文文献

衍生作品几乎均是由文化产品的读者、用户创作而成，因此首先需要考察对于用户群体（粉丝文化）的社会文献研究。二十世纪七十年代以来，英文文献已有相关媒体文化研究，之后学术界也一直对此处于持续关注状态。① 现有文献是在之前研究的基础上，结合了文本分析、女性主义、女性身份认同及心理、粉丝群体内部关系等角度，以综合方式对粉丝文化的方方面面进行分析，其重点也从早期研究忠实用户（粉丝）对媒体文化的颠覆、抗拒，转向侧重于研究粉丝群体日常生活与媒体文化的交融、互动关系。② 粉丝文化研究的著名学者亨利·詹金斯（Henry Jenkins）在近作中即指出，粉丝对于原作的推广、

① 整体来说，粉丝文化研究可分为三个阶段。（1）二十世纪七十年代至八十年代：该阶段的研究重点从文本、作者转变为流行文化及其受众。（2）二十世纪九十年代；该阶段的研究主要系从媒体、人类学及心理学等不同路径对粉丝文化进行研究，并涌现了一批重要的研究成果：如 Henry Jenkins，Textual Poachers：Television Fans and Participatory Culture（New York：Routledge，1992）；Camille Bacon-Smith，Enterprising Women：Television Fandom and the Creation of Popular Myth（Philadelphia：University of Pennsylvania Press，1992）；Constance Penley，"Brownian Motion：Women，Tactics，and Technology，" in Technoculture，Constance Penley and Andrew Ross Eds.（Minneapolis：University of Minnesota Press，1991），135-61；Constance Penley，"Feminism，Psychoanalysis，and the Study of Popular Culture"，in Culture Studies，Lawrence Grossberg，Cary Nelson，and Paula Treichler Eds.（Routledge：1991）。以上文献作者的角度、立场、路径各不相同：如前述第一篇文章主要基于其半粉丝、半学者的身份，研究粉丝的挪用行为及与原作品的互动；第二篇文章则是基于观察者角度进行审视，采取人类学研究方法；后两篇文章则分析了女性粉丝创作科幻小说同人作品以寻求身份认同的心理，并指出这种类型的同人小说对原作并无伤害。另有文献指出了粉丝已非被动的消费者，而是成为内容的创造者；但此时的研究范式仍是从政治、社会角度着手，本着"收编/抵抗"的研究范式，将粉丝视作大群体之外的、具有抵抗与颠覆意义的群体。（3）二十一世纪至今；该阶段文献的研究范式已与上一阶段不同，更侧重于研究粉丝群体日常生活与媒体的交融、互动关系。上述研究参见 Kristina Busse，Framing Fan Fiction：Literary and Social Practices in Fan Fiction Communities（Iowa City：University Of Iowa Press，2017），5-9；及 Feng jin（冯进），Romancing the Internet：Producing and Consuming Chinese Web Romance（Leiden，Boston：Brill，2013），5-6。

② Kristina Busse，Framing Fan Fiction：Literary and Social Practices in Fan Fiction Communities（Iowa City：University Of Iowa Press，2017），5-9.

传播，正如自然界的风有助于传播蒲公英种子一样不可阻止;[①] 并认为当今时代具有思想高度流动、资源迅速传播、经验多元化与开放式参与等特点，媒体产业也可在理解上述特点的基础上，从粉丝行业中获得更大经济利益。[②]

社会生活的变迁、发展，终会在法律中有所反映。粉丝文化盛行之后，二十世纪九十年代起，国外也开始涌现涉及，或者专门研究衍生作品与著作权问题的文献。[③] 从英文文献而言，研究美国衍生作品的文献相对较多、时间也较早，[④] 近期也有一些文献研究英国、加拿大、新西兰等普通法地区的衍生作品法律地位情况。[⑤] 从发展脉络而言，这些文献早期为研究版权发展史及版权性质，并在此基础上讨论使用者的权利；这一阶段的研究为衍生作品著作权法律问题打下了坚实的法理与法制史基础。[⑥]二十世纪九十年代中期及二十一世纪初期，研究衍生作品与著作权法关系的文献开始增加，开始对衍生作品的发展历

---

① 参见 Henry Jenkins，Sam Ford，and Joshua Green，Spreadable Media：Creating Value and Meaning in a Networked Culture（New York & London：New York University Press，2013），292；该书第 294 页还指出，这些消费者不仅仅是消费，他们还对作品向亲朋好友推广、传播；他们不仅仅是“购买”文化产品，而是看重文化产业对于他们参与行为的奖赏。

② 参见 Henry Jenkins，Sam Ford，and Joshua Green，Spreadable Media：Creating Value and Meaning in a Networked Culture（New York & London：New York University Press，2013），295-301。

③ 囿于本人语言能力所限，本书中讨论的国外文献限于英文文献。较为重要的文献包括但不限于以下论文：Rebecca Tushnet，Legal Fictions：Copyright，Fan Fiction，and a New Common Law，17 Loy. L. A. Ent. L. J. 651（1997）；Meredith McCardle，Fan Fiction，Fandom，and Fanfare：What's All The Fuss?，9 B. U. J. Sci. & Tech. L. 433 2003；Leanne Stendell，Fanfic and Fan Fact：How Current Copyright Law Ignores the Reality of Copyright Owner and Consumer Interests in Fan Fiction，58 S. M. U. L. Rev. 1551 2005；Mollie E. Nolan，Search for Original Expression：Fan Fiction and the Fair Use Defense，30 S. Ill. U. L. J. 533 2005-2006；R. Anthony Reese，Transformativeness and the Derivative Work Right，31 Colum. J. L. & Arts 467 2007 - 2008；Rachel L. Stroude，Complimentary Creation：Protecting Fan Fiction as Fair Use，14 Marq. Intell. Prop. L. Rev. 191 2010；Natalie H. Montano，Hero with a Thousand Copyright Violations：Modern Myth and an Argument for Universally Transformative Fan Fiction，11 Nw. J. Tech. & Intell. Prop. Xvii 2012-2013；Sarah Trombley，Visions and Revisions：Fanvids and Fair Use，25 Cardozo Arts & Ent. L. J. 647（2007）；Jyme Mariani，Lights：Camera：Infringement：Exploring the Boundaries of Whether Fan Films Violate Copyrights，8 Akron Intell. Prop. J. 117（2015）；Mynda Rae Krato，Fictitious Flattery：Fair Use，Fanfiction，and the Business of Imitation，8 Am. U. Intell. Prop. Brief 91（2017）。

④ See Rebecca Tushnet，Legal Fictions：Copyright，Fan Fiction，and a New Common Law，17 Loy. L. A. Ent. L. J. 651（1997）.

⑤ See Marian Hebb，UGC and Fan Fiction：Rethinking Section 29. 21，26 I. P. J. 237（2014）；Anson-Holland，James J.，Fan Fiction：A New Zealand Copyright Perspective，2018 N. Z. L. Rev. 1（2018）.

⑥ 此处必须提及 L. Ray Patterson & Stanley W. Lindberg，The Nature of Copyright：a Law of Users' Rights（Athens，Georgia：University of Georgia Press，1991）这一专著；该书虽非专门讨论衍生作品问题，但其重点论述了著作权法应为调整作者、出版商和使用者之间利益平衡的制度框架。该书中对于使用者的论述，为后续讨论使用者（用户）类型及地位的一系列文献奠定了概念基础。

史及存在原因、价值等做出探讨，并结合合理使用的四因素与法院判例，主张衍生作品具有合法性。[①] 上述文献亦侧重于对合理使用四因素进行技术化分析，特别是对“转换性使用”进行精细分析，论证了衍生作品符合合理使用的条件；[②] 也有文献另辟蹊径，以衍生作品对原作产生商业提升效果为理由主张合法性。[③] 2010 年之后，有著作开始总结作者与粉丝群体之间的动态关系，并结合其他普通法系国家的案例，从比较研究角度总结衍生作品的法律地位；[④] 近期亦有文献从衍生作品对原作产生商业提升效果的角度出发，讨论其亦符合合理使用以许可方式对衍生作品进行合法的商业化操作，从而达到共赢的效果。[⑤] 而随着我国粉丝文化的兴盛，亦有专著针对我国衍生作品（粉丝作品）作出系统性研究，从比较法研究角度，探讨能否在我国粉丝创作者与著作权人之间建立某种机制，以便在一定程度上确立衍生作品的合法性，并让著作权人对同人创作行为可进行适当控制。[⑥]

整体而言，国外对于衍生作品的研究起步相对较早，其贡献在于以下方面：

---

① 此处的衍生作品包括但不限于 fan fiction、fan video 等。

② 如 Rebecca Tushnet, Legal Fictions: Copyright, Fan Fiction, and a New Common Law, 17 Loy. L. A. Ent. L. J. 651 (1997); Meredith McCardle, Fan Fiction, Fandom, and Fanfare: What's All The Fuss?, 9 B. U. J. Sci. & Tech. L. 433 2003; Leanne Stendell, Fanfic and Fan Fact: How Current Copyright Law Ignores the Reality of Copyright Owner and Consumer Interests in Fan Fiction, 58 S. M. U. L. Rev. 1551 2005; Mollie E. Nolan, Search for Original Expression: Fan Fiction and the Fair Use Defense, 30 S. Ill. U. L. J. 533 2005–2006; Sarah Trombley, Visions and Revisions: Fanvids and Fair Use, 25 Cardozo Arts & Ent. L. J. 647 (2007); R. Anthony Reese, Transformativeness and the Derivative Work Right, 31 Colum. J. L. & Arts 467 2007–2008; Rachel L. Stroude, Complimentary Creation: Protecting Fan Fiction as Fair Use, 14 Marq. Intell. Prop. L. Rev. 191 2010; Natalie H. Montano, Hero with a Thousand Copyright Violations: Modern Myth and an Argument for Universally Transformative Fan Fiction, 11 Nw. J. Tech. & Intell. Prop. Xvii 2012–2013; Jyme Mariani, Lights: Camera: Infringement: Exploring the Boundaries of Whether Fan Films Violate Copyrights, 8 Akron Intell. Prop. J. 117 (2015)。

③ Stacey M. Lantagne, Sherlock Holmes and the Case of the Lucrative Fandom: Recognizing the Economic Power of Fanworks and Reimagining Fair Use in Copyright, 21 Mich. Telecomm. & Tech. L. Rev. 263 (2015).

④ 参见 Aaron Schwabach, Fan Fiction and Copyright: Outsider Works and Intellectual Property Protection (Farnham, Surrey: Ashgate, 2011). Natalie H. Montano, Hero with a Thousand Copyright Violations: Modern Myth and an Argument for Universally Transformative Fan Fiction, 11 Nw. J. Tech. & Intell. Prop. Xvii 2012–2013; Jyme Mariani, Lights: Camera: Infringement: Exploring the Boundaries of Whether Fan Films Violate Copyrights, 8 Akron Intell. Prop. J. 117 (2015)。

⑤ See Jacqueline D. Lipton, Copyright and the Commercialization of Fanfiction, 52 Hous. L. Rev. 425 (2014); W. Michael Schuster, Fair Use and Licensing of Derivative Fiction: A Discussion of Possible Latent Effects of the Commercialization of Fan Fiction, 55 S. Tex. L. Rev. 529 (2014).

⑥ See Tianxiang He（何天翔）, Copyright and Fan Productivity in China: A Cross-jurisdictional Perspective (Singapore, Springer, 2017)。

(1) 对衍生作品发展历程进行了追根溯源式的梳理，将近现代社会的衍生作品起源追溯至十九世纪中后期，从而削弱了流行文化产业巨头主导作品控制权的话语优势。① (2) 对于案例的分析较为集中、深入，技术性讨论具有精细化的特点。(3) 凭借已有多年基础的流行文化研究文献，尽可能基于流行文化的发展与粉丝活动特点来进行衍生作品著作权问题的研究，避免法律问题的研究与社会文化脱节。(4) 在探索平衡衍生作品与权利人利益的机制时，解决方案较为灵活、多元。但这些研究多集中于对美国版权法下衍生作品问题的探讨，对于其他国家衍生作品问题的探讨相对来说并不充分，除少数专著外，具有深度的比较研究也较为少见。

(二) 中文文献

对于我国著作权法中衍生作品及粉丝文化进行整体研究的中文文献整体出现于2006年左右，② 其视角包括媒体传播、社会、性别及文学分析、文化研究等路径。③ 目前而言，衍生作品中的文字作品，多被冠以"同人小说"之名加以研究、讨论；其余研究"衍生作品"的文献，则以研究民间文学艺术衍生作

---

① "Just how novel is Warner? If, as noted above, fan fiction has existed for some 150 years, it has done so as part of a broader category of fan literature based on reusing existing copyrighted material, whether by fans or targeted at a particular fan community." See Richardson, Megan and Tan, David, The Art of Retelling: Harry Potter and Copyright in a Fan-Literature Era (March, 20 2009). MALR, Vol. 14, No. 1, p. 31, 2009; U of Melbourne Legal Studies Research Paper No. 379. Available at SSRN: https://ssrn.com/abstract=1365657.

② 如孙慧英：《漫谈"粉丝"现象及其文化解读》，载《现代传播》2006年第6期；王铮：《同人的世界：对一种网络小众文化的研究》，新华出版社2008年版。

③ 如吕品：《现代性背景下网络趣缘群体对自我认同的建构》，华中科技大学2008年硕士学位论文；邓惟佳：《能动的迷：媒介使用中的身份认同构建》，复旦大学2009年博士学位论文；孙斌：《粉丝文化及其传播研究》，南京理工大学2010年硕士学位论文；王羽秋：《网络媒介时代下的粉丝文化研究》，上海外国语大学2012年硕士学位论文；曹冉：《同人粉丝：对一种网络亚文化群体的分析》，苏州大学2013年硕士学位论文；陆静怡：《粉丝文化中的同人文现象研究》，河北大学2013年硕士学位论文；鲍震培：《媒介粉丝文化与女性主义》，载《南开学报（哲学社会科学版）》2013年第6期；姜明：《大众文化视域下的中国粉丝文化研究》，吉林大学2016年博士学位论文；王萍、刘电芝：《"同人女"现象的分析与思考》，载《青年研究》2008年第10期；谢云冰：《网络粉丝社群的组织形态研究》，华东师范大学2018年硕士学位论文。整体来说，该领域现有文献在研究方法、理论运用方面仍有很大发展空间。

品的问题为主，本书不再赘述。① 衍生作品中的视频作品，则通常被归入“演绎作品”之列予以研究。因此，本书的文献综述中亦将主要分析以同人作品、演绎作品为研究对象的文献。

1. 同人小说文献

以历史阶段而言，关于衍生文字作品（同人作品）的法学论文于2006年左右开始出现，于2016年数量突然增多，而2015年之前的论文则为数不多。② 原因可能在于：一是同人作品作为一种亚文化现象，其受众群体多为青少年；随着受众群体的成长与创作现象的繁盛，该问题才逐渐成为法学学者，尤其是年青一代学者的关注点。③ 二是“金某诉江某案”（“《此间的少年》案”）于2016年底立案，从而使得该问题成为学术研究关注的焦点。④ 经梳理，目前可资参考的法学文献大致为以下类型：（1）对“金某诉江某案”进行个案分析，判断《此间的少年》是否侵犯著作权、是否构成合理使用；并以“金某诉江某

① 专门讨论“衍生作品”的文献则以研究民间文学艺术的衍生作品为主。在“中国知网”以“衍生作品”为主题关键词进行搜索，除去部分研究领域并不相干的论文外，余下论文多集中于民间文学艺术、非物质文化遗产的衍生作品研究。如孙元清：《非物质文化遗产衍生作品的著作权问题》，载《人民司法》2007年第21期；廖冰冰：《民间文学艺术衍生作品的著作权保护及惠益分享》，载《人民司法》2009年第18期；刘拥建：《民间文学艺术衍生作品著作权保护及惠益分享》，载《人民法院报》2010年2月25日；林秀芹：《论民间文学艺术衍生作品独创性的认定——以赵某林京剧脸谱系列案为例》，载《湖南社会科学》2013年第6期；另有各高校硕士学位论文数篇。余下少数论及本书所称“衍生作品”者，又可为下文所提及的“同人作品”研究论文覆盖，故不再另行就“衍生作品”作出文献综述。本处文献综述所述及的论文，即为针对“同人作品”与“演绎作品”相关的论文。

② 目前可查到的、研究同人作品著作权问题的最早中文论文应为孙战龙：《网络同人小说的权利界定》，载《网络法律评论》2006年第1期（第7卷），以及黄颖：《同人作品的知识产权冲突研究》，华中科技大学2006年硕士学位论文。根据“发表年度”检索，可见2015年之前每年以“同人”为主题的论文平均不超过5篇。2016年，论文数量突然上升为20余篇，此后至2018年间每年均有所上涨。

③ 同人作品问题作为硕士学位论文的研究对象，要早于《此间的少年》引发的热点风潮。参见黄颖：《同人作品的知识产权冲突研究》，华中科技大学2006年硕士学位论文；刘扬：《同人小说的著作权问题研究》，西南政法大学2012年硕士学位论文；陆佳佳：《同人作品的知识产权冲突问题探讨》，华东政法大学2012年硕士学位论文。

④ 如宋慧献：《同人小说借用人物形象的著作权问题刍议——由金某诉江某案谈虚拟角色借用的合法性》中第28号脚注记载，“在搜寻资料时，笔者惊讶地发现，互联网上竟有许多专门的同人小说站点，显示了同人小说之繁，如中文网络平台 tongren. faloo. com，英文平台 FanFiction. Net，Organization for Transformative Works 等”；见宋慧献：《同人小说借用人物形象的著作权问题刍议——由金某诉江某案谈虚拟角色借用的合法性》，载《电子知识产权》2016年第12期。该脚注可初步表明学者此前对于同人小说发展情况知晓甚少，仅是因为“金某诉江某案”才发现上述站点；同时学者对同人小说网站的认知也存在错误，因为 Organization for Transformative Works（OTW 再创作组织）并非专门发表同人小说的站点，担负该功能的是另一网站。见 OTW 再创作组织网站，http：//www. transformativeworks. org，最后访问日期：2018年10月23日。

案”为切入点，从“思想与表达两分法”角度及“合理使用”角度，分析同人小说是否构成侵权。[①] 也有文献提出区分“演绎类同人”与“非演绎类同人”，并认为前者侵犯改编权、复制权，而后者则不会侵犯改编权。[②] 在“金某诉江某案”之后较快发表的文献，即多属于该种类型。[③]（2）从实务角度出发，试图提供同人作品是否构成侵权的判断标准。[④]（3）明确提出同人作品具有独创性，因此基于作品特性、公共利益考量及社会文化发展的需要，应明确同人作品的法律属性、得出合法性规范要件，并寻求合理保护原作品权利人合法权益的方法。[⑤]（4）对同人作品从文化意义上探索其合理性与源头，将作品进行分类，并分析同人作品创作者是否享有著作权、同人作品与原作知识产权的冲突问题。[⑥] 该类别多见于各高校硕士论文。[⑦]（5）随着我国国内粉丝文化的兴盛，亦有文献讨论“用户”“使用人”个人使用的合法性问题，[⑧] 对“用户创造内容”（UGC）立法进行评析，[⑨] 并试图通过特定商业模式、授权许可等综合性手段，实现权利人与用户创作者的共赢。[⑩]（6）境外亦有中文文献对涉及虚拟角

① 参见宋慧献：《同人小说借用人物形象的著作权问题刍议——由金某诉江某案谈虚拟角色借用的合法性》，载《电子知识产权》2016 年第 12 期。

② 见袁秀挺：《同人作品知识产权问题迷思》，载《电子知识产权》2017 年第 1 期。

③ 如宋慧献：《同人小说借用人物形象的著作权问题刍议——由金某诉江某案谈虚拟角色借用的合法性》，载《电子知识产权》2016 年第 12 期；白伟：《同人小说构成“转换性”合理使用的理解与适用——基于金某诉江某〈此间的少年〉著作权侵权案的评论》，载《电子知识产权》2016 年第 12 期；袁秀挺：《同人作品知识产权问题迷思》，载《电子知识产权》2017 年第 1 期。

④ 见赵虎：《如何判定同人作品是否侵权》，载《中国知识产权报》2017 年 8 月 25 日，第 10 版；袁博：《同人作品是合法创作还是事涉侵权?》，载《法人》2017 年第 8 期。

⑤ 参见骆天纬：《同人作品的著作权问题研究——以〈此间的少年〉为例》，载《知识产权》2017 年第 8 期；林莺：《同人作品合法性问题探究》，载《中国版权》2015 年第 5 期。

⑥ 参见黄颖：《同人作品的知识产权冲突研究》，华中科技大学 2006 年硕士学位论文；刘扬：《同人小说的著作权问题研究》，西南政法大学 2012 年硕士学位论文；陆佳佳：《同人作品的知识产权冲突问题探讨》，华东政法大学 2012 年硕士学位论文；张艺：《我国同人作品的著作权问题研究》，云南大学 2015 年硕士学位论文等。

⑦ 2016 年之后关于同人作品的硕士论文数量增长较快，但研究方向、研究价值等与之前作品相比并无较大发展，故对此不再赘述。另见龙文懋：《同人作品的文化层累功能及其与在先作品竞争法上的法益关系——以〈此间的少年〉为例》，载《电子知识产权》2016 年第 12 期；卢海君：《同人创作、同人作品与版权责任——〈此间的少年〉案所引发的思考》，载《中国版权》2017 年第 11 期。

⑧ 见李治安：《被忽视的版权使用人》，载李亚虹编：《版权、网络与权利平衡》，香港大学出版社 2016 年版，第 33-62 页；郑重：《数字版权法视野下的个人使用问题研究》，中国法制出版社 2013 年版。

⑨ 见关文伟：《“用户衍生内容”例外与香港版权条例修订》，载李亚虹编：《版权、网络与权利平衡》，香港大学出版社 2016 年版，第 63-75 页。

⑩ 见何天翔：《国际贸易视野下的个人数字著作权侵权与应对——以针对网络粉丝创作行为的企业著作权执法策略为切入点》，载《暨南学报》2016 年第 8 期；刘颖、何天翔：《著作权法修订中的“用户创造内容”问题——以中国内地与香港的比较为视角》，载《法学评论》2019 年第 1 期。

色的美国版权法案例进行评述，并对虚拟角色在我国台湾地区所谓“著作权法”中的地位进行探讨。[①]

2. 演绎作品文献

关于演绎作品的研究，二十一世纪初期的论文尚为数不多。[②] 2006 年起，关于“演绎作品”的论文数量开始大幅度增加，该现象应与互联网开始普及、演绎作品开始引起社会与学界关注有关。[③] 从现有研究状况而言，目前的著作权法教材及相关领域论文多数将“演绎作品”的内涵与外延大致等同于主要基于原作的广义改编作品，即“基于现有的作品，通过重新创作或改编而形成的作品”，[④] 或是“演绎作品是指在原作基础上对之进行了一定的改动而产生的新作品”[⑤]，另有学者认为演绎作品包括改编、注释、翻译作品，[⑥] 这一观点也为一些司法界人

---

① 见 Jyh-An Lee（李治安）：Copyright and the Second Live of Fictional Characters（故事角色的第二人生：论著作权法对故事角色之保护），169 INTELLECTUAL PROPERTY RIGHT JOURNAL 104（2013）。

② 在中国知网以“演绎作品”为主题关键词进行搜索，2003 年前论文每年均为 1-2 篇，2004 年起数量开始增加至 10 篇左右，但少有针对演绎作品的专题研究。

③ 2015 年 12 月 28 日，胡某制作的“一个馒头引发的血案”视频在网络发布，引起轩然大波，成为当时网络媒体与网民评议的热点事件。演绎作品引起法律界的关注、进入学界视野，很可能与此热点事件有关。

④ 李明德、许超、吴汉东、费安玲等学者均持该观点。李明德、许超的《著作权法》中，认为“演绎作品是基于现有的作品，通过重新创作或改编而形成的作品”；见李明德、许超：《著作权法》，法律出版社 2003 年版，第 44 页；吴汉东、曹新明、王毅、胡开忠：《西方诸国著作权制度研究》，中国政法大学出版社 1998 年版，第 136 页；费安玲：《著作权法教程》，知识产权出版社 2003 年版，第 62 页。

⑤ 郭斯伦关于演绎作品的博士论文《演绎作品构成研究》中亦认为，“从著作权学界对演绎作品的各种界定中”，可以归纳出“演绎作品是指在原作基础上对之进行了一定的改动而产生的新作品”，并称在该论文中一律使用“演绎作品”来指称该种作品。参见郭斯伦：《演绎作品构成研究》，中国政法大学 2008 年博士学位论文。该论文中提及“二次著作物”“衍生作品”等多个概念，但认为其实质上均指改编作品。该论文认为，“加之在学者们结合研究世界范围内的著作权立法司法现状并对之进行总结归纳之后，‘演绎作品’目前已经成为著作权学界的通用理论术语，因而，本书在以下的研究中，除了在进行各立法例及国际公约比较分析时沿用其原有的称谓和使用习惯之外，为了行文方便，一律使用‘演绎作品’的表达方式来指称这种基于已有作品进行改动创作而得的新作品”（见郭斯伦：《演绎作品构成研究》第 13 页至第 14 页）。因“演绎作品”已成为“改编作品”的另一指称；故为避免歧义，本书未使用“演绎作品”来指称所讨论的“衍生作品”。

⑥ “演绎权包括改编权、翻译权与注释权等。”见郑成思：《著作权的概念及沿革》，载《中华人民共和国著作权法讲析》（中华人民共和国司法部、国家版权局著作权法培训班教材），中国国际广播出版社 1991 年版，第 77 页；卢海君著《从美国的演绎作品版权保护看我国〈著作权法〉相关内容的修订》一文中亦持该观点，认为“我国《著作权法》中虽然没有出现‘演绎作品’的字样，但该法第 12 条规定，改编、翻译、注释、整理已有作品而产生的作品，其著作权由改编、翻译、注释、整理人享有，但行使著作权时不得侵犯原作品的著作权。这一条实际上是对演绎作品版权归属的规定，确定了原著作权人和演绎者之间的版权利益关系……”；见卢海君：《从美国的演绎作品版权保护看我国〈著作权法〉相关内容的修订》，载《政治与法律》2009 年第 12 期，第 129 页。

士所接受，认为演绎作品主要包括改编、翻译、注释、整理已有作品而产生的作品，[①] 故现有文献绝大多数以上述内涵、外延为依据，展开对于演绎作品性质及权利冲突问题的研究。

关于演绎作品的性质，因引起争议的演绎作品均属于未经著作权人许可或者许可不明的情况，故现有文献讨论的对象往往也属于该类演绎作品。[②] 有文献直接将引起争议的演绎作品称为“涉嫌侵权演绎作品”“非法演绎作品”，[③] 亦有文献主张将演绎作品区分为侵权性质演绎作品和合理使用性质演绎作品，并以是否具备合理使用四因素中的“转换性”作为区分二者的标准。[④]

关于权利冲突及处理问题，现有文献的观点大致可分为以下类型：（1）以具体事例如“一个馒头引发的血案”视频为切入口，分析该类型作品是否属于“侵权演绎作品”，并进一步分析其是否具有著作权、是否构成“合理使用”。[⑤]（2）主张不能否认“非法演绎作品”中含有的创造性努力，应当给予“非法演绎作品”一定程度的保护，并为此寻找理论依据。有一些文献持“添附理论”说，认为“非法演绎作品”具有正当性，也符合著作权法鼓励创新的立法宗旨，故应基于添附理论为其作出相应的制度构建；[⑥] 另有文献持“著作权消极保护论”，认为该理论可平衡事关原作品作者、非法演绎人和社会公众等多方利

① 如陈锦川著《演绎作品著作权的司法保护》即持该观点，认为“演绎作品主要包括著作权法第十二条规定的改编、翻译、注释、整理已有作品而产生的作品，即演绎创作的主要形式包括改编、翻译、注释、整理等。”见陈锦川：《演绎作品著作权的司法保护》，载《人民司法》2009 年第 19 期，第 44 页。不过，值得注意的是，2018 年 4 月北京高院出台的《侵害著作权案件审理指南》大大扩张了改编权的范围。该指南第 5.12 条“改编权控制的行为”、第 5.13 条“改编与作品体裁”规定：“作者未经许可在被诉侵权作品中使用了原作品的表达，并创作出具有独创性的新作品，属于改编行为……”“侵害改编权不以作品体裁、类型的变化为要件。未经许可，将他人作品改编为相同体裁的作品，可以依据本指南第 5.12 条的规定认定是否侵害改编权。”上述规定几乎将改编权的范围扩大到了美国版权法上演绎作品（derivative works）的范围。

② 参见卢海君：《从美国的演绎作品版权保护看我国〈著作权法〉相关内容的修订》，载《政治与法律》2009 年第 12 期，第 129 页。

③ 参见王中：《从“馒头血案”谈网络演绎作品的几个法律问题》，载《信息网络安全》2006 年第 3 期；黄汇：《非法演绎作品保护模式论考》，载《法学论坛》2008 年第 1 期；刁舜：《添附理论视角下的非法演绎作品保护研究》，载《电子知识产权》2016 年第 8 期。

④ 见阮开欣：《演绎作品的合理使用问题研究——以 Keeling v. Hars 案为视角》，载《环球瞭望》2016 年第 3 期。

⑤ 同上注。

⑥ 参见刁舜：《添附理论视角下的非法演绎作品保护研究》，载《电子知识产权》2016 年第 8 期；黄鑫：《演绎作品的添附特性》，载《法制博览》2017 年第 9 期（上）。

益。[①]（3）对演绎作品的构成要件、构成基础等进行整体性研究，认为其既利用了原作品，亦具有一定独创性。演绎作品即使具有侵权因素，亦无碍其作为演绎作品的构成；对于利用原作部分，应视为演绎者侵权；对于新创部分，演绎者应拥有著作权。基于繁荣社会文化、激励创作的理论，处理权利冲突时应当协调作者之间的关系，例如对演绎作品获得的使用利益遵循兼顾双方、合理分配的原则，判断利用原作部分及演绎作品原创部分在演绎作品整体价值中所占的贡献比重，并据以分配收益。[②]

总体而论，现阶段文献在数量上虽较为丰富，但对于我国著作权法中衍生作品法律地位问题研究的不足之处在于：（1）研究的广度与深度尚有欠缺。上述文献多因个案而起，也往往集中于该种类型的衍生作品（如“金某诉江某案”引发的特定类型的同人小说论文热潮）。而衍生作品的类型较为多样，现有文献未能充分涉猎其他类型的衍生作品是否会侵犯著作权复制权、改编权、汇编权，亦未能充分结合我国现有案例对“实质性相似”标准作出总结、评析，并根据衍生作品的不同类别深入分析侵权可能。（2）现有文献对于衍生作品是否构成侵犯精神权利的研究尚有不足，特别对我国特有法律规定与社会文化背景下侵犯精神权利的构成标准问题研究较少。（3）现有文献对于我国著作权法上衍生作品地位不确定性的深层原因研究不足。上述文献多流于对于个别案例的技术分析，对于我国著作权法中影响衍生作品法律地位的系统性、深层次问题少有涉及，或研究得不够深入。这些深层原因包括我国著作权法立法宗旨的模糊性、权利范围的不确定性、著作权权利限制过窄及引起的司法标准不一致，以及著作权本质与著作权发展史中涉及的利益冲突。（4）比较研究的覆盖面与深度均存在不足。现有文献进行比较研究时，通常集中于美国与日本等文化产业发达国家的立法与司法实践，但大部分文献未能深入比较，对于其他法域的比较研究也未充分展开。（5）尚未能系统结合法学外其他领域对于衍生作品的研究理论及成果（社会、亚文化、性别、解构主义等），对于衍生作品在我国社会结构中的意义及存在原因进行分析。除少量专著或论文之外，研究者对于作为社会现象的衍生作品的起源与理解并不充分，或即使有着一定的感性认识，但仅是流于表面，未能分析其深层次的社会原因，从而也就不能较好地回答“为何要让衍生作品具有一定的合法性”的问题。（6）缺少对解决方案

① 参见黄汇：《非法演绎作品保护模式论考》，载《法学论坛》2008 年第 1 期。

② 参见郭斯伦：《演绎作品构成研究》，中国政法大学 2008 年博士学位论文。

系统研究与精细研究。现有文献对于解决方法亦较为表面，缺少系统性、结构性的分析。

三、研究方法及整体结构

本书的主题为衍生作品在我国著作权法上法律地位不确定的原因及其解决方案，故本书的研究方法也将为该主题而服务，集中于规范分析、案例研究、比较研究与访谈等方法，以资对于上述问题作出框架性的分析与回应。具体而言，本书的研究方法与基本结构如下：

导论部分主要描述衍生作品的发展现状，并对讨论衍生作品著作权法问题的现有文献进行综述。在此基础上，提出了本书主要讨论的命题，即衍生作品在我国著作权法中合法性不确定的成因，以及解决这一问题的意义及解决方案。

第一篇主要使用规范分析方法总结衍生作品的定义，对于衍生作品是否构成著作权法意义上的作品作出探讨，并对衍生作品进行分类，从而为之后分析衍生作品的法律地位打下基础。规范分析方法，即“主要运用逻辑和语义的方法对于法律规范进行分析和注释”[①]，也可以理解为“运用法律自身的原理，遵循逻辑与体系的要求……通过适当的解释规则运用和阐释法律”的法教义学方法。[②] 运用该方法时，本书着重考察法律规范的制定过程、修订目的、历史发展等因素，并在此基础上确定法律规范的具体含义，以尽力避免将现行法律与现实割裂，对其进行僵化、封闭的字面解释的做法。如在分析我国现行《著作权法》规定的权利范围时，不仅需要分析现行立法的字面含义，也更需要考证《著作权法》及其实施细则中关于相关权利的定义与修订历史，方可对现行规范规定的权利范围作出结论。

第二篇则主要使用规范分析、案例分析方法，探讨衍生作品著作权法框架下合法性的不确定及其法律成因。首先，探讨著作权/版权扩张的历史趋势及我国著作权法对衍生作品的覆盖，得出衍生作品合法性不确定的结论。其次，通过分析我国著作权法上经济权利、精神权利、著作权限制条款及司法实践中采取的标准，得出立法宗旨、权利范围不明确、著作权限制过于狭窄、裁判标准不统一等我国衍生作品法律地位不确定性的成因。最后，通过比较研究角度，分析其他法域衍生作品在著作权法/版权法上的法律地位，并得出影响衍生作品

---

① 见黄辉：《法学实证研究方法及其在中国的运用》，载《法学研究》2013 年第 6 期，第 15 页。

② 见许德风：《法教义学的运用》，载《中外法学》2013 年第 5 期，第 938 页。

著作权法地位的共性因素。

本篇采取的规范分析、案例分析方法，均是为了确定“法律是什么”。为了达到这一目的，仅仅采取规范分析方法、考察字面上的法律规范往往是不够的，还必须结合案例，考察司法实践中“活的法律”。司法活动是将法律规定从抽象到具体的适用过程，也是尽力消弭“过去所立之法与当下发生事实”之间距离的过程。[①] 在适用法律的过程中，法官必须根据个案情况对抽象的、凝缩的法律规范加以推理、适用，并在此基础上总结出更加细化的具体适用规律，即司法“通过作用于法律体系的微观向度、调适过程、法与社会联系的建立、成文法固有缺陷的克服来完善法律体系”。[②] 与现有文献对具体案例零散的、非体系化的使用相比，本书采取的案例分析方法的特点在于对大量具体案例进行精细解读，分析其趋势、偏好，从而抽象出裁判规则、总结司法实践标准。

整体而言，本书选取的案例大多来自2001年以来最高人民法院、在知识产权司法界具有一定代表性的各级人民法院所公布的指导性案例、公报案例、典型案例、涉争作品具有一定社会影响力的案例或其他具有一定典型意义的案例。选取上述案例作为研究的原因是：(1) 上述案件数量虽然有限，但均是由最高人民法院或具有较丰富知识产权审判经验的各级法院经过精心选择或者认真研判，足以说明法院的意见倾向，也对司法政策导向及类似案件的判决具有一定影响。而决定案件结果的事实因素与法律因素多种多样，对各地判决进行简单统计与数据分析，反而不如详解典型判例那样能够较为充分地显现某些规律性特点。(2) 某些法院辖区（如北京）本身就是文化产业、影视产业重镇，其审理的典型案件往往具备一定的社会影响力，也相当受到司法界与学术界重视，在进行案例研究时，也不可避免地会更多涉及上述地区的案件。(3) 选择近年判例进行研究，是基于实际原因。因国内的判例指导制度尚在建立之中，故从司法实务中的趋势出发，判断什么时期的案例具备较高参考价值，是相对较为准确也有一定依据的做法。通常来说，在司法实务中，法官则更趋向于优先参考近10年来的判例，如判例是该领域的经典判例，则时间可放宽，但通常不会早于2001年。其原因首先在于国内经济环境、产业环境发展迅速，《著作权法》亦于2001年进行过较大修订，故早年案例对于当下司法实务的参考价值相对有限。其次在于知识更新的需求，法官也倾向于参考近年来的案例。基于以上原

① 见江必新：《司法对法律体系的完善》，载《法学研究》2012年第1期，第88页。

② 同上注。

因，本书也侧重于对2001年之后的司法判例进行研究，以便更好说明实践中实质性相似标准的分类及趋势问题。同时，本书也采用了其他一些案例，以说明实践中存在多种情况，并非上述案例所能全部概括。

第三篇主要使用访谈方法，并结合其他社会科学领域的研究成果，以回答“确定衍生作品合法性的意义”这一问题。衍生作品的合法性并不确定，但其数量却一直大量增长，这在一定程度上属于法的不遵从现象。因此本篇首先结合法学外其他领域对于衍生作品的研究理论及成果（如文化研究、传播学研究、解构主义理论等），对于衍生作品兴盛的原因及社会意义进行分析。其次结合衍生作品产生的社会原因，从基本权利、文化与教育意义、利益共生等角度，论证确定衍生作品合法性的意义。

本篇采取的访谈方法，主要是对有多年衍生作品阅读、创作经验且社会经验较为丰富的成年人进行访谈，从而更为直观地展示衍生作品创作者的创作动机、衍生作品对他们的意义以及影响其创作积极性的因素，并在结合上述访谈内容与现有其他学科研究文献的基础上引出本章结论：衍生作品是创新的重要来源，也是现当代人参与互动、个人表达、学习评论的重要方式；使得大量衍生作品合法性不确定的司法政策在规制成本上并无优势，亦可能有损于权利人和社会公众的利益。因此，我国有必要对衍生作品的合法性予以尽可能确认，并建立相应的机制，以协调各方的利益。

此外，本篇采取比较研究方法与规范分析方法，并借鉴哈佛大学劳伦斯·莱锡格（Lawrence Lessig）教授关于本质架构、社会规范市场因素与法律规定的学说，就衍生作品的规制问题提出法律框架之外与法律框架之内的解决方案。前者包括新型内容平台、网络社区规范、商业交叉许可等内容，后者则引入德沃金的政策、原则与规则分析方法，提出包括司法技术标准统一与立法修订在内的综合方案。

比较研究方法，是指通过分析著作权领域相关国际公约，以及美国、加拿大、英国、法国、德国的立法情况与司法案例，以此探析可借鉴的解决方案。在运用上述方法时，本书的目标首先是尽力避免机械而泛泛的条文、术语比较，尽可能通过对各国的立法宗旨、法律发展历史与司法实践的具体考察，“发掘特定概念的文化意蕴、具体阐释特定规则的制度语境”，① 从而在多

① 见高鸿钧：《比较法研究的反思：当代挑战与范式转换》，载《中国社会科学》2009年第6期，第168页。

元中寻求共识。[①] 其次，本书也试图回避过于求同而忽视个性，[②] 并在发现、承认这种个性与差异的基础上总结造成个性问题的原因，从而合理地、有针对性地进行借鉴，并提出相应的方案。

---

① 见章彦英：《全球化背景下的中国比较法：历史、困境与前路》，载《比较法研究》2014 年第 5 期，第 198 页。

② 见高鸿钧：《比较法研究的反思：当代挑战与范式转换》，载《中国社会科学》2009 年第 6 期，第 169 页。

·第一篇·

衍生作品之事实与法律现状

第一章 衍生作品定义及类型

一、衍生作品的定义与独创性

（一）衍生作品的定义

本书所讨论的衍生作品，是指由用户借用现有作品的部分表达元素独立创作而成的新作品。在表现形式上，它可能使用了现有作品的人物（角色）、人物性格、人物关系、部分台词、对白、情节、场景设定，也可能使用了现有作品的部分静态与动态画面、部分词曲、录音制品的部分内容等元素。本书之所以采取“衍生作品”而非改编作品、汇编作品、演绎作品等现有术语[①]，是因为上述作品的内涵与外延与衍生作品存在较大区别，尚不足以反映衍生作品的特殊性质，故不以现有术语作出界定。下文中将对具体理由作出阐述。

1. 改编、汇编作品定义及范围

根据我国《著作权法》第十条第一款第（十四）项、第（十六）项规定可知，改编作品是改变原作、创作出的具有独创性的新作品；汇编作品是将作品或者作品的片段通过选择或者编排汇集而成的新作品。[②] 对于汇编作品的理解通常不存在太大争议，而何谓“改编权”或“改编作品”，则需要追溯我国著作权法律法规的制定及演变过程，并结合学界、司法界的通常认识予以确定。

从法律法规层面而言，我国改编权的范围经历了边界扩张与不确定性增加的过程。1990 年 9 月 7 日公布、1991 年 6 月 1 日施行的《著作权法》将改编规

---

① 如导论部分所述，我国理论界与司法界通常将“演绎作品”认为是改编、汇编、翻译、注释而成的作品，在此情况下，本书将先讨论“改编”行为的定义与“改编”作品的范围，再行讨论演绎作品的范围。

② 改编权即改变作品、创作出具有独创性的新作品的权利，汇编权作品或者作品的片段通过选择或者编排，汇集成新作品的权利。

定于使用权和获得报酬权项下，并未具体规定改编权的具体范围。[①] 同日施行的《著作权法实施条例》则规定："改编，指在原有作品的基础上，通过改变作品的表现形式或者用途，创作出具有独创性的新作品。"当时的学术界也普遍同意"改编权"中的"改编"是对作品表现形式的改变，[②] 该种观点也符合《伯尔尼保护文学和艺术作品公约》（以下简称《伯尔尼公约》）中关于"改编"行为的普遍认知；虽然《伯尔尼公约》对于"改编"并未给出确定概念，而是交由成员国的内国法决定，但大多数评论者认为，从《伯尔尼公约》的制订历史过程而言，"改编"是指现有文学艺术领域内的、从一种体裁到另一种体裁形式的转换，比如将小说转化成剧本，将戏剧变成散文，将文学作品转换成音乐剧，以及诸如此类的行为。[③]

2001 年 10 月 27 日，《著作权法》经历第一次修改，其中增加的第十条第一款第（十四）项规定改编权为"改变作品，创作出具有独创性的新作品的权利"。[④] 1991 年 6 月 1 日起施行的《著作权法实施条例》也被 2002 年 9 月 15 日起施行的《著作权法实施条例》废止，而新的《著作权法实施条例》中并未规定改编的具体形式。之后《著作权法》《著作权法实施条例》又分别进行修改，但均未对改编权或改编行为做出新的定义。从上述立法修订而言，《著作权法》《著作权法实施条例》取消了"在原有作品的基础上"改变作品的表现形式或者用途等限定性条件，可以说是扩张了改编权的权利范围、加强了对著作权人的保护，但《著作权法》中的"改编权"定义并未界定对原作利用到何种程度即构成"改变作品"，也未以列举方式明确改编的具体行为，从而使得改编权

① 见 1990 年 9 月 7 日公布的《著作权法》第十条第（五）项规定，"使用权和获得报酬权，即以复制、表演、播放、展览、发行、摄制电影、电视、录像或者改编、翻译、注释、编辑等方式使用作品的权利；以及许可他人以上述方式使用作品，并由此获得报酬的权利"。

② 如 1991 年用于我国司法部、国家版权局培训班的《中华人民共和国著作权法讲析》一书中，郑成思即认为，"改编权是由作者同意改变作品的表达形式或载体而带来的经济收入权"。见郑成思：《著作权的概念及沿革》，载《中华人民共和国著作权法讲析》（中华人民共和国司法部、国家版权局著作权法培训班教材），中国国际广播出版社 1991 年版，第 77 页。该文中亦认为改编权的范围虽日益扩大，但均不脱离形式的变化。当时刘东进著《著作权法》中亦有此观点。见刘东进：《著作权法》，北京科学技术出版社 1992 年版，第 145 页。

③ See Sam Ricketson and Jane C. Ginsburg, International copyright and neighbouring rights: the Berne Convention and beyond, 2nd ed. (Oxford: Oxford University Press 2006), 8.77-8.81.

④ 见《著作权法》第十条第一款第（十四）项。

的范围更为模糊。[①] 以致有评论认为，“改编权对于作品形式的改变已经不再作要求，这使得改编权具有更大的弹性空间，不仅可以涵盖超越媒介形式的改变，也包括同一媒介形式的内部改变。这种立法上的改变实际上扩展了改编权的权利范围，增加了著作权人对改编权控制的范围，加强了对著作权人的保护力度”。[②] 之后 2014 年《著作权法（修订草案送审稿）》试图对改编权的范围进行限缩，但该次草案最终未获通过，2020 年修正的《著作权法》并未修改该条款。[③]

但与此同时，在《著作权法》修改后的一段时间内，司法界仍然倾向于认为使用原《著作权法实施条例》的定义，认为构成侵犯改编权的条件，是被控侵权作品使用了原作中由互相支持的各个部分组成的整体、基本表达方式。[④] 学界通说也在一定程度上支持该观点，即改编作品必须建立在原作形式与内容基础上。[⑤] 因此，尽管立法上改编权的范围已经扩张并存在一定不确定性，[⑥] 北

---

① 参见李杨：《改编权的保护范围与侵权认定问题：一种二元解释方法的适用性阐释》，载《比较法研究》2018 年第 1 期。

② 见张玲玲、张传磊：《改编权相关问题及其侵权判定方法》，载《知识产权》2015 年第 8 期，第 35 页。

③ 2014 年《著作权法（修订草案送审稿）》第十三条第二款第（八）项又重新将改编权规定为“将作品改变成其他体裁和种类的新作品，或者将文字、音乐、戏剧等作品制作成视听作品，以及对计算机程序进行增补、删节，改变指令、语句顺序或者其他变动的权利”；该规定虽尚未通过，但可谓对改编权的范围重新作出限缩。

④ 见黑龙江省饶河县某乡人民政府诉郭某等侵犯民间文学艺术作品著作权案，北京市高级人民法院（2003）高民终字第 246 号民事判决书；北京某影视文化有限公司与某话剧团等侵犯著作权纠纷案，北京市高级人民法院（2004）高民终字第 221 号民事判决书；北京某文化传媒有限公司诉北京某传媒有限公司侵犯著作财产权纠纷案，北京市朝阳区人民法院（2011）朝民初字第 24269 号民事判决书；上海某艺术有限公司与某剧院等作品改编权纠纷上诉案，上海市第一中级人民法院（2012）沪一中民五（知）终字第 112 号民事判决书。

⑤ “改编是指以原作品即首次出现的作品为基础，对原有形式进行解剖与重组，创作新的作品形式的行为。”见刘春田主编：《知识产权法》，中国人民大学出版社 2009 年版，第 84 页。“只有在保留原作品基本表达的情况下通过改变原作品创作出新作品，才是著作权法意义上的改编行为。”见王迁：《知识产权法教程》，人民大学出版社 2014 年版，第 161 页。“改编是具备一定独创性且保留作品基本内容的改动行为……受制于原作基本内容的有限度创作，改编后的作品无法完全独立于原作品。”见李杨：《改编权的保护范围与侵权认定问题：一种二元解释方法的适用性阐释》，载《比较法研究》2018 年第 1 期。也有学者认为应将《著作权法》规定的改编权范围进行文体、体裁转化方面的适当限缩，界定为“改变作品，创作出具有独创性的新作品的权利，包括但不限于将作品改编为较短版本、进行忠实的演绎、将表达从一种媒介或类型转换成另一种媒介或类型，或其他类似的改变作品方式”。华劼：《改编权权利范围及立法模式研究》，载《南京大学学报（哲学·人文科学·社会科学）》2017 年第 6 期。

⑥ 2014 年《著作权法（修订草案送审稿）》第十三条第三款第（八）项又重新将改编权规定为“将作品改变成其他体裁和种类的新作品，或者将文字、音乐、戏剧等作品制作成视听作品，以及对计算机程序进行增补、删节，改变指令、语句顺序或者其他变动的权利”；该规定虽未通过，但可谓对改编权的范围重新作出限缩。

京高院在近年来的司法文件中亦对改编权作出扩张性解释，[①] 但我国司法界与学界仍在一定程度上认为，“改编权”控制的是保留原作的基本表达形式、对原作的基本内容进行一定创造性改动的行为，这些基本内容包括人物设置、人物关系与情节的整体组合；从具体方式而言，主要是将作品由一种类型改变成另一种类型，以及在同一种体裁范围内创作出新作品却未改变作品类型的作品改动行为。在此情况下，“改编作品”仍可指符合上述条件的作品。[②]

2. 演绎作品定义及范围

在我国，《著作权法》及《著作权法实施条例》立法中并未对“演绎作品”的具体概念及范围作出规定。该术语源于《伯尔尼公约》第二条、第十二条，第二条注明受保护的作品包括“演绎作品”（derivative works），第二条第三款则规定，“翻译、改编、乐曲改编以及对文学或艺术作品的其他变动应得到与原作同等的保护，但不得损害原作的版权。”[③] 第十二条规定：“文学艺术作品的作者享有授权对其作品进行改编、音乐改编和其他变动的专有权利。”[④] 结合《伯尔尼公约》第二条及第十二条之规定，伯尔尼公约规定的“演绎”，即是指翻译、改编、乐曲（音乐）改编以及对文学或艺术作品的其他变动。如果说从历史背景及大多数评论者意见而言，“改编”是指体裁转换的话，[⑤] 那么“其他

---

① 2018 年 4 月北京高院出台的《侵害著作权案件审理指南》第 5.12 条“改编权控制的行为”、第 5.13 条“改编与作品体裁”规定：“作者未经许可在被诉侵权作品中使用了原作品的表达，并创作出具有独创性的新作品，属于改编行为……”“侵害改编权不以作品体裁、类型的变化为要件。未经许可，将他人作品改编为相同体裁的作品，可以依据本指南第 5.12 条的规定认定是否侵害改编权。”这一规定并未将改编权的范围限定于“基本内容”或“整体表达方式”，如果仅仅使用了部分表达即可构成侵犯改编权，则该规定对于改编权规定的范围极其宽广，几乎将改编权的范围扩大到了美国版权法上演绎作品（derivative works）的范围，也与司法界的通常理解不相一致。

② 因北京高院《侵害著作权案件审理指南》出台较晚，尚无案例佐证其运用到实践中的改编权范围与目前司法倾向是否一致，但该表述本身确实是对改编权范围的扩张与不确定性的增加。

③ [Protected Works：1. “Literary and artistic works”；2. Possible requirement of fixation；3. Derivative works；4. Official texts；5. Collections；6. Obligation to protect，beneficiaries of protection；7. Works of applied art and industrial designs；8. News] …（3）Translations，adaptations，arrangements of music and other alterations of a literary or artistic work shall be protected as original works without prejudice to the copyright in the original work. Berne Convention for the Protection of Literary and Artistic Works（Paris Act of July 24，1971，amended on September 28，1979），Article 2. 如无特殊说明，本书《伯尔尼公约》的中文翻译均引用自 WIPO 官方网站公布的正式翻译版本，https：//wipolex. wipo. int/zh/treaties/textdetails/12214，最后访问日期：2019 年 4 月 27 日。

④ Berne Convention for the Protection of Literary and Artistic Works（Paris Act of July 24，1971，amended on September 28，1979），Article 2.

⑤ See Sam Ricketson and Jane C. Ginsburg，International Copyright and Neighbouring Rights：the Berne Convention and beyond，2nd ed.（Oxford：Oxford University Press 2006），8. 77-8. 81.

变动”便显得模糊不清。[①] 有文献认为，“变动”不是简单的字词删减，而是一种有着明显智力创造性的变化、修改和转化（transformation）；[②]《伯尔尼公约》对此亦未作出具体解释，而是交由成员国立法规制，实际上“几乎是由国内法庭以具体案件具体分析的方式决定”。[③]

我国学界通常认为演绎作品系在原作基础上、保留原作基本表达并对之进行一定的创造性改动而产生的新作品[④]，其外延则主要包括翻译、注释、改编、汇编现有作品而产生的作品。[⑤] 这一内涵与外延也为我国司法实践所采纳。2014年《最高人民法院公报》刊载案例“某科学院海洋研究所、郑某仪与刘某谦等人侵犯著作权纠纷案”二审判决即认为，“根据我国著作权法的规定，著作权人对其作品依法享有复制权和演绎权……演绎行为则是指在原作基础上创作出派生作品，这种派生作品并未改变原作之创作思想的基本表达形式，同时又有后一创作者的创作成分于其中”[⑥]。司法界长期从事著作权审判的法官也倾向于认为，演绎作品主要包括《著作权法》第十二条规定的改编、翻译、注释、整理已有作品而产生的作品，汇编作品在一定情况下也可作为演绎作品处理；[⑦] 并认为判断一部作品是否为演绎作品的标准，应是已有作品应在新作中具有重要地位与相当分量、构成该作品的基础或者实质内容。如果已有作品的表达“并不构成新作的基础，没有成为新作的重要内容、情节和结构”，则不应认为新作是演绎作品。[⑧]

因此，我们可以认为，无论改动以何种形式进行，目前情况下我国学界与司法界通常认为的演绎作品的特征，都是以原作为基础、保留原有作品的基本

---

① Ibid，8.81.

② Ibid，8.81（iv）.

③ See Sam Ricketson and Jane C. Ginsburg，International Copyright and Neighbouring Rights：the Berne Convention and beyond，2nd ed.（Oxford：Oxford University Press 2006），8.81（iv）.

④ “演绎权是指作者许可他人在自己作品的基础上创作作品的权利……演绎作品，又称派生作品，是指以原有作品为基础而创作出来的新作品”。见李明德、许超：《著作权法》，法律出版社2009年版，第76页。“演绎权控制的是在保留原有作品基本表达的情况下，在原作品基础之上创作新作品并加以后续利用的行为。”见王迁：《知识产权法教程》，中国人民大学出版社2014年版，第161页。

⑤ 有学者认为还应包括摄制电影的行为，见王迁：《知识产权法教程》，中国人民大学出版社2014年版，第161页。

⑥ 见某科学院海洋研究所、郑某仪与刘某谦等人侵犯著作权纠纷案，山东省高级人民法院（2012）鲁民三终字第33号民事判决书。我国《著作权法》并未明确规定演绎权，不过该判决可以反映出司法实践中对于演绎作品的基本定义。

⑦ 见陈锦川：《演绎作品著作权的司法保护》，载《人民司法》2009年第19期，第44页。

⑧ 同上注，第46页。

表达方式，在文字作品中则主要包括重要情节和结构;[①] 演绎作品的外延则是指《著作权法》第十二条规定的改编、翻译、注释、整理已有作品而产生的作品，及第十四条规定的汇编作品。

3. 选择使用“衍生作品”术语的理由

根据上述论述可见，本书所讨论的衍生作品与我国著作权法规定的改编作品、汇编作品、演绎作品存在一定的区别。目前的改编作品、演绎作品通常在主要人物、基本场景设定、情节、表达出来的氛围和整体思想上基本受制于原作，正如我国司法判例中指出的那样，“改编作品不可能是完全独立于原作品的新作品。通常而言，改编是指在不改变作品基本内容的情况下，将作品由一种类型改变成另一种类型，例如将小说改编成漫画，或者不改变原作品类型而改变其体裁，例如将科学专著改写成科普读物”[②]。而部分衍生作品则可以借用现有作品的部分元素而不涉及对基本内容、整体表达方式的挪用，如撷取原作中的次要人物、次要情节并改变场景设定，其借用的元素甚至不一定构成著作权法意义上的表达方式（如单纯的人物姓名）；衍生作品表达、呈现与原作完全不同的理念、思想和美感等艺术效果。如《西区故事》（West Side Story）可视为《罗密欧与朱丽叶》的改编作品，但 1966 年首演的戏剧《罗森格兰兹与吉尔登斯吞死了》（Rosencrantz and Guildenstern Are Dead）就更接近于《哈姆雷特》的衍生作品。前者的主要人物设定、人物关系、主要情节框架仍与《罗密欧与朱丽叶》基本相似，而后者则以《哈姆雷特》中两个读者很难记住的小角色作为故事主人公，讲述这两个人根本意识不到已被卷入宫廷阴谋、受到命运捉弄的经历，从而从小人物的角度出发，呈现出与原作不同的、将悲剧与喜剧融为一体的艺术效果。[③]

因此，虽然部分衍生作品可能与改编作品、汇编作品的范围发生重叠，[④] 但很多衍生作品并不挪用原作整体表达方式，其创作目的也正是在于反映用户

① “演绎作品的特点就在于它既包含有演绎者的独创性劳动成果，又保留了原作品的基本表达。”参见王迁：《著作权法》，中国人民大学出版社 2015 年版，第 124 页。

② 见上海某艺术有限公司与某剧院等作品改编权纠纷上诉案，（2012）沪一中民五（知）终字第 112 号民事判决书。

③ See Tom Stoppard，Rosencrantz and Guildenstern Are Dead（New York：Grove Press，2001）.

④ 如部分衍生作品挪用了现有作品的主要人物、人物性格、关系及部分台词、关键情节与场景设定，这些元素及其组合有可能被视为原作基本内容，从而使得该部分衍生作品落入改编权的保护范围。还有部分视听使用了现有作品的部分静态与动态画面、部分词曲、录音制品的部分内容，因此极有可能落入汇编权的范围。

的观感、评论，或表达有别于原作的思想与美感，故如使用现有改编作品、汇编作品的术语进行限定的话，则难以概括该类作品的本质，也将其法律性质固定在与其特点并不相符的框架中。这一点也正是我们用法律去切割千变万化的现实生活、将人为的抽象概念与秩序强加于现实世界时难以避免因而必须小心对待的问题。① 因此，本书使用了“衍生作品”这一概念，而非简单套用著作权法上的改编作品与汇编作品概念。②

（二）衍生作品的独创性

在讨论衍生作品在著作权法上的法律地位之前，我们首先要确定衍生作品是否能够成为我国著作权法意义上的作品。根据2020年11月11日修正、2021年6月1日起施行的我国《著作权法》第三条规定，作品是指文学、艺术和科学领域内具有独创性并能以一定形式表现的智力成果。③ 衍生作品在广义上属于文学、艺术领域，且能以一定形式表现，自不待言；因此最为关键的问题则是衍生作品是否具有“独创性”。

独创性可以说是著作权法中最为模糊的概念之一。在《伯尔尼条约》《与贸易有关的知识产权协议》（以下简称《TRIPs协议》）与《世界版权公约》（WCT）之中，著作权法作品的标准被表述为“智力创造”（intellectual creation），而在欧盟诸多关于知识产权的指令之中，则被表述为“作者本人的智力创造”（author's own intellectual creation），但因各成员国对独创性问题的认识不尽一致，故上述条约、协定并未对该标准给出进一步的解释和说明。

具体到特定法域来说，版权法体系与作者权法体系对于独创性的适用标准本来存在一定区别，但近年来存在日渐靠拢的趋势，即版权法系也开始要求具有最低限度的独创性。美国原本持“额头出汗”（Sweat of the Brow）原则，但该标准自1991年的里程碑式案件Feist案之后已经改变，即要求至少具备些许创造性；④ 在1999年Bridgeman Art Library v. Corel Corp一案中，法院也判决，仅仅将公共领域的画作进行颜色透明化处理的作品，属于对于在先作品毫无一

---

① 参见［英］玛丽亚·阿里斯托戴默：《法律与文学：从她走向永恒》，薛朝凤译，北京大学出版社2017年版，第3-4页。

② 本文使用的衍生作品与“二次创作”基本属于同一范畴。

③ 此前作品定义同2002年、2011年修正的《著作权法实施条例》第二条规定，即“著作权法所称作品，是指文学、艺术和科学领域内具有独创性并能以某种有形形式复制的智力成果”。

④ See Feist Publications, Inc., v. Rural Telephone Service Co., 499 U.S. 340 (1991), Ⅱ A 10, Ⅱ B 27-28.

丝独创性的复制，不能受到著作权保护。[①] 在 Ets-Hokin v. Skyy 一案中，法院则认为可受版权保护的应当是艺术性的、创造性的表达方式。[②] 英国原本持“技巧、劳动与判断”（skill，labour and judgment）原则[③]，后在 Cramp v. Smythson、Homes v. McAlpine 案件中也强调一定程度的选择与创造的重要性，[④] 并在 Interlego v. Tyco 案中认为，尽管复制原来的技术图纸需要极大的技巧，但因在此过程中并无不同或者“看起来很重要的区别”，故新作不能受到著作权的保护。[⑤] 加拿大在 CCH v. Law Society of Upper Canada 案件中亦采取了类似标准。[⑥] 整体来说，为了防止出现对事实的保护，也为了符合宪法或是欧盟相关指令的要求，美国、英国、加拿大均开始改变其固有原则，开始要求作品具有一定的独创性，当然这些独创性的标准仍然是较低的[⑦]。

中国著作权法的独创性标准，则与版权法体系近来采取的标准有类似之处。对于独创性标准，学界通说一般认为，首先，作品需体现作者的精神劳动和智力判断，而非简单地抄写、汇集；其次，独创性要求是针对表达方式本身，而非针对思想观念；最后，独创性要求不高，且与作品的质量并无关联。[⑧] 在司法层面，最高人民法院也提出了“体现作者的取舍、选择、安排、设计等创造性劳动”的标准，[⑨] 并认为：“虽然著作权法没有对作品独创性的标准作出规定，但审判实践中也并非对作品的独创性没有要求，对那些过于微不足道，体现不出作者个性化表达的智力创作成果不给予著作权法保护，不违反著作权法

---

① See Bridgeman Art Library，Ltd. V. Corel Corp.，36 F. Supp. 2d 191（S. D. N. Y. 1999），1，24-25.

② See Ets-Hokin V. Skyy Spirits Inc.，225 F. 3d 1068（9th Cir. 2000）.

③ See University of London Press v. University Tutorial Press [1916] 2 Ch 601；Ladbroke（Football）v. William Hill（Football）[1964] 1 WLR 273；Independent Television Publications Ltd. v. Time Out Ltd. [1984] FSR 64.

④ See G. A. Cramp & Sons，Limited Appellants v. Frank Smythson，Limited Respondents. [1944] A. C. 329；Cala Homes（South）Ltd v. Alfred McAlpine Homes East Ltd（No. 1）[1995] 7 WLUK 62；[1995] F. S. R. 818.

⑤ See Interlego A. G. Appellant v. Tyco Industries Inc. and Others Respondents，[1988] 3 W. L. R. 678，[1989] A. C. 217.

⑥ See CCH Canadian Ltd. v. Law Society of Upper Canada，[2004] 1 SCR 339，2004 SCC 13（CanLII）.

⑦ See CCC Info. Servs. v. MacLean Hunter Mkt. Reports，Inc. 44 F. 3d 61（2d Cir. 1994）.

⑧ 参见李明德、许超：《著作权法》，法律出版社 2009 年版，第 28-29 页；冯晓青主编：《知识产权法》，中国政法大学出版社 2008 年版，第 52 页；刘春田主编：《知识产权法》，中国人民大学出版社 2009 年版，第 108 页。

⑨ 见重庆万道餐饮管理有限公司、庞某玲著作权权属纠纷再审审查与审判监督案，最高人民法院（2018）最高法民申 4530 号民事裁定书。

的立法本意。"①

与上述标准对照可见，衍生作品基于其创作特点，绝大多数应当可以满足上述独创性的标准。以衍生作品中常见的同人小说与衍生视频为例，我们可以看到，小说本身就是对独创性要求颇高的智力作品。无论是重新改变作品设定背景还是使用原作品设定背景的同人小说，也无论篇幅长短、水平优劣，创作者都会使用具有个人特色的语言、文风，作出自己的情节设定；即使在创作者水平有限的情况下，也会至少具有最低限度的独创性标准。因此，同人小说符合独创性标准，一般均无问题。此外，衍生视频虽然使用现有影视作品的场景作为创作素材，但往往是为了达到戏仿目的，体现剪辑者对作品、人物的意义或挖掘、形成新的人物关系，因此在编排的表达方式上也会体现一定的独创性，因此此类视频作品亦可以满足独创性标准，形成新的改编或汇编作品。② 亦即衍生作品中的两大重要类别或属于文字作品，或属于"电影作品和以类似摄制电影的方法创作的作品"，均可以作为《著作权法》意义上的作品。

二、衍生作品：基本分类标准

在上一节中，我们已经讨论了衍生作品的定义及被著作权法覆盖的可能性；为进一步探讨衍生作品在著作权法中的法律地位，此节中将确定本书重点讨论的衍生作品类别。

衍生作品具有多种分类方式。如以表现体裁、形式为标准，衍生作品一般可分为文字作品（主要表现为衍生小说、衍生歌曲中的歌词）、视听作品（主要表现为衍生视频）、美术作品（同人漫画、画作）等类型。③ 本书所讨论的衍生作品类型主要为衍生文字作品（主要表现为同人小说）与衍生视听作品（主要表现为衍生视频等）④，其原因一在于上述作品数量较多，也具备一定的公众

---

① 见青岛泉佳美硅藻泥科技有限公司与青岛宏赛环保科技有限公司、薛某森侵犯著作权纠纷案，最高人民法院（2014）民申字第 671 号民事裁定书。

② 一般情况下，该类作品可属于汇编作品之列。《著作权法》第十五条规定："汇编若干作品、作品的片段或者不构成作品的数据或者其他材料，对其内容的选择或者编排体现独创性的作品，为汇编作品，其著作权由汇编人享有，但行使著作权时，不得侵犯原作品的著作权。"

③ See Tianxiang He, Copyright and Fan Productivity in China: A Cross-jurisdictional Perspective (Singapore: Springer, 2017), 28. 另见卢海君：《同人创作、同人作品与版权责任——〈此间的少年〉案所引发的思考》，载《中国出版》2017 年第 11 期，第 53 页。

④ 2020 年 11 月 11 日修正、2021 年 6 月 1 日起施行的我国《著作权法》第三条已明确引入"视听作品"类型，取代了之前的"电影作品和以类似摄制电影的方法创作的作品"。

影响力；二在于该两类作品的创作门槛相对较低，属于“用户皆可为作者”的类型；三在于该两类作品利用原作的表达元素较多，在衍生作品与著作权法的关系中具有较强的代表性，[①] 故而对于衍生文字作品、视听作品著作权法问题的总结、分析及解决方案，也可推广到其他衍生类型的作品。

（一）衍生文字作品

衍生文字作品的创作门槛相对较低，故其数量极丰，是衍生作品中的重要类别。根据对原作参考程度的不同，衍生文字作品又可分为以下类型：

衍生文字作品主要表现为同人小说。现有文献一般认为，同人小说是指“粉丝未经许可，利用现有作品中的人物和背景所创作的系列作品”或“突出描写书籍、电影、电视节目、漫画书、电子游戏或者其他流行文化作品中的人物的、具有创造性的作品。这些故事使用了原作中的人物和设定，但其情节具有独创性……”[②] 综合以上意见及本书对于衍生作品的定义，本书讨论的同人小说是指用户未经许可、使用现有作品的部分元素（主要是人物名称、人物性格、人物关系、场景设定、部分情节等）独立创作而成的小说类作品，可归类为我国《著作权法》规定的文字作品。衍生视听作品是指未经许可、使用部分静态与动态画面、部分词曲、录音制品的部分内容独立创作而成的视听作品（俗称同人视频）。[③]

1. 原作背景

该等类型是指使用原作品设定背景、人物姓名、一定的原作，人物关系，也可能会使用部分情节等或部分经典台词。[④] 该类型的衍生文字作品属于主流，但因为与原作关系较为紧密之故，正式出版的概率反而变小，导致受众、粉丝

---

① 见前述导论部分。同时，衍生美术作品创作门槛较高，在表达上往往具备更高的独创性，在表达方式复制方面争议亦较大，在衍生作品中所占分量及传播力亦相对有限，故本书未将衍生美术作品列入、未予讨论。

② See Tianxiang He，Copyright and Fan Productivity in China：A Cross-jurisdictional Perspective（Singapore：Springer，2017），28；See Leanne Stendell，Fanfic And Fan Fact：How Current Copyright Law Ignores The Reality Of Copyright Owner And Consumer Interests In Fan Fiction，58 S. M. U. L. Rev. 1551 2005，1552.

③《著作权法实施条例》第四条规定：“著作权法和本条例中下列作品的含义：（一）文字作品，是指小说、诗词、散文、论文等以文字形式表现的作品；……（十一）电影作品和以类似摄制电影的方法创作的作品，是指摄制在一定介质上，由一系列有伴音或者无伴音的画面组成，并且借助适当装置放映或者以其他方式传播的作品；……”

④ 即英文中的Canon Universe。

社区之外的大众对此类作品往往所知甚少。[①] 然而该类型作品正是衍生作品的重要组成部分，正如研究传媒文化的著名学者亨利·詹金斯所言，“粉丝和其他消费者汲取通俗文化中的图像、故事和声音作为原始素材来创造他们自己的文化，把这些材料作为共享资源来实现彼此之间的沟通。”[②] 该类型的小说使用原作设定背景、情节及人物姓名、人物关系及经典台词的数量、比例，则视作者的写作安排而定。有的作品使用数量较多，而有的作品则使用数量较少。

2. 其他背景

该等类型的衍生文字作品重新改变作品设定背景，但使用原作的人物姓名，也可能使用原作部分情节与人物关系；[③] 其典型即为《此间的少年》。这种类型的衍生文字作品改变了原作的设定背景，而只借用基本的人物姓名、个性特征与人物结构关系，有时候甚至连人物结构关系也发生变化；如果改换姓名，实质上已经可以做到与原作并无关联。近来名噪一时的英文小说《五十度灰》（Fifty Shades of Grey）也是如此；此书原来为《暮光之城》系列的同人小说，因在粉丝社区中争议较大，作者主动改换主角姓名后将该书出版；[④] 从出版后的作品看来，几乎已经看不出与《暮光之城》系列的联系。此类作品因有机会出版而广为人知，但在同人小说中并不属于主流之作。[⑤] 因为原作的独特背景与设定是吸引受众的重要因素，科幻、奇幻等幻想类作品尤其如此；一旦脱离了原来的背景设定，则会失去人物的既定背景，也会丧失对一部分读者的吸引力。

（二）衍生视听作品

1. 使用原作的形式

根据使用原作形式的不同，衍生视听作品可为分为混剪视频与单部作品剪辑

---

① 以著名的《星球大战》系列新三部曲系列为例，某网站上在“Star Wars Sequel Trilogy”项下的同人小说超过4万部，而其中标以“Alternate Universe”标签的为1万多部，仅占整体数量的25%左右。其他Fandom也有类似现象。故可推算，该等类型的数量占同人小说的四分之三左右。

② 见［美］亨利·詹金斯：《融合文化：新媒体和旧媒体的冲突地带》，杜永明译，商务印书馆2012年版，第10页。

③ 即英文中的Alternate Universe，简称AU。

④ 参见https：//www.adweek.com/galleycat/fifty-shades-of-grey-wayback-machine/50128？red=as，https：//www.hypable.com/twilight-fifty-shades-more-in-common/等网页，最后访问日期：2018年12月23日。

⑤ 很多粉丝倾向于认为AU小说脱离了原作背景，原本具有代入感的角色成为只是拥有相同名字的陌生人。而且某些原作背景设定较为特别（如《星球大战》《哈利·波特》系列），脱开原作的背景也难以给衍生文字作品增色。

视频。前者从多部影视作品中复制少部分场景，并将这些场景重新编排，与音乐作品重混，从而达到与原作完全不同的欣赏与美学效果；① 此类别在衍生视频中占据较大比例，在互联网上可谓俯拾皆是。无论其手法是否优胜、表达的意境是否独特，多数此类作品确实具有一定的美学效果。后者则使用某部作品的部分场景，但与音乐作品重混，从而体现制作者对原作的欣赏、评论等目的。②

2. 制作视听作品的目的

以制作视听作品的目的为标准，可将衍生视听作品分成以下几种类型：一是出于对原作或原作中部分元素（如人物、情节）的热爱，自发为其推广、介绍。互联网络广泛分布着这样的视频：它们通过对原作场景进行剪辑、拼接，借以介绍、推广原作或者某一类型的视听作品（如科幻电影）。在著名亚文化研究者亨利·詹金斯看来，这些衍生作品的制作者也是“积极的创作者和意义的操纵者”，他们以不同目的重读、积极挪用文本，将其观赏经历转化为“丰富复杂的参与式文化”。③ 二是出于评论、说明某一问题的需要。④ 在网络技术与视听技术蓬勃发展的今天，用户并非采取传统的文字分析方法，而是采取了截取原作部分动态或静态画面附以评论的形式，或者以重新剪辑动态画面（视频），去除原有台词、声音并另行配音等方式，以达到评论原作的效果。而具有争议的则是具有评论目的甚至对原作进行颠覆性批判的戏仿作品，如《一个馒头引发的血案》。研究戏仿概念历史流变的文献认为，戏仿作品可分为单纯的、无其他目的的喜剧模仿，以及逐渐成熟后加入讽刺、反讽，具有批判性、颠覆性、解构性的模仿，直至后现代式的杂糅与拼贴。⑤ 三是聚焦于某些特定人物、主题，对原作事实上进行了转换式的故事重述。这一类视频的目的可能难以归

① 如粉丝将近年来多部影视剧集中的场景混剪，并配上歌曲 Centuries，以歌词与场景配合，体现出对上述影视作品的纪念；见 https：//www. bilibili. com/video/av1825620/，最后访问日期：2018 年 12 月 23 日。

② 如粉丝将电视剧《权力的游戏》系列（Game of Thrones）的多个场景重新剪辑后，配上为人熟知的《难念的经》歌曲，以歌词与场景配合，从而具备了独特的欣赏美感；见 http：//www. iqiyi. com/w_19ru8wde8l. html，最后访问日期：2018 年 12 月 23 日。

③ 见［美］亨利·詹金斯：《文本盗猎者——电视粉丝与参与式文化》，郑熙青译，北京大学出版社 2016 年版，第 24 页。

④ 用户制作衍生视听作品的目的可能是多种多样的，也可能是重合的。有学者认为，整体来说，粉丝视频旨在评论、批评原始材料，其目的是多样化的，也是互相重叠的，但一般都具有较高的技术和审美。See Sarah Trombley，Visions and Revisions：Fanvids and Fair Use，25 Cardozo Arts & Ent. L. J. 647（2007）.

⑤ 参见查鸣：《戏仿文学的喜剧性研究》，华东师范大学 2013 年博士学位论文，摘要部分及第 8 页至第 12 页。

类于推广、介绍或说明、评论，但客观上可能会有介绍、推广原作的效果，[①]在数量上亦占较大比例。其他难以归入上述类别目的的作品，包括单纯的剪辑视频或者无评论目的、只是为了达到喜剧效果的戏仿作品等。与衍生文字作品相比，衍生视频更为直接地使用原作素材的表达方式，从而也更易落入著作权权利的界限之内。

三、著作权扩张：对衍生作品的覆盖

（一）著作权的扩张趋势

从宽泛意义来说，古往今来任何作品都在某种程度上利用了现有作品、从现有作品中生发而来。[②]“文学、科学艺术领域的每一本书都借鉴了为人所熟知且使用过的东西，也必须予以借鉴……维吉尔大量借用荷马，培根借用前人和同时代的思想，甚至莎士比亚和弥尔顿……也从其时现有知识和古典研究的丰富储藏中大有收益。”[③] 至少在欧洲，直至近代之前，作品一直未被正式视为私产；[④]近现代著作权制度的特征，也正是在于作品从共享知识到向知识类财产的转变。而著作权制度的主要诞生推手，则是印刷媒体和出版产业。[⑤] 出版业固然使用了作者利益作为产权的起点，但作者的权利仅是“交易现实的产物”，对于产业利益有很强的依附性。[⑥] 以英国版权法为例，王室最初仅授予出版商行会印刷书籍的垄断权以维持审查制度，在行会因政治形势变化而渐失这一特权之后，其通过游说国会确立作者版权的迂回方式，达到让作者转让相关权利、重获垄

---

① See Sarah Trombley, Visions and Revisions: Fanvids and Fair Use, 25 Cardozo Arts & Ent. L. J. 647 (2007), 651-652.

② See Melville B. Nimmer & David Nimmer, Nimmer on Copyright (New York, NY: Matthew Bender & Company, Inc., 2017), Volume I, § 3.01, 3-2, 3-3 (updated to December 2018).

③ See Emerson v. Davies, 8 F. Cas. 615, 619 No. 4436 (C. C. D. Mass. 1845).

④ 见李琛：《著作权基本理论批判》，知识产权出版社 2013 年版，第 56-57 页。关于古代中国是否存在一定意义上的知识产权制度问题，学界尚存在争议。笔者倾向于认为结合宋代以来作品与印刷业（书坊、刻坊）的兴盛，知识界与出版业对于刻版（包括费用）、剽窃、擅自翻版等问题自发形成了一定的社会规范，也能在一定程度上得到政府支持。该种制度并非近现代意义上的著作权或版权制度，但不能认为中国传统文化中普遍缺乏知识产权概念与实践。见方厚枢：《中国出版史话》，东方出版社 1996 年版，第 215-220 页；邵科：《安守廉与曲解的中国知识产权史——反思国际知识产权不平等秩序之突破点》，载《政法论丛》2012 年第 4 期，第 119-121 页。

⑤ 见李琛：《著作权基本理论批判》，知识产权出版社 2013 年版，第 61 页。该书认为著作权制度与近代社会的社会结构及个人主义作品观的文化观念密不可分，但关于个人主义、浪漫主义观念对于版权制度的影响问题，尚存在一定争议。

⑥ 同上注，第 69 页。

断地位的目的，并在此过程中着力使用了洛克的劳动论作为理论依据，从而使得该理论成为版权制度的理论支点。[①]

如果说作者创作的目的尚存在多种可能，产业则是基本以追求投资回报、经济利益为目的。因此，著作权发展的历史，也正是著作权具体权能范围及权利项目不断扩大的历史。如版权法初始阶段，版权仅指复制与禁止未经许可复制特定作品（限于文字作品）的权利，[②] 自十九世纪中期开始，随着新的文化产业不断涌现，版权的保护范围也开始扩张。从整体而言，版权法从完全复制原作逐渐延伸至“实质性相似”，并不需要逐字逐句挪用才能构成侵权。1868年的 Daly v. Palmer 案则里程碑式地确立了受众标准与场景顺序标准，标志着版权法的保护对象发生了重大变迁：从保护有形的复制品，到以“受众体验”标准跃进至保护“实质性相同”的“场景顺序”这种无形的表达方式。[③] 英国同期也采取了类似路径。[④] 进入二十世纪以后，美国法院分别于二十世纪三十年代、五十年代、七十年代作出的 Nichols v. Universal Pictures Corporation、Arnstein v. Porter、Sid & Marty Krofft Television Productions，Inc. v. McDonald's Corp[⑤] 等一系列案例对“实质性相似”的标准进一步发展，衍生出了各种路径与复杂的考量因素。

与此同时，演绎权的范围也在进一步扩张。十八世纪以来，英美两国版权法及一系列案例均认为侵权的关键不是被告从原作中拿走了多少，而是增加了

---

① See Brad Sherman and Lionel Bently，the Making of Modern Intellectual Property：The British Experience，1760-1711（Cambridge，Cambridge University Press，1999），11-12. 另参见邵科：《安守廉与曲解的中国知识产权史——反思国际知识产权不平等秩序之突破点》，载《政法论丛》2012 年第 4 期，第 118 页。

② 如安妮法案仅赋予作者 14 年内印刷、重印、出售其作品的权利。See Paul Goldstein，Copyright's Highway：From Gutenberg to the Celestial Jukebox（Stanford：Stanford University Press，2003），1；Patrick R. Goold，Why the U. K. Adaptation Right Is Superior to the U. S. Derivative Work Right，92 Neb. L. Rev. 843（2014），850.

③ 该案中法官认为，如果观众觉得挪用的场景给人实质性相同的印象，并在观众心中激起相同的感情，那么这就是侵权；同时，正如作曲家对旋律中一系列音调的顺序具有权利一样，戏剧作者对于场景的顺序也有相应的权利。Bruce E. Boyden，Daly v. Palmer，or the Melodramatic Origins of the Ordinary Observer，68 Syracuse L. ev. 147（2018），147，162.

④ See Paul Goldstein，Copyright's Highway：From Gutenberg to the Celestial Jukebox（Stanford：Stanford University Press，2003），1-2.

⑤ Nichols v. Universal Pictures Corporation，45 F. 2d 119（2d Cir. 1930）；Arnstein v. Porter，154 f. 2d 464（2d cir. 1946）；Sid & Marty Krofft Television Productions，Inc. v. McDonald's Corp.，562 F. 2d 1157（9th Cir. 1977）.

多少；翻译与删节本都反映了相应的智力劳动和选择，故均不构成侵权。[①] 但从十九世纪中期开始，随着产业利益的推进，司法也开始逐渐回应版权权利人的要求。[②] 美国 1843 年的 Folsom v. Marsh 案即认为，如果缩写作品对原作的市场造成损失，则就不能成为“合理缩写”，从而构成侵权。[③] 这一案件也改变了法律对演绎作品的回应；版权权利人可以逐渐禁止模仿与改编，包括翻译、改编成戏剧及缩写。[④]《伯尔尼公约》关于演绎权、演绎作品的相关规定亦反映了这一历程；该公约第二条、第十二条关于演绎作品的规定形成于 1883 年伯尔尼国际文学艺术协会（ALAI）会议及 1884 年至 1886 年的外交会议期间，当时与会代表团关注的重点已经在于翻译、改编、乐曲改编等行为，经过重重讨论之后，公约即对此作出了相应规定。[⑤] 但该伯尔尼公约第二条、第十二条规定的改编与“其他变动”的概念均不清晰，《伯尔尼公约》也未对此作出具体解释，而是交由成员国立法及国内司法通过个案分析方法决定。[⑥] 有文献认为，《伯尔尼公约》规定的“变动”不是简单的字词删减，而是一种有着明显智力创造性的变化、修改和转化（transformation）；[⑦] 如依此解释，则利用了原作部分表达元素的衍生作品则极有可能落入改编权的保护范围。[⑧]

进入二十世纪以来，演绎权的扩张趋势更为明显。以美国为例，1909 年美国版权法原本采取的是封闭列举式规定，并不包括在二十世纪逐步兴起的电影、广播、电视等传播方式。[⑨] 法院虽将 1909 年的版权法中的封闭范围尽可能作出

---

① See Patrick R. Goold, Why the U. K. Adaptation Right Is Superior to the U. S. Derivative Work Right, 92 Neb. L. Rev. 843 (2014), 850.

② Ibid, 852-854.

③ Folsom v. Marsh, 9. F. Cas. 342 (C. C. D. Mass. 1841).

④ See Patrick R. Goold, Why the U. K. Adaptation Right Is Superior to the U. S. Derivative Work Right, 92 Neb. L. Rev. 843 (2014), 854.

⑤ International Literary and Artistic Association 简称 ALAI。See Sam Ricketson and Jane C. Ginsburg, International Copyright and Neighbouring Rights: the Berne Convention and beyond, 2nd ed. (Oxford: Oxford University Press 2006), 2. 08, 8. 76-8. 81.

⑥ See Sam Ricketson and Jane C. Ginsburg, International Copyright and Neighbouring Rights: the Berne Convention and beyond, 2nd ed. (Oxford: Oxford University Press 2006), 8. 81.

⑦ 其他变动（other alterations）还可能包括“abridgements, parodies, burlesques and caricatures”以及上述权利不能囊括的部分。See Sam Ricketson and Jane C. Ginsburg, International Copyright and Neighbouring Rights: the Berne Convention and beyond, 2nd ed. (Oxford: Oxford University Press 2006), 8. 81 (iv).

⑧ See Sam Ricketson and Jane C. Ginsburg, International copyright and neighbouring rights: the Berne Convention and beyond, 2nd ed. (Oxford: Oxford University Press 2006), 8. 81 (iv).

⑨ See Patrick R. Goold, Why the U. K. Adaptation Right Is Superior to the U. S. Derivative Work Right, 92 Neb. L. Rev. 843 (2014), 857.

宽泛解释，但始终无法跟上技术变化。而美国版权法于1976年修订时，产业界即大力呼吁版权法应着重考虑技术发展，采取灵活、宽泛的立法方式，避免太过狭窄的措辞，以“宽泛、简洁的措辞”对演绎作品加以规定，以达到囊括的效果，[①] 以免将来过于限制版权人利益。最终1976年美国版权法采取了宽泛、开放式的定义式立法，即演绎作品是“根据一部或一部以上已有作品创作完成的作品”。[②] 该法虽以列举方式规定了一些文体形式，但该列举并非封闭式、穷尽式列举而仅是例证，所使用的“任何其他形式”的措辞已足以让法院灵活运用自由裁量权，从而将法律框架套在任何新情况、新技术之上，能够覆盖“全部作品以及全部类型的新作品”。[③]

从上述进程可以看出，直至今日，应技术发展和产业要求，著作权保护的作品类型、权项已经大量增加，具体权利范围亦日益扩张，著作权的保护范围已从整体复制发展至使用原作基本表达方式与具体表达方式元素，因此衍生作品也不可避免地进入原作权利范围的边界。

（二）我国著作权法对于衍生作品的覆盖

我国《著作权法》第十条第一款第（五）项规定的复制权系狭义复制，即“以印刷、复印、拓印、录音、录像、翻录、翻拍、数字化等方式将作品制作一份或者多份的权利”；[④] 第十条第一款第（十四）项规定的改编权采取的是开放式定义，即“改变作品，创作出具有独创性的新作品的权利”；[⑤] 从立法措辞及对之前行政法规的修改、废止而言，该权能系对改编权范围的扩张。[⑥] 学界通常认为复制权控制的行为，是指对原作进行表达形式与内容并无变化的、不存在创造性的复制行为；[⑦] 亦有多起案例认为复制“是指对原作的再现，不增加

---

① See Patrick R. Goold, Why the U. K. Adaptation Right Is Superior to the U. S. Derivative Work Right, 92 Neb. L. Rev. 843 (2014), 866-867.

② See Copyright Law of the United States and Related Laws Contained in Title 17 of the United States Code, 2016, §101 (U. S.).

③ Ibid.

④ 参见冯晓青、付继存：《著作权中的复制权研究》，载《法学家》2011年第3期，第101-102页。

⑤ 见华劼：《改编权权利范围及立法模式研究》，载《南京大学学报》（哲学·人文科学·社会科学）2017年第6期，第51页。

⑥ 2018年4月北京高院出台的《侵害著作权案件审理指南》第5.12条“改编权控制的行为”也规定：“作者未经许可在被诉侵权作品中使用了原作品的表达，并创作出具有独创性的新作品，属于改编行为……”该规定并未将改编权的范围限定于“以原作为基础”或“使用原作整体表达方式”，亦可佐证改编权范围的扩大。

⑦ 参见冯晓青、付继存：《著作权中的复制权研究》，载《法学家》2011年第3期，第101-102页。

任何‘创作’的内容。”[①] 但与此同时，司法实践中用于判定侵犯复制权的标准是“接触 + 实质性相似”，其中的“实质性相似”并不需要对原作原封不动地再现才能构成复制；司法实践中亦有大量知名案例或法院层级较高的判决将轻微改变后的使用认定为侵害复制权，[②] 亦有司法界人士认为对原作的片段复制也构成侵犯复制权。[③] 在近来较为知名的“《锦绣未央》案”中，朝阳法院也认定两份作品在“人物设置及关系、故事前后衔接、具体细节设计基本一致”，故被控侵权作品使用了原作的某一情节可以构成实质性相似，并据此认为被告侵犯了原告的复制权。[④]

同时，虽然法院在《著作权法》修订后的一段时间内对于改编权持限缩态度，随着文化产业的发展与“严格保护”的影响，司法界对于改编权也逐渐开始作出扩张解释。2018 年 4 月，北京高院发布《侵害著作权案件审理指南》，其中第 5.12 条“改编权控制的行为”即规定，“作者未经许可在被诉侵权作品中使用了原作品的表达，并创作出具有独创性的新作品，属于改编行为。作者仅使用了原作品中不具有独创性的表达，原作品著作权人主张构成侵害改编权

---

① 见《最高人民法院公报》2014 年第 3 期，刊载案例某科学院海洋研究所、郑某仪与刘某谦等人侵犯著作权纠纷案，山东省高级人民法院（2012）鲁民三终字第 33 号民事判决书。2016 年中国法院 50 件典型知识产权案例第 32 号“叶某轼与浙江某食品有限公司著作权权属、侵权纠纷上诉案”二审判决认为，被控侵权的“《观音饼的由来》”侵犯了原作著作权人叶某轼的改编权，但被告并非“被动再现叶某轼作品”，因此并未侵害叶某轼所享有的作品复制权，见浙江省高级人民法院（2016）浙民终 118 号民事判决书。

② 见 2013 年上海知识产权十大典型案件之一的广东某食品有限公司诉株式会社倍某生等网络传播权纠纷案，上海市高级人民法院（2013）沪高民三（知）终字第 81 号民事判决书。该案判决认为，尽管被控的“欢乐虎”卡通形象与“巧虎”存在细微区别，但是“该些区别不足以使‘欢乐虎’图案成为不同于‘巧虎’卡通形象的具有独创性的作品，故原审法院认定‘欢乐虎’图案与‘巧虎’卡通形象构成实质性相似，并无不当”；该案一审、二审均认定“欢乐虎”卡通形象构成侵犯复制权。在张某容与某文艺出版社有限责任公司、某网络有限公司著作权权属、侵权纠纷案中，浙江省高级人民法院（2015）浙知终字第 112 号民事判决书亦持该观点。司法界亦有观点认为，“……对《著作权法》第十条有关复制权的内涵的理解不能过于机械。一方面，该条文中所规定的‘以印刷、复印、拓印、录音、录像、翻录、翻拍等方式’并不是对复制行为方式的一种穷尽式列举，实践中还存在其他未被列入的复制行为方式，例如精准临摹等。另一方面，条文亦未限定‘将作品制作一份或者多份’中的‘作品’只能是指原作品，或曰对原作品百分之百地再现”。见张书青：《非法演绎作品后续利用行为的侵权定性》，载《电子知识产权》2018 年第 3 期。

③ “改编权保护的是对在先作品的整体改编的权利，如果仅仅使用了在先作品中的部分片段，可能构成侵犯复制权……”见张玲玲、张传磊：《改编权相关问题及其侵权判定方法》，载《知识产权》2015 年第 8 期，第 35 页。

④ 详见沈某文与周某、北京某科文电子商务有限公司侵害著作权纠纷案，北京市朝阳区人民法院（2017）京 0105 民初 932 号民事判决书、北京知识产权法院（2020）京 73 民终 51 号民事裁定书（一审因被告周某撤回上诉，现已生效）。

的，不予支持。”该规定将改编权的对象由“原作的基本内容、重要内容、整体内容”变更为“表达”，且将表达又细分为“具有独创性的表达”与“不具有独创性的表达”，因此这种表达并非“整体表达”，而是可以拆解成诸多元素的表达方式。在此情况下，该条规定是对于改编权的扩张。

因司法实践中对于复制权、改编权倾向于扩大解释，并对侵犯复制权、改编权均采取“接触+实质性相似”的标准，且可将文字作品拆解为多种表达元素、多个部分进行比对，故在此“迷你著作权”的背景下，衍生文字作品很有可能侵犯原作的复制权、改编权。而衍生视听作品因涉及对原作片段的剪切与重新安排，侵犯汇编权的可能性则相对较大。与此同时，衍生作品在对挪用原作表达元素时，还可能涉及侵犯著作权精神权利。因此，以我国著作权法及司法实践而论，衍生作品很有可能落入著作权权利的控制范围。

在现行法中著作权权能已延及衍生作品的情况下，学界对于衍生作品是否侵权的观点也各不相同。有文献从文化层累功能出发，认为借鉴前作是创作的根基，因而著作权法禁止这种借鉴反而是例外情况，加之衍生作品具有转换性意义，故不应受到原作著作权的限制。① 也有文献认为应使用“合理使用”四要素对其性质进行分析，并侧重衍生作品的转换性功能，从而得出特定衍生作品不构成侵权的意见。② 亦有文献认为应对衍生作品分门别类、具体问题具体分析，不能一概下结论认定衍生作品侵犯著作权或构成合理使用；③ 另有文献认为同人作品与原作虽存在冲突，但仍存在一定的合法性，应在明确其法律属性基础上规范其合法性要件、寻求合理保护方法。④本书认为，在讨论衍生作品的合法性时，必须结合具体立法规定与司法案例，对衍生作品侵权可能进行具体分析，总结立法、司法方面的成因，并在此基础上对其深层原因进行分析，方能得出更为深层的结论。

---

① 见龙文懋：《同人作品的文化层累功能及其与在先作品竞争法上的法益关系——以〈此间的少年〉为例》，载《电子知识产权》2016 年第 12 期。

② 见白伟：《同人小说构成“转换性”合理使用的理解与适用——基于金某诉江某〈此间的少年〉著作权侵权案的评论》，载《电子知识产权》2016 年第 12 期。

③ 见卢海君：《同人创作、同人作品与版权责任——〈此间的少年〉案所引发的思考》，载《中国出版》2017 年第 11 期。

④ 见骆天纬：《同人作品的著作权问题研究——以〈此间的少年〉为例》，载《知识产权》2017 年第 8 期。

第二章　衍生作品合法性不确定及其成因

本书第一篇第一章已经讨论了衍生作品的定义、分类，并认为著作权存在扩张的历史趋势，我国著作权法几经修订，也将衍生作品覆盖进著作权的范围。首先，本章采用法教义学与案例研究方法，通过对《著作权法》中经济权利、精神权利范围及司法实践中裁判标准的分析，得出我国衍生作品落入我国《著作权法》中经济权利（重点在于复制权、改编权、汇编权）、精神权利（重点在于修改权、保护作品完整权）范围的可能性较大，以及衍生作品较难符合《著作权法》中著作权限制规定的结论。其次，本章结合上述分析，得出衍生作品合法性不确定的成因，包括立法宗旨不确定、权利范围不明确、著作权限制过于狭窄、裁判标准不统一等。最后，本章采取比较研究方法分析其他法域中衍生作品的合法性情况，并在此基础上抽象得出影响衍生作品著作权法地位的共性因素。

一、衍生作品与经济权利

我国《著作权法》第十条规定了著作权人可享有的、包括精神权利与经济权利在内的十七项专有权利；著作权人可据之禁止他人实施落入上述专有权利范围内的行为。[①] 在实践中，经济权利往往是著作权人关心的重点问题，故本节将首先讨论衍生作品是否侵犯了《著作权法》第十条第一款第（五）项至第（十七）项规定的经济权利。由于侵犯复制权、改编权、汇编权系认定侵犯其他经济权利（如传播权、表演权等权利）的基础，故本节将对《著作权法》中复制权、改编权及相关权利的范围，司法裁判中形成的判断标准进行分析，并重点讨论衍生作品与复制权、改编权、汇编权及信息网络传播权的关系。[②]

---

① 见《著作权法》第十条规定。

② 对改编权、汇编权的侵犯是侵犯其他经济权利的基础。如衍生作品构成对上述权利的侵犯，则侵犯传播权也相应顺理成章；如不构成对这些权利的侵犯，自然也不会侵犯其余权利。故本书将重点讨论该衍生作品与该等权利的关系。

（一）衍生文字作品与相关经济权利

因衍生文字作品会使用原作的场景、人物姓名、关系甚至部分表达方式，故判断其是否侵犯复制权、改编权或汇编权，首先要考量上述权能的范围及判断标准。[①] 我国《著作权法》中规定的各种“复制”行为，是指直接的、不加任何变动的复制；[②] 为保护著作权人作品的表达方式免遭巧妙的、改头换面的不当利用，著作权法不仅允许著作权人控制这种不加改动的复制行为，也允许著作权人在一定程度上控制那些并非逐字逐句照抄的“挪用”行为。这就带来了“红线在哪里”的问题：著作权人享有的这种专有权利可以延展到什么程度？社会公众在什么样的情况下才构成对作品的复制或改编？很显然，如果这条线的范围过于宽泛，则社会公众在创作时就会战战兢兢、举步维艰，唯恐自己作品的某个语句、情节侵犯了成千上万的在先作品的权利。而如果这条线的范围过于狭窄，则社会公众对著作权人的作品的词句稍加变动，即可随意利用。因此，司法实践中这条红线划在哪里，亦即对于那些整体改头换面的或是碎片截取式复制、改编行为的现行规制标准，[③] 将是本章讨论的重点。

从立法规定而言，我国现行《著作权法》中规定的复制权是指“以印刷、复印、拓印、录音、录像、翻录、翻拍、数字化等方式将作品制作一份或者多份的权利”；改编权是指“改变作品，创作出具有独创性的新作品的权利”；汇

---

① 如前所述，《伯尔尼公约》第二条、第九条之一、第十二条对于那些并非逐字逐句、不加变化的复制以及改编、“其他变动”的标准，因难以达成一致意见而未加规定，而是交由内国法解决，故在讨论衍生作品是否侵权时，必须重点考察我国《著作权法》的详细规定及司法判例。See Sam Ricketson and Jane C. Ginsburg，International copyright and neighbouring rights：the Berne Convention and beyond，2nd ed.（Oxford：Oxford University Press 2006），639-641，647，652-655.

② 《著作权法》第十条第一款第（五）项、第（十四）项、第（十六）项规定，复制权系以印刷、复印、拓印、录音、录像、翻录、翻拍、数字化等方式将作品制作一份或者多份的权利；改编权系改变作品，创作出具有独创性的新作品的权利。关于复制权是否包括改编权、两者是否实质上为同一权利的问题，理论上存在一定争议，各国立法也存在一定区别。英国 Sterling 教授在其著作 Sterling on World Copyright Law 中即认为，既然原作的精华部分（重要部分）被改编作品利用，则改编自然覆盖复制；但在《伯尔尼公约》及很多国家的法律中，改编权和复制权是分开的，成为各自独立的权能。见 J. A. L Sterling，Sterling on World Copyright Law，3rd ed.（London：Sweet & Maxwell：Thomson Reuters，2018），9.11。我国司法界亦有人士持实用观点，认为实务中从原告提出何等诉请出发、判断侵犯何种权利即可，无需在理论上对改编和复制权进行过细划分；见张玲玲、张传磊：《改编权相关问题及其侵权判定方法》，载《知识产权》2015 年第 8 期。

③ Nimmer 教授将之称为 comprehensive nonliteral similarity 与 fragmented literal similarity。See Melville B. Nimmer & David Nimmer，Nimmer on Copyright（New York，NY：Matthew Bender & Company，Inc.，2017），Volume IV，§13.03［A］［1］，13-54（updated to December 2018）.

编权是指“将作品或者作品的片段通过选择或者编排，汇集成新作品的权利”。[①] 考察司法实践中对于侵犯复制权、改编权的所采取的实际判定标准，对于判断衍生作品的侵权可能性来说，显得尤其重要。

目前而言，对于侵犯复制权、改编权的问题，司法实践中普遍采用的是“接触及实质性相似”标准。[②] 如北京某木业有限公司与某家居用品（上海）有限公司再审案中，最高人民法院与江苏省高级人民法院均认为应以“接触”加“实质性相似”作为判断侵犯复制权的标准，且被控侵权作品因“实质性相似”而构成侵犯复制权。[③] 再如张某燕与雷某和等侵害著作权纠纷再审案中，最高人民法院即明确指出，“判断作品是否构成侵权，应当从被诉侵权作品的作者是否‘接触’过要求保护的权利人作品、被诉侵权作品与权利人的作品之间是否构成‘实质相似’两个方面进行判断”[④]。又如“某科学院海洋研究所、郑某仪与刘某谦等人侵犯著作权纠纷案”中，二审判决即认为被控侵权作品与原作构成实质性相似，虽具有一定的创作成分，但系由原作品派生而来，构成对模型作品的演绎作品，从而侵犯了改编权的相关规定。[⑤]“《胭脂扣》案”中法院也明确认为此处其采取的对比方法虽是针对“改编作品”，但实际上是判断“实质性相似”的标准，且也是司法实践中被广泛接受的一种做法。[⑥]

一般来说，“接触”标准较易满足，司法实践中就“接触”问题产生争议的场合也并不常见。如接触问题发生争议，其解决方案包括通过证据优势来分析、判断是否存在事先接触，及通过存在“相似”来反推存在接触的可能性。

---

① 见《著作权法》第十条第一款第（五）项、第（十四）项、第（十七）项。

② 参见广东某食品有限公司诉株式会社倍某生等网络传播权纠纷案，上海市高级人民法院（2013）沪高民三（知）终字第81号民事判决书；张某容与某文艺出版社有限责任公司、某网络有限公司著作权权属、侵权纠纷案，浙江省高级人民法院（2015）浙知终字第112号民事判决书；段某胜与成都市某工艺品有限公司、成都某文化发展有限公司著作权侵权纠纷案，四川省高级人民法院（2010）川民终字第472号民事判决书；某平玛斯特有限公司与汕头市澄海区广益某玩具厂、林某忠、汕头市某玩具实业有限公司著作权侵权纠纷案，广东省高级人民法院（2018）粤民终361号民事判决书。

③ 见北京某木业有限公司与某家居用品（上海）有限公司侵犯著作权纠纷案，中华人民共和国最高人民法院（2018）最高法民申6061号民事裁定书、江苏省高级人民法院（2015）苏知民终字第00085号民事判决书。

④ 参见张某燕与雷某和等侵犯著作权纠纷再审案，最高人民法院（2013）民申字第1049号民事裁定书。

⑤ 参见某科学院海洋研究所、郑某仪与刘某谦等人侵犯著作权纠纷案，山东省高级人民法院（2012）鲁民三终字第33号民事判决书。

⑥ 见上海某艺术有限公司与某剧院等作品改编权纠纷上诉案，（2012）沪一中民五（知）终字第112号民事判决书。

如在王某诉朱某本等著作权侵权纠纷案（“《十送红军》案”）一审判决中，北京市海淀区人民法院（以下简称海淀法院）综合分析当事人陈述及证人证言，查明了朱某本赴井冈山采风的相关事实；[①] 在此基础上，海淀法院进一步认为朱某本采风过程中必然会接触当地民歌并收集整理，根据采风的时间和当时的情况及两部作品存在的相似之处，推定朱某本接触了《十送红军》歌曲。[②] 由此可见，该判决即是结合接触可能性与相似情况，对存在“接触”加以推定。又如刘某新诉陈某民等侵犯著作权纠纷案（“《人生几度秋凉》案”）中，海淀法院也认为，陈某民在创作被控侵权的《人生几度秋凉》剧本前曾受邀进行原作《古街》的电视剧本改编，虽未达成协议，但可确认陈某民曾经接触并试图改编《古街》，此节与其所述从未看过《古街》存在矛盾；[③] 另外，《人生几度秋凉》开篇骗子行骗的虚构情节、故事设计和语言对白，均与《古街》存在相同之处，陈某民提供的来源证据不足以证明情节设计及语言对白的出处，故“有理由认为，《秋凉》剧本的写作参考了小说《古街》”，即存在接触。[④] 据此，我们可以得出结论，衍生作品的“接触”标准较易满足。同时，在互联网时代证明衍生作品的作者与原作存在接触相当容易；事实上，很多衍生作品的

---

① 见王某诉朱某本等著作权侵权纠纷案，北京市海淀区人民法院（2003）海民初字第19213号民事判决书；“1960年3月，空政文工团一行五人，包括朱某本，作为贵宾应邀参加了在江西省九江市举办的江西省农村业余会演。会演的节目中包括《送》曲。会演期间，江西音乐家协会将会演的节目材料交给了采风的空政文工团一行人。朱某本一行人应邀参加了《送》曲的演出单位——吉安代表队的座谈会，并记录了一些曲子的谱子。会演结束后，朱某本、汪某、李某先等到江西井冈山采风，接待他们的是文工团团长罗某成。《十》曲词作者张某燮当时没有同去，而是之后单独去的。因罗某成已经去世，曾某屏未能出庭接受质证，现不能查清曾某屏所述：当时将《送》曲求教于朱某本。但朱某本承认罗某成给了一些斗争时期的历史材料。赣南采茶歌舞剧团陈某光当年在接待前来采风的朱某本等人时，介绍了《长歌》采茶戏的相关情况，朱某本记了谱。朱某本并听演员唱了送红军的歌曲，但是否就是听了《送》曲，无法查明。双方认可朱某本未见到王某，二人未直接发生接触。采风回来不久，朱某本运用了回旋曲的创作技法，创作完成了曲谱，并由张某燮作词形成《十》曲。1961年9月，《十》曲正式在《歌曲》上公开发表，署名江西革命民歌，朱某本、张某燮收集整理。吉安地区第二次文艺会演的时间是1962年2月。以上事实根据当事人陈述、双方提供的证人证言综合分析后予以确认。”

② 见北京市海淀区人民法院（2003）海民初字第19213号民事判决书；“朱某本不承认曾经接触过《送》曲。但本院认为，作为一名采风者去采风，必然会接触当地的一些民歌，并会着意收集整理，庭审中也查明朱某本确实记录了一些民歌和表演唱，只是不能确定就是《送》曲。根据采风的时间和当时的情况，以及《送》曲和《十》曲存在的一些相似之处，本院推定朱某本接触了《送》曲，只是由于当时的署名情况等原因，其当时也许并不知道是王某改编的《送》曲，仅认为是《长歌》的不同唱法而已。”

③ 参见刘某新诉陈某民等侵犯著作权纠纷案，北京市海淀区人民法院（2005）海民初字第13745号民事判决书。

④ 同上注。

作者也坦然承认此节。即便未能具体证明，则根据现有司法判例，也可以较为轻松地推定存在接触。

在接触问题相对争议较小的情况下，需要重点讨论也存在较大争议的则是“实质性相似”的判断标准。而实质性相似的判断标准可分为两个方面：一是表达元素的保护标准，即人物、是整体判断路径，即所谓的“整体观察法”及“抽象—过滤—对比”法等分类；[①] 二是具体考量因素，即人物姓名、性格、关系、具体情节、情节顺序、场景设定等。[②] 那么，在中国司法实践中，这两方面是否清晰明确，足以成为准确判断案件结果的依据，还是貌似清晰，实质存在矛盾之处？下文将采取实证案例研究的路径，对我国司法实践中采取的整体判断路径与具体考量因素进行分类研究，并在此基础上得出结论：我国司法实践中对于判断实质性相似的整体判断路径并不统一，且这种不一致对案件裁判结果也会产生直接影响，从而导致衍生作品是否构成侵权的不确定性增加。

1. 表达元素的保护标准

（1）人物

目前司法判例认为人物在一定情况下可以构成表达方式，如构成表达方式，则可以进行人物性格、人物关系是否构成实质性相似的比对。从涉及衍生作品的角度而言，“《胭脂扣》案”和“金某诉江某案”均认为即便人物姓名相同，也不必然构成实质性相似。“《胭脂扣》案”二审判决认为，“两部作品中均有陈振邦和如花，且均为主要角色，两者的相同是不争的事实”，但经过对性格、情节的分析后，认为仅有角色的相同并不足以构成实质性相似。[③] “金某诉江某

---

① 目前文献倾向于将中国司法实践中实质性相似归纳为“整体观感法”（整体对比法）与“抽象分离法”（如认为“圈里圈外案”体现了“整体观感法”，“潜伏案”体现了“抽象分离法”），并认为前两者均来自美国判例中的既定标准。即“一般认为，我国法上判断实质性相似的‘整体观感法’与‘抽象分离法’来自于美国法”。“人们常常将实质性相似的判断方法归纳为‘整体观感法’（整体对比法）、‘抽象分离法’（部分比较法）和‘三段论侵权认定法’。所谓‘整体观感法’，是指以普通观察者对作品整体上的内在感受来确定两部作品之间是否构成实质性相似；而‘抽象分离法’是指通过抽象的手段，将作品中的思想、事实或通用元素等不受保护部分予以分离，以作品中受保护的部分进行比对，从而判定两部作品是否构成实质性相似。我国法院常常运用这两种不同的方法来判断实质性相似。”见梁志文：《版权法上实质性相似的判断》，载《法学家》2015 年第 6 期。

② 具体考量因素，指用于考量实质性相似是否成立的人物姓名、性格、关系、情节、场景设定、整体印象（观感）等因素。

③ 见上海某艺术有限公司与某剧院等作品改编权纠纷上诉案，上海市第一中级人民法院（2012）沪一中民五（知）终字第 112 号民事判决书。

案”一审判决认为，“……虽然《此间的少年》使用了原告四部作品中的大部分人物名称、部分人物的简单性格特征、简单人物关系以及部分抽象的故事情节，但上述人物的简单性格特征、简单人物关系以及部分抽象的故事情节属于小说类文字作品中的惯常表达……且存在部分人物的性格特征缺失，部分人物的性格特征、人物关系及相应故事情节与原告作品截然不同，情节所展开的具体内容和表达的意义并不相同”①。上述两判例对于部分同人小说使用原作人物不构成实质性相似相对有利，但这两个判例中的作品并不能涵盖同人小说的全部情况，如那些人物性格特点、人物关系完全与原作类似的小说；因此我们仍有必要继续检视人物在我国判例中构成实质性相似的具体标准。

对于人物能否构成表达方式的问题，司法判例中形成了两种标准：①单独考量人物性格特征是否鲜明。如在“《圈里圈外》案”中，一审法院基本采取了“充分描述”（sufficiently delineated）标准，认为《圈内圈外》的人物特征不够鲜明、不能突出人物特征，从而不足以使该人物特征本身成为受著作权法保护的表达形式。② 又如“《胭脂扣》案”一审判决也认为，“著作权法保护作品中的独创性表达，包括人物的特征性外貌、人物的性格、人物之间的关系等……当通过情节塑造的人物形象越鲜明，越具有独特性，其受著作权法保护的可能性越大。主人公姓名则仅是作为人物塑造中的一部分，与特定的人物性格相关联，具有特定化的意义时，才有可能成为著作权法保护的对象”③。②综合考虑人物与情节，进行整体比较。如“《潜伏》案”中一审法院即认为，“单纯的人物特征，如人物的相貌、个性、品质等，或者单纯的人物关系，如恋人关系、母女关系等，都属于公有领域的素材，不属于著作权法保护的对象。著作权法上的作品，应以其相应的故事情节及语句，赋予这些‘人物’独特内涵，这些人物与故事情节和语句一起构成著作权法的保护对象。因此，所谓人物特征、人物关系，以及与之相应的故事情节都不能简单割裂开来，人物和叙事应为有机融合的整体，在判断是否抄袭时应综合进行考虑”。④

---

① 见查某镛诉杨某著作权侵权及不正当竞争纠纷案，广东省广州市天河区人民法院（2016）粤0106 民初 12068 号民事判决书。

② 参见北京市高级法院（2005）高民终字第 539 号民事判决书。

③ 见上海某艺术有限公司与某剧院等作品改编权纠纷上诉案，上海市第一中级人民法院（2012）沪一中民五（知）终字第 112 号民事判决书。

④ 见李某与石某山、某出版社侵犯著作权纠纷案，北京市第二中级人民法院（2008）二中民终字第 02232 号民事判决书。

而在上海浦东新区人民法院（以下简称浦东法院）公布的2019年度“知识产权保护十佳案例”上海某娱乐信息科技有限公司与张某野等人著作权侵权及不正当竞争纠纷案中，浦东法院则明确认为，“文学作品中的人物形象往往只是作品情节展开的媒介和作者叙述故事的工具，离开作品情节的人物名称与关系，因其过于简单，一般不能获得充分而独特的描述，难以作为表达受到著作权法的保护。只有当人物形象等要素在作品情节展开过程中获得充分而独特的描述，并由此成为作品故事内容本身时，才有可能获得著作权法保护。被控侵权图书虽然使用了与原告权利作品相同的人物名称、关系、盗墓规矩等要素，但被控侵权图书有自己独立的情节和表达内容，被控侵权图书将这些要素和自己的情节组合之后形成了一个全新的故事内容，这个故事内容与原告作品在情节上并不相同或相似，也无任何延续关系，不构成对原告著作权的侵犯”①。并因此认为张某野利用《鬼吹灯》系列中人物名称创作新作，不构成对上海某娱乐信息科技有限公司的侵犯。但此案中张某野本身即为《鬼吹灯》系列的作者，只是将《鬼吹灯》系列作品的经济权利许可给上海某娱乐信息科技有限公司。考虑到这一特定情况，该案例的认定是否能够推而广之，尚存在疑问。这种标准的不统一，对于人物是否构成著作权法保护对象也会产生一定的影响。

在司法实践中，基于法院的观点区别，人物性格、关系是否构成实质性相似也往往具有一定的不确定性。“《我在北京，挺好的》案”中，一审法院认为人物性格、关系等构成实质性相似，而二审法院则认为两剧主人公及重要配角性格、人物互动关系均存在较大区别，且其面对的困难处境、作出的选择等在细节上均存在不同之处，故不构成实质性相似。②

因此，鉴于以上不确定性的存在，衍生文字作品使用原作人物是否构成实质性相似，仍属于未知之数。我们可以推测的是，如衍生文字作品中使用的是“描述不够充分”的次要人物，对其性格进行充分描写，且改变人物关系，则其不构成实质性相似的可能性较大。如衍生作品创作者完全忠实于原作，尽可能让其描写的人物性格特点人物关系与原作接近，则构成实质性相似的可能性较大。

---

① 见上海某娱乐信息科技有限公司与张某野等人著作权侵权及不正当竞争纠纷案，上海浦东新区人民法院（2015）浦民三（知）初字第838号民事判决书。

② 见西安曲江某影视文化股份有限公司、某电视台、刘某军与倪某礼侵害著作权纠纷案，北京知识产权法院（2015）京知民终字第1148号民事判决书。

（2）故事情节、场景（事件）及顺序

根据现有判例，过于抽象的情节主线、公有领域内或者表达方式唯一、有限的情节不能成为保护对象，但足够个性化的情节组合、安排顺序即构成独特的表达方式，可以成为保护对象，并可在此基础上比较是否构成实质性相似。在“琼某诉于某案”（“《宫锁连城》案”）中，北京高院则认为，情节的前后衔接、逻辑顺序将全部情节紧密贯穿为完整的个性化表达，这种足够具体的人物设置、情节结构、内在逻辑关系的有机结合体……可以成为著作权法保护的表达。即使作品中的部分具体情节属于公共领域或者有限、唯一的表达，但是并不代表上述具体情节与其他情节的有机联合整体不具有独创性，不构成著作权法保护的表达，认定相关情节安排可以成为著作权法保护对象。而“《锦绣未央》案”中，一审判决则更进一步认为某一具体情节在如特定情景下也可以构成实质性相似，即“过滤两书不相同的部分后最终呈现的情节，如果在人物设置及关系、故事前后衔接、具体细节设计基本一致，则两情节构成相同或实质性相似”，并据此认为两作品中均出现的“二月出生、寄养乡下”情节构成实质性相似。①

但是，即便有着上述标准，在个案认定是否构成实质性相似时也会存在一定的差别。这种差别既有作品本身存在差异的因素，也有认定标准不同的因素。如“金某诉江某案”中，广州市天河区法院认为，“虽然《此间的少年》使用了原告四部作品中的大部分人物名称、部分人物的简单性格特征、简单人物关系以及部分抽象的故事情节”，但“均属于小说类文字作品中的惯常表达，《此间的少年》并没有将情节建立在原告作品的基础上……”② 在此情况下，广州市天河区法院认定两作品并不构成实质性相似。而“琼某诉于某案”中，尽管二审法院仅认定9个情节存在相似，但认为“剧本《梅花烙》的21个情节（小说《梅花烙》的17个情节），前后串联构建起整个故事的情节推演……剧本《宫锁连城》虽然在故事线索上更为复杂，但是陈某主张的上述情节的前后衔接、逻辑顺序均可映射在剧本《宫锁连城》的情节推演中，即使存在部分情节的细微差别，但是并不影响剧本《宫锁连城》与涉案作品在情节内在逻辑推演

① 详见沈某文与周某、北京某科文电子商务有限公司侵害著作权纠纷案，北京市朝阳区人民法院（2017）京0105民初932号民事判决书、北京知识产权法院（2020）京73民终51号民事裁定书（一审因被告周某撤回上诉，现已生效）。

② 见查某镛诉杨某著作权侵权及不正当竞争纠纷案，广州市天河区人民法院（2016）粤0106民初12068号民事判决书。

上的一致性"[①]。又如"《我在北京，挺好的》案"中，一审法院通过整体比对，认为结合两剧在故事脉络、人物设置以及人物关系上的相似度，将相关情节进行整体比较，可以认定构成实质性相似。但二审法院在将情节细细分解之后，认为主要人物情节主线、主要人物设置及主要人物关系不构成相似，并在此基础上撤销原判，判定侵权不能成立。

鉴于以上种种不确定性的存在，我们可以大致推测，如衍生文字作品尽量不使用原作场景设定与核心情节，则其不构成实质性相似的可能性较大；反之，则构成实质性相似的可能性较大。而事实上，不使用原作场景设定与重要情节的同人占比并不高。[②] 如以"《锦绣未央》案"中一审判决所持标准，在过滤掉不相同的情节后再就某一情节展开对比，则在衍生文字作品将难以避免使用某些基本人物关系（如亲子、恋人、朋友关系）及某些基本情节设定的情况下，其构成实质性相似的可能性仍是不可避免的。

2. 整体比较路径

通过对涉及文字作品侵权的知名判例的整理、萃取，本书认为我国司法判例中体现出的主要路径包括以下种类：（1）抽象过滤+分解因素+分项比较法；（2）抽象过滤+分解元素+整体比较法；（3）整体比对+受众观感法；（4）内容/

---

① 见陈某起诉余某等著作权纠纷案，北京市高级人民法院（2015）高民（知）终字第1039号民事判决书。因《宫锁连城》的情节结构中还包含大量其他元素，故两者的主线是否一致、是否足以构成实质性相似，并非完全没有理论争议。

② 见导论部分及第一篇对于AU类型同人小说的论述。

表达方式相似法。[①] 这些路径的裁判方法与说理并不一致，对于案件裁判结果亦产生了一定的影响。

（1）抽象过滤+分解因素+分项比较法

持该路径的法院至少包括最高人民法院、北京一中院、北京二中院、北京知识产权法院、上海一中院等法院，并造就了众多具备一定影响力的案件。

①“《最后的骑兵》案”

该案系最高人民法院于 2017 年 3 月发布的第 81 号指导案例。[②] 2013 年，

---

① 需要说明的是，本书所采取的分类标准与现有文献中关于中国司法实践中实质性相似的判断路径，并非完全一致。目前有文献倾向于将中国司法实践中实质性相似归纳为“整体观感法”（整体对比法）与“抽象分离法”（如“《圈里圈外》案”体现了“整体观感法”，“《潜伏》案”体现了“抽象分离法”），并认为前两者均来自美国判例中的既定标准（参见梁志文：《版权法上实质性相似的判断》，载《法学家》2015 年第 6 期）。而本书未采取该种归纳方法，原因在于：1. 在涉及文字作品时，“抽象分离法”并不是与“整体观感法”相对的一种单独判断方法。从上述案例分析可知，我国几乎所有涉及判断实质性相似的著名司法判例都体现了“抽象分离”的步骤，即首先要将原告主张的相似元素进行表达与思想的区分，剔除不受著作权法保护的思想部分，留下受著作权法保护的表达元素，再进行比对。即使偶有一审法院不持该种方法，二审法院都会在说理部分对此予以补充、纠正。通过对上述判例的考察可知，它们都明显或者默示地认可文学作品的情节、人物特征、关系等并不总是能得到著作权法的保护，能够得到著作权法保护的情节、人物特征、关系必须满足一定的条件。事实上，各判例最大的区别，并不在于“剔除思想”，而在于对表达元素进行区隔比较还是整体比较。2. 该方法未对各案的一审、二审判决加以详细区分。如“《圈里圈外》案”的一审、二审判决体现的思路即存在区别，一审判决更多体现了表达元素的区隔比较方法，而二审判决则更多体现了表达元素整体比较的方法。3. 这种以“抽象标准”与“整体观感标准”（the total concept and feel）作为依据的分类方法，恐有悖于美国判例及我国司法实践。国内某些文献倾向于认为整体观感标准是美国判例中一项独立的、重要的标准，并据之作出相应论述，如梁志文：《版权法上实质性相似的判断》，载《法学家》2015 年第 6 期；卢海君：《论作品实质性相似和版权侵权判定的路径选择——约减主义与整体概念和感觉原则》，载《政法论丛》2015 年第 2 期。但该标准 Nimmer 教授在 Nimmer on Copyright 中将美国判例中的实质性相似标准分为抽象标准（the abstraction test）、模式标准（pattern test）、整体观感标准（the total concept and feel）及其他标准（other tests），且对整体观感标准多有批评，认为“幸福的是，这一术语似乎已经逐渐消亡。在近年来公布的判决意见中仅是偶尔提及‘整体观感’”“即便提到这一术语，通常它也不会构成法院判决的关键之处”。“Happily, that terminology seems to be fading away. In terms of published opinions, one finds only sporadic mention of ‘total concept and feel’ in recent years.” “Even when it is mentioned, it usually does not constitute the crux of the court’s holding.” 见 Melville B. Nimmer & David Nimmer, Nimmer on Copyright (New York, NY: Matthew Bender & Company, Inc., 2017), Volume IV, § 13.03 [A] [1]. 另有多篇研究美国版权法的英文文献将美国判例中实质性标准界定为三种：普通观察者标准、外部/内部标准及抽象—过滤—比较标准。从我国司法实践而言，在文字作品中持“整体观感”法的“琼某诉于某案”（《宫锁连城》案）一审判决，也被二审判决于说理部分纠正。该方法将国内司法判例的分类法努力与美国司法判例标准靠拢，但既忽略了“整体观感法”作为一种独立标准在美国已趋式微的现状，也未能准确判断国内司法判例已发展出与美国判例路径并不完全吻合的判断方法。因此，本书在经过分析后，仍是采取了上述论述标准。

② 见最高人民法院网站，http://www.court.gov.cn/fabu-xiangqing-37642.html，最后访问日期：2019 年 4 月 23 日。

张某燕主张雷某和所著《最后的骑兵》剧本及电视剧系抄袭张某燕的《高原骑兵连》剧本及电视剧，因不服山东省高级人民法院（以下简称山东高院）作出的（2011）鲁民三终字第194号民事判决，而向最高人民法院申请再审。[①] 张某燕在再审中明确提出以下观点：第一，一部作品是由作品题材、故事主线、人物设置、人物关系、故事情节及相关语言表达方面组合而成，任何一部作品切割开来，上述方面几乎“都取材于公有领域的素材，表达上缺乏独创性，但公有领域的素材经过作者的创造性劳动组合在一起即构成了一部完整的作品，受到著作权法保护”。故“二审法院用分割认定的方式，否认《张剧》的独创性，失之偏颇”。第二，“我国著作权法所保护的对象包括作品的故事主线、人物设置和人物关系、作为故事的框架结构和线索脉络的总体表达。”人物通过叙事刻画，叙事又以人物为中心，人物特征及人物关系均是通过相关联的故事情节来塑造和体现，故上述几个方面必然构成作品的表达。二审法院认为获得法律保护只有作品的文字表达，其他内容被排除在著作权法保护范围之外，是对立法精神的误读。

张某燕的再审申请并未获得最高人民法院的支持。2014年11月28日，最高人民法院作出（2013）民申字第1049号民事裁定书，驳回张某燕的再审申请。从裁定书的说理可见，最高人民法院在该案中的论证思路为：在判断两部作品是否构成实质性相似时，应比较两部作品中对于思想和情感的表达，特别是作者在取舍、选择、安排、设计上是否相同或相似，而不是离开表达看思想、情感、创意、对象等其他方面；在此基础上，最高人民法院再对题材主线、人物设置与人物关系、语言表达及故事情节是否相同、相似等逐一进行比对，[②] 并认为双方作品的具体情节展开不同、描写的侧重点不同、主人公性格不同、结尾不同，相同、相似的故事情节在《最后的骑兵》剧中所占比例极低，且在整个故事情节中处于次要位置，不构成《最后的骑兵》剧中的主要部分，不会

① 参见张某燕与雷某和等侵犯著作权纠纷再审案，最高人民法院（2013）民申字第1049号民事裁定书。

② 最高人民法院认为，“著作权法保护的表达不仅指文字、色彩、线条等符号的最终形式，如作品的内容被用于体现作者的思想、情感时，则内容也属于受著作权法保护的表达，但创意、素材或公有领域的信息、创作形式、必要场景或表达唯一或有限则被排除在著作权法的保护范围之外”。并给出了必要场景与表达唯一或有限的定义，即“必要场景，指选择某一类主题进行创作时，不可避免而必须采取某些事件、角色、布局、场景，这种表现特定主题不可或缺的表达方式不受著作权法保护；表达唯一或有限，指一种思想只有唯一一种或有限的表达形式，这些表达视为思想，也不给予著作权保护”。参见张某燕与雷某和等侵犯著作权纠纷再审案，最高人民法院（2013）民申字第1049号民事裁定书。

导致读者和观众对两部作品产生相同、相似的欣赏体验，从而被控侵权作品不构成侵权。

通过该案裁判文书的说理，我们可以得出如下结论：首先，最高人民法院对作品进行“思想与表达”的区分，明确受保护的表达方式与不受保护的思想。这一点在其选择的典型案例与公报案例之中也多有体现。如 2013 年中国法院 50 件典型知识产权案例之十二景德镇法某瓷实业有限公司与潮州市加某德陶瓷有限公司侵犯著作权纠纷再审案中，最高人民法院即认为，“著作权法保护思想的表达，并不保护思想本身。……模仿是文学、艺术和自然科学、社会科学、工程技术等进步的基本手段和方法，著作权制度并不禁止他人适度的模仿，仅禁止抄袭他人具有独创性的表达”①。在上文所述“某科学院海洋研究所”一案中，其公报“裁判摘要”中也明确载明，“具体认定作品时”，应当把握作品是否具有一定表现形式，不能是客观事实或者抽象的思想本身。② 其次，最高人民法院将作品被控侵权的元素进行罗列，并进行分项比对。再审申请人明确主张“故事主线、人物设置和人物关系、作为故事的框架结构和线索脉络的总体表达”应得到著作权保护，上述各项不应分割比对；最高人民法院虽未明确否认这种将表达元素进行整体比较的方法，但其将题材主线、人物设置与人物关系、语言表达及故事情节是否相同、相似等逐一进行比对，并得出不侵权的结论，已充分说明了其所持态度。同时，分项比对也是最高人民法院的一贯立场。在“毕某与范某等著作权纠纷再审案”中，最高人民法院也将两部作品的故事情节、人物设计、具体语言文字表达等一一进行比对，从而得出不构成实质性相似的结论。③

在此基础上，我们可以得出结论，最高人民法院所持的标准为抽象过滤+分解因素+分项比较方法。

②“《圈里圈外》案”一审判决

2004 年，作家庄某起诉小说《梦里花落知多少》的作者郭某明侵犯了庄某就

---

① 参见景德镇法某瓷实业有限公司与潮州市加某德陶瓷有限公司侵犯著作权纠纷再审案，最高人民法院（2012）民申字第 1392 民事裁定书。在该案中，因被控侵权作品与原作的相同之处主要是设计主题、思路、位置关系和动植物形象等元素，相同之处尚未使两公司产品达到实质性相似的程度，故最高人民法院认定二审法院驳回原告诉讼请求是正确的。

② 参见“某科学院海洋研究所、郑某仪与刘某谦、莱州市某石业有限公司、烟台某艺术管理办公室侵犯著作权纠纷案”民事判决书，载《最高人民法院公报》2014 年第 3 期（总第 209 期）。

③ 参见毕某与范某等著作权纠纷再审案，最高人民法院（2008）民监字第 192 号民事裁定书。

小说《圈里圈外》所享有的著作权。该案在当年轰动一时，至今仍是社会公众心目中涉及抄袭的经典案例之一。一审法院北京市第一中级人民法院（以下简称北京一中院）所秉持的标准可总结为：首先，需严格区分思想与表达，将作品构思和语言风格排除在表达之外。其次，将人物特征、情节、语句进行分解，并逐项判断上述组成部分是否构成著作权法保护对象、相同或近似是否构成复制。[①]

结合以上分析，我们可以认为，北京一中院所持路径为抽象过滤+分解因素+分项比较方法。

③“《潜伏》案”

2009年，电视剧《潜伏》在国内播出后轰动一时。但早在该剧上映之前，北京市第二中级人民法院（以下简称北京二中院）就《潜伏》小说作者李某（笔名龙某）与石某山、某出版社侵犯著作权纠纷一案作出（2008）二中民终字第02232号民事判决。李某于2007年提起诉讼，认为石某山所著的《地上，地下》一书侵犯了其小说《潜伏》的著作权。[②]一审判决驳回其诉请后，针对李某的上诉意见，北京二中院进一步查明了《地上，地下》中“地下”部分与《潜伏》存在诸多相似之处，[③]但并未在此基础上得出两部作品构成实质性相似的结论，而是明确提出了以思想/表达两分法判定保护内容，[④]并在此基础上对一系列元素进行了分析，认为“在情节发展的关键环节、情节推进的方式、各个情节之间的逻辑关系设置上存在差异，而且在大量的情节描述、细节设置上存在显著区别。上述区别使得读者对于上述两部作品会产生不同的欣赏体验”。在此说理基础上，二审法院维持了一审判决。

---

① 参见庄某与郭某明等侵犯著作权纠纷案，北京市高级法院（2005）高民终字第539号民事判决书。

② 一审法院北京市丰台区人民法院（以下简称丰台法院）认为两作品中具体人物性格、关系细节存在诸多区别，在情节的细节逻辑和设置上亦存在不同。一审法院又将上述因素分解为接家眷的原因、双方被组织选定为搭档的理由、男主人公对女主人公的第一印象、男主人公给女主人公安排工作的理由、女主人公为男主人公制造危机事件、男女主人公之间的感情等进行比对，并认为两部作品“故事结构及情节”不存在实质性相似。显而易见的是，一审法院所持的路径，也是将因素分解后进行分隔比对，从而得出不相似的结论。见李某与石某山、某出版社侵犯著作权纠纷案，北京市第二中级人民法院（2008）二中民终字第02232号民事判决书。

③ 如故事背景均为存在历史性错误的“军统局”，故事结构均为“描写了男、女主人公在追求共同目标的过程中，由于身份、性格、文化和经历的差异不断引发矛盾和冲突的故事”，且“主要故事情节均是以此为基础设置和推进”，并总结了情节细节上存在15处相似点，男女主人公的背景也存在相似之处等。

④ “对于如何判定文学作品中处于‘模糊区’的创作元素是否属于著作权法的保护范围，应以抽象性和独创性为判断标准对其进行具体衡量，基本的规则是：越抽象越接近于‘思想’，越富于独创性越接近于‘表达’。其中对于独创性的把握要突出创作元素的个性特征。”

据此可见，本案中北京二中院所持路径与最高人民法院在“《最后的骑兵》案”、北京一中院在“《圈内圈外》案”中采取的抽象过滤+分解因素+分项比较方法一致。

④“《我在北京，挺好的》案”

《我在北京，挺好的》于2014年上半年在中央电视台播出，收视率一度居高不下，在当年具有相当的社会影响。同年，倪某礼向北京市朝阳区人民法院（以下简称朝阳区法院）起诉，称《我在北京，挺好的》抄袭其创作的小说《追赶与呼喊》及剧本《小麦进城》（曾于2012年播出）。朝阳区法院在分解因素后明确认为，“人物特征、人物关系以及与之相应的故事情节不能简单割裂开来，而应作为有机融合的整体，在判断抄袭时应整体比对、综合判断”①。并认为，“《我在北京，挺好的》在情节的具体展开、对白的运用上与《小麦进城》剧本也存在一定的区别，但结合《小麦进城》剧本和《我在北京，挺好的》在故事脉络、人物设置以及人物关系上的相似度，将相关情节进行整体比较，可以发现《我在北京，挺好的》和《小麦进城》剧本在相关情节设置和运用上的相同或相似已经远远超出了创作巧合的可能”。在此基础上，朝阳区法院认定侵权成立。

北京知识产权法院则采取了不同路径，重新作出了认定。首先，二审判决明确提出应适用“抽象—过滤—比较”方法，排除思想、情感、创意、对象、具有相同来源及有限表达部分。② 其次，二审法院认为《小麦进城》与《我在北京，挺好的》主人公及重要配角性格、人物互动关系均存在较大区别，且其面对的困难处境、作出的选择等在细节上均存在不同之处，故其主要人物情节主线、主要人物设置及主要人物关系不构成相似。即使其有个别情节存在相似，但比例很小，故不构成实质性相似。③ 最终二审法院判决撤销一审判决，并驳

---

① 见西安曲江某影视文化股份有限公司、某电视台、刘某军与倪某礼侵害著作权纠纷案，北京知识产权法院（2015）京知民终字第1148号民事判决书。

② “在判断两部作品是否构成著作权法意义上的相同或实质性相似时，可以采用‘抽象—过滤—比较’的方法。在‘抽象’环节中，将主张权利作品中的思想、情感、创意、对象等部分予以排除。在‘过滤’环节中，将两部作品中相同但具有其他来源的部分以及符合有限表达的部分予以排除。在‘比较’环节中，则应当对于排除了思想及其他来源及有限表达部分后的内容进行比对。”见西安曲江某影视文化股份有限公司、某电视台、刘某军与倪某礼侵害著作权纠纷案，北京知识产权法院（2015）京知民终字第1148号民事判决书。

③ 但“对于作品整体而言，相似之处仅为很小的一部分，不应作为认定抄袭的依据。……整体而言，《我在北京，挺好的》与《小麦进城》剧本，具体情节展开不同、描写的侧重点不同、主人公性格不同、结尾不同；二者相同、相似的故事情节所占比例极低，且在整个故事情节中处于次要位置，不构成主要部分，不会导致读者和观众对两部作品产生相同、相似的欣赏体验，不能得出作品实质性相似的结论”。

回倪某礼的全部诉讼请求。

从北京知识产权法院判决可见，其采取的亦为抽象过滤+分解因素+分项比较的路径，将故事情节、人物关系等一步步分解成细节因素，予以比对。该方法与朝阳区法院采取的“整体比对、综合判断”显著不同，在结果上亦形成鲜明对比。[①] 这也意味着采取何种方法，将很可能直接决定是否构成实质性相似及案件结果。

⑤“《胭脂扣》案”

上海一中院在该案中采取抽象过滤+分解因素+分项比较+整体印象方法，该方法仍属于“抽象过滤+分解因素+分项比较”的大类别，可以说是该项路径的分支。

某剧院于2010年演出沪剧《胭脂盒》，上海某艺术有限公司（以下简称某公司）认为其侵犯了小说《胭脂扣》的改编权，向上海市徐汇区人民法院（以下简称徐汇区法院）提起诉讼。[②] 徐汇区法院明确提出了“三步检验法”的步骤，即剔除思想部分、过滤惯常表达、比较独创性表达是否构成相似，[③] 并根据这种“三步检验法”，对故事主线与情节、人物姓名与人物关系、作品名称等是否构成实质性相似一一进行了比对，最终认为某公司主张权利的小说《胭脂扣》与被控侵权剧本《胭脂盒》在基本表达上不存在实质性相似。[④]

在某公司提起上诉后，二审法院驳回了上诉人的上诉请求，也更为直接地

---

① 朝阳区法院援引的是北京高院在“《圈内圈外》案”中的说理。

② 参见上海某艺术有限公司与某剧院等作品改编权纠纷上诉案，（2012）沪一中民五（知）终字第112号民事判决书；另参见《上海某艺术有限公司与某剧院等作品改编权纠纷上诉案——改编作品的三步检验法》，载《人民司法·案例》2013年第8期。

③ 判定一部文字作品是否属于改编作品，可以采用“三步检验法”。首先，确定两部作品的相似之处属于作品的思想还是表达，剔除思想部分。其次，确定相似的表达是原作品独创的表达还是惯常的表达，过滤惯常表达部分。最后，比较独创性表达在两部作品中是否构成实质性相似。通过“三步检验法”确定为实质性相似的作品，可被认为是改编作品。见上海某艺术有限公司与某剧院等作品改编权纠纷上诉案，（2012）沪一中民五（知）终字第112号民事判决书。此处的“三步检验法”与《伯尔尼公约》等国际公约规定的“三步检验法”并非同一概念，不可混淆。

④ 原审法院认为：“……对作品情节的描述可以有一个从具体到抽象的过程，然并非所有的情节均属于表达，受著作权法保护，作为表达的情节本质上还是表现为具体事件和矛盾冲突，用以塑造人物性格、表现作品主题，有一定的具体性。当对作品的故事情节概括抽象到一定程度时，其已脱离表达范畴，属于作品的思想，不受著作权法保护。该种思想与表达的区分，仅能根据个案情况综合判断，越具体的情节，成为表达的可能性越大。同时，因故事情节与人物塑造、主题表达密不可分，往往越具体的情节越能体现人物的塑造、主题的表达，而越抽象的情节则越不涉及人物与主题，故在思想与表达区分的模糊区域，情节与人物塑造、主题表达的关系对于判断情节是否属于表达亦具有一定的作用。此外，著作权法保护的表达仅限于独创性表达，不涉及对作品中借鉴前人成果部分表达的保护。”

指出了本案的重点为如何保持社会公共利益与作者利益的均衡、《胭脂盒》是二度创作还是重新创作。二审法院仍是选择了“抽象—过滤—比对”的方法，[①]对相关因素逐一进行比对后认为“更重要的是，两部作品在整体印象方面所表现出来的独创性出现了重大的差异”，并论述了人物个性、关系、整体情节设计和具体情节发展等方面存在种种差异，认为“两部作品在独创性表达上体现出了整体性的差异。尽管从《胭脂盒》中隐约可以看到《胭脂扣》的影子，但这种印象更多地体现为借鉴而不是演绎”。

综合说理可见，“《胭脂扣》案”中采取的标准，是抽象过滤+分解因素+分项比较+整体印象方法。

（2）抽象过滤+分解元素+整体比较法

这一路径主要为北京高院所采取，其具体案例如下：

①“《圈内圈外》”案二审判决

北京市高级人民法院（以下简称北京高院）对该案采取了与一审法院不同的比对路径。具体为：首先，对被控侵权的情节和语句是否构成抄袭，应进行整体认定和综合判断，以防止独立比对较难得出结论。[②] 其次，人物特征、人物关系与故事情节不能简单割裂，而是有机融合的整体，在判断抄袭时亦应综合进行考虑。本着上述标准，北京高院将《圈里圈外》与《梦里花落知多少》的人物关系、形象结合情节进行整体比对，认为“《梦里花落知多少》中主要人物及其情节与《圈里圈外》中的主要人物及情节存在众多雷同之处，这进一步证明了郭某明创作的《梦里花落知多少》对庄某的作品《圈里圈外》进行了抄袭”。

由上述说理可见，尽管一、二审的结果是一致的，但北京高院采取的衡量标准与北京一中院存在明显区别。与北京一中院的具体分项比对方式不同，北京高院采取了整体化考量方式，即语句、人物特征、人物关系及情节都是有机

---

① 上海一中院认为，在讨论一部文字作品是二度创作还是重新创作的问题时，要确定两部作品的相似之处属于作品的思想还是表达；如果属于表达部分，还要确定这些表达是在先作品独创的表达还是前人广泛采用的表达；如果属于在先作品独创性表达，还需进一步考虑两部作品的相似是否属于实质性相似。这一路径与一审法院的“三步检验法”是基本一致的。

② “对于一些不是明显相似或者来源于生活中的一些素材，如果分别独立进行对比很难直接得出准确结论，但将这些情节和语句作为整体进行对比就会发现，具体情节和语句的相同或近似是整体抄袭的体现，具体情节和语句的抄袭可以相互之间得到印证。”参见庄某与郭某明等侵犯著作权纠纷案，北京市高级法院（2005）高民终字第539号民事判决书。

融合的整体，在比对时应综合考虑。①

②“琼某诉于某案”

2014年的“琼某诉于某案”是北京高院所作出的另一起著名二审判决。陈某（笔名琼某）所著《梅花烙》小说及据其改编的同名电视剧曾经在二十世纪九十年代初轰动一时。近20年后，余某（笔名于某）创作了电视剧剧本《宫锁连城》，据之改编的电视剧也具有一定的收视率。2014年，陈某起诉余某及制作公司，认为电视剧《宫锁连城》侵犯了其就《梅花烙》享有的改编权、摄制权等权利。② 一审判决侵权成立后，余某等被告向北京高院提起上诉。二审判决首先确认了改编权的标准，认为改编作品应当保留原作品的基本表达，因此改编权的侵权标准仍需满足接触和实质性相似两个要件。③ 其次，二审判决重申了思想与表达二分法原则，认为著作权仅保护的是表达方式而非思想，实质性相似也是表达的相似而非思想的相似，所以需判断权利人主张的作品要素是否属于著作权法保护的表达。④ 最后，二审判决认为文学作品保护的表达是

① 北京高院虽然也认为“单纯的人物特征，如人物的相貌、个性、品质等，或者单纯的人物关系，如恋人关系、母女关系等，都属于公有领域的素材，不属于著作权法保护的对象”，但却并没有把人物特征单独进行比对，而是旗帜鲜明地提出“……一部具有独创性的作品，以其相应的故事情节及语句，赋予了这些‘人物’以独特的内涵，则这些人物与故事情节和语句一起成为著作权法保护的对象。因此，所谓的人物特征、人物关系，以及与之相应的故事情节都不能简单割裂开来，人物和叙事应为有机融合的整体，在判断抄袭时亦应综合进行考虑”。参见庄某与郭某明等侵犯著作权纠纷案，北京市高级法院（2005）高民终字第539号民事判决书。北京高院在此案中使用了“抄袭”而非“复制”。众所周知，“抄袭”并非中国《著作权法》的法定术语，而只是对将他人作品在不署名的情况下挪用、复制至本人作品的俗称，但具有强烈的贬义。北京高院使用该术语，本身即带有一定的道德批判意味。关于这种整体比对的方法，后被朝阳区法院在“《潜伏》案”一审判决中引用，但北京二中院对此又予以纠正。

② 见陈某起诉余某等著作权纠纷案，北京市高级人民法院（2015）高民（知）终字第1039号民事判决书。

③ 该案侵犯改编权的认定标准亦与前述山东省高级人民法院（2012）鲁民三终字第33号民事判决书“某科学院海洋研究所、郑某仪与刘某谦、莱州市某石业有限公司、烟台某艺术管理办公室侵犯著作权纠纷案”认定标准相似，载《最高人民法院公报》2014年第3期（总第209期）。

④ 在此处，北京高院直接引用了最高人民法院在（2013）民申字第1049号民事裁定书的说理，即“表达不仅指文字、色彩、线条等符号的最终形式，当作品的内容被用于体现作者的思想、情感时，内容也属于受著作权法保护的表达，但创意、素材或公有领域的信息、创作形式、必要场景和唯一或有限表达则被排除在著作权法的保护范围之外”。并认为“人物设置及其相互的关系，以及由具体事件的发生、发展和先后顺序等构成的情节，只有具体到一定程度，即文学作品的情节选择、结构安排、情节推进设计反映出作者独特的选择、判断、取舍”，“情节的前后衔接、逻辑顺序将全部情节紧密贯穿为完整的个性化表达，这种足够具体的人物设置、情节结构、内在逻辑关系的有机结合体”，可以成为著作权法保护的表达。见陈某起诉余某等著作权纠纷案，北京市高级人民法院（2015）高民（知）终字第1039号民事判决书。但该判决并未运用最高人民法院于（2013）民申字第1049号民事裁定书中表明的分项比较方法。

不断抽象过滤的过程，并对被控侵权的情节进行了一步步的抽象。①但在比对的过程中，二审法院则运用了整体比较的方法，认为“对于人物关系和人物设置，应对人物与情节的相互结合互动形成的表达进行比对”，最终得出9个独创性情节构成实质性相似的结论，并认为《宫锁连城》与涉案作品在整体上构成实质性相似。

从上述两案中可以看出，北京高院一直秉持抽象过滤+分解元素+整体比较路径，其于2018年4月发布的《侵害著作权案件审理指南》第10.10条亦规定，判断作品是否构成实质性相似一般采用综合判断的方法，也可视为北京高院对于整体比较方法的确立。但与“抽象过滤+分解元素+分项比较法”相比，持该路径的判决说理往往亦得纷乱、逻辑相对不清晰，且将众多因素混为一体。

（3）整体比对+受众观感法

北京市第三中级人民法院（以下简称北京三中院）在“琼某诉于某案”中认定《宫锁连城》构成侵权，但其采取的路径与之前司法案例存在较大区别。北京三中院没有明确对思想与表达作出明确区分，而是直接将人物关系、情节设置进行整体性的比对，并着重强调了“受众的感知和欣赏体验是否相似”的主观考量标准。② 在研究被控侵权的数个情节之后认为“剧本《宫锁连城》在情节排布及推演上与涉案作品高度近似，并结合具体情节的相似性选择及设置，构成了剧本《宫锁连城》与涉案作品整体上的相似性，导致与涉案作品相似的欣赏体验。……在著作权侵权案件中，受众对于前后两作品之间的相似性感知及欣赏体验，也是侵权认定的重要考量因素。以相关受众观赏体验的相似度调查为参考，占据绝对优势比例的参与调查者均认为电视剧《宫锁连城》情节抄袭自《梅花烙》，可以推定，受众在观赏感受上，已经产生了较高的及具有相对共识的相似体验”。最终一审法院认为余某的行为超越了合理借鉴的边界，构成对涉案作品的改编。

综上所述，北京三中院所持路径应为整体比对+受众观感标准，且参考新浪娱乐、新浪微博、网易娱乐、益派调查网等多家网站的网络投票结果，来支持

① 北京高院认为“如果该情节概括到了‘偷龙转凤’这一标题时，显然已经属于思想；如果该情节概括到了‘福晋无子，侧房施压，为保住地位偷龙转凤’，这仍然是文学作品中属于思想的部分；但对于原审判决所认定的包含时间、地点、人物、事件起因、经过、结果等细节的情节，则可以成为著作权法保护的表达，且不属于唯一或有限表达以及公知领域的素材”。

② 见陈某起诉余某等著作权纠纷案，北京市高级人民法院（2015）高民（知）终字第1039号民事判决书。

相关受众观赏体验为两作品相似度较高的结论。[①]

（4）内容/表达方式相似标准

北京知产法院于2016年发布的典型案例“疑难复杂新类型、具有指导意义的案件类之十”孙某利、孙某一诉刘某士著作权侵权纠纷一案中，采取了内容/表达方式实质性相似标准。[②] 该案二审判决明确作出了“内容与表达方式实质性相似”的提法，在“作品实质性相似问题”一节中载明，“根据上诉人作品和被上诉人作品的比对，可以得出存在两种实质性相似的情况，即内容和表达方式的实质性相似”。尽管下文中仅将表达方式分为“内在的表达方式和外在的表达方式”，并认为“内在的表达方式体现为文字作品的形式构造逻辑，即语言表述的逻辑，外在的表达方式体现为内容构造逻辑，即将作者思想内容进行组合排列和串联而使之形成整体的逻辑”[③]，而最终该判决认为“定义的表述无论是从单位词句体现的概念等内容上，还是语言表述上，尤其是在内容串联和排序上都存在实质性相似”。从该段表述可见，判决书虽然没有对“内容的实质性相似”作出阐述，在最终结论上却明显表现出“抽象内容的实质性相似”（或思想的相似）对于实质性相似的成立具有重要影响，与表述方式并立成为实质性相似的论述标准。

小　结

从上述案例与分析中，我们可以得出以下结论：（1）我国司法实践中在判

---

① 从两审判决对比可见，北京高院在二审法院采取的说理路径则比一审法院在结构上更加完整，也更接近司法实践的通常路径。

② 参见孙某利、孙某一与刘某士著作权侵权纠纷案，北京知识产权法院（2016）京73民终297号民事判决书。关于“外部/内部标准”，在下文中将有具体阐述。

③ 该判决并未论及何谓内容的实质性相似，也未论及内容的实质性相似对于判断著作权侵权的意义为何，或对本案的意义为何，但这一表述还是让人联想到了美国版权法中的外部/内部标准。参见孙某利、孙某一与刘某士著作权侵权纠纷案，北京知识产权法院（2016）京73民终297号民事判决书。

断文字作品实质性相似是否成立时，至少存在四种路径。[①] 同时，仅在作为文化产业重镇、著作权案件高发地区的北京地区就存在三种不同路径，且并未完全体现对上一级法院判例甚至最高人民法院判例的遵从，判断路径的不统一由此可见一斑。[②]（2）路径的差异会导致判决结果存在区别。在四种路径中，第一种、第二种路径是较为主流的路径，但采用两路径的案例在结果上存在较大差异。仅从判断标准本身的逻辑而言，“分项比对”系将数个表达因素分项比对，容易达成数个表达因素各自不同的结果；而“整体比较”则更倚重裁判者对于案件的整体印象，也更容易偏向于整体观感的接近。至少从上述案例样本可见，采取第一种路径的案例较易得出不构成实质性相似的结论，而采取第二种路径的案例均得出构成实质性相似的结论。[③] 如“《我在北京，挺好的》案”中一、二审判决采取不同路径，判决结果也存在天壤之别。（3）上述两种路径在论证的逻辑严谨程度与细致程度上存在一定区别。采取第一种路径的论证往往在结构上更为完整和严密，而第二种路径因为“整体综合判断”的分析方

---

① 值得注意的是，在作品类型存在区别的情况下，实质性相似标准也会发生一定变化。通过检索最高人民法院指导性案例与各省高级法院选择发布的、涉及美术类与计算机软件类作品案例可知，其判断标准与文字作品相比存在一定差别。美术类作品除考量构图、色彩、线条等艺术性元素外，也非常强调整体观感与“最具识别性的特征”。如“某科学院海洋研究所、郑某仪与刘某谦等侵犯著作权纠纷案”二审判决［具体参见山东省高级人民法院（2012）鲁民三终字第 33 号民事判决书］认定，“模型作品的整体结构、基本形态、表现手法均构成相似，仅是在局部进行了简单的改变，从整体上看，9 件雕塑与模型作品不存在明显的视觉差异，构成实质性相似”。2014 年福建法院知识产权司法保护十大案之二的德化瓷花著作权纠纷案、福建省高级人民法院（2014）闽民终字第 406 号民事判决书中，一审法院认定“被控侵权产品与某研究所、郑某婷享有著作权的《牡丹系列》等美术作品在整体视觉效果上并无差别，主要特征相同，构成实质性相似”；二审法院也认定，“牡丹瓷花作品在构图、布局、花朵形态、线条、色彩等方面无明显差异，二者已构成实质性相似”。2018 年《最高人民法院公报》刊载案例“上海某电影制片厂与电子工业出版社、曲某方著作权权属、侵权纠纷案”［上海知识产权法院（2015）沪知民终字第 200 号民事判决书］中，一审法院则认为，“（被控侵权作品）始终保留了涉案美术作品最具显著性和识别性的特征，从而与涉案美术作品构成实质性相似”。而判断计算机软件是否构成实质性相似，实践中则多通过相当于专家意见的鉴定程序加以确认。如最高人民法院发布的 2014 中国法院十大创新性知识产权案件之八杭州某网络科技有限公司与中国移动通信集团某有限公司等侵害计算机软件著作权纠纷上诉案，浙江省高级人民法院（2013）浙知终字第 289 号民事判决书即明确载明，中国版权保护中心版权鉴定委员会提交的鉴定报告结论为“（被控侵权作品与原作品的）对应内容构成实质性相似”。亦即整体来说，美术作品更多适用的是整体比对与受众观感标准，而计算机软件则依赖于专家意见。

② 如前文所论及，北京地区基层法院与中级法院的路径不一致，各中级法院与北京高院所持路径不相一致，而北京高院又与最高人民法院不相一致。结合北京高院的以上著名判例，北京高院《侵害著作权案件审理指南》中的条文应是整体比对路径。因该指南发布时间尚不长，其对于北京地区乃至其他地区实质性相似标准的影响，目前尚无充分案例显示。

③ 值得注意的是，这两起案例都引起了广泛的舆论关注，很多作为“普通观众”的关注者，其普遍语境中已经体现出一定的道德批判意味。

式，而往往显得笼而统之、逻辑不够清晰，说服力也有所欠缺。（4）第三种、第四种路径在实践中相对少见，但均为知名案例，更可能是司法对于比对标准的一种尝试。孙某利、孙某一诉刘某士著作权侵权纠纷对应的第四种路径，在说理上与美国版权法判例中“外部/内部标准”较为接近，或者可称为中国司法实践中适用该标准的一次试验。[①] 综上可见，我国司法实践中对于实质性相似的判断标准并不统一，且这种不统一会对案件结果产生相当的影响。

3. 其他考量因素

在对我国司法实践中实质性相似的整体判断路径进行分析之后，本书将进一步分析衍生作品所涉及的具体考量因素。根据前述案例，衍生作品涉及的其他考量因素大致为：第一，台词、旁白等文字表达；第二，使用原作的质与量；第三，观众的体验与感受。下文将逐一分析上述元素在司法判例中的认定情况，并讨论其对于衍生作品构成侵权的影响。

（1）台词、旁白等文字表达

认定该部分构成实质性相似相对较为容易，也较少存在争议。即便法院认为其并非逐字逐句的抄袭，仍可以通过整体比较的方法认定其构成侵权。例如“《圈里圈外》案”二审判决即认为，《圈里圈外》中有主人公初晓的一段心理活动：“（高源）一共就那一套一万多块钱的好衣服还想穿出来显摆，有本事你吃饭别往裤子上掉啊”；而被控侵权作品《梦里花落知多少》中，也有主人公林岚的一段心理活动：“我看见他那套几万块的 Armani 心里在笑，有种你等会儿别往上滴菜汤。”[②] 北京高院认为，“如果单独对这一情节和语句进行对比就认为构成剽窃，对被控侵权人是不公平的。但如果在两部作品中相似的情节和语句普遍存在，则应当可以认定被控侵权的情节构成了抄袭”[③]。

在此情况下，衍生文字作品因不可避免地使用原作人物，故在以原作为背景的情况下，极易使用原作中的经典台词、旁白；即便作出一定变动，也可能会被认定为构成实质性相似。

---

① “外部/内部标准”见 Sid & Marty Krofft Television v. McDonald's Corp.，562 F. 2d 1157，1163（9th Cir. 1977），详见下文“美国版权判例法之参考”。该判决中采取的说理方法几乎未见于其他判例。但因北京知识产权法院将其作为典型案例之一，笔者仍认为该案例有单独列明的价值。

② 参见庄某与郭某明等侵犯著作权纠纷案，北京市高级法院（2005）高民终字第 539 号民事判决书。笔者认为，即便不持整体比对标准，在虚构类作品中出现这种程度的类似，在分项比对后也可得出实质性相似的结论。

③ 同上注。

（2）使用原作的质与量

在“琼某诉于某案”之前，如使用数量占据被控侵权作品的比例过少，有可能被法院认定为不构成侵权。如 2003 年某音乐著作权协会诉福建某电视有限公司等侵犯著作权纠纷案中，北京一中院即认为，“被告福建某电视公司在电视连续剧《命运的承诺》中对《一无所有》的使用，虽未征得该作品的词曲作者或原告的许可，但因两被告在涉案电视剧中对该作品的使用仅有短短的 7 秒钟，且在剧中仅演唱了‘我曾经问个不休，你何时跟我走’这一句歌词、弹奏相应的曲子，被告的使用行为对该作品的正常使用不产生任何实质不利影响，也未实质损害该作品的权利人的合法权益，因此，两被告行为的情节显著轻微，故不构成侵权”①。有文献称之为“不计琐细原则”在侵犯著作权案件中的具体运用。②“《激情燃烧的岁月》案”中，北京一中院也认为，“《激情燃烧的岁月》在部分情节、细节及对白抄袭自《我是太阳》具有独创性的内容，相对于两部作品的整体内容而言，《激情燃烧的岁月》抄袭的内容只占很小部分，不构成实质性相同。因此……《激情燃烧的岁月》未使用小说《我是太阳》实质性内容，不构成对影视公司就《我是太阳》所享有的摄制权及改编权的侵犯”③。该判决后为北京高院所维持，并认为“经查，上述 19 处内容所涉及的也是情节和细节方面的。第三种情况涉及的 31 处经对比，具体的表达完全不同。但是，综合考虑上述第一和第二种情况所涉及的 63 处相同或相似之处，应当认定《激情燃烧的岁月》所使用的《我是太阳》的有关内容，不能构成《我是太阳》的基本内容，因而《激情燃烧的岁月》不构成对《我是太阳》的改编，不构成对影视公司所享有的改编权的侵犯”。

彰显北京地区规则变化的则是 2015 年 12 月作出二审判决的“琼某诉于某案”。在该案中，北京高院将标准转为考量相同、相似部分占据原作的比例，并在二审判决指出，“被诉侵权作品中包含的紧密贯穿的情节设置如果已经占到了权利作品足够的比例，即使其在被诉侵权作品中所占比例不大，也足以使受众感知到来源于特定作品时，可以认定为构成实质性相似”。从上述说理可见，北京高院在该案中并不考虑两部作品存在的其他大量不同之处，而是从情节设置

① 见某音乐著作权协会诉福建某电视有限公司等侵犯著作权纠纷案，北京市第一中级人民法院（2003）一中民初字第 11687 号民事判决书。

② 张广良：《“不计琐细原则”在侵犯著作权案件中的适用研究》，载《法学家》2008 年第 4 期。

③ 见北京某影视文化有限公司与某话剧团等侵犯著作权纠纷案，北京市高级人民法院（2004）高民终字第 221 号民事判决书。

是否位于权利作品的核心之处来考虑；即相似部分占原告作品的“质”，要重于占被控侵权作品的“量”。2018年北京高院发布的《侵害著作权案件审理指南》更是明确规定，判断侵权的因素是“作品相似的表达是否属于原告主张权利作品的核心内容”。[①] 在此情况下，应该说至少目前在北京地区法院中，考量“质与量”是指与原告作品相比较而言的质与量；这种标准主要是考虑了原作的市场潜在收入可能会受到影响的因素。如果相似的表达方式对原告作品的“质”来说非常重要，则其占原告作品或者被告作品的“量”，就未必是法院的考量因素。

但这一观点未必为其他地区法院所赞同。在“《最后的骑兵》案”（判决时间为2014年11月）中，最高人民法院即认为如果相同、相似的故事情节在被控作品中所占比例极低、处于次要位置、不构成主要部分的，也不会构成实质性相似。[②] 在此处，最高人民法院就明确采取的是“占被告作品”比例的标准。在“《胭脂扣》案”中，上海一中院也认为，“两部作品中均有陈振邦和如花，且均为主要角色，两者的相同是不争的事实，此外，对联上的相似也毋庸置疑”。不过法院随即认为，“仅凭这些能否断定两部作品在独创性表达上实质性相似，从而得出《胭脂盒》改编自《胭脂扣》的结论呢？本院持怀疑态度。就两部作品的篇幅来论，上述相同或相似点中所占的比重较小，尽管这不是确定在后作品是否改编作品的决定性因素，但在判断借鉴使用的合理性时也是考虑因素之一”。但阅读过《胭脂扣》的人都知道，陈振邦和如花系原作中令人印象相当深刻的角色，对联“如梦似幻月，若即若离花”更是该书的标志性表达方式之一。在此情况下，上海一中院仍以“比重较小”作为《胭脂盒》仅是借鉴原作而非复制的说理理由之一，与其他案件的考量因素未必相同，也存在一定争议。

通过以上分析可知，“质与量”作为判断标准，在个案中也存在相当的不确定性。如同人小说中使用了原作的某一核心情节或人物关系、特征等，尽管所占分量可能不大，但仍很可能被认定为构成实质性相似。

（3）观众的体验与感受

绝大多数上述案例都会在分解、比对后提及是否会给观众造成相同或相似的体验与感受，但在通读之后，我们可以看到，观众的体验与感受并非文字作

---

① 见北京高院《侵害著作权案件审理指南》第10.10条。

② 参见最高人民法院（2013）民申字第1049号民事裁定书。

品实质性相似重要考量因素。首先，在持分项比对标准的案例中基本已对各因素的不相似做出了认定，再论及“不会给观众造成相同或相似的体验与感受”，往往是一种套话式的“附带提及”。其次，在持整体比对标准的案件中，观众的体验与感受也并非重要因素。在“琼某诉于某案”（“《宫锁连城》案”）中，一审判决虽认为“受众对于前后两作品之间的相似性感知及欣赏体验也是侵权认定的重要考量因素，并且结合陈某提供的相应网络调查结果，推定受众在观赏感受上已经产生了较高的具有相对共识的相似体验”，但二审法院却认为一审法院该观点依据不足，即便二审法院查明了一些观众在网络上的简单意见，这些意见“对于判定剧本《宫锁连城》与涉案作品是否整体上构成实质性相似，仅仅是一个参考因素”。在北京高院制定的《侵害著作权案件审理指南》中，也未将观众的体验与感受作为考量因素。因此，观众的体验与感受，并非我国司法实践中普遍判断文字作品实质性相似与否的重要因素。① 这一点与美国判例法中侧重普通观察者标准，或是在内部标准上侧重观众体验是存在一定区别的。

这些案例中，“《胭脂扣》案”可能是唯一的例外。该案二审判决在分解比较各因素并认为不存在相似之后，仍然以较大篇幅论证了两部作品在角色性格、人物关系、总体情节设计与具体情节设计等方面存在极大的差异，从而使得两部作品在独创性的整体印象方面存在极大差异，且认为这是两作品不构成实质性相似的重要因素。② 不过，这种“整体印象”着落在于“整体差异”，而非考察整体印象中的相似程度；这也与美国版权法中一度流行的“普通观察者标准”存在极大区别。③

---

① 在涉及其他类型的作品（如美术作品）时，整体观感就是较为重要的标准；该情况已于上文“其他类型作品”中予以阐述。

② “更重要的是，两部作品在整体印象方面所表现出来的独创性出现了重大的差异。第一，在角色性格上，陈振邦在小说情节中多少体现了他优柔寡断、听命父母的个性；在沪剧剧本中，他则是敢爱敢恨、为爱赴死的性格。女主角如花在小说情节中阴柔冷艳，由爱生恨，最终给陈振邦下毒说明她已经怀疑爱情；在沪剧剧本中，她一扫冷艳气质，角色较为温和，且笃信爱情。第二，在人物关系上，小说中如花在阴阳两界分别为妓女与鬼魂，而在沪剧中，她为女扮男装的评弹艺人，美眷则是她的外甥女和接班人。第三，在总体情节设计上，《胭脂扣》通过陈振邦与如花的往事以及报社记者想方设法帮助如花找寻陈振邦两条线索展开故事情节，沪剧中则是通过陈振邦与如花的往事以及陈振邦与美眷的交往两条线索展开故事情节。第四，在具体情节设计上，两部作品在陈振邦与如花情路历程的每个环节及相关事件（例如相遇地点、恋情开端、恋情发展、所遇坎坷、殉情过程等）上都体现出明显差异。上述种种不同使两部作品在独创性表达上体现出了整体性的差异。”见上海某艺术有限公司与某剧院等作品改编权纠纷上诉案，（2012）沪一中民五（知）终字第112号民事判决书。

③ “普通观察者”的具体标准见第六节分析。

通过以上分析可知，虽然“《胭脂扣》案”存在争议之处，但这种“整体印象”法对于那些在理念、架构上具有较高独创性的衍生作品来说，可能是较为有利的标准。如衍生作品能够发挥与原作不同的理念、达到不同的创作意图，则其不构成实质性相似的可能性较高。

4. 实质性相似标准对于衍生文字作品法律地位的影响

目前我国关于衍生文字作品的知名案件，即是“《胭脂扣》案”与“金某诉江某案”；前者呼应的是“原作背景”类衍生文字作品，后者则呼应“其他背景”的衍生文字作品。这两起案例在某种程度上都触及了衍生作品的核心问题：衍生作品在什么样的情况下构成对原作的改编，在什么样的情况下即是超出了改编的范畴、不再受到权利人著作权的限制？

在“《胭脂扣》案”中，上海一中院认为《著作权法》第一条规定的数个立法宗旨并立正是为了达到利益平衡，[①] 并在此基础上认为衍生作品与改编作品的本质区别在于“可分性”，即“改编作品与原作具有不可分性”，而衍生作品可以脱离原作品而独立存在。“如果一部作品可以脱离原作品而独立存在，法律就没有必要再赋予在先作品著作权人排除他人使用新作品的权利了。”[②] 也就是说，该案判决认为，著作权法保护的是不脱离原作基本人物性格、情节设定的改编行为；那种基本脱离原作人物性格、情节设定的行为属于重新创作，超出了著作权法的保护范围。而区分“一部文字作品是二度创作还是重新创作的问题时”的关键，则在于两部作品是否实质性相似。如分解因素不相似，而且两部作品在整体印象方面所表现出来的独创性出现重大的差异，那么这两部作品便已属于不同的作品，被控侵权作品系重新创作而非改编（二次创作）。而在“金某诉江某案”一审判决中，天河区法院在以官方名义发布的文章中亦认为，“‘同人作品’一般是指使用既有作品中相同或近似的角色创作新的作品，

---

① “如果一部作品可以脱离原作品而独立存在，法律就没有必要再赋予在先作品著作权人排除他人使用新作品的权利了。这种解释可以获得《著作权法》立法目的的印证，该法第一条规定：‘为保护文学、艺术和科学作品作者的著作权，以及与著作权有关的权益，鼓励有益于社会主义精神文明、物质文明建设的作品的创作和传播，促进社会主义文化和科学事业的发展与繁荣，根据宪法制定本法。’显然，著作权法既保护著作权人及邻接权人的排他性权利，又保护社会公众在文化进步方面的利益，它之所以鼓励创作就是为了达到这样一种利益平衡。”见上海某艺术有限公司与某剧院等作品改编权纠纷上诉案，(2012) 沪一中民五（知）终字第112号民事判决书。

② “出版或者表演改编作品需要同时获得改编作品著作权人和原作品著作权人的许可，这一捆绑式许可的规定正是考虑到改编作品与原作品具有不可分性，即人们在使用改编作品的时候，实际上也包括了对原作品的使用。如果一部作品可以脱离原作品而独立存在，法律就没有必要再赋予在先作品著作权人排除他人使用新作品的权利了。”

若‘同人作品’创作仅为满足个人创作愿望或原作读者的需求，不以营利为目的，新作具备新的信息、新的审美和新的洞见，能与原作形成良性互动，亦可作为思想的传播而丰富文化市场……”[①] 由此可见，从现有两起司法判例来说，如衍生作品具备和原作的“可分性”“独创性在整体印象上的巨大差异”，具有“新的信息、新的审美和新的洞见”，则其有可能不构成实质性相似，继而不构成对原作的复制、改编的可能性。但值得注意的是，这两起案例并不预示着衍生作品可以高枕无忧。

通过上述案例分析，我们可以知道，在作为主流的“原作背景”类型的衍生文字作品之中，因为人物姓名、性格、人物关系及设定、部分情节、重要台词均可能来自原作，故该类型如利用了原作人物性格、人物关系设定或重要情节组合、台词，则该部分仍有可能构成实质性相似。即便衍生文字作品存在其他情节组织且大部分情节并不相似，也有可能因为“利用了原作中最有价值的部分”而构成实质性相似。我们还注意到，“《胭脂扣》案”认定不侵权的重要理由之一，是两作品中人物的性格与情节细节发生差异，但很多衍生文字作品并不会过多改变原作人物本身的性格和情节；[②] 亦即在人物设定、情节上越是忠实于原作的衍生文字作品（这种衍生文字作品的作者往往是原作的忠实受众与文本解读者），越容易构成实质性相似。同时，“《胭脂扣》案”的认定也并非毫无争议之处。《胭脂盒》使用了《胭脂扣》的主要人物姓名、人物关系与基本故事线，只是在原故事线的基础上生发出新的情节结构、情感线索和中心理念。虽然与前作相比可能带来的观众体验不同，这一作品到底是“不能独立于原作的改编作品”还是如上海一中院所述“可以独立于原作”的衍生作品，是堪可怀疑的。阅读过《胭脂扣》的读者都知道，陈振邦和如花系原作中令人印象相当深刻的角色，对联“如梦似幻月，若即若离花”更是该书的标志性表达方式之一，如果被认定为“原作中最有价值的部分”，亦不为过。而“金某诉江某案”处理的则是“其他背景”的同人小说，但该等类型并非同人小说中的主流，同时该案二审判决也未生效。在此情况下，大量同人小说仍然处于不确定的地位。而衍生视频因通常以现有作品为素材进行剪辑、拼接，即便考虑

① 见2018年8月16日天河法院官方微信公众号文章：《金某诉江某著作权侵权及不正当竞争纠纷案一审宣判，https：//mp. weixin. qq. com/s/bDerKJq5Kf2vpSDok7XWsw，最后访问日期：2019年5月29日。

② 过于改变人物性格会被读者批评为“out of character”（OOC），即不符合原作人物性格，从而降低该衍生作品的评价。

到“质和量”及“观众的体验与感受因素”，因其主要利用了原作的表达方式，故被认定为构成实质性相似的可能性更要远高于同人小说。

更加值得我们注意的是，2018年4月北京高院出台的《侵害著作权案件审理指南》对于改编权、汇编权规定的范围极其宽广，几乎将改编权的范围扩大到了美国版权法上演绎作品（derivative works）的范围，也与通常理解中改编行为系对原作体裁、形式的改写不相一致，[①] 并与上海一中院在“《胭脂扣》案”中的基调与说理存在重大区别。以该规定而言，衍生作品如使用了原作的人物姓名、性格、关系、情节或经典台词，以北京高院在“琼某诉于某案”中采取的路径及考量因素而言，其构成实质性相似并侵犯改编权、复制权、汇编权的可能性极大。[②] 考虑到北京地区判例在全国重要著作权侵权案件，特别是涉及影视作品、文学作品的重大案件中所占的分量，该指南及相关判例可以说进一步增加了衍生作品地位的不确定性。

（二）衍生视听作品与相关经济权利

我国现行《著作权法》的框架下，衍生视听作品亦易落入多项经济权利的保护范围。衍生视听作品如利用了他人创作的音乐或歌曲作为整体背景，则根据本书上述分析，极可能侵犯音乐作品、歌曲作品的复制权，此节十分明显，故无需详述。如衍生视听作品使用了原视听作品的部分片段，甚至截图、场景、画面等，是否也会落入复制权的保护范围呢？从现有案例来看，这是具有一定可能性的。在某网络技术（北京）有限公司（以下简称某网络公司）与深圳市某科技有限公司（以下简称某科技公司）侵害作品信息网络传播权一案的二审判决中，一审法院即认为，某科技公司“过滤了涉案剧集的音效内容，截取了涉案剧集中的382幅画面，其截取的画面并非进入公有领域的创作元素，而为原涉案剧集中具有独创性表达的部分内容，因此，提供涉案图片集的行为构成提供作品的行为”[③]。二审法院亦持类似意见。在“《锦绣未央》案”中，朝阳

① 见“导论”文献综述关于“演绎作品”的部分。

② 该指南规定的“抗辩事由审查”部分也相当严苛，衍生作品几乎无法满足个人使用与适当引用的条件。如第7.10条［个人使用］规定：被告未经许可通过信息网络向他人提供作品，其提出属于“为个人学习、研究或者欣赏使用他人已发表作品”的合理使用抗辩，不予支持。第7.11条［适当引用］规定：“判断被诉侵权行为是否属于适当引用的合理使用，一般考虑如下因素：（1）被引用的作品是否已经发表；（2）引用目的是否为介绍、评论作品或者说明问题；（3）被引用的内容在被诉侵权作品中所占的比例是否适当；（4）引用行为是否影响被引用作品的正常使用或者损害其权利人的合法利益。”

③ 见某网络技术（北京）有限公司与深圳市某科技有限公司侵害作品信息网络传播权案，北京知识产权法院（2020）京73民终187号民事判决书。

法院也认定两份作品在“人物设置及关系、故事前后衔接、具体细节设计基本一致”，故被控侵权作品使用了原作的某一情节可以构成实质性相似，并据此认为被告侵犯了原告的复制权。从判决的说理逻辑来看，只要极少的表达方式与原作相同或实质性相似，就可以构成“作品”或与侵犯作品的复制权，故在司法实践中对复制权作“广义复制”的理解，仍然是一种趋势。在此情况下，衍生视听作品就容易落入复制权的保护范围。

汇编权也是衍生视听作品极可能侵犯的权利。我国《著作权法》第十条第一款第（十六）项规定的汇编权，是指“将作品或者作品的片段通过选择或者编排，汇集成新作品的权利”。该规定较为明确，司法界也认为，“受汇编权所控制的行为应当符合以下条件：一是所汇集的是具有独创性的表达；二是通过选择或者编排，汇集的结果是产生新作品。另外，对作品或者作品的片段的汇集没有对作品或者作品的片段的内容或者表现形式作出改变”①。衍生视听作品系将他人享有著作权的电影作品和以类似摄制电影的方法创作的作品进行剪辑、重混后创作所得，其在选择、编排上往往具有独特之处，产生了与原作不同的艺术效果，因此该等作品极可能落入汇编权的控制范围。② 在本质上，衍生视听作品剪切、重混原作的片段的表达方式，其实属于广义上的复制，本可以通过扩张复制权的定义予以规制，但亦有文献认为，既然我国复制权规定的是狭义复制行为，故对原作片段进行剪切、编排，落入的是汇编权而非复制权的控制范围。③ 虽然学界对于衍生作品的分类仍有分歧，但在我国著作权法规定下，

① 陈锦川：《以教材为基础编写的教辅书的著作权侵权认定》，载《中国版权》2016 年第 3 期，第 16 页。北京市知识产权法院（2015）京知民终第 1195 号民事判决亦持该观点。

② 《著作权法》第十五条规定，汇编若干作品、作品的片段或者不构成作品的数据或者其他材料，对其内容的选择或者编排体现独创性的作品，为汇编作品，其著作权由汇编人享有。创作的衍生视听作品，虽可因满足独创性标准而由汇编人享有著作权，但仍受到原作权利范围的限制。

③ 参见陈锦川：《以教材为基础编写的教辅书的著作权侵权认定》，载《中国版权》2016 年第 3 期，第 16-17 页。对于《著作权法》是否有必要专门规定汇编权，在理论上存在一定争议。有文献即认为，我国《著作权法》中规定汇编权“是立法者错误理解《伯尔尼公约》的结果”，也是模仿我国台湾地区所谓“著作权法”第二十八条规定所得；世界上绝大多数国家和地区的立法均未单独规定“汇编权”。“汇编权”不仅在适用范围上与“复制权”重复，没有给著作权人带来任何新的利益，而且给法院增加了不必要的负担，迫使法院去审查被控侵权人汇集原告作品的成果是否形成了新作品，并导致司法实践的混乱。参见王迁：《论我国〈著作权法〉中“汇编权”的重构》，载《法学论坛》2008 年第 6 期，第 37 页、第 42 页。但作者认为，考虑到我国《著作权法》中规定的复制权系狭义复制行为，即对原作表达形式的机械的、不存在创造性的复制，汇编权的专门规定仍有其独特价值。

衍生作品落入汇编权保护范围的可能性较大。①

改编权亦是如此。从本书对于改编权条款历史沿革分析可知，2001 年《著作权法》将改编权规定为“改变作品，创作出具有独创性的新作品的权利”，② 1991 年 6 月 1 日起施行的《著作权法实施条例》也被 2002 年 9 月 15 日起施行的《著作权法实施条例》废止，而新的《著作权法实施条例》中并未规定改编的具体形式。之后《著作权法》《著作权法实施条例》又进行数次修正，但均未对改编权或改编行为做出新的定义。现行《著作权法》《著作权法实施条例》取消了“在原有作品的基础上”改变作品的表现形式或者用途”等限定性条件，扩张了改编权的权利范围、加强了对著作权人的保护，③ 且未界定对原作利用到何种程度即构成“改变作品”，也未以列举方式明确改编的具体行为。在此情况下，衍生视听作品对原作的表达方式进行剪切、拼接，并在此基础上创作出具有独创性的新作品，即便在表达的主题、思想上存在区别，但仍有可能落入改编权的权利范围。“《胭脂扣》案”中虽对改编权作了限缩解释，并认为两作品的整体情节走向、具体情节存在区别，给观众的整体印象也不一致，但这种解释方法能否适用至完全利用原作表达方式的衍生视听作品，则存在很大疑问。

---

① 王迁教授认为，如果独创性地选择或编排形成的是能够独立表现思想或文艺美感的内容，则选择或编排仅仅是创作我国《著作权法》第三条中各类作品的手段，得到的作品不是汇编作品。如果汇编结果不能独立表现思想或文艺美感，则会构成汇编作品，汇编作品只是一种兜底。依此观点，衍生视听作品能够构成汇编作品。参见王迁：《论汇编作品的著作权保护》，载《法学》2015 年第 9 期，第 39 页。有文献认为，虽然衍生视听作品在编排与表现主题上独创性较高，不同于一般的演绎作品、汇编作品，但构成侵权是无疑的。该文献虽未指出具体侵犯的权利，但从著作权相关规定而言，汇编权是最为接近的一项。详见易玲、邢家仪：《重混创作行为的著作权法规制研究》，载《湖南大学学报（社会科学版）》2020 年第 6 期。但也有文献认为，重混音乐（在性质上与衍生视听作品相当接近）具有演绎作品与汇编作品的共同性质，从便于保护计，应将其归于演绎作品。见蒋洁如：《Web2.0 及数字媒体时代混音音乐的合法性及许可模式探讨》，载《电子知识产权》2016 年第 3 期。另有文献认为重混作品与复制、改编均存在区别，也认为应通过合理使用制度让其不侵权，但未能具体分析落入何种权利的保护范围。参见胡开忠：《论重混创作行为的法律规制》，载《法学》2014 年第 12 期；华劼：《共享经济视域下重混创作版权法律制度的构建》，载《南京社会科学》2018 年第 9 期。但无论衍生视听作品如何归类，在现有著作权法的规定下，落入汇编权的保护范围是较为确定的。

② 见《著作权法》第十条第一款第（十四）项。

③ 有评论认为，这一删除是对改编权的扩张。“改编权对于作品形式的改变已经不再作要求，这使得改编权具有更大的弹性空间，不仅可以涵盖超越媒介形式的改变，也包括同一媒介形式的内部改变。这种立法上的改变实际上是扩展了改编权的权利范围，增加了著作权人对改编权控制的范围，加强了对著作权人的保护力度。”见张玲玲、张传磊：《改编权相关问题及其侵权判定方法》，载《知识产权》2015 年第 8 期，第 35 页。

衍生视听作品还极有可能侵犯信息网络传播权。在某网络公司诉某科技公司侵害作品信息网络传播权一案中，一审法院即认为，某科技公司“过滤了涉案剧集的音效内容，截取了涉案剧集中的382幅画面，其截取的画面并非进入公有领域的创作元素，而为原涉案剧集中具有独创性表达的部分内容，因此，提供涉案图片集的行为构成提供作品的行为”①。二审法院亦持类似意见。更重要的是，两审判决均认为，信息网络传播权的内涵不应狭隘地理解为向公众提供完整的作品，因为“著作权法保护的是独创性的表达，只要使用了作品具有独创性表达的部分，均在作品信息网络传播权的控制范围……（被告）提供涉案图片集的行为构成提供作品的行为。被控侵权行为通过网络在线方式，使公众可以在其个人选定时间和地点获得涉案图片集，该行为落入涉案剧集信息网络传播权的控制范围”②。从该判决说理与裁判结果可以看出，如果说复制权尚存在狭义复制与广义复制之争，司法实践中信息网络传播权的范围甚至比复制权范围更广（法院在适用时甚至毫不犹豫），也更符合学者对于“迷你著作权”的批评。③

更为重要的是，由于对网络存储空间、响应速度的要求较高，衍生视听作品往往只能依托网络平台进行发表。因此，网络平台在何等情形下承担责任，也直接决定着衍生视听作品有无发表空间。网络平台的著作权侵权责任，依时间顺序先后规定于《最高人民法院〈关于审理涉及计算机网络著作权纠纷案件适用法律若干问题的解释〉》（2000年，已失效），《信息网络传播权保护条例》（2006年，已修改）第十四条、第十五条、第二十二条，《侵权责任法》（2010年，已失效）第三十六条，《最高人民法院〈关于审理侵害信息网络传播权民事纠纷案件适用法律若干问题的规定〉》（2012年，已修改），《民法典》（2020年）第一千一百九十四条至第一千一百九十七条。上述规定中的“避风港”及“红旗”对网络平台科以较为严格的注意义务和免责条件，条文规定详尽周密，规定了推定网络平台应当知晓的多种情形，因而在司法实践中，网络平台能够依托“避风港”规则抗辩成功的比例并不高。有学者统计了2006-2011年间涉及视听作品、被告以“避风港”规则进行抗辩的114件文书，其权

---

① 见某网络技术（北京）有限公司与深圳市某科技有限公司侵害作品信息网络传播权案，北京知识产权法院（2020）京73民终187号民事判决书。

② 同上注。

③ See Hannibal Travis, Copyright Class Struggle: Creative Economics in a Social Media Age (Cambridge [UK]), New York: Cambridge University Press, 2018, 104-105.

利人胜诉比率为87.72%；[①] 而在北京某视界公司诉某度公司侵害作品信息网络传播权纠纷一案中，北京互联网法院虽然支持了某度公司的“避风港”抗辩，认为某度公司在履行了“通知—删除”义务后不应承担相关责任，但也在判决中指出“作为平台服务的提供者，仅依赖避风港原则是不够的，被告有责任通过更加积极有效的管理履行平台义务”[②]。当然，我们要考虑到的是，当今的网络平台往往已非技术中立、利益中立的平台，[③] 且权利人在起诉时基于诉讼成本、诉讼策略等考量因素，很可能已经选择了侵权较为明显、胜诉可能性较大的案件，从而使得“避风港”抗辩表面上看起来成功率不高。[④] 但无论如何，这种难以抗辩成功的情况，对于网络平台来说仍然起到了相当的阻吓作用。在网络平台接到侵权通知之后，对其最为有利的做法即为及时删除视频以免除自身责任，而普通衍生视听作品创作用户试图根据《民法典》第一千一百九十六条证明其不侵权则相对来说较为困难，往往也缺乏专业能力和时间、精力与权利人抗衡。因此，衍生视听作品的发展空间极易受到现行法律框架的限制。

综上所述，与衍生文字作品相比，在我国现行《著作权法》的框架下，衍生视听作品更易落入多项经济权利的保护范围，这一点几乎毫无争议。

（三）衍生作品与兜底权利

根据我国《著作权法》第十条第一款第（十七）项规定，著作权人除享有该条第一款第（五）项至第（十六）项的各项具体财产权之外，还包括“应当由著作权人享有的其他权利”。该项权利又被称为著作权的兜底权利。立法并未确定该权利的具体范围，因此整体而言，该条款的存在让著作权的权利范围变得更为扩张而不确定。

在司法实践中，亦有案例适用该条款规定，对著作权的权利作出扩张性

---

① 见彭辉、姚颉婧：《我国避风港规则适用的实证分析与对策研究——以170份裁判书为视角》，载《华中科技大学学报（社会科学版）》2012年第2期，第60页。

② 见北京某视界公司诉某度公司侵害作品信息网络传播权纠纷案，北京互联网法院（2018）京0491民初1号民事判决书。

③ 见刘雅婷：《短视频平台版权纠纷间接侵权责任的认定》，载《电子知识产权》2020年第9期，第48页。另有文献认为，“避风港”是美国二十世纪初网络平台初创时期、为鼓励网络平台发展而创设的规则，随着网络平台的控制力、获利性越来越强，美国案例中也开始严格对于避风港原则的适用。见赵泽睿：《平台革命引发的美国版权责任变革及经验分析》，载《电子知识产权》2020年第12期，第34页至第44页。

④ 具体诉讼胜负比率可参见雷逸舟：《不安全的“避风港”：重新思考中国网络视频平台的著作权侵权责任》，载《电子知识产权》2020年第3期，第37页。

理解。如湖南某互动娱乐传媒有限公司与上海某信息科技有限公司著作权权属、侵权纠纷案中，一审法院长沙市中级人民法院（以下简称长沙中院）即认为被控侵权行为落入第十条第一款第（十七）项规定的“兜底权利”，其原因在于被控侵权行为“未经权利人授权许可，亦未支付相应报酬”，具备著作权侵权行为的一般特征和基本要件，已经对权利人的合法权益造成显而易见的不合理损害。[①] 综合两级法院意见，即是确认如某一被控侵权行为给权利人的合法权益造成显而易见的不合理损害，那么即便是该权利有别于《著作权法》规定的具体权能的权益，也可以落入该条款第（十七）项的“兜底权利”。长沙中院在处理多起原告为某电视台的案件中均持类似观点，但说理更为简略，认为在被告未证明其获得合法授权，亦未证明其播放服务存在其他视频数据来源的情况下，均视为侵犯兜底权利。[②] 又如深圳市某控股有限公司与央视某网络有限公司著作权合同纠纷一案中，北京知识产权法院也认为，被告的行为并非我国《著作权法》规定的广播权等某个具体权项调整，也不能对具体权项扩大解释进行适用，而该行为又侵犯了央视某网络有限公司所享有的著作权利，故应适用兜底权利条款对权利人进行保护。[③] 北京互联网法

---

① 一审法院长沙中院认为，本案被诉侵权行为能否以《著作权法》第十条第一款第（十七）项规定的“应当由著作权人享有的其他权利”予以规制，应当综合以下因素考虑：1. 被诉侵权行为未经权利人授权许可，亦未支付相应报酬，实质上属于盗播涉案权利作品的行为，该行为已具备著作权侵权的基本特征及一般构成要件；2. 被诉侵权行为对权利人合法权益造成的不合理损害是显而易见的，受到侵害的法益虽不能归入《著作权法》明列的任一有名权项下，但对其予以保护属《著作权法》应有之义，亦符合其立法目的；3. 鉴于被诉侵权行为对权利人权益损害的显著性，适用《著作权法》的原则性条款加以调整并不会加重网络经营者及相关从业人员对自身行为合法性的识别义务。二审法院湖南省高级人民法院也认为，根据某广播电视台出具的《授权书》，快某阳光公司独家享有涉案作品通过信息网络向公众传播、广播（包括但不限于网络直播、实时转播、延时转播等）之权利。该权利有别于《著作权法》第十条第一款第（一）项至第（十六）项所列举的广播权、信息网络传播权等权利，故其应属于《著作权法》第十条第一款第（十七）项规定的“应当由著作权人享有的其他权利”的调整范围。详见湖南某互动娱乐传媒有限公司与上海某信息科技有限公司著作权权属、侵权纠纷案，湖南省高级人民法院（2017）湘民终 325 号民事判决书。

② 见湖南某互动娱乐传媒有限公司与上海某信息科技有限公司著作权权属、侵权纠纷案，湖南省长沙市中级人民法院（2018）湘 01 民初 2267 号民事判决书。

③ “该行为的传播途径并非我国现行广播权所控制的无线广播、有线转播及公开播放广播等方式，亦无法为广播权所调整。鉴于深圳市某公司的行为无法通过著作权的某个具体权项调整或扩大解释进行适用，而该行为又侵犯了央视某网络公司所享有的著作权利，故应适用《著作权法》第十条第一款第（十七）项的规定对央视某网络公司进行保护。”参见深圳市某公司与央视某网络公司著作权合同纠纷案，北京知识产权法院（2018）京 73 民终 1535 号民事判决书。

院亦持该观点。①

上述案例适用兜底权利虽均是针对向公众传播作品的行为而作出扩大解释，但其本质上均是为了保护权利人的利益，特别是经济利益，而从“损害结果”出发作出的反向推论，也均是突破法定具体权项，扩张了著作权人的相关利益。在此情况下，即便衍生作品不能被认定为侵犯《著作权法》规定的各项具体经济权能，仍有可能被认为侵犯了兜底权利条款。

从本章分析可知，即便有着上述对衍生作品初步有利的判决，但因为我国《著作权法》权利范围的不确定性、实质性相似标准整体判断路径、具体考虑因素标准的不统一性，以及衍生作品的法律地位仍是非常可疑，甚至是摇摇欲坠的，这些作品能否符合我国《著作权法》规定的著作权限制条款？如果不能符合，则如此海量的作品和作者处于法律地位岌岌可危的情形，是否符合社会公共利益与产业利益？对此本书将于之后章节中进一步分析。

二、衍生作品与精神权利

在上一节中，我们探讨了衍生作品合法性不确定的表现之一在于其可能侵犯经济权利，特别是复制权、改编权与汇编权；在本节中，我们将探讨衍生作品侵犯著作权精神权利的可能性。

我国《著作权法》第十条规定的人身权利（精神权利）包括发表权、署名权、修改权及保护作品完整权，② 第三十八条则规定了表演者权。发表权是指决定作品是否公之于众的权利，因绝大多数衍生作品均是利用现有文化产品元素创作而成，故正常情况下不会侵犯发表权。即便偶有利用未发表作品的情况，对整体衍生作品的影响也可以忽略不计。署名权是指表明作者身份、在作品上署名的权利，在实际生活中虽有不少衍生作品未能表明原作相关情况，但侵犯署名权的标准并无太大争议，即便被认定侵犯署名权，也较容易通过加上原作名称与作者姓名的方式进行弥补、纠正，不会对衍生作品的法律地位造成重大的不稳定影响；衍生作品作者也较易通过指明原作名称、作者姓名的方式对上述法律风险进行事先预防。但因衍生作品一方面利用现有作品中的人物（姓名、

---

① 见某广播电视集团与某星空视频科技（北京）有限公司等侵害著作权纠纷案，北京互联网法院（2018）京0491民初937号民事判决书。

② 《著作权法》第十条规定：“著作权包括下列人身权和财产权：（一）发表权，即决定作品是否公之于众的权利；（二）署名权，即表明作者身份，在作品上署名的权利；（三）修改权，即修改或者授权他人修改作品的权利；（四）保护作品完整权，即保护作品不受歪曲、篡改的权利；……”

性格、人物关系）或情节、旁白，另一方面又会有大量独立创作、自行发挥的过程，所以真正让衍生作品的法律地位处于风险之中的，是《著作权法》中关于修改权与保护作品完整权的规定，即“修改或者授权他人修改作品的权利”及“保护作品不受歪曲、篡改的权利”，以及表演者权中“保护表演形象不受歪曲”的权利。因此，本章中对于衍生作品侵犯发表权、署名权的情况不作重点讨论，而是侧重于通过规范分析、比较研究及案例分析方法，对我国《著作权法》中修改权、保护作品完整权、表演者表演形象权的范围及保护标准进行总结，并指出该等范围及保护标准对于衍生作品的影响。

（一）修改权与保护作品完整权的司法现状

我国《著作权法》第十条规定：“著作权包括下列人身权和财产权：……（三）修改权，即修改或者授权他人修改作品的权利；（四）保护作品完整权，即保护作品不受歪曲、篡改的权利；……”学界一般认为，修改是指对作品内容作局部的变更以及文字、用语的修正，[①] 我国司法实践中对于未经许可改动作品的行为侵犯修改权的标准也较为一致。对于保护作品完整权，一般认为“歪曲”是指故意改变事实或者内容，“篡改”是指用作伪的手段改动或者曲解。[②] 在司法实践中，不少判决亦采此说。[③] 但对于歪曲、篡改的标准为何、是否需要以“损害作品或作者声誉”为要件，学界则存在不同的认识，[④] 司法界对于侵犯作品完整权的侵权标准也存在至少三种不同标准，下文将详细论述。

1. 修改权

关于修改权的侵权标准，司法实践通常认为不以损害作者声誉为要件，只

---

① 参见胡康生主编：《中华人民共和国著作权法释义》，法律出版社2002年版，第43页。

② 参见刘春田主编：《知识产权法》，中国人民大学出版社2009年版，第73页；王迁：《著作权法》，中国人民大学出版社2015年版，第155页。

③ 参见沈阳治某文化传媒有限公司等诉宁波博某控股集团有限公司等保护作品完整权纠纷案，上海市第一中级人民法院（2013）沪一中民五（知）终字第78号民事判决书；叶某鼎与某文艺出版社有限责任公司等侵害保护作品完整权纠纷案，上海知识产权法院（2017）沪73民终232号民事判决书；陈某彪与厦门某服饰有限公司侵犯著作权纠纷案，福建省高级人民法院（2018）闽民终1033号民事判决书、福建省高级人民法院（2015）闽民终字第469号民事判决书等。

④ 如刘春田主编之《知识产权法》则未将损害作品声誉作为侵害我国保护作品完整权的要件（参见刘春田主编：《知识产权法》，中国人民大学出版社2009年版，第73-74页），冯晓青主编的《知识产权法》则将“可能损害作者的人格和声誉”作为侵害作品完整权的后果（参见冯晓青主编：《知识产权法》，中国政法大学出版社2008年版，第128-129页），而王迁所著《著作权法》则认为“我国虽未规定这一要件，但完全可以用此来解释‘歪曲’和‘篡改’。即如果对作品的修改实质性地改变了作者在作品中原本要表达的思想感情，导致作者声誉受到损害，即是对保护作品完整权的侵犯”（见王迁：《著作权法》，中国人民大学出版社2015年版，第156页）。

需对文字作品进行文字修改、对图片作品进行剪切、局部细微修改等均可被认定为侵犯修改权，其说理部分也相应较为简单明了。如陈某彪与厦门某服饰有限公司案中，福建省高级人民法院即认为："修改权，即修改或者授权他人修改作品的权利，作者有权修改自己的作品或授权他人修改自己的作品，同时有权禁止他人修改自己的作品。被告未经许可，将陈某彪《女人》图形作出局部细微的修改后用于申请注册商标，侵犯了原告的修改权。"① 在宋某麟等与陕西某酒业有限责任公司一案（以下简称"《江南春晓》案"）中，法院也认为，"生产者……对宋某治原作《江南春晓》的背景、书法、署名等进行了裁切，侵犯了权利人对该作品的署名权、修改权和保护作品完整权"②。

2. 保护作品完整权

对于保护作品完整权的侵权标准，各地法院的认识则不尽一致。经过对各地法院相关判决的分析、整理，本书初步得出以下三种标准：③

（1）修改说。该观点认为只要存在一定程度的改动、修改，即可认为侵权成立，其尺度最为宽松。如上述"《江南春晓》案"中，江苏省高级人民法院认可被告对原作的背景、书法、署名等进行裁切，即侵犯了原告保护作品完整权。④ 在李某根与上饶县某风景名胜区管理委员会一案中，江西省高级人民法院亦认为被告对原片进行了色调、画面截取、缩小等修改，该行为构成侵犯保

① 见陈某彪与厦门某服饰有限公司侵犯著作权纠纷案，福建省高级人民法院（2018）闽民终1033号民事判决书。

② 该说理为一审法院镇江市中级人民法院做出，后江苏省高级人民法院二审判决维持原判。二审判决说理部分未涉及修改权、保护作品完整权内容，可见江苏高院对该观点并不反对。见宋某麟等与陕西某酒业有限责任公司案，江苏省高级人民法院（2014）苏知民终字第0010号民事判决书。

③ 本书作者以"保护作品完整权""高级法院"为关键词在"中国裁判文书网"与"北大法宝数据库"搜索，经人工筛选后得出各地高级人民法院对"保护作品完整权"进行说理的判决书，以及其他级别法院做出的、具有一定代表性的案例，并对其中的说理进行分析。关于标准问题，有文献认为我国司法实践中的侵权标准应分为"主观标准"与"客观标准"，并据之对司法判例进行分类，认为前者是指"只要违背作者意思对作品进行了改变，不管客观上是否损害了作者声誉，即构成侵害保护作品完整权"，其实质是将"违背作者意思对作品进行修改"或者"未经同意对作品的修改"等同于"歪曲、篡改"作品行为本身；后者是指对作品的歪曲、篡改"客观上损害了作者声誉时"才有可能侵害保护作品完整权。参见李扬、许清：《侵害保护作品完整权的判断标准——兼评我国〈著作权法修订草案（送审稿）〉第13条第2款第3项》，载《法律科学》2015年第1期，第128-130页。但该观点未能区分司法案例中"修改"与"歪曲"的区别，且"主观标准"与"客观标准"尚不能清楚表明标准所持的立场，故本书在对判例进行分析后，将之分为下文中的三种标准。

④ 宋某治系已故著名画家，因擅长太湖山水被称为"宋太湖"，《江南春晓》即系其代表作之一。参见江苏省高级人民法院（2014）苏知民终字第0010号民事判决书。

护作品完整权。[①] 北京某报社与何某琴等著作权纠纷一案中，北京知识产权法院亦认为北京某报社未经许可将原作大幅剪裁，“破坏了原作的表达”，从而侵犯了何某琴对涉案摄影作品享有的保护作品完整权。[②] 某电气（中国）有限公司与兰溪市某电器有限公司一案中，浙江省高级人民法院也认可，被控侵权作品对原作进行了改动，构成实质性相似，并侵犯了保护作品完整权。[③] 这种标准与侵犯修改权的标准几乎相同。[④]

（2）歪曲篡改说（主观标准）。该观点遵守法律字面含义，认为如被告歪曲或篡改了作品表达的思想、感情或本意，即可认定侵权成立；反之则不构成侵权。实践中有大量司法判决持此观点。北京知识产权法院在2015年陈某清诉北京某文化发展有限公司、天津某出版社有限公司侵害保护作品完整权纠纷案中的说理部分，可谓明确阐述采用该标准的具体理由，即“……采主观标准，有利于加大对著作权的保护，增强公众尊重他人权利、维护他人作品统一性的意识。此外，我国现行著作权法规定的保护作品完整权并没有‘有损作者声誉’的内容，应当认为法律对于保护作品完整权的规定不以‘有损作者声誉’为要件。另外，是否包含‘有损作者声誉’的限制，涉及权利大小、作者与使用者的重大利益，对此应当以法律明确规定为宜；在著作权法尚未明确作出规定之前，不应对保护作品完整权随意加上‘有损作者声誉’的限制”[⑤]。

另有诸多法院亦持该标准。如林某诉东方某杰案中，北京二中院即认为，被告擅自改变涉案作品的字间比例和相对位置，破坏了林某作品的整体完美与和谐，违背了作者在创作之初所要表达的作品美感与追求，亦违背了作者的意愿，故构成侵犯保护作品完整权。[⑥] 李某白诉王某山一案中，上海市闵行区人民法院认为被告任意裁剪、拼接的行为破坏了作品的完整性与原告的创作原意，

---

① 见李某根与上饶县某风景名胜区管理委员会案，江西省高级人民法院（2016）赣民终541号民事判决书。

② 参见北京某报社与何某琴等侵犯著作权纠纷案，北京知识产权法院（2017）京73民终149号民事判决书。

③ 参见某电气（中国）有限公司与兰溪市某电器有限公司案，浙江省高级人民法院（2015）浙知终字第99号民事判决书。

④ 另有多份判决持该观点，如谢某香与林某阳等侵犯著作权纠纷案，广东省汕头市中级人民法院（2004）汕中法知初字第9号民事判决书。

⑤ 见陈某清诉北京某文化发展有限公司、天津某出版社有限公司侵害保护作品完整权纠纷案，北京知识产权法院（2015）京知民终字第811号民事判决书。

⑥ 见林某诉东方某杰侵犯著作权纠纷案，北京市第二中级人民法院（2002）二中民终字第07122号民事判决书。

且擅自将原作中的文字替换为其饭店的店招，上述修改已实质性改变了原告在作品中原本要表达的思想感情，故其行为侵犯了原告的保护作品完整权。① 在王某华与某出版社有限公司等一案中，一审法院即认为，“侵犯修改权、保护作品完整权的行为，是破坏作品完整性、损害作者表达思想、感情和本来用意的行为。本案中，王某华并没有证明其作品遭到歪曲、篡改性的修改及王某华的思想、感情和本来用意遭到破坏，因此……对王某华关于修改权、保护作品完整权的主张不予支持”；天津市高级人民法院在二审判决中对该说理也未予变更。② 王某与蔡某荣、赖某城一案中，福建省高级人民法院也认为，“本案作品的署名方式并不与画面内容构成互补成趣的效果，署名的改变，并没有明显降低作品的艺术风格，作者所表达的思想、情感并未被歪曲、篡改，因此涉案作品的内容并未发生实质性改变，并未侵犯王某的保护作品完整权”。③ 从比较研究角度而言，这一标准更接近法国著作权法体系中“作者对其作品享有受尊重的权利”的标准。④

在张某野等与某影业（北京）有限公司等著作权权属、侵权纠纷案（“《九层妖塔》案”）中，北京知识产权法院对于“歪曲篡改”标准进行了进一步的细化，认为要判断电影作品的改动是否歪曲、篡改了原作品，需要考虑以下三个方面：一是审查电影与原作品创作意图、题材是否一致；二是审查电影对原作品的主要情节、背景设定和人物关系的改动是否属于必要；三是结合社会公众对作品改动的整体评价进行综合考量，并重申，“改编作品对作者声誉的影响并非侵犯保护作品完整权的构成要件”，但可以作为衡量侵权情节轻重的因素。⑤

① 见李某白诉王某山侵犯著作权纠纷案，上海市闵行区人民法院（2014）闵民三（知）初字第654号民事判决书。

② 见王某华与某出版社有限公司侵犯著作权纠纷案，天津市高级人民法院（2017）津民终85号民事判决书。天津市高级人民法院判决维持原判，未更改一审对于保护作品完整权的说理。另有多起案件持该观点，如吴某清与某出版社侵犯著作权纠纷案，北京市第二中级人民法院（2005）二中民初字第10297号民事判决书。

③ 见王某与蔡某荣、赖某城侵犯著作权纠纷案，福建省高级人民法院（2015）闽民终字第469号民事判决书。

④ 有法官将侧重对作品的损害的规制方式（如法国法）称为“尊重作品权”，将侧重对作者声誉损害的规制方式称为“尊重作者权”，并认为应用前者涵盖后者。参见周晓冰：《著作权人格权的保护》，知识产权出版社2015年版，第60-70页。但事实上，著作权的精神权利调整的对象就是作者与其作品之间的关系，“尊重作者权”只是持主观标准，并无单独分类列明之必要。

⑤ 见张某野等与某影业（北京）有限公司等著作权权属、侵权纠纷案，北京知识产权法院（2016）京73民终587号民事判决书。

在该种标准下，又有一种分支观点认为，侵权行为需满足主观恶意和客观上的损害性变动两个要件。在叶某鼎与某文艺出版社有限责任公司一案中，上海市高级人民法院即认为，“侵害保护作品完整权的行为人往往存在故意或者恶意曲解作品的主观表现；同时在客观上，往往表现为作品所表达之意与作者所想表达之意产生了实质性的变动，该种变动一般包括丑化或者作违背作者思想的删除、增添或其他对作品损害性变动的行为。因此，审查被控侵权行为是否侵害保护作品完整权一般在于判断行为人主观上是否存在曲解作品的故意或恶意，以及其行为在客观上是否达到对作品损害性变动的程度”①。这一观点中对主观要件的论述未见于其他判决，实际上已经远超出立法规定的要求。从比较研究角度而言，对客观上存在“损害性变动”的要求，则近于德国的“危害作者的精神或者人身利益”标准。

值得注意的是，“歪曲”“篡改”程度显然不等同于一般的修改。在白某娥诉某邮政局一案中，北京高院即认为，“邮票印制局根据邮票设计的需要，对白某娥的剪纸作品虽作了一定改动、删节，但该改动、删节尚未达到对作品内容、观点进行歪曲、篡改的程度”，故尚未破坏作品的完整性。由此可见，对原作的改动至少要达到扭曲作品内容、观点原来面目的程度，才能构成“歪曲”“篡改”。

（3）损害作者或作品声誉说（客观标准）。该标准最为严格，认为“歪曲、篡改”的行为还必须满足“损害作者或作品声誉”的标准。如2003年白某娥诉某邮政局等再审案中，北京高院即认为，某邮政局的行为既未破坏作品的完整性，“且未构成对白某娥名誉的损害”，故不构成侵犯保护作品完整权。② 北京高院于2018年4月20日发布的《侵害著作权案件审理指南》第4.8条明确规定：“判断是否侵害保护作品完整权，应当综合考虑被告使用作品的行为是否获得授权、被告对作品的改动程度、被告的行为是否对作品或者作者声誉造成损害等因素……”③ 又如陈某与北京某网讯科技有限公司一案中，北京知识产权法院即认为：“保护作品完整权是保护作品不受歪曲篡改的权利，在案证据不

① 见叶某鼎与某文艺出版社有限责任公司案，上海市高级人民法院（2018）沪民申1180号民事裁定书。

② “本案中，邮票印制局根据邮票设计的需要，对白某娥的剪纸作品虽做了一定改动、删节，但该改动、删节尚未达到对作品内容、观点进行歪曲、篡改的程度，尚未破坏作品的完整性，且未构成对白某娥名誉的损害，故原判认定某邮政局、邮票印制局侵害了白某娥的保护作品完整权欠妥，应予纠正。”见北京市高级人民法院（2002）高民终字第252号民事判决书。

③ 北京高院的标准自2001年至今发生了一定变化，详见下文论述。

足以证明对作品或者作者声誉造成了损害。”[①] 在沈阳治某文化传媒有限公司等诉宁波博某控股集团有限公司一案中，上海一中院也认为侵犯作品完整权是指“对作品的修改已经实质性地改变了作者在作品中原本要表达的思想感情，甚至导致作者的声誉受损”[②]。在陈某彪与厦门某服饰有限公司一案中，一审判决采取了“歪曲篡改说”而驳回原告关于侵犯保护作品完整权的诉请，福建省高级人民法院虽维持一审判决结果，却将侵权理由改为原告未证明被告行为造成其作品社会评价的降低，或给其名誉造成其他不良影响。[③]

一般来说，“作者的声誉受损”涉及社会评价，与“改变原作的思想、感情、作者本意”等相比，是一种相对客观的标准，故也有文献将声誉受损标准称为“客观说”，将歪曲、篡改行为称为“主观说”。[④] 但通常这些判决较少对于“导致作者声誉受损”做出具体说理，往往只是一种“附带提及”。对于何谓“损害作者声誉”，北京市西城区法院（以下简称西城法院）在一审判决中认为需将改编作品是否降低原著的社会评价作为重点考虑标准，而“不能简单依据是否违背作者在原著中表达的原意这一主观标准进行判断”；[⑤] 北京知识产权法院二审法院虽然否定了一审法院认为负面评价指向电影、原著作者声誉并

① 参见陈某与北京某网讯科技有限公司侵犯著作权纠纷案，北京知识产权法院（2017）京 73 民终 2038 号民事判决书。该判决与“修改说”的（2017）京 73 民终 149 号民事判决书均为北京知识产权法院于 2017 年做出，裁判标准的不统一由此可见一斑。

② 见沈阳治某文化传媒有限公司等诉宁波博某控股集团有限公司等保护作品完整权纠纷案，上海市第一中级人民法院（2013）沪一中民五（知）终字第 78 号民事判决书。

③ 见陈某彪与厦门某服饰有限公司侵犯著作权纠纷案，福建省高级人民法院（2018）闽民终 1033 号民事判决书。持类似观点的还有上海市闵行区人民法院（2014）闵民三（知）初字第 654 号民事判决书。

④ 参见李扬、许清：《侵害保护作品完整权的判断标准——兼评我国〈著作权法修订草案（送审稿）〉第 13 条第 2 款第 3 项》，载《法律科学》2015 年第 1 期，第 128-130 页；张玲：《保护作品完整权的司法考察及立法建议》，载《知识产权》2019 年第 2 期，第 31 页。

⑤ 见张某野等与某影业（北京）有限公司等著作权权属、侵权纠纷案，北京市西城区人民法院（2016）京 0102 民初 83 号民事判决书。加之考虑到电影产业的改编历史与发展现状，为“尊重合法改编者的创作自由和电影作品的艺术规律”，平衡利益关系，故法院认为被告不构成对保护作品完整权的侵犯。

未受损的观点，但也认为社会公众的误解是考虑作者声誉是否受损的重要依据。[①] 与前两种观点相比，该观点对于原著作者来说相对最为不利，而对使用者相对最为有利。[②]

小　结

对于何种保护作品完整权标准更占主流的问题，以“中国裁判文书网”及“北大法宝数据库”所得样本分析而言，持“歪曲篡改说”的判决在数量上更多、更常见，近期研究文献亦得出类似结论。[③] 同时，“歪曲篡改说”的历史也较为悠久。如刊登于《最高人民法院公报》2002 年第 5 期的沈某和诉某出版社一案中，一审法院原本认为：“《闺梦》一书存在着严重质量问题，该书在社会上公开发行后，必然使作为该书作者的原告沈某和的社会评价有所降低，声誉受到影响。故被告……侵害了沈某和所享有的保护作品完整权。”[④] 但北京高院在二审判决中则认为，“《闺梦》一书的差错甚至超出《图书质量管理规定》允许的差错幅度，不仅造成严重质量问题，也由此侵害了作者的保护作品完整权”，特地去除了一审的“损害作者声誉标准”。又如在 2003 年的张某龙诉某美术出版社著作权侵权纠纷案、2005 年王某平等诉北京某酒家案中，北京高

---

① 一审判决认为，因作者举证的网络负面评论均是指向改编作品《九层妖塔》电影而非原作者，且证据尚不充分，故实际上社会评价降低的是改编作品而非原著，因此原著作者的声誉并未受损。加之考虑到电影产业的改编历史与发展现状，为“尊重合法改编者的创作自由和电影作品的艺术规律”，平衡利益关系，故一审法院认为被告不构成对保护作品完整权的侵犯。二审法院认为，“观众会把电影所要表达的思想情感认为是原作者在原著中要表达的思想情感。如果改编作品对原作品构成歪曲篡改，则会使观众对原作品产生误解，进而导致作者声誉遭受损害。基于前述比对结果及涉案电影观众的评论，本院认为，涉案电影观众会产生对涉案小说的误解，即认为涉案小说存在地球人反抗外星文明、主人公具有超能力等内容。社会公众对于涉案电影的评论虽然没有针对涉案小说，但已经足以证明涉案小说作者的声誉因为涉案电影的改编而遭到贬损”。详见张某野等与某影业（北京）有限公司等著作权权属、侵权纠纷案，北京市西城区人民法院（2016）京 0102 民初 83 号民事判决书、北京知识产权法院（2016）京 73 民终 587 号民事判决书。

② 有文献在分析判决样本后也认为，数据表明法院采用主观说（即第二种观点）对原告一方更为有利。数据与结论详见张玲：《保护作品完整权的司法考察及立法建议》，载《知识产权》2019 年第 2 期，第 31 页。

③ 近期研究文献在分析一定样本的判决书后也认为，“主观说”（即以歪曲、篡改为标准的第二种观点）较占上风。参见张玲：《保护作品完整权的司法考察及立法建议》，载《知识产权》2019 年第 2 期，第 31 页。该文献研究方法为：在“北大法宝数据库”与“威科先行数据库”中搜索“保护作品完整权”的判决，得到有效判决 69 份；并认为在 69 例样本中，法院采主观说的 54 例，采客观说的 15 例，分别占比 78.26%、22.74%。

④ 参见“沈某和诉某出版社出版合同纠纷及侵犯修改权、保护作品完整权纠纷案”，载《最高人民法院公报》2002 年第 5 期。

院、北京一中院均持“歪曲篡改说”。[①]

值得注意的是，持“歪曲篡改说”的法院并非绝对不考虑对作者声誉的影响，只是认为作者的声誉是否受损并不是保护作品完整权侵权成立的条件，而是判断侵权情节轻重的因素。如在2003年某晚报社与胡某华著作权侵权纠纷案中，安徽省高级人民法院认为：“判明是否侵犯保护作品完整权，则应当从作品的创作背景、作品的内容等方面进行审查，即应当查明被控侵权作品在整体和细节上究竟是否为作者的陈述，其作品是否受到歪曲或篡改。但作者的声誉是否受损并不是保护作品完整权侵权成立的条件，作者的声誉是否受损仅是判断侵权情节轻重的因素。”[②] 北京高院亦有法官持该观点，认为“被告的行为致使作者的声誉受到影响是判断侵权情节轻重的因素，并可能导致侵权人承担更多的侵权责任”[③]。北京市西城区法院在2016年的“《九层妖塔》案”中虽持“损害作品或作者声誉说”，但该院在2015年的冯某等诉北京某文化传播有限责任公司一案中仍是持“歪曲篡改说”，认为“根据著作权法相关规定，保护作品完整权，是指保护作品不受歪曲、篡改的权利。保护作品完整权侧重于维护作者的思想观点与其作品所表达出来的思想观点的一致性，保护其作品不被他人丑化，不被他人作违背其思想的删除、增添或者其他损害性的变动”。北京知识产权法院于2019年8月8日作出“《九层妖塔》案”二审判决，也明确认为改编作品对作者声誉的影响并非侵犯保护作品完整权的构成要件，但可以作为衡量侵权情节轻重的因素。

相形之下，“损害作品或作者声誉说”则为近来发展的结果。白某娥诉某邮政局再审案中虽使用了“损害作品或作者名誉说”标准，但之后使用此标准的案件并不多见。也有文献认为最高人民法院审理的王某秀与中国人民某大学出版社侵犯著作权纠纷再审案、沈某和诉某出版社出版合同纠纷案中，最高人

---

① 判决认为“某美术出版社出版、发行《汤加丽写真》时，明知张某龙系涉案136幅作品的摄影者及著作权人，但其未经张某龙同意，对张某龙享有著作权的39幅摄影作品的部分人体、背景或道具进行裁剪，超出了其为了版式整齐美观而进行边缘性裁切的限度，损害了张某龙对其作品的构思和艺术追求，破坏了上述作品的构图和视觉效果，侵犯了张某龙对上述作品的保护作品完整权。”参见张某龙诉某美术出版社著作权侵权纠纷案，北京市高级人民法院（2003）高民终字第1006号民事判决书。王某平案具体见北京市第一中级人民法院（2005）一中民初字第10244号民事判决书。

② 见某晚报社与胡某华著作权侵权纠纷案，安徽省高级人民法院（2003）皖民三终字第3号民事判决书。

③ 参见张雪松：《论编辑出版中的侵犯修改权与保护作品完整权》，载《知识产权》2002年第2期，第19页。

民法院及北京高院均持“客观标准”,[①] 但王某秀案再审判决涉及保护作品完整权的说理为“即使认定某大学出版社更改书名及相应的内容未经王某秀同意，但由于某大学出版社没有歪曲、篡改王某秀作品，故王某秀认为某大学出版社侵犯其保护作品完整权不能成立”，从该段论述而言，尚不足以得出上述结论。沈某和案二审判决已明确改变一审判决标准，故上述两案例均非“客观标准”之依据。在北京高院于 2018 年 4 月发布《侵害著作权案件审理指南》之后，“损害作品或作者声誉说”在司法界可能将会有一定程度的影响，但至少在“《九层妖塔》案”中，北京知识产权法院并未采取上述标准。

通过以上分析可见，我国司法实践中对于修改权标准相对统一，但对于保护作品完整权至少持有“修改说”“歪曲篡改说”“损害作品或作者声誉说”三种不同的侵权认定标准，即使同一地区不同级别的法院、同一法院也存在标准不一致的情况。[②] 整体而言，后两种保护作品完整权裁判标准有其各自的理论渊源及参照依据，但在全国范围内尚未达致统一。

（二）表演者表演形象权的权利范围

我国《著作权法》第三十九条规定：“表演者对其表演享有下列权利：……（二）保护表演形象不受歪曲；……”从文本解释而言，其用语与范围应与保护作者完整权中的“不受歪曲”相一致。[③] 从我国作为成员国的《世界知识产权组织表演和录音制品条约》（WPPT）与《视听表演北京条约》中的相关规定而言，我国规定的表演形象权均比上述两条约更为宽泛，[④] 也更接近于法国著作

---

① 参见李扬、许清：《侵害保护作品完整权的判断标准——兼评我国〈著作权法修订草案（送审稿）〉第 13 条第 2 款第 3 项》，载《法律科学》2015 年第 1 期。

② 见陈某与北京某网讯科技有限公司侵犯著作权纠纷案，北京知识产权法院（2017）京 73 民终 2038 号民事判决书与冯某等诉北京某文化传播有限责任公司案，（2017）京 73 民终 149 号民事判决书。

③ 我国《著作权法》及司法案例均认可表演者权中的精神权利与表演者不可分离，不被类电作品的整体著作权权利所吸收。

④ 《世界知识产权组织表演和录音制品条约》第五条“表演者的精神权利”规定：“（1）不依赖于表演者的经济权利，甚至在这些权利转让之后，表演者仍……有权反对任何对其表演进行将有损其名声的歪曲、篡改或其他修改。”《视听表演北京条约》第五条“精神权利”规定：“一、不依赖于表演者的经济权利，甚至在这些权利转让之后，表演者仍应对于其现场表演或以视听录制品录制的表演有权：……（二）反对任何对其表演进行的将有损其声誉的歪曲、篡改或其他修改，但同时应对视听录制品的特点予以适当考虑。”以上译文均引自中国人大网“人大公报”栏目，http://www.npc.gov.cn/wxzl/gongbao/2007-02/01/content_5357664.htm；http://www.npc.gov.cn/wxzl/gongbao/2014-06/23/content_1879675.htm，最后访问日期：2019 年 5 月 26 日。

权体系中关于表演者权的规定，即不以“损害作品或作者声誉”为条件。[①] 同时，《视听表演北京条约》第五条第一款规定了“对于其现场表演或以视听录制品录制的表演”均可主张表演者权，我国《著作权法》第三十八条对此虽未明确，但在确定保护范围时，应仍须考虑《视听表演北京条约》的上述规定。

以作者权体系国家而言，法国自1985年之后将表演者权明确规定于《法国知识产权法典》第L212-1条至第L212-2条，即“表演者对其姓名、表演身份及表演享有受到尊重的权利”；[②] 该权利的性质与作者享有的保护作品完整权基本类似，不仅禁止歪曲行为，还禁止在表演者意图之外的背景下录制表演。[③]《德国著作权法》第七十五条则规定了表演者禁止“有损其作为表演艺术家的名誉”的歪曲或其他损害行为，其范围相当于“人身利益”，且限定于对其表演者地位、名誉的损害，故法定的保护范围要窄于《德国著作权法》第十四条规定的保护作品完整权。[④] 不过德国在司法实践中则会适当放宽标准，也会考虑类似保护作品完整权的人身名誉，并不仅限于对“艺术家”地位的损害。[⑤] 同时，是否侵犯表演者的名誉则适用较为客观的社会评价标准，并不以作者个人的看法为依据。[⑥] 从以上比较可以得知，我国的表演者表演形象权并不以“有损表演者的声誉”为要件，更接近于法国法而非德国法的规定。

---

① 我国歪曲表演者表演形象的案例极为少见，目前尚未查询到合适案例。

② 《法国知识产权法典》最新版本为2021年1月修订版，该条款未发生变化；具体版本见WIPO官方网站，https：//wipolex. wipo. int/zh/legislation/details/18788，最后访问日期：2021年5月16日。本译文参考了《十二国著作权法》之译法，参见《十二国著作权法》翻译组译：《十二国著作权法》，清华大学出版社2011年版，第92页（“法国知识产权法典”章节译者为黄晖、朱志刚）。

③ See Elizabeth Adeney，The Moral Rights of Authors and Performers：An International and Comparative Analysis（Oxford：Oxford University Press，2006），8. 169-8. 171.

④ “A performer shall have the right to prohibit any distortion or other derogatory treatment of his performance of such nature as to jeopardise his standing or reputation as a performer.” See Section 75，Act on Copyright and Related Rights（Urheberrechtsgesetz，UrhG，as last amended by Article 1 of the Act of 1 September 2017）. 英文译文引自WIPO官方网站，https：//wipolex. wipo. int/zh/text/474263，最后访问日期：2019年5月16日。

⑤ See Elizabeth Adeney，The Moral Rights of Authors and Performers：An International and Comparative Analysis（Oxford：Oxford University Press，2006），9. 157.

⑥ 判断是否侵犯这一权利，也适用类似于Maske in Blau一案中的三步法。即先判断是否存在歪曲或者割裂，再判断是否有损于作者的精神利益，最后再将作者的精神利益与作品使用者的利益放在同一框架下进行考量，如作者的精神利益具有优势，才可以拒绝经过许可的使用者作出必要的修改。See Adolf Dietz，“Germany”，In Moral Rights，Gillian Davies and Kevin Garnett QC（London：Sweet & Maxwell，2010），13-027. 这种“合法性”也因此被认为是一种客观标准，作者自己主观认为的“合法性”，还不足以使其利益得到保护。See Elizabeth Adeney，The Moral Rights of Authors and Performers：An International and Comparative Analysis（Oxford：Oxford University Press，2006），9. 102.

（三）衍生作品侵犯精神权利的可能性

《伯尔尼公约》第六条之二规定人身权利须独立于精神权利，但此处的"独立"是指在权利归属上可以分离。从权利实际行使的角度出发，虽法律未加以明确规定，但衍生作品侵犯原作作者保护作品完整权的前提，首先应当是衍生作品"使用"了原作，即至少存在对原作的复制、改编、汇编行为；如衍生作品并未被判定在某种方式上"使用"原作，则侵犯原作的精神权利亦无从谈起。但衍生文字作品的部分表达方式、情节、场景等组合如与原作构成实质性相似，亦可以作为复制权或改编权控制的对象；① 衍生视听作品也极可能落入汇编权控制范围，故大量衍生作品仍会因存在对原作的复制、改编、汇编，而有可能侵犯修改权与保护作品完整权。②

具体而言，衍生文字作品在利用原作的部分表达方式、情节、场景时，很可能会加以调整、修改，从而局部改变或改变其表达方式；衍生视听作品则是对原作进行剪切、拼接；根据现行法律规定的司法实践，极可能落入修改权的保护范围。③ 关于是否侵犯保护作品完整权的问题，则相对复杂。

就衍生作品是否侵犯保护作品完整权的问题，假使在适用第一种标准的法院进行诉讼，则对原作进行修改即可以构成侵犯作品完整权。但在适用第二种标准的法院进行诉讼，则需满足歪曲、篡改作品表达的思想、感情或本意的要件。关于作者人格体现在作品中的思想、感情、本意等因素，有文献认为主要包括"作者的情感、气质、识度、品格"等因素，并认为"作者情感的符号化形成作品的情趣，如豪放、沉郁、悲壮、率直、明快、含蓄、典雅、温婉、尖

---

① 前述"《江南春晓》案"中，两审法院均认可被告擅自在其生产白酒包装上"裁切性使用涉案画作《江南春晓》，侵犯了权利人对涉案作品的署名权、保护作品完整权、复制发行权和获得报酬权"。江西省高级人民法院（2016）赣民终541号民事判决书、北京知识产权法院（2017）京73民终149号民事判决书、浙江省高级人民法院（2015）浙知终字第99号民事判决书均有类似认定。

② 根据我国《著作权法》第十七条、第三十三条等条款的规定，"视听作品中的电影作品、电视剧作品"的著作权归属于制作者，从其条文推论，作为一个整体的视听作品修改权、保护作品完整权等精神权利亦应归属于制作者。《著作权法》第十条虽规定可转让的权利为财产权（经济权利），但第十七条系直接以法定形式将视听作品整体的著作权归属于制作者，与第十条规定的约定转让存在本质区别。学界亦有文献持此观点，详见胡云红：《著作权法中电影作品的界定及作者精神权利的保护——以中日著作权法制度为中心》，载《知识产权》2007年第2期，第28页。

③ 有观点认为修改权控制的修改行为主要是针对作品的表现形式或内容进行局部订正与更改，不能就整个作品作全部或整体性变更，否则就是重新创作一部新作品（参见冯晓青主编：《知识产权法》，中国政法大学出版社2008年版，第128页）。亦有观点认为侵犯改编权和修改权的诉请在同一个案件中不会同时得到支持，但可以既侵犯改编权又侵犯保护作品完整权。这一问题的关键仍在于复制权、改编权所控制的对象为何。

锐，等等。作者的气质使得作品趋向于一定的审美趣味和艺术追求。品格是作者道德情操、思想作风和生活态度的总和，表现为作品的格调美”[①]。因衍生作品往往表达与原作不同的思想感情、观点，或者改变人物性格、背景设定，故在此情况下，也极易被认定为侵犯作品完整权。如有些衍生文字作品将原作的人物与主线情节、重要情节置于新的背景之下进行描写，则很可能涉及侵犯保护作品完整权。如在某晚报社与胡某华著作权侵权纠纷案中，安徽省高级人民法院即认为，“某晚报社·新闻周刊社刊登《女文》时，虽然没有对胡某华人格或感情进行曲解和丑化，客观上表现为对作品内容的改动，但对该作品创作背景、内容及在整体和细节上违背了胡某华真实思想表达，从而在整体上破坏了其作品的表现形式，是对《女文》作品完整性的破坏”。

这一点在作者权体系国家的案例中也有所体现。在法国案例中，原作如着重精心塑造人物性格和人物关系，而改编作品充斥暴力场景，则会构成侵犯保护作品完整权；而未经作者许可修改乐曲、歌词或删去部分乐章，或在脱离了作者本意的背景下使用（如将宗教音乐用于商业广告），也会侵犯保护作品完整权。[②] 德国慕尼黑上诉法院在 Neverending Stories 一案中亦认为，歪曲是指“对原作精髓的任何扭曲或者篡改”，“对文字作品中角色的改动、对电影剧本中氛围和情节的改动、对音乐和文字作品的增删改动了作品传递的信息……”，均属歪曲之列。[③] Springoifel 一案即是例证。乐队 Springoifel 的歌曲被收集在一张合辑中，该合辑包含了几支新纳粹乐队的歌曲，封面还使用了纳粹统治时期的德国哥特式字体和国旗颜色。后乐队成员之一提起诉讼，法院即认为这种使用方式虽未歪曲原作，但损害了法律规定的作者利益，对乐队成员的人身利益构成了直接危险。[④] 而某些衍生视听作品将原作中部分内容剪切、重新拼接，同样会构成对保护作品完整权的侵犯。如在法国案例中，删减部分电影场景、插入广告、将黑白影片制作成彩色影片，亦构成侵权。[⑤] 我国虽目前尚未出现该种类型的案例，但如果适用这一标准，大量衍生作品将很难摆脱侵犯作品完

---

① 见王坤：《著作人格权制度的反思与重构》，载《法律科学》2010 年第 6 期，第 39 页。

② See Maria Mercedes Frabboni, “France”, In Moral Rights, Gillian Davies and Kevin Garnett QC (London: Sweet & Maxwell, 2010), 12-017.

③ See Elizabeth Adeney, The Moral Rights of Authors and Performers: An International and Comparative Analysis (Oxford: Oxford University Press, 2006), 9.87-9.88.

④ Ibid, 9.89.

⑤ See Maria Mercedes Frabboni, “France”, In Moral Rights, Gillian Davies and Kevin Garnett QC (London: Sweet & Maxwell, 2010), 12-014, 12-015.

整权的处境。

当然，作者权体系国家对于什么是“歪曲”“篡改”、什么才是忠实于原著的看法并不是铁板一块，同样存在一定的争议。法国持考察作者本意的主观标准，但上述主观标准须通过能够证明作者意图的背景材料予以确定。在 P. Hugo & Soiété des Gens de Letres（SGDL）v. S. A. Edtions Plon 一案中，法院即从雨果的作品（writings）中推测、考察其不反对续作的原意。[①] 德国联邦法院则认为将某一著名戏剧从 1930 年的时代背景修改为 1980 年，仅仅是一种修改而非歪曲，并未损害去世原作作者的精神权益；[②] 且德国也是一直存在何谓“忠实于原著的版本”的争议。[③]

同时，我国《著作权法》及司法案例均认可表演者权中的精神权利与表演者不可分离，不会被类电作品的整体著作权权利所吸收，所以衍生视听作品将可能同时涉及侵犯分属不同主体所有的保护作品完整权与表演者权。[④] 以“一个馒头引发的血案”为例，该视频不仅改变了电影的意图，也更改了表演者的原有台词，将其声音替换成别人的声音，从而起到“移花接木”的讽刺效果；但这一情形很可能构成对表演者表演形象的歪曲。这一观点在其他作者权体系国家的案例中亦有体现；如在德国，录制现场表演时背景噪声太大、去除剧场演出的合唱部分、将电影中演员的声音替换成别人的声音、在录制表演时换上新的背景音乐、并非表演者原意的使用（特别是商业使用）、复制部分表演并在不同背景下使用、混接等，都可以构成对表演者精神权利的侵犯。[⑤]

如审理案件的法院持第三种观点，即“损害作品或作者声誉”的标准，则有利于某些类型的衍生作品。就衍生作品而言，是否“损害作品或作者声誉”，

---

① See Maria Mercedes Frabboni, “France”, In Moral Rights, Gillian Davies and Kevin Garnett QC (London: Sweet & Maxwell, 2010), 12-014, 12-017.

② See Adolf Dietz, “Germany”, In Moral Rights, Gillian Davies and Kevin Garnett QC (London: Sweet & Maxwell, 2010), 13-021.

③ Ibid.

④ 见高某与梅赛德斯-奔驰（中国）汽车销售有限公司侵害表演者权纠纷案，北京市第三中级人民法院（2014）三中民终字第 03453 号民事判决书。

⑤ See Elizabeth Adeney, The Moral Rights of Authors and Performers: An International and Comparative Analysis (Oxford: Oxford University Press, 2006), 9.158-9.159.

则须考虑其是否导致作品或者作者的社会评价降低。[①]某些衍生视听作品虽然表达了与原作不同的思想、感情，但其创作目的系赞扬、推广原作，从而在客观上提升他人对原作的好感，而非导致作品或者作者的社会评价降低。满足这种条件的衍生视频作品，则不应视为损害作品或作者声誉，从而不侵犯保护作品完整权。但有些衍生视听作品的创作目的就在于讽刺、评论，如“一个馒头引发的血案”，客观上很可能会对作品与作者造成一定的负面影响，则以现行标准，该等作品很可能会落入侵犯作品完整权所控制的行为。在此情况下，侵权是否成立，则需视该等作品能否符合我国《著作权法》中关于著作权限制的规定，下一节中将探讨该等可能性。

与衍生视听作品不同的是，衍生文字作品所表达的情感、思想和内容更为丰富与多变，也会加入更多的独立创作元素，其艺术效果可能与原作迥异。但判断其是否会让原作或者原作作者的社会评价降低，则既可能涉及现行法律规定、主流道德观念与社会公众的主观认识等客观因素，又可能涉及对衍生作品艺术性的主观评价，从而使得这种判断存在相当的难度。[②] 诚如霍姆斯法官所言：“人们感受到的时代精神、主流的道德与政治理论，那些公开宣传的或者人们潜意识里关于公共政策的直觉，甚至法官之间共享的偏见，在决定法律适用的时候，都比三段论式推理更加重要。”[③] 这一论断对于“降低作品或者作者声誉”的判断因素来说，尤其成立。根据作者权体系国家的判例，即使在艺术水准不下降的情况下，也有可能构成对作品价值的贬损。德国慕尼黑上诉法院在 Neverending Stories 一案中即认为：“歪曲意味着作品价值的贬损，但并不必然等同于作品的艺术水准下降。”[④]

在此情况下，如衍生作品尽量将表达的思想感情向原作靠拢，或可在一定

---

① 《伯尔尼公约》第六条之二的用语为“honor and reputation”，我国香港特别行政区也使用了这一用词，即前述我国香港特别行政区《版权条例》第九十二条规定中的“荣誉”与“声誉”。有观点认为，“荣誉”的主观性更强，关系到个人人格完整度，“声誉”则更侧重社会层面的评价；Jani McCutcheon 所著 The Honour of the Dead-The Moral Right of Integrity Post-Mortem 一文第 491-492 页中有详细综述。参见 Jani McCutcheon, The Honour of the Dead-The Moral Right of Integrity Post-Mortem, 42 Fed. L. Rev. 485 (2014), 491-492。我国仅使用“声誉”，视之为社会评价并无问题。

② 虽然理论上法院在审理著作权案件中不应过多考虑、评判作品的艺术性，但作品的艺术性对于法官的心证不可避免地会具有一定影响。

③ See Oliver Wendell Holmes, The Common Law (Cambridge, Massachusetts: Belknap Press of Harvard University Press, 2009), 3.

④ See Elizabeth Adeney, The Moral Rights of Authors and Performers: An International and Comparative Analysis (Oxford: Oxford University Press, 2006), 9.87-9.88.

程度上避免该等风险。但如衍生作品涉及一些争议性社会话题，则其侵权风险会更大。以我国传统文学名著为例，《金瓶梅》无疑是《水浒传》的衍生作品。《金瓶梅》一书具有极高的艺术价值，学者亦认可其化用《水浒传》的情节、语言时更为深刻地反映了人性，达到了完全不同甚至更为高超的艺术效果。[①]但是假使将两部作品置于现代语境下评判，则《金瓶梅》对《水浒传》中部分情节与表达方式的使用，极可能因《金瓶梅》不符合现行法律规定、社会公众的道德观念而构成对《水浒传》保护作品完整权的侵犯。现代用户创作的普通衍生作品自然难以达到，或者说无法达到《金瓶梅》那样的艺术高度，如涉及对争议问题的描写，则也难以避免侵犯保护作品完整权的风险。

综上所述，根据我国《著作权法》关于修改权与保护作品完整权的权利范围及司法实践标准，衍生作品侵犯上述权利的可能性亦较大。在此情况下，我们就不得不探究衍生作品是否能够符合我国《著作权法》中关于权利限制的规定。

三、衍生作品与著作权限制

本章已经对衍生作品可能侵犯复制权、改编权、汇编权及人身权利的情况进行了讨论，下文着重讨论我国著作权法体系中关于著作权限制的规定及司法实践情况，并在此基础上分析衍生作品构成著作权限制（例外）的可能性。

我国著作权法体系中关于著作权限制的规定，在《著作权法》于2020年修正之前，主要由《著作权法》第二十二条、第二十三条及《著作权法实施条例》第二十一条构成；2020年修正的《著作权法》将《著作权法实施条例》第二十一条规定的限制内容吸收进了《著作权法》第二十四条，故在该法于2021年6月1日施行后，著作权限制条款已主要集中于《著作权法》第二十四条、第二十五条。对于衍生作品而言，一般情况下无法适用《著作权法》第二十四条第一款第（一）项、第（二）项之外的规定，故本书将重点讨论我国《著作权法》第二十四条第一款第（一）项、第（二）项规定及其司法适用情况。如上所述，该条款中新加入的部分由《著作权法实施条例》第二十一条脱胎而来，为准确理解我国著作权限制规定的文本定义及司法实践，本书亦将对原《著作权法》第二十二条及《著作权法实施条例》第二十一条的理解与适用

① 参见孙述宇：《金瓶梅：平凡人的宗教剧》，上海古籍出版社2011年版。

情况追根溯源，进行详细探讨。

（一）原条款规定及司法实践

1. 原条款规定

2001年修正的我国《著作权法》第二十二条规定："在下列情况下使用作品，可以不经著作权人许可，不向其支付报酬，但应当指明作者姓名、作品名称，并且不得侵犯著作权人依照本法享有的其他权利：（一）为个人学习、研究或者欣赏，使用他人已经发表的作品；（二）为介绍、评论某一作品或者说明某一问题，在作品中适当引用他人已经发表的作品；……"2020年《著作权法》修正之前此条未作修改。2002年《著作权法实施条例》第二十一条规定："依照著作权法有关规定，使用可以不经著作权人许可的已经发表的作品的，不得影响该作品的正常使用，也不得不合理地损害著作权人的合法利益。"经历2011年、2013年两次修订后，此条未作修改。为个人学习、研究、欣赏而使用已发表作品，或为了介绍、评论作品、说明问题而进行适当引用，是广大社会公众获得知识、信息的重要保障，也是公民的基本权利，故各国著作权法中多有类似规定。如《英国版权、外观设计和专利法案》第二十九条、第三十条即规定，为非商业性目的之研究（如附有充分声明）、为个人学习之目的，对文字、戏剧、音乐或艺术作品进行公平处理的行为，或为批评或评论而对作品及作品之表演进行公平处理的（如附有充分声明且该作品已向公众提供），则不侵犯该作品之版权。[①] 美国《版权法》第一百零七条在合理使用四因素之外，也特别列举了批评、评论、新闻报道、教学、学术或研究之目的等合理使用情形。[②]

《著作权法实施条例》第二十一条规定源于《伯尔尼公约》第九条第二款规定的"三步检验法"（three-step test）；[③]《TRIPs协议》与《世界版权公约》（WCT）对于"三步检验法"亦有类似规定。[④] 因此，在2020年《著作权法》修正之前，我国的著作权限制制度由两个条款组成：一是《著作权法》以封闭式列举方法规定的具体限制，二是《著作权法实施条例》以概括式方法规定的

---

① 详见Section 29，Section 30，Copyright，Designs and Patents Act 1988。

② 详见Section 107，Copyright Law of the United States（Title 17）。这些情形只是特地列举出来的情况，具体是否能够构成合理使用，还需要结合该条规定的合理使用四因素进行分析。

③ 《伯尔尼公约》第九条规定译文引自世界知识产权组织官方网站，https：//wipolex. wipo. int/zh/text/283696，最后访问日期：2019年7月4日。

④ 见《TRIPs协议》第十三条与WCT第十条。

“三步检验法”。以《著作权法实施条例》第二十一条的文本而言，“不得影响该作品的正常使用，也不得不合理地损害著作权人的合法利益”是对“依照著作权法有关规定，使用可以不经著作权人许可的已经发表的作品”的限制，故从法律层级效力、逻辑结构推知，这两种“著作权限制”是必须同时满足的累积性要求。[①] 即判断某一被控侵权行为是否符合著作权限制的规定时，首先必须考虑该行为是否属于2020年修正前的《著作权法》第二十二条规定的封闭式、列举式行为；如果不属于上述行为，即无须考虑是否符合《著作权法实施条例》第二十一条规定的“三步检验法”；如属于上述行为，则还要考虑是否符合《著作权法实施条例》“三步检验法”的适当性要求。因此，我国立法体系中采取的“封闭式列举”加“三步检验法”体系，并非将“三步检验法”作为原则性、兜底性条款来处理。[②] 但在司法实践中是否如此，则仍需进一步考察。

2. 司法实践

整体而言，在2020年修正前的《著作权法》的规定下，我国法院对于被控侵权行为是否构成著作权限制，首先仍是考虑其是否属于《著作权法》第二十二条规定的十二种行为之一；如被控侵权行为的违法性较为明显、确实不属于上述十二种行为，法院通常会直接适用《著作权法》第二十二条规定，而不再考虑该等行为是否符合《著作权法实施条例》第二十一条规定的“三步检验法”要件。这种情况下，法院的判断基本是具有一致性的。但在被控侵权行为的违法性存在模棱两可之处、需要作出详尽说理时，法院对于两者关系的理解便会发生差异。目前的知名案例中存在至少两种主要做法：一是将《著作权法实施条例》第二十一条作为《著作权法》第二十二条规定行为“合理性”的具体标准、分析要件，或是将《著作权法》第二十二条规定的封闭列举式行为与“三步检验法”并列视为整体考量因素，以上做法均可属于“累积式要件”标准；二是将《著作权法实施条例》第二十一条作为《著作权法》第二十二条的兜底原则考虑，而非累积式适用标准。同时，基于司法界、学术界常常将我国规定的“著作权限制”等同于“合理使用”制度，司法政策性文件及典型案例

---

① 学界亦有相关论文持此观点，参见孙山：《合理使用“一般条款”驳》，载《知识产权》2016年第10期，第57页。

② 我国司法实践与学术界多篇论文将我国的“著作权限制”等同于“合理使用”制度，而忽略了这两种制度本身存在的差别。

中亦出现了美国版权法将“合理使用四因素”作为“三步检验法”具体考量因素的做法。下文将重点讨论我国法院涉及上述问题的典型案例，以整理、提取我国法院对于著作权限制的基本方法。①

（1）累积式要件与兜底式原则

关于《著作权法实施条例》第二十一条到底是兜底式原则，还是累积式要件的问题，法院的做法并不尽一致。在北京法院 2017 年度知识产权“十大创新型案例”之七“留守儿童图片”著作权侵权纠纷案中，采取的即是“累积式适用”方法。② 该案二审法院认为：“涉案视频使用刘某越享有著作权的涉案 13 幅摄影作品，构成视频的主要内容和主要画面，影响了刘某越对其作品的正常使用，一定程度上损害了刘某越作为著作权人的合法利益，不符合著作权法对著作权权利限制的条件，不构成合理使用。”在针对该案例的“创新性评价”中也认为：“认定使用他人作品的行为是否属于‘适当引用’时，应当从使用作品的行为是否影响了该作品的正常使用，是否不合理地损害了著作权人的合法利益角度进行考虑。”裁判文书说理及法院以“创新性评价”表明的态度均明确认为，“是否影响了该作品的正常使用，是否不合理地损害了著作权人的合法利益角度进行考虑”是判断是否构成适当引用的要素，如果不满足上述二要件，即不能认定被控侵权行为符合《著作权法》（2010 年修正）第二十二条规定的著作权限制。这一做法将《著作权法实施条例》第二十一条规定作为《著作权法》（2010 年修正）第二十二条规定的解释方法、分析要件，可谓累积式适用的典型。在某市人民防空办公室著作权权属、侵权纠纷案，周某鸣诉某报社侵犯著作权纠纷案及其再审裁定中，北京高院及北京地区相关法院也均作出

---

① 在我国法院判决中，明确适用《著作权法实施条例》第二十一条规定的判决并不多见。在“中国裁判文书网”以“《中华人民共和国著作权法实施条例》第二十一条”作为法律适用的关键词进行检索，明确适用《著作权法实施条例》第二十一条的案例共 79 件，且其中绝大多数案件涉及的侵权行为具有明显的合法性，仅有少部分案件的说理具备学术讨论价值。如以“不合理地损害著作权人的合法利益”为全文关键词进行检索，可得到 111 份案例。不过，明确适用“三步检验法”条文的案例数量虽然较少，却不等于“三步检验法”在我国司法实践中处于边缘化的位置。相反，在代表具有影响力的法院的权威意见、经过法院选择的典型案例之中，“三步检验法”占有一定地位。

② 见北京法院 2017 年度知识产权“十大创新型案例”之七“刘某越与央视某网络有限公司、某省广播电视集团有限公司侵犯著作权纠纷案”（“留守儿童图片案”），（2017）京 73 民终 1068 号民事判决书。

类似认定。持该观点的还有福建高院、浙江高院等法院。①

同时，也有法院将“三步检验法”和《著作权法》（2010 年修正）第二十二条规定的封闭列举式行为并列视为整体考量因素，并如 Fairness in Music Licensing 一案中专家组意见一般，着重从经济利益角度对“三步检验法”的要素进行具体分析。如江苏高院在（2016）苏民终 114 号案中即认为：在判断对他人作品的使用是否属于合理使用时，应着重考虑以下因素：“第一，对作品的使用是否属于法定的合理使用情形。第二，不得影响该作品的正常使用，主要指具有或者可能获得相当经济或者实用价值的作品利用形式，都应当属于著作权人。第三，不得不合理地损害著作权人的合法利益。主要是指对作品的使用不得与著作权人通常从行使专有权中获取经济利益的行为相竞争，并因此使著作权人丧失其应当获得的商业利益。”② 之后，江苏高院根据上述三个要素，对于被告使用哆啦 A 梦形象的行为进行逐一分析，并在此基础上得出其不构成“合理使用”的结论。陕西高院、西安市中级人民法院在杜某哲、李某与王某藜、李某玲侵害著作权纠纷一案中亦持类似观点。③

如被告明显实施了整体复制行为，则较易认定著作权限制理由显然不成立；但对于那些位于著作权边缘、根据现行规则难以认定是否属于著作权限制的利用行为，则考验着法院对于著作权限制制度与著作权边界的理解。在此情况下，法院又会倾向于将“三步检验法”作为兜底性原则条款，以便突破《著作权法》（2010 年修正）第二十二条的封闭式列举规定。在 2013 年最高人民法院公布的十大创新性知识产权案例之四“谷歌公司与王某侵害著作权纠纷上诉案”

---

① 见厦门某图书策划有限公司与上海某图像技术有限公司侵害作品信息网络传播权纠纷案，福建省高级人民法院（2018）闽民终 1032 号民事判决书、福建省厦门市中级人民法院（2017）闽 02 民初 712 号民事判决书；原昌与桐乡市监察局侵犯著作财产权纠纷案，浙江省高级人民法院（2009）浙知终字第 118 号民事判决书、浙江省嘉兴市中级人民法院（2009）浙嘉知初字第 8 号民事判决书。

② 见某（上海）商贸有限公司与无锡市某商旅文化发展有限公司、无锡市某传媒有限公司等著作权权属、侵权纠纷案，江苏省高级人民法院（2016）苏民终 114 号民事判决书。

③ “依据《著作权法实施条例》第二十一条的规定，依照《著作权法》有关规定，使用可以不经著作权人许可的已经发表的作品的，不得影响该作品的正常使用，也不得不合理地损害著作权人的合法利益。因此判断杜某哲、李某的行为是否构成合理使用行为，应当从以上因素出发，综合判断。首先，杜某哲、李某虽在参考文献列有《舌诊源鉴》，但其在书中相应内容处没有索引、脚注，不能正确显示其来源，而从其使用方式上是整节、大段落使用，并非为介绍、评论《舌诊源鉴》，是为说明其作品的内容所使用。其次，王某藜、李某玲出版书籍与被控侵权图书均为医药类，都是有关舌类疾病，两者间事实上存在市场竞争关系，杜某哲、李某的该行为已超过了适当的程度，势必会损害王某藜、李某玲的相应权利。”见杜某哲、李某与王某藜、李某玲侵害著作权纠纷案，西安市中级人民法院（2016）陕 01 民初 1189 号民事判决书、陕西省高级人民法院（2017）陕民终 365 号民事判决书。

中，谷歌公司的信息网络传播行为虽不属于《著作权法》（2010 年修正）第二十二条规定的十二种合理使用行为之列，但北京一中院认为“对个体利益的保护应最终服务于更高的社会利益”，并在考虑这一因素的情况下直接引用了“三步检验法”的分析要件，认为“在特定情况下，如果他人未经著作权人许可而实施的著作权所控制的行为并未与作品的正常利用相冲突，也没有不合理地损害著作权人的合法利益”，则可构成合理使用。[①] 该案虽然未明确适用《著作权法实施条例》第二十一条规定，但其做法即为绕过了《著作权法》的封闭列举式规定，直接将“三步检验法”作为兜底原则适用。在北京高院公布的 2017 年度北京知识产权“十大创新型案例”之六“某影视文化公司与北京某科技有限公司著作权侵权纠纷案”（以下简称“《产科医生》案”）中，朝阳法院先是认为，《著作权法实施条例》第二十一条规定的是《著作权法》（2010 年修正）第二十二条列举的十二种合理使用情形的构成要件，这一认定本身是累积适用的观点；但之后又认为“由于互联网新兴技术的发展，该十二种情形无法完全解决现实需求”，故使用他人作品的行为只要符合“未影响该作品的正常使用，也未不合理损害著作权人合法权益”的要件，即可构成合理使用。[②] 在此说理的基础上，朝阳法院认为网络用户上传《产科医生》截图的行为符合

---

① “与此同时，著作权法规定这些专有权利的目的并不是使创作者对作品的传播和使用进行绝对垄断，也不是单纯地为了对创作者加以鼓励，而是通过赋予创作者有限的垄断权保障其从作品中获得合理的经济收入，从而一方面鼓励和刺激更多的人投入于原创性劳动中，另一方面促使更多的高质量的作品得以产生和传播。因此，在一定程度上，著作权对权利人个体利益的保护应最终服务于更高的社会利益。也正是考虑这一因素，在特定情况下，如果他人未经著作权人许可而实施的著作权所控制的行为并未与作品的正常利用相冲突，也没有不合理地损害著作权人的合法利益，则通常可以认定此种使用行为构成对著作权的合理使用，不属于侵犯著作权的行为。”见北京市第一中级人民法院（2011）一中民初字第 1321 号民事判决书。

② “由于互联网新兴技术的发展，该十二种情形无法完全解决现实需求。因此，在遵循《著作权法实施条例》第二十一条规定的合理使用要件的基础上，适用合理使用制度衡量某一行为是否属于合理使用，是合乎著作权法立法原意与合理使用制度设计初衷的。因此，使用他人已经发表的作品，未影响该作品的正常使用，也未不合理损害著作权人合法权益，这种使用可以构成合理使用。”见北京市朝阳区人民法院（2017）京 0105 民初 10028 号民事判决书。

上述要件，构成合理使用。"[①] 北京高院对该案的突破也作出高度评价，认为《著作权法》（2010年修正）第二十二条以封闭式列举的方法规定的十二种合理使用行为，已经受到了新的传播技术和新的商业模式的飞速发展的巨大冲击，无法完全解决现实需求；该案件“从合理使用制度原理出发，适用‘三步检验法’并结合《著作权法实施条例》第二十一条的规定，从涉案行为是否影响作品的正常使用、是否不合理地损害著作权人的合法利益等因素，考量涉案行为是否构成合理使用”，对“合理使用范围的划定方式进行了积极探索，判决结果实现了著作权人、网络服务提供者与社会公众的利益平衡”。[②] 从该案例可见，尽管法院认识到理论上应将“三步检验法”作为累积性要件适用，但是囿于《著作权法实施条例》第二十一条封闭列举式规定存在的问题，故不得不加以变通，试图通过把《著作权法实施条例》第二十一条作为原则性兜底条款的方式，对实践中出现的个案问题进行处理。

（2）“合理使用四因素”

与明确适用《著作权法实施条例》第二十一条规定的较少数量判决相比，

---

① 见北京市朝阳区人民法院（2017）京0105民初10028号民事判决书。关于影视作品截图是否构成摄影作品的问题，司法实践中存在不同做法。在2017年杭州互联网法院十大典型案例“某电视文化投资有限公司诉扬州某商贸有限公司、浙江某网络有限公司侵害作品信息网络传播权纠纷案——视听作品中截屏取得的单张作品性质的认定与保护案”（“《小丈夫》案”）中，生效裁判即认为影视作品截图符合法定要件时，可以作为摄影作品单独保护。法院认为：“影视作品的独创性固然体现在动态图像上，但动态图像在本质上是由逐帧静态图像构成。各帧静态图像虽不是静态拍摄完成，但也体现了摄录者对构图、光线等创作要素的选择与安排，体现出了独创性。鉴于影视作品属于在特定介质上对物体形象的记录，当其特定帧图像所体现出的独创性达到著作权法所要求的高度时，该图像便符合著作权法及其实施条例关于作品和摄影作品构成要件的规定。其次，著作权法通过对特定类型作品提供有限度的保护以实现其立法目的，为此，著作权法在赋予权利的同时又会对权利进行限制。但限制权利只是手段，并非目的，在缺乏合理理由的前提下，对符合法定要件的作品不应当拒绝保护。就本案所涉以类似摄制电影方法创作的作品中符合法定要件的特定帧静态图像而言，以摄影作品加以保护，不会为权利人带来超出其创造性劳动价值之外的保护，也不会给社会公众添加额外的负担，或损及他人及社会公共利益。”以此标准，影视作品截图通常情况下都可符合作为摄影作品的条件，这一认定即与“《产科医生》案”相反。“《产科医生》案”认为：“影视作品截图作为从连续动态画面中截取出来的静态画面，不是与影视作品相独立的摄影作品。某影视文化公司作为涉案电视剧的著作权人，有权对该作品的截图主张权利。网络用户实施的涉案信息网络传播行为虽然未经著作权人许可，但鉴于其并未与作品的正常利用相冲突，也没有不合理地损害著作权人的合法利益，本案中某影视文化公司也未举证证明涉案行为给其造成了经济损失。因此，该行为属于对某影视文化公司作品的合理使用，并未构成对某影视文化公司信息网络传播权的侵犯。鉴于网络用户上传截图的行为并不侵权，豆网公司也不构成侵权。”两案的真正区别其实在于使用性质的不同：“《产科医生》案”中截图并非作为商业用途，而“《小丈夫》案”中则是将截图作为商业用途。但是以用途不同而对截图是否成为作品进行不同判断，是不妥当的，也反映了个案判断标准的不一致。

② 见北京市朝阳区人民法院（2017）京0105民初10028号民事判决书。

如以“合理使用”为关键词进行检索，则可得到海量判决。但这并不意味着“三步检验法”与“合理使用”在我国司法实践中的地位具有天壤之别。因我国司法界、实务界及学术界多将我国的“著作权限制”等同于“合理使用”制度，当事人抗辩或法院裁判说理部分也常将两者混为一谈，故此处的“合理使用”实际上已非美国著作权法中的“合理使用”（fair use）四要素。[①] 因此，究其实质，仍需要分析判决中“合理使用”的要件是“不得影响该作品的正常使用，也不得不合理地损害著作权人的合法利益”，还是“合理使用”四要素。

目前为止，明确提及合理使用四要素的司法政策性文件，系最高人民法院于 2011 年 12 月 16 日发布的《关于充分发挥知识产权审判职能作用推动社会主义文化大发展大繁荣和促进经济自主协调发展若干问题的意见》第六条关于“妥当运用著作权的限制和例外规定”的相关意见。该条意见表述为：“……在促进技术创新和商业发展确有必要的特殊的情形下，考虑作品使用行为的性质和目的、被使用作品的性质、被使用部分的数量和质量、使用对作品潜在市场或价值的影响等因素，如果该使用行为既不与作品的正常使用相冲突，也不至于不合理地损害作者的正当利益，可以认定为合理使用。”它结合了“合理使用”四因素与“三步检验法”，从文字而言，可理解为某种行为如要构成著作权例外，则必须同时符合合理使用四因素与“三步检验法”的要求，且最终收尾仍是“三步检验法”。

但在司法实践中，也有典型案例将合理使用四因素作为“三步检验法”的具体考量因素，[②] 如上海二中院审理的刘某奎与某师范大学、李某著作权侵权纠纷一案中，[③] 一审法院上海二中院即认为：“根据《著作权法》（2010 年修正）第二十二条及《著作权法实施条例》第二十一条的规定，判断对他人作品的使用是否属于合理引用，应当综合考虑原作品是否已经公开发表、引用他人作品的目的、引用的次数及所引用文字占整个作品的比例、所引用文字是否属于作品的核心或实质内容、是否会对原作品的正常使用或市场销售造成不良影响等因素予以认定。”上海二中院对上述四因素结合案件情况展开分析，最终得

---

① 最高人民法院的司法政策性文件、各地法院判决书及知网查询的众多论文均持这一认知。学者评论详见熊琦：《著作权合理使用司法认定标准释疑》，载《法学》2008 年第 1 期。

② 经裁判文书网检索，明确适用《著作权法实施条例》第二十一条的案例绝大多数违法性质较为明显，故本节将重点讨论以“三步检验法”抗辩成功的案例，以总结我国“三步检验法”的适用规则。

③ 见刘某奎与某师范大学、李某著作权侵权纠纷案，上海市第二中级人民法院（2013）沪二中民五（知）初字第 115 号民事判决书。

出被告李某引用“‘8’的深思”不构成侵权的结论。① 但是，上海高院在二审判决中直接适用了“三步检验法”作为分析方法，认为被告与原告作品之间形成事实上的市场竞争关系，从而影响了原作的正常使用、不合理地损害了著作权人的合法利益。

又如2016年度上海法院十大知识产权案件之六上海某电影制片厂诉浙江某文化传播有限公司、某上海影院管理有限公司著作权侵权纠纷案中，上海知识产权法院明确适用了美国合理使用制度中的“转换性使用”的考量因素，认为电影海报中呈现葫芦娃、黑猫警长形象是“为说明二十世纪八十年代少年儿童的年代特征这一特殊情况”的“适当引用”，“不再是单纯展现涉案作品的艺术美感，其价值和功能已发生转换，且转换性程度较高，属于转换性使用，而且并不影响涉案作品的正常使用，也没有不合理地损害著作权人的合法利益，故构成合理使用。”② 2016年佛山法院知识产权十二大典型案例之九北京某影像网络科技有限公司诉佛山市某医院侵害作品信息网络传播权纠纷案中，佛山中院也同样将“合理使用四因素”中的关键因素“转换性使用”作为“三步检验法”的考量因素，认为“对他人作品的使用行为要构成合理使用必须符合特定条件：对他人作品的合理使用应当是作为特殊情况而存在；该使用行为不与被引用作品的正常使用相抵触；该使用行为不得损害著作权人合法权益。引用他人已发表作品要构成对作品的合理使用，引用人对作品的使用应当是间接性、辅助性的，被引用作品的功能或价值在新的作品中应当发生改变或转换，这样对他人已发表作品的引用才不会与该作品的正常使用相抵触，不会对著作权人

① 上海二中院认为：本案中，第一，从原作品的性质看，原告主张的《教师口语表述与训练》已经出版，属于已经发表的作品。第二，从引用他人作品的目的看，被告李某是在撰写被控侵权图书过程中，为了以案例的形式说明纵深思维的训练方法，而在被控侵权图书中使用“8”的深思。其目的是说明某一问题，让纵深思维易于理解。第三，从引用次数及所引用文字的数量看，被告李某仅引用了原告的作品一次，而“8”的深思共420余字，无论是在原告作品中所占的比例，还是在被控侵权图书中所占的比例都极小，在文字数量上属于适当的引用。第四，从所引用文字的质量看，原告作品的核心内容是介绍“思维训练四法”即逆向思维训练、纵深思维训练、多向思维训练和综合思维训练。“8”的深思仅是作为案例对思维训练方法进行说明，并非原告作品的实质或核心内容。被控侵权图书亦是一本介绍思维训练方法的作品，核心内容是演讲或思维的方法与技巧。“8”的深思在被控侵权图书中亦是作为案例对思维训练方法进行说明。因此，“8”的深思无论是在原告主张的作品，还是被控侵权图书中都非核心或主要内容。第五，从引用是否会对原告作品的正常使用或市场销售造成影响看，由于原告主编的《教师口语表述与训练》一书于1994年出版，被控侵权图书于2012年出版，二者在市场上基本不会形成竞争；而且“8”的深思在原告作品中所占比例极小，因此，被告李某在被控侵权图书中使用“8”并不会影响《教师口语表述与训练》的正常使用或市场销售，也不会不合理地损害原告的合法利益。

② 详见上海知识产权法院（2015）沪知民终字第730号民事判决书。

的经济利益产生实质性损害”[①]。上海知识产权法院、佛山中院在此案中直接使用了“使用作品的性质”中“转换性使用”的考量因素，并未使用“三步检验法”的相关分析，合理使用四要素影响力之大可见一斑。

（3）立法宗旨

我国《著作权法》第一条规定：“为保护文学、艺术和科学作品作者的著作权，以及与著作权有关的权益，鼓励有益于社会主义精神文明、物质文明建设的作品的创作和传播，促进社会主义文化和科学事业的发展与繁荣，根据宪法制定本法。”该条文系《著作权法》开宗明义的立法宗旨，从其体例而言并未列入著作权限制；从条文而言，其分别对应著作权人对作品的控制权、著作权传播者（文化产业）的经济利益及功利主义式的社会公众利益，但从现有法条规定而言，并不能直接得出三者中何者更优的结论。

上述立法宗旨优先级别上的模糊性，也给司法实践创造了解释空间。在实践中，有法院援引该条款，以此作为论证我国著作权法旨在达成各方利益平衡的依据，并在事实上限制着著作权的边界。如“《胭脂扣》案”中，上海一中院在论证改编行为的范围时即援引了《著作权法》第一条规定，并据此认为：“……显然，著作权法既保护著作权人及邻接权人的排他性权利，又保护社会公众在文化进步方面的利益，它之所以鼓励创作就是为了达到这样一种利益平衡。”[②] 又如“《九层妖塔》案”中，一审法院也援引了该条规定，认为从该立法宗旨可见，“鼓励作品的创作和传播是著作权法立法的主要宗旨”，且“著作财产权转让作为一项重要的权利行使方式，在现实生活中起着促进作品传播、繁荣文化市场的重要作用，也是著作权人实现其经济利益的重要途径之一”，故须“基于平衡作品创作与传播之间的利益考虑”，在保护作者智力劳动利益的同时，也要“充分保障著作财产权的行使，促使作品得到广泛传播，最终实现作品价值和有关著作权人利益的最大化”，并最终得出《九层妖塔》电影不侵犯小说著作权人张某野保护作品完整权的结论。该一审判决虽被北京市知识产权法院的二审判决撤销，但也可看出法院利用《著作权法》第一条对著作权进行限制的倾向。

---

① 见广东省佛山市中级人民法院（2015）佛中法知民终字第159号民事判决书。

② 见上海市第一中级人民法院（2012）沪一中民五（知）终字第112号民事判决书。

小 结

如上所述，我国法律及行政法规中规定的著作权限制制度是较为严格的；从文本含义而言，它不仅要求被控侵权行为属于《著作权法》（2010 年修正）第二十二条列举的十二种行为，还必须符合《著作权法实施条例》第二十一条“三步检验法”所规定的适当性、合理性要件。但法院在适用上述条文时，采取的解释路径则是多元化的。有的法院采取累积式标准，将“三步检验法”作为解释《著作权法》（2010 年修正）第二十二条合理性的要件，或者将“三步检验法”作为整体考量因素。有的法院将“三步检验法”作为兜底式原则适用，亦有法院根据最高人民法院的司法政策性文件，采取美国版权法中的合理使用四要素分析是否满足“不得与作品的正常利用相冲突，也不得不合理地损害著作权人的合法利益”的“三步检验法”要件。还有法院试图将《著作权法》第一条规定的宗旨作为著作权限制条款予以适用。

某种意义上说，法院对这种不一致似乎并未注意，也无意予以统一，如 2017 年度公布的北京法院知识产权“十大创新型案例”之六“《产科医生》案”、之七“留守儿童图片案”适用的标准就完全不同，前者将“三步检验法”作为兜底式原则适用，后者将“三步检验法”作为解释合理性的要件。但这一矛盾现象似乎并未引起法院足够的重视，反而是将两个案例都作为典型案例推出。这也反映着现实的问题：在被控侵权行为位于著作权边缘、根据现行规则难以认定是否属于著作权限制的情况下，法院所采取的标准较为多元化。而这种多元化既与立法试图兼容两大法系的影响及其固有的滞后性缺陷有关，也与法院为解决实际问题而采取的实用性态度相关。衍生作品法律地位的确定性，则自然会因法律规定的严苛与司法标准的多元化而受到影响。

（二）现有条款规定及前景预测

2020 年修正的《著作权法》第二十四条明确规定：“在下列情况下使用作品，可以不经著作权人许可，不向其支付报酬，但应当指明作者姓名或者名称、作品名称，并且不得影响该作品的正常使用，也不得不合理地损害著作权人的合法权益……”该款规定吸收了《著作权法实施条例》第二十一条规定，其使用“并且不得影响……”“也不得不合理地损害……”的立法语言，可以说是已经明确上述两要件系累积式适用，从而根本否定了之前司法实践中将上述两要件作为兜底式原则的做法。因此，在《著作权法》修正、施行之后，司法实践中将上述两要件作为兜底性原则的做法应渐告消亡。但基于司法实践中对兜底原则的需要，在兜底原则式做法不再适用的情况下，利用合理使用四要素或立法宗旨作为解释“不得影响该作品的正常使用，也不得不合理地损害著作权人的合法权益”的途径，很可能迎来更为广阔的适用范围与更高的适用频率。

（三）衍生作品不符合现行著作权限制制度的可能性

1. 个人使用

以现行立法规定而言，衍生作品一旦被认定构成复制、改编行为或侵犯人身权利，除非该行为能够符合《著作权法》第二十四条第（一）项、第（二）项规定的条件，否则即会构成著作权侵权行为。根据上述规定的字面含义，在网络公开发表的衍生作品很难符合“为个人学习、研究或者欣赏”的条件。从司法实践而言，《北京市高级人民法院侵害著作权案件审理指南》第7.10条明确规定，被告未经许可通过信息网络向他人提供作品，其提出属于“为个人学习、研究或者欣赏使用他人已发表作品”的合理使用抗辩，不予支持。而通过“中国裁判文书网”检索所得的文书中，[①] 一般也以使用者是商业机构、具有明显商业目的等理由直接驳回个人学习、研究或欣赏的抗辩。[②] 因此，衍生作品整体上难以构成《著作权法》第二十四条第（一）项规定的著作权限制行为。

2. 介绍、评论、说明

衍生作品在构成复制、改编行为情况下，是否能够符合《著作权法》第二十四条第（二）项规定的条件，则需分类型予以考量。对于何谓“介绍、评论某一作品或者说明某一问题”，法院通常是根据具体使用情况予以个案认定；因目前案例情况多为对美术作品、摄影作品的公开使用或商业性使用，故绝大多

① 以“为个人学习、研究或者欣赏”作为关键词进行全文检索，截至2019年10月19日，在中国裁判文书网可检索到391篇文书，其中最高人民法院1篇，高级法院21篇，中级法院119篇，基层法院274篇。同时，上述文书并非均对于何谓“为个人学习、研究或者欣赏”作出具体说理或认定，有的只是全文引用《著作权法》第二十二条规定时“附带提及”，如最高人民法院唯一就此问题进行论述的判决［陕西丝路情韵文化传播有限公司与李某晖著作权侵权纠纷案，（2019）最高法民申3306号民事判决书］即是如此。绝大多数文书则是说理非常简单，没有何谓“为个人学习、研究或者欣赏”的论证，如福建高院（2018）闽民终1032号民事判决书中认为“某图书公司在微博中将图片作为文字的配图使用，并非用于个人学习、研究或者欣赏”。通常情况下，如使用者是商业机构或使用具有明显商业目的，则法院会简单直接地驳回该抗辩。

② “本案中，被告系某特教平台微信公众号的运营商，某特教系为孤独症儿童康复提供有偿服务的机构，某特教平台微信公众号中不仅发布孤独症儿童有关的文章，同时也提供相关有偿培训服务和教具的销售服务。由此，本院认为被告在某特教平台微信公众号中发布涉案文章的目的并非个人学习、研究或者欣赏，涉案文章的内容基本上来自涉案图书，该种使用方式亦非为介绍、评论某一作品或者说明某一问题而在作品中适当引用他人已经发表的作品。”见某出版社与北京某科技有限公司侵害作品信息网络传播权纠纷案，北京市海淀区人民法院（2018）京0108民初41043号民事判决书。

数情况下法院均直接、简洁地否定该种行为属于介绍、评论性使用，不再详细说理。[①] 如江苏高院在盐城某世纪城房地产投资有限公司与刘某典著作权权属、侵权纠纷一案中认为："某世纪城公司在其销售楼盘的营销区域背景墙上展示涉案照片，未配以任何文字说明，无法看出其使用涉案照片仅是为了介绍、评论盐城老城区发展的人文历史。因此，某世纪城公司使用涉案照片的行为不符合上述法律规定的'合理使用'情形。"

直接肯定某种行为属于"介绍、评论某一作品或者说明某一问题"并予以详细说理的案例，并不多见。在目前能够查询到的案例中，贵州高院在何某红与贵州某大学等著作权侵权纠纷一案中对此曾经作出详细说理，认为"在引用网络中作者姓名或作品名称不明确的数字化作品时，作者通过指明网站名称和网页链接地址使引用内容与其独创内容相区别的做法，亦符合著作权法的规定。本案中，王某埙为说明'绥阳全县从上到下几乎都一致认定芙蓉江就是古代的鳖水'这一问题，在《鳖邑与开明王朝通考》一文中引用了绥阳论坛相关内容作为例证，……且指明了为'绥阳网络观点'，以及引用作品所在的网站名称和网页链接地址，明确区别了引用内容和其独创内容"，故该引用行为属于介绍、评论某一作品或者说明某一问题的行为。[②]

至于何谓"适当引用"，则有下列判断标准：一是以使用篇幅、数量为标准，如最高法院在吴某林与廖某麟著作权权属、侵权纠纷案中认为，"本案中，吴某林虽称其创作的《刘永福年谱》只是将《刘永福的故事》作为资料引用，但其使用篇幅已经明显超过合理使用的必要限度，对吴某林与此有关的抗辩主张，本院不予支持"[③]。在上述何某红与贵州某大学一案中，贵州高院亦持该观点，认为引用篇幅较短，构成适当引用。又如前述"留守儿童图片案"中，北京知识产权法院认为涉案视频主题虽是"留守儿童的生活现状和存在的问题"，但主要内容却是原告拍摄的13幅摄影作品内容描述及相关故事讲述，而非"将涉案摄影作品作为背景或者话题的引子"。13幅摄影作品的画面、时长与内容均占视频的绝大部分，属于视频的主要内容，故使用方式"已经超出了为评述

---

① 以"介绍、评论某一作品或者说明某一问题"为关键词在中国裁判文书网进行搜索，绝大部分判决均是如此。

② 见何某红与贵州某大学等著作权侵权纠纷案，贵州省高级人民法院（2014）黔高民三终字第19号民事判决书。

③ 见吴某林、廖某麟著作权权属、侵权纠纷案，最高人民法院（2018）最高法民申3213号民事裁定书。

某一问题而适当引用他人已经发表作品的范围"[①]。二是根据合理使用四因素及其他因素综合判断，在此方法中，"合理使用四因素"则具有一定影响。如上海市二中院在刘某奎与某师范大学、李某著作权侵权纠纷一案中即通过考量原作性质是否属于已发表的作品、引用原作的目的、引用次数及引用文字数量、质量，以及引用是否会对原作的正常使用或市场销售造成影响等综合因素，最终确定被控侵权作品构成适当引用与合理使用。[②] 该案判决中所列举的因素则与"合理使用四因素"几乎一致。虽该案一审判决被二审改判撤销，但该四因素的影响也可见一斑。亦有法院则将合理使用的部分考量因素与"三步检验法"杂糅，如《北京市高级人民法院侵害著作权案件审理指南》第7.11条即是如此，[③] 其中"引用行为是否影响被引用作品的正常使用或者损害其权利人的合法利益"，其实质上即相当于合理使用四因素中的市场影响因素。

对照上述分析可知，就衍生文字作品而言，因其具有自成独立篇章的特性，不易构成"为介绍、评论某一作品或者说明某一问题"的行为。在此情况下，衍生文字作品一旦被认为构成复制、改编，则难以符合我国现行著作权限制的立法规定。只有法院将《著作权法实施条例》第二十一条作为兜底性原则适用，则因衍生文学作品与原作很难形成市场竞争性、替代性，反而会促进原作推广，对原作著作权人难以存在不利经济影响，故反而相对较易符合"不得影响该作品的正常使用，也不得不合理地损害著作权人的合法利益"的条件，从而被认定为符合著作权限制制度。但这种解决个案问题的实用性做法是否符合现行法律法规规定，则具有一定的争议性。

就衍生视听作品而言，其须符合"为介绍、评论某一作品或者说明某一问题"与"适当引用原作"的条件，才能构成对原作著作权的限制行为。这就首先要考察用户制作的衍生视听作品类型。如本章第二节所述，衍生视听作品一般可分为以下几种类型：一是出于对原作或原作中部分元素（如人物、情节）

---

① 见北京法院2017年度知识产权"十大创新型案例"之七"刘某越与央视某网络有限公司、某省广播电视集团有限公司侵犯著作权纠纷案"（"留守儿童图片案"），（2017）京73民终1068号民事判决书。

② 见刘某奎与某师范大学、李某著作权侵权纠纷案，上海市第二中级人民法院（2013）沪二中民五（知）初字第115号民事判决书。

③ 《北京市高级人民法院侵害著作权案件审理指南》第7.11条：［适当引用］判断被诉侵权行为是否属于适当引用的合理使用，一般考虑如下因素：（1）被引用的作品是否已经发表；（2）引用目的是否为介绍、评论作品或者说明问题；（3）被引用的内容在被诉侵权作品中所占的比例是否适当；（4）引用行为是否影响被引用作品的正常使用或者损害其权利人的合法利益。

的热爱，而通过对原作场景进行剪辑、拼接，借以介绍、推广原作或类型作品（如科幻电影）的衍生视听作品。这种类型的衍生视听作品如果能够表现出参与介绍式的热情与明显目的，则构成“介绍某一作品”（或多部作品）目的可能性较大。二是评论、说明式衍生视听作品。该类作品采取截取原作部分动态或静态画面、声音并加以评论，或者保留原作画面，但去除原有台词、声音并另行配音等方式，以达到评论原作的效果。如果其评论性、说明性显而易见，则构成该目的争议不大。而具有争议的则是具有评论目的，甚至对原作进行颠覆性批判的戏仿作品，如《一个馒头引发的血案》。[①] 因大量戏仿作品的本质并非单纯的模仿行为，而是以讽刺方式评论原作或说明某一观点、问题，故在我国著作权法并未将戏仿明确列入著作权限制的情况下，[②] 如能将类似的衍生视听作品归属于评论、说明某一问题之列，从理论上说是适当的，亦多有学者持此观点。[③] 三是聚焦于某些特定人物、主题，对原作事实上进行了转换式的故事重述。这一类视频的目的可能难以归类于推广、介绍或说明、评论，但客观上可能会起着介绍、推广原作的效果。[④] 这一类视频亦占较大比例。其他难以归入上述类别目的的作品，包括单纯的剪辑视频或者无评论目的而只是为了达到喜剧效果的戏仿作品。这些作品因缺乏特定的介绍、评论或者说明某一问题的目的，而较难构成《著作权法》规定的著作权限制行为。

至于衍生视听作品是否能构成“适当引用”，则需个案判断，具有更大的不确定性。根据法律规定及法院司法实践，“适当引用”的判断标准，既有将“三步检验法”作为累积式标准的做法，也有将其作为兜底条款使用。如在北京知识产权法院于2020年作出的某网络公司诉某科技公司案二审判决中，两级法院即将“适当引用”“是否影响该作品的正常使用”“是否不合理地损害著作权人的合法权益”作为累积适用标准，认为“涉案图片集几乎全部为原有剧集

---

① 参见查鸣：《戏仿文学的喜剧性研究》，华东师范大学2013年博士学位论文，摘要部分及第8-12页。

② 如《法国知识产权法典》第L122-5条第4款规定，作品发表后，作者不得禁止不违反有关规定的滑稽模仿、讽刺模仿及漫画。参见《十二国著作权法》翻译组译：《十二国著作权法》，清华大学出版社2011年版，第70页（“法国知识产权法典”章节译者为黄晖、朱志刚）。

③ 如苏力即认为：“戏仿的一般特点以及《馒头》发表后受众的反应，都趋向于支持《馒头》是一种文艺批评的结论。……视频作品大大降低了信息费用，因此是一种文艺批评形式的创新。”见苏力：《戏仿的法律保护和限制——从〈一个馒头引发的血案〉切入》，载《中国法学》2006年第3期，第9页。

④ See Sarah Trombley, Visions and Revisions: Fanvids and Fair Use, 25 Cardozo Arts & Ent. L. J. 647 (2007), 651-652.

已有的表达，或者说，虽改变了表现形式，但具体表达内容并未发生实质性变化，远远超出以评论为目的适当引用必要性的限度”；同时该判决还将能否构成对原作的实质性替代、将对原作品市场价值造成实质性影响作为“影响该作品的正常使用”“不合理地损害著作权人的合法权益”的考量要素，并综合以上全部构成要件，认为能够基本反映原作关键画面、主要情节的影视剧截图图片集不构成适当引用。虽然该判决也认为“影评类作品往往需不可避免地介绍影视剧作品本身，并再现影视剧作品部分画面，以进行有针对性的评述”，但囿于该案事实所限，法院未能也无必要对此节展开论述。在2020年《著作权法》施行后，“适当引用”必须考虑衍生视听作品是否影响该作品的正常使用，以及是否不合理地损害著作权人的合法利益。因此，衍生视频能否符合“适当引用”要件及“三步检验法”，存在很大的不确定性。

3. 人身权利

就人身权利而言，无论是衍生文字作品还是衍生视听作品，侵犯修改权、保持作品完整权的可能性都相当大。《著作权法》第二十四条规定的“著作权限制”能否适用于人身权利，则存在争议。我国《著作权法》第二十四条规定，“在下列情况下使用作品，可以不经著作权人许可，不向其支付报酬，但应当指明作者姓名或者名称、作品名称，并且不得影响该作品的正常使用，也不得不合理地损害著作权人的合法权益”，此处“著作权人依照本法享有的其他权利”在字面意义上并未排除人身权利。但从《著作权法》立法之初的准官方释义型文件可见，“对作者的权利限制，一般指对作者著作权中财产权利的限制，而作者对作品享有精神方面的权利，即人身权部分，如署名权、保护作品完整的权利、反对别人修改的权利等，是不能限制的，因这些权利与作者人身紧密联系在一起”，[①] 因此至少在《著作权法》立法之初，该条规定的“著作权限制”限制的是权利人对作品的利用、收益的权利，而不适用于精神权利（人身权利）。我国多位知名学者亦持此说，亦即对经济权利的限制不同于对精神权

① “对作者的权利限制，一般指对作者著作权中财产权利的限制，作者对作品享有精神方面的权利，即人身权部分，如署名权、保护作品完整的权利、反对别人修改的权利等，是不能限制的，因这些权利与作者人身紧密联系在一起。”见沈仁干：《关于对著作权的限制》，载《中华人民共和国著作权法讲析》（中华人民共和国司法部、国家版权局著作权法培训班教材），中国国际广播出版社1991年版，第196-197页。

利的限制。[①] 因此，人身权利被视为一种与人身密切联系的、绝对性的专有权，独立于《著作权法》第二十四条规定的限制之外。

同为大陆法系架构的我国台湾地区也是如此。我国台湾地区所谓“著作权法”（最新修订于 2019 年 5 月 1 日）第四款标题即为“著作财产权之限制”，其中第六十五条规定“著作之合理使用，不构成著作财产权之侵害”；第六十六条再次声明，“第四十四条至第六十三条及第六十五条规定，对著作人之著作人格权不生影响”即著作权限制仅仅是针对著作权财产权的限制，即控制的是他人对于作品的财产性利用行为；即便某行为符合构成该款规定下的限制，该行为仍有可能侵犯著作权人格权（精神权利）。

从司法角度而言，目前知名案例中，仅有何某诉某考试中心等个别案例以公共利益作为制衡著作权人身权利的工具。[②] 该案件中，某考试中心在 2007 年高考全国语文 I 卷的命题作文中出现的漫画，系改编自何某所绘《摔了一跤》的漫画，且未署名。对此法院认为：“合理使用制度即是在著作权人利益原则受保护的基础上，对作者的一种例外限制，其目的在于平衡著作权人、作品传播者以及社会公众利益之间的关系……我国著作权法虽然规定了合理使用的限制条件，但其应为一般的原则性规定，实践中在某些情况下，基于条件限制、现实需要或者行业惯例，亦容许特殊情况下的例外存在。”[③] 但值得注意的是，该案例涉及高考试卷使用已发表的作品，其情形极为特殊，难以援引。因此，除非能够认定衍生作品是对作品的介绍、评论或者为了说明某一问题，即其创作行为本身就属公众行使评论、表达自由的范畴，并不构成对原作修改权、保护作品完整权的侵犯，否则衍生作品一旦被认定为侵犯人身权利，即难以符合著作权限制的具体规定。

---

① 吴汉东教授亦持该观点，在其主编的《知识产权法学》一书中即认为，“法律对精神权利的限制相对于财产权利的限制要少得多”，并列举了精神权利的限制的三种情形：（1）对发表的限制：如违反法律规定的作品，禁止出版、传播。（2）对修改权的限制：如《著作权法》第三十四条第二款规定报社、期刊社可以对作品作文字性修改、删节。（3）对署名权的限制。参见吴汉东：《知识产权法学》，北京大学出版社 2011 年版。上述限制均非 2001 年《著作权法》第二十二条规定的限制。李明德、李扬等学者著作中亦持类似观点。见李明德、许超：《著作权法》，法律出版社 2009 年版，第 94-95 页；李扬：《著作权法基本原理》，知识产权出版社 2009 年版，第 226 页。

② 有学者认为，该案中法院在事实上肯定了著作权合理使用制度可以适用于著作人身权。参见李庆保、张艳：《对我国著作权合理使用制度的反思》，载《知识产权》2013 年第 7 期。

③ 见何某诉某考试中心著作权纠纷案，北京市海淀区人民法院（2007）海民初字第 26273 号民事判决书。

综上所述，在现行著作权法法律制度下，基于立法规则与现实生活的不相对应性、司法标准的不统一性，衍生作品能否构成著作权限制行为，仍具有较大的不确定性。

四、衍生作品法律地位不确定的成因

正如本章第一节至第三节所述，在我国著作权法框架下，衍生作品构成复制、改编及侵犯人身权利的可能性较大，且是否能够构成著作权法限制行为也存在较大的不确定性。本节的重点则在于具体分析、总结这种不确定性的成因，认为这种不确定性的出现既是基于我国著作权法的个性原因，也是基于著作权法的基本矛盾与冲突。前者包括我国著作权法立法结构性问题，后者包括著作权固有的各方主体利益——文化产业、作者与使用者权益的冲突，在当代则突出表现为版权作为私有财产权与表达自由的冲突。

（一）个性原因

1. 立法宗旨的不确定性

我国《著作权法》的立法宗旨即其第一条规定，仅从字面意义而言，它似乎平等地囊括了三种价值观念、利益完全不同的宗旨，即“为保护文学、艺术和科学作品作者的著作权，以及与著作权有关的权益”“鼓励有益于社会主义精神文明、物质文明建设的作品的创作和传播”以及“促进社会主义文化和科学事业的发展与繁荣”。这几乎相当于法国著作权法、英国版权法与美国版权法传统立法宗旨（philosophy）的杂糅混合：法国著作权法以作者利益为重，强调作者基于其创造而与作品产生的特殊联系，从而重视作者对于作品的控制权，对于人身权益的保护尤其严格。[①] 英国版权法则以出版商利益为先驱，形成了侧重产业利益的传统。美国《版权法》则以美国《宪法》第一条第八款第（八）项规定为宗旨，即国会权限包括“保证作者与发明者就其作品及发明于限定期间内享有独占权利，以促进科学与艺术的进步”。[②] 美国版权制度因此被视为社会与作者之间的一种契约，必须符合促进科学和艺术的宪法既定目标。

那么，这三者之中到底有无优先位次？《著作权法》第一条虽在三者的次

① See Jane C. Ginsburg, Tale of Two Copyrights: Literary Property in Revolutionary France and America, 64 Tul. L. Rev. 991 (1989-1990).

② “To promote the Progress of Science and useful Arts, by securing for limited Times to Authors and Inventors the exclusive Right to their respective Writings and Discoveries”. See U. S. CONST. art. I, § 8, cl. 8.

序上有先后之别，但从规定文本本身并不能直接得出何者为更优的结论。我们需要看到的是，这种立法宗旨的不明确性具有深层次的社会背景与时代原因。我国《著作权法》的立法不具备本土形成的产业利益、社会观念与法律规范基础；二十世纪九十年代初制定的《著作权法》及其在二十一世纪初的修改，一直具有被动性的特点，是在借鉴两大法系基础上进行的制度移植。

首先，我国历史上并未完全形成近现代著作权法的财产权价值观及相应制度。关于我国历史上是否存在著作权（版权）概念或制度的问题，向来是学界所争议的问题。① 美国学者安守廉（William P. Alford）在其《窃书为雅罪——中国文化中的知识产权法》一书中认为中国传统文化中热衷模仿、缺乏尊重原创与知识产权的传统，从而无法形成现代知识产权法；② 此观点流传甚广，但也被指出其因存在欧洲中心主义价值观、忽视文化史料而存在错误理解。③ 事实上，传统文化中对于学术原创性及署名的态度相当认真，对于剽窃也一向持否定态度，并非不具备基本的署名与获益的观念；如莫砺锋教授《杜甫诗歌演讲录》一书中详细描述了钱谦益与朱鹤龄就各自所作的杜诗注解所发生的争议，即是生动例证。④

对于禁止翻版的问题，目前最早的书面记载即宋代眉山程舍人禁止翻刻《东都事略》之牌记。⑤ 清代叶德辉也撰文论证“翻版有禁例始于宋人”，文中引证了数份宋代牒文，大意均是因恐他人擅自翻版、产生文字错讹，而申请有司禁止翻版。不过，叶德辉认为该类申请起初并非普遍现象，而是“当时一二私家刻书，陈乞地方有司禁约书坊翻版，并非载在令甲，人人之所必遵。特有

① 多名学者认为必须厘清相应的概念，才能进行有效的讨论。如周林认为：“在版权起源问题上，一直存在着两种貌似对立的观点。一种观点是断言版权保护制度起源于我国宋代，另一种观点是否认中国古代存在真正版权意义上的保护。我们认为，对版权起源的回答，首先要对版权一词的含义作出限定，对这种保护应具有的形式进行分析。例如，它究竟是以保护印刷出版专有权为基础的（古代）版权，还是指以促进作者创造和作者权利为目标的（现代版权），以及，这种保护是否应具有某种（成文法）形式。如果没有限定，就很难在一个相同的标准上，或一个相同的语境下，进行任何有意义的讨论。”见周林：《中国版权史研究的几条线索》，载周林、李明山主编：《中国版权史研究文献》，中国方正出版社 1999 年版，第 5 页。

② See William P. Alford, To Steal a Book is an Elegant Offens: Intellectual Property Law in Chinese Civilization (Stanford: Stanford University Press, 1995), Chapter 2.

③ 参见邵科：《安守廉与曲解的中国知识产权史——反思国际知识产权不平等秩序之突破点》，载《政法论丛》2012 年第 4 期，第 119-121 页。

④ 参见莫砺锋：《杜甫诗歌讲演录》，广西师范大学出版社 2007 年版，第 108-125 页。

⑤ 《〈东都事略〉牌记》，载周林、李明山主编：《中国版权史研究文献》，中国方正出版社 1999 年版，第 3 页。

力之家，声气广通，可以得行其志耳”。只不过“此风一开，元以来私塾刻书遂相沿以为律例……世风日降，遇有风行善本，无不展转翻雕，则又无怪刻书者之防范增严矣”。[①] 自元至明，多份书籍牌记、印记中均有“禁止翻刻”“不许翻刻”之语。[②] 清代相关记载则自光绪二十二年（1896年）《广学会严禁翻刻新著书籍告示》始，该告示系为禁止擅自翻刻外国传教士译作《中东战纪本末》一书，其中报馆也声明“中华书籍亦有翻刻必究成案”。[③] 至于清代书坊在此之前是否沿袭元明“禁止翻刻”之传统，尚无直接牌记资料，[④] 叶德辉在其文中提及“世风日降……无怪刻书者之防范增严矣”亦未指明是对元明两代的感慨，还是对清代习俗的议论。但有清一代文网甚密，应对书籍私人印刷的规模有直接影响。

虽有上述记载，但我们需要认识到，宋代以来作品与印刷业（书坊、刻坊）的兴盛，[⑤] 导致知识界与出版业对于刻版（包括费用）、剽窃、擅自翻版等问题自发形成了一定的社会规范，也能在一定程度上得到公权力的支持；[⑥] 但是这种规范更接近于知识分子社群内部及书坊的伦理规范与不成文的行业惯例，并非近现代意义上财产型、制度型的著作权或版权概念、制度，也非将创作直接、单一指向财产权的因果关系。[⑦] 也有研究文献将其总结为一种包含经济与非经济因素，由乐趣、认可、事业和收入组成的“复合酬答体系”。[⑧] 总之，我国历史上并未形成近现代著作权法的财产权价值观及相应制度这一结论，应当

---

① 详见（清）叶德辉：“翻版有禁例始于宋人”，《书林清话》卷二，转载自周林、李明山主编：《中国版权史研究文献》，中国方正出版社1999年版，第4-8页。

② 详见《〈古今韵会举要〉牌记》《〈唐诗类苑〉牌记》《〈皇明文集〉印记》及《〈骈枝别集〉印记》等记录，同上注，第12-13页。

③ 详见周林、李明山主编：《中国版权史研究文献》，中国方正出版社1999年版，第17页。

④ 《中国版权史研究文献》一书中“清代部分”开篇即为光绪二十二年（1896年）《广学会严禁翻刻新著书籍告示》，未记载更早的牌记（印记）资料；同上注，第17页。《中国近代版权史》对清朝的研究也未涉及早于该告示的印记；见李明山：《中国近代版权史》，河南大学出版社2003年版，第10-16页。

⑤ 如1069年《杜工部集》于苏州刻版印刷，首版达即一万本，“士人争买之”，不日即告售罄。参见莫砺锋：《杜甫诗歌讲演录》，广西师范大学出版社2007年版，第16页。

⑥ 参见邵科：《安守廉与曲解的中国知识产权史——反思国际知识产权不平等秩序之突破点》，载《政法论丛》2012年第4期。

⑦ 有文献认为中国文化传统以新知识的创造与不断环流（“环流新知”）为目的，财产权并非创生力推导而出的唯一结果。参见邵科：《昭隆传统之大美》，清华大学出版社2019年版，第33页。

⑧ 参见邵科：《昭隆传统之大美》，清华大学出版社2019年版，第37页。

说是公允的。[①]

其次，从《著作权法》制定的时代背景而言，我国亦缺少相应的立法经验与社会经济基础。二十世纪八十年代，我国的市场经济、文化产业亦仅处于起步阶段，在法律和社会生活中亦普遍缺乏对私人权利的关注。其时“资产阶级法权”的观念影响尚未消除，而著作权法侧重个人财产权利、人身权利，对于当时的主流思想来说是极大的冲击；甚至连保证作者的署名权利、制定稿酬标准都引发了很大争议，认为这是为个人争取名利。当时一些单位、机关基于对作者权利的漠视，存在任意使用作家作品的现象，据中国作家协会作家权益保障委员会统计，1986 年后该类纠纷占调解的版权纠纷总量的一半以上。《著作权法》自 1979 年起草，直至 1991 年方告颁布，其制定过程漫长，争议极大。

因此，《著作权法》许多规定直接移植外国法的相关宗旨、原则与具体规则。这种移植，在立法进程上表现为我国之前两次著作权法制定与修改的过程具有一定被动性；它并非文化产业发展到一定阶段，由产业利益或作者呼吁而应运而生的产物，而是囿于外部压力推动，是为了加入 WTO、遵循 WTO 专家组裁决等目的而进行的、相对被动的进程。[②] 在立法内容上，则表现为吸收了两大法系与多国的立法宗旨。美国、英国、法国等发达国家著作权制度发展过程中，其推动的社会力量、政治哲学理念的区别决定了其宗旨的不同；而我国正是因为缺少本土的法律资源与社会规则，制定《著作权法》的时间又较为晚近，故对两大法系架构、原则与规则元素均有所吸收。它既本着我国一向采纳的大陆法系架构体系，以作者权法系的立法架构体系为主，又采纳了促进作品繁荣的实用性、功利性宗旨，对于两大法系的规则元素均有所借鉴。这种做法的优点是兼收并蓄，其缺点则在于立法宗旨的不确定性与具体规则的拼接、杂糅，[③] 也直接导致了我国立法与司法上价值观念与具体制度的不统一性。

---

① 李琛也认为：“中国古代为何无著作权制度”事实上是个伪命题，在古代社会追寻近现代制度，本身即为缘木求鱼。见李琛：《著作权基本理论批判》，知识产权出版社 2013 年版，第 64-74 页。

② “上述两次《著作权法》修改均与世界贸易组织有关，第一次修改是为了满足加入世界贸易组织的直接需要，第二次修改是为了履行世界贸易组织关于中美知识产权争端案裁决的现实需要。因此，这两次《著作权法》修改均具有被动性和局部性的特点，而不是为适应我国经济社会的发展和科学技术的进步的现实需要对《著作权法》作出的主动、全面的调整。”参见《关于〈中华人民共和国著作权法〉（修改草案）的简要说明》，载国家版权局网站，http：//www. ncac. gov. cn/chinacopyright/contents/483/17745. html，最后访问日期：2019 年 8 月 26 日。关于对我国著作权法制度构建背景的评述，可参见熊琦：《中国著作权法立法论与解释论》，载《知识产权》2019 年第 4 期。

③ 这种兼收并蓄与不相协调体现在多个方面，如电影作品、职务作品著作权的归属等。参见熊琦：《中国著作权法立法论与解释论》，载《知识产权》2019 年第 4 期。

2. 权利范围的扩张与著作权限制的狭窄

如上所述，在缺少著作权制度自发生长土壤的情况下，我国《著作权法》的立法未能明确其宗旨，其修订过程又囿于外部压力处于被动地位。因此，我国1990年《著作权法》精神权利范围之广类似于法国著作权法，而2001年因入世压力而修订的《著作权法》及《著作权法实施条例》又明显体现出著作权经济权利范围的扩张。其结果就是，我国著作权的法定权利相当广阔，而著作权限制采取封闭列举方式，2002年之后“三步检验法”又进一步限缩了其范围。

具体而言，这首先表现为修改权与保护作品完整权范围的广阔性。我国《著作权法》第十条规定的修改权、保护作品完整权的范围较广，不仅将修改权与保护作品完整权分割成两个独立的权能，其要件也更接近法国著作权法体系而非《伯尔尼公约》第六条之二的规定，即并不以“损害作者声誉”作为要件。法律的宽广规定，也直接造成了司法实践中主流侵权标准是较为宽松的“修改”与“歪曲篡改”改编权的扩张与兜底权利的存在。衍生作品如使用了原作中构成著作权保护的元素，极易侵犯作者的精神权利。其次是改编权的扩张与兜底条款的设立。2001年《著作权法》修改了1991年《著作权法实施条例》中关于改编权的规定，去除了“在原有作品的基础上”“改变作品的表现形式或者用途”等限定性条件，而直接规定为“改变作品，创作出具有独创性的新作品的权利”也未对何谓“改变作品”进行明确，故在立法文本上扩张了改编权的权利范围，加强了对著作权人的保护，[①] 从而使得改编权的范围更为模糊。[②] 因此，在改编权不够明确的情况下，“迷你著作权”的认定就难以避免。[③] 同时，2001年修订后的《著作权法》增设了第十条第一款第（十七）项的兜底权利条款，虽然目前司法实践多将其用于涵盖公众传播行为，但该条款的存在即为著作权权利的无限扩张奠定了法律根基。衍生作品因而也极易落入其范围。最后是我国《著作权法》规定的著作权限制过于狭窄。2020年修正前的《著作权法》第二十二条以封闭列举式规定了著作权的限制，《著

---

① 有评论认为，这一删除是对改编权的扩张。“改编权对于作品形式的改变已经不再作要求，这使得改编权具有更大的弹性空间，不仅可以涵盖超越媒介形式的改变，也包括同一媒介形式的内部改变。这种立法上的改变实际上是扩展了改编权的权利范围，增加了著作权人对改编权控制的范围，加强了对著作权人的保护力度。”见张玲玲、张传磊：《改编权相关问题及其侵权判定方法》，载《知识产权》2015年第8期，第35页。

② 参见李杨：《改编权的保护范围与侵权认定问题：一种二元解释方法的适用性阐释》，载《比较法研究》2018年第1期。

③ See Hannibal Travis, Copyright Class Struggle: Creative Economics in a Social Media Age (Cambridge [UK]), New York: Cambridge University Press, 2018), 104-105.

作权法实施条例》第二十一条规定的“三步检验法”又构成进一步限制；2020年修正的《著作权法》更是直接将“三步检验法”明确上升到法律规定，也杜绝了将之作为兜底原则灵活适用的可能。因此，在著作权人的财产权与精神权利范围较广、衍生作品只有符合特定目的及“三步检验法”的规定，才有可能构成著作权限制的情况下，其合法性堪忧，也是符合逻辑的结果了。

3. 司法实践标准的多元性

立法移植与宗旨的不确定性，以及权利范围的不明确性与著作权限制的狭窄性，直接导致了司法适用标准的多元化。这种多元化表现在以下方面：

（1）法院对于立法宗旨存在不同偏好，且具有较强的个案性。在直接适用《著作权法》第一条的时候，不同法院的观点并不相同，从而直接影响了案件结果。在“《九层妖塔》案”中，一审法院以“鼓励有益于社会主义精神文明、物质文明建设的作品的创作和传播”为首要要旨，并以该宗旨限制著作权人人身权利，最终得出《九层妖塔》电影不侵犯小说著作权人张某野保护作品完整权的结论。而北京知识产权法院显然未采取该结论，而是侧重于对作者的著作权的保护，认为“结合涉案电影对涉案小说主要人物设定及故事背景的根本性改动，即使考虑到涉案电影系获得授权拍摄等因素”，涉案电影中改动的部分仍然“偏离原作品太远，且对作者在原作品中表达的观点和情感做了本质上的改变”，从而构成对原作品的歪曲、篡改，从而得出撤销一审判决的结论。在“《胭脂扣》案”中，上海二中院将该条款理解为“利益平衡”，认为这并列的三个宗旨“既保护著作权人及邻接权人的排他性权利，又保护社会公众在文化进步方面的利益”，显然，著作权法“之所以鼓励创作就是为了达到这样一种利益平衡”。但该案中被控侵权作品利用了原作的主要人物、场景设定与部分情节，且具有明显的商业性质，该案判决是否真的做到了“利益平衡”，也是堪可疑问的。

（2）法院对于概念、要件的理解不一。如本章第一节至第三节所述，法院对于何谓实质性相似、何谓歪曲篡改的要件理解并不一致，而因为我国《著作权法》借鉴了多国法律之故，实践如追溯实质性相似的理论，则多参考美国案例；而对歪曲篡改的理解，其不同标准则是明显受到了公约、法国著作权法或德国著作权法的影响之故。同时，司法实践中存在对复制权、信息网络传播权权能的扩张性理解，在判决中出现了“迷你著作权”的论述。又如著作权限制制度，我国《著作权法》并未明确规定合理使用制度，但我国司法界、学术界几乎将我国的著作权限制制度直接命名为“合理使用”制度，加之学术界对于合理使用四要素的大量分析、介绍，甚至不少论文也直接使用“合理使用四要素”分析国内法律问题并据以得出结论，故“合理使用”“合理使用四要素”在司法政策、裁判文书说理中均能占有一定地位。同时，我国著作权法立法对于著作权限制采封闭列举式规定，且形成于二十世纪八十年代末、九十年代之初，故随着技术与文化产业的发展，难以覆盖新的创作、交流方式以及因之带来的问题。学术界尚可讨论理论，而法院无法拒绝裁判；在面对严格适用法律可能带来的个案不公平，与适当弯曲规则而带来的利益平衡之间，作为具体直面问题、解决问题的法院选择后者，并非不合情理、难以理解之事。[①] 在上述理论混淆情况具有一定影响的情况下，法院在个案中倾向于将“三步检验法”作为兜底式原则甚至使用合理使用四要素，也是相当自然的事情了。

（二）共性原因

衍生作品著作权法上法律地位的不确定性，其根本原因还在于自著作权法诞生以来就一直与之伴随的问题：著作权的本质是什么？它需要处理什么利益冲突？著作权与表达自由的冲突又如何处理？

1. 著作权的本质

著作权的本质是争议已久的问题。对此通常有两种观点：一是认为著作权是一种自然法上的权利，与作者的人身密切相关，也是一种绝对权。对著作权的限制不是原则，而只是权利的“例外”；换言之，独占式的著作权是海洋，著作权限制是被海洋包围的孤岛。[②] 二是认为著作权是法律规定特定边界的权利，一种为了达到促进知识增长、促进学习的目的而授予权利人的有限垄断权；则独占式的著作权是孤岛，而著作权限制则是自由的汪洋大海。[③] 对待衍生作品的不同态度，也是这两种观点的不同反映。二十世纪八十年代以来，已有学者对于著作权（版权）作为一种独占式财产权的观念进行了反思，[④] 亦有学者认为应当更多以基本权利作为对著作权的限制。[⑤] 对于著作权本质的不同观点，

---

① 当然，这两种选择何者才是最优，是相当值得探讨的事情。学界一直有观点认为，不能因为个案而牺牲系统解释的稳定性；参见熊琦：《中国著作权法立法论与解释论》，载《知识产权》2019年第4期。

② See Christophe Geiger, Fundamental Rights, a Safeguard for the Coherence of Intellectual Property Law?, 35 IIC 268 (2004), 272-273.

③ Ibid.

④ See L. Ray Patterson, Free Speech, Copyright, and Fair Use, 40 Vand. L. Rev. 1 (1987), 52.

⑤ Supra note 1, 280.

也直接决定了著作权的保护范围与限制。

2. 著作权制度下的各方利益冲突

著作权制度所涉及的各方利益冲突，亦由来已久。普通法系国家版权制度产生的源头，即为王权授予出版商（书商）出版书籍的特许状；出版商（书商）旨在享有独占出版书籍的垄断利益，与当时王权出于宗教目的压制公众言论自由的需求一拍即合。[①] 出版商行会多年来一直处于垄断地位，直至议会与公众对于此等垄断无法接受，导致特许状最终于1662年取消；出版商为了保护其垄断利益，以暗度陈仓的方式游说国会、为作者寻求版权保护，因为如果作者获得永久性版权，也自然会将版权转让给他们。[②] 但1720年颁布的安妮法案并未如出版商所愿，而是第一次试图处理各方的利益：（1）其标题即开宗明义，该版权法是为了“促进学习”（Promote learning）；（2）彻底结束了出版商的垄断地位，起到了规制贸易秩序法律的作用；（3）设定了版权的期限为14年，并创造了公共领域。[③] 因此，第一部版权法即注意到了出版商与用户利益的冲突问题，并对版权利益加以明确的规制。在之后数百年的版权发展史中也充满了类似的矛盾；整体来说，著作权发展的历史，也是当年的出版商、今天的文化产业的权利逐渐扩张的历史。[④] 我们可以说，著作权法主要涉及的三方利益，即为作者利益、文化产业利益与用户利益；而今天，当广大用户由吸收者变成积极的创造者的时候，用户的利益又与作者的利益部分重叠，从而使得权利的冲突更加复杂。欧盟《单一数字市场版权指令》饱受争议的制定过程及成为舆论争议焦点第十七条，即反映了这种利益的冲突和纠葛。在我国，因为“避风港”条款在司法实践中抗辩成功的实践极少，[⑤] 这种冲突则集中体现为大型网络平台的商业模式渐趋谨慎，由去中心化的视频分享渐渐转变为版权购买

---

① Supra note 3，19-20.

② Supra note 3，23-29.

③ See L. Ray Paterson and Stanley W. Lindberg，The Nature of Copyright：A Law Of User's Rights（Athens：The University Of Georgia Press，1991），23-27.

④ 美国版权法的发展历程很好地说明了这一点。美国1909年版权法、著作权法有两大特点：一是扩张了复制权，导致日后复制权被认为是一种绝对的权利；二是雇佣作品规则，成为日后大公司版权垄断的源头。

⑤ 有文献统计了2006-2011年间涉及“避风港”原则的170份裁判文书，涉及视频作品的114份判决中，权利人胜诉率为87.72%。见彭辉、姚颉婧：《我国避风港规则适用的实证分析与对策研究——以170份裁判书为视角》，载《华中科技大学学报（社会科学版）》2012年第2期，第60页。

模式,[①] 而较为小型的平台则难以获得资本青睐，后继乏力。[②]

著作权与表达自由的冲突则是二十世纪九十年代以来尤为突出的问题。在版权制度发展历史上，其一度被用作压制表达自由的工具;[③] 后来安妮法令在废除书商垄断特权的同时，也终结了审查制度，并基于大众利益，在一定程度上促进了表达自由;[④] 在随后的一两百年内，著作权与表达自由也未存在明显的冲突。[⑤] 但二十世纪八十年代以来，随着现代通信技术的发展与文化产业的高速扩张，著作权与表达自由的关系开始紧张;[⑥] 主要表现为著作权权利人对其作品的垄断式控制与公众尽可能利用现存作品、进行自由表达的冲突。美国学者在二十世纪九十年代初已注意到这一问题,[⑦] 自二十一世纪以来更是成为学界的焦点，美国及欧洲均有大量文献讨论此问题。[⑧] 已有文献指出，当代著作权制度压制表达自由的趋势，和前现代（pre-Morden）版权制度已存在类似之处:[⑨] 如美国版权法中法定"合理使用"制度的诞生及其实践，妨碍了大量"个人普通使用"和"非转换性使用"的表达自由权利;[⑩] 2019 年 3 月 26 日通过的欧盟《单一数字市场版权指令》第十七条因规定了平台的审查义务，在立

① 雷逸舟:《不安全的"避风港":重新思考中国网络视频平台的著作权侵权责任》，载《电子知识产权》2020 年第 3 期，第 23 页。

② 如 Bilibili 网站的商业化进程就弱于其他版权购买式平台。

③ 见［美］马克·罗斯:《版权的起源》，杨明译，商务印书馆 2018 年版，第 23 页。

④ Supra note 1，128-131.

⑤ 在 Harper & Row Publishers，Inc. v. Nation Enterprises 471 U. S. 539，558（1985）一案中，美国最高法院还将版权视为"Engine of Expression"。

⑥ See Pamela Samuelson，Copyright and Freedom of Expression in Historical Perspective，10 J. Intell. Prop. L. 319（2003），326.

⑦ See L. Ray Paterson and Stanley W. Lindberg，The Nature of Copyright：A Law Of User's Rights（Athens：The University Of Georgia Press，1991），128-131.

⑧ See Lawrence Lessig，Copyright's First Amendment，48 UCLA L. Rev. 1057（2001）；Pamela Samuelson，Copyright and Freedom of Expression in Historical Perspective，10 J. Intell. Prop. L. 319（2003）；Rebecca Tushnet，Copy This Essay：How Fair Use Doctrine Harms Free Speech and How Copying Serves It，114 Yale L. J. 535（2004）.

⑨ See Pamela Samuelson，Copyright and Freedom of Expression in Historical Perspective，10 J. Intell. Prop. L. 319（2003）.

⑩ See L. Ray Patterson，Free Speech，Copyright，and Fair Use，40 V and. L. Rev. 1（1987），36-40；Rebecca Tushnet，Copy This Essay：How Fair Use Doctrine Harms Free Speech and How Copying Serves It，114 Yale L. J. 535（2004），537.

法过程中饱受争议与抵制，① 欧盟著作权司法实践自二十世纪以来，也渐渐倾向于忽视著作权的有限垄断特性与公众享有的基本权利。② 2019 年 7 月 CJEU 所判决的 Funke Medien（C－469/17）、Pelham（C－476/17）、Spiegel Online，C－516/17 等案件中，CJEU 都作出了对于基本权利抗辩不利的判决，认为信息自由和表达自由都不能让 Directive 2001/29/EC（《统一信息社会中版权及相关权利特定方面的指令》）第五条第二款、第三款范围之外的“限制与例外”合理化。③ 我们可以说，表达自由在前现代版权制度中受制于王权，在当代版权制

① 见《单一数字市场版权指令》第十七条规定：“1. 成员国应当规定，在线内容分享服务提供者（online content sharing service provider）允许公众访问其用户上传的版权作品或其他受保护内容的，其实施了本指令意义上的向公众传播或向公众提供行为。在线内容分享服务提供者须根据 2001/29/EC 指令第 3 条第 1 款和第 2 款向权利人取得授权，例如通过签订许可协议获得授权，以便向公众传播或向公众提供作品和其他内容。……3. 当在线内容分享服务提供者实施向公众传播或向公众提供作品和其他内容的行为，2000/31/EC 指令第 14 条第 1 款规定的责任限制不适用于本条所涵盖的情况。……4. 如果未获得授权，在线内容分享服务提供者应对未经授权的向公众传播（包括向公众提供）受版权保护的作品和其他内容的行为承担责任，除非服务提供者证明其有以下行为：（a）已经尽最大努力获得授权；（b）对于权利人已向服务提供者提供了相关且必要信息的作品和其他内容，根据专业注意义务的较高行业标准（high industry standards of professional diligence），已经尽到最大努力来确保特定作品或其他内容不被获得；（c）在收到权利人发出的充分实质通知（sufficiently substantiated notice）后，已经迅速采取行动，从其网站上移除或断开访问所通知的作品或其他内容，并根据（b）项的规定，尽最大努力防止它们将来被上传……”译者为腾讯研究院曹建峰、史岱汶，载 https：//www. secrss. com/articles/9879，最后访问日期：2020 年 5 月 9 日。在该指令讨论过程中，第十七条（原第十三条）激起了社会公众的强烈抵制，如 2018 年 4 月 24 日，145 家出版机构、媒体、教育机构、记者、图书馆、互联网平台及其他民间组织联名发表公开信，反对该条立法，载 http：//leistungsschutzrecht. info/sites/default/files/assets/dokumente/aktuelles/openletter-axelvoss-deletearticle11-english. pdf，最后访问日期：2021 年 3 月 12 日。

② See Christophe Geiger，Copyright's Fundamental Rights Dimension at EU Level，in Research Handbook on the Future of EU Copyright，Estelle Derclaye Ed.（Cheltenham：Edward Elgar Publishing，2009），43－48；该论文中引用了比利时、瑞士、奥地利最高法院在 2001－2005 年的判例，上述判例均认为基本权利也不能妨碍作者的独占性著作权利。

③ Directive 2001/29/EC of the European Parliament and of the Council of 22 May 2001 on the harmonisation of certain aspects of copyright and related rights in the information society，以下简称 Directive 2001/29/EC。Funke Medien（C－469/17）一案中 CJEU 强调作者享有的绝对的、独占性的复制权与向公众提供作品的权利，且内国法的宪法规定亦不能高于欧盟相关指令；最终，信息自由和表达自由都不能让 Directive 2001/29 第五条第二款、第三款范围之外的“限制与例外”合理化（见 Funke Medien NRW GmbH（C－469/17）para 35，36，62，64）。在 Pelham（C－476/17）案中，CJEU 认为，在 Directive 2001/29 第五条规定的例外与限制之外，成员国不能以内国法规定其他限制与例外（In the light of the foregoing considerations，the answer to the third question is that a Member State cannot，in its national law，lay down an exception or limitation other than those provided for in Article 5 of Directive 2001/29 to the phonogram producer's right provided for in Article 2（c）of that directive.）在 Spiegel Online（C－516/17）一案中，CJEU 作出了与 Funke Medien（C－469/17）同样的结论，虽然也认为内国法院需要在版权和基本权利之间取得平衡、需要遵守《欧盟基本权利宪章》中的基本权利规定，但强调了信息自由和表达自由都不能让 Directive 2001/29 第五条第二款、第三款范围之外的“限制与例外”合理化。

度中则受制于资本利益；表达自由与著作权的冲突，也是衍生作品法律地位不确定的重要实质性原因之一。

因此，衍生作品法律地位不确定的真正原因，正是在于著作权制度的根本问题。要解决衍生作品法律地位的确定性，即是要解决以下问题：著作权的本质究竟是法定权利还是自然权利；以及如何解决著作权制度下权利人（作者、文化产业）的经济利益与用户利益的冲突，以及著作权制度与社会公众表达自由的冲突。这些问题不仅是我国著作权所面临的问题，也是世界各国著作权制度及社会所面临的共同挑战。为了更好地确定衍生作品法律地位的解决方案，本书第二篇将着重分析衍生作品兴盛的历史与现实原因，并在其基础上分析衍生作品合法化方案的合理意义。

·第二篇·

衍生作品：法的不遵守现象及合法化之意义

从导论对于衍生作品的现状介绍中，我们可以看出，衍生作品数量之巨、规模之大、覆盖面之广，可以说已经成为一种相对普遍的文化现象。但正如第一篇所言，衍生作品法律地位具有相当的不确定性，被认定为侵权的风险仍然较高。因此，衍生作品的大量出现，可被认为属于普遍的法律不遵从现象。在讨论衍生作品的地位合法化之前，探究、理解这种现象的成因，实有必要。

为了理解创作者创作衍生作品的动机、意义、收获，创作衍生作品的选择是否会受到著作权法的影响，以及这种影响的方式和程度，本篇除结合衍生作品的文化研究成果之外，还引用了三位衍生作品创作者的深度访谈对话内容，以期更为直观地展示衍生作品创作者的行为选择原因。在此基础上，本篇总结出衍生作品兴盛的社会成因、展示公众创作衍生作品的意义，并认为衍生作品现状是权利人与衍生作品阅读创作者之间动态平衡的结果，衍生作品有条件合法化自有其社会原因，也是实际可行的。

一、衍生作品兴盛的成因

（一）直观群像：为何创作？

为了理解创作者创作衍生作品的动机、意义、收获，创作衍生作品的选择是否会受到著作权法的影响，以及这种影响的方式和程度，本书选择了三位衍生作品创作者进行深度访谈，以期更为直观地展示衍生作品创作者的行为选择原因。三位受访对象年龄均位于30岁至40岁之间，受过良好的大学教育，并有长期阅读、创作衍生作品的经历。其中两位具有理工科教育背景，另一位曾学习影视戏剧文学专业，目前正在创作自己的原创作品。选择上述三位访谈对象，是因为以其年龄、教育程度和工作年限而言，三位访谈对象均可谓社会的中坚力量，生活方式、价值观念已较为成熟，对创作衍生作品动机与意义有一定的理解。[①]

基于研究主题的需要，设计的访谈问题可基本概括为五个方面：（1）受访谈者阅读、创作衍生作品的时间、主要途径与持续程度；（2）创作衍生作品的动机与激励原因；（3）创作衍生作品对其阅读能力、创作能力的影响；（4）创作衍生作品是否会增进原作权利人的收益；（5）衍生作品商业化创作对于著作权法的认知，以及著作权法对其创作行为的影响程度。

首先，就阅读、创作衍生作品的时间及持续程度而言，三位受访者均表示阅读衍生作品时间近二十年，且创作衍生作品的时间与之基本同步，之后也会持续阅读与创作，主要方式是依托互联网络。如受访者A表示："我开始阅读、创作（衍生作品）大概有快二十年了……都是在网络发表"；受访者B亦表示"从2002年开始，到现在已经有十八年了……开始创作大概是从2006年开始，开始时候是很短的文字和段落，发表在自己的博客和论坛上"；受访者C则称"有二十年左右了……创作基本上是同时期开始"。就"是否会持续阅读、创作衍生作品"的问题，三位受访者均陈述，她们已经阅读、创作衍生作品多年，每星期在观看衍生作品上会花四五个小时，如果有创作时间的话"差不多是（观看时间）的一倍"；之后也会持续阅读、创作衍生作品，这对她们而言已经成为一种生活方式。

其次，就创作衍生作品的动机与激励因素问题，受访者倾向于认为创作动

① 为便利起见，下文分别以A、B、C来指代三位受访者。

机在于对原作的喜爱和表达对原作的见解。受访者 A 认为：“当时大概是两种心态，一是想要自己参与原作的故事，二是原著的故事还没有说尽，我想要讲另一面的故事。比如原著中简略的部分，可能我觉得有一个对人物来说很关键的变化，但是原著并没有特别展开来讲，那么我很乐意把原著的情节细化、铺开，再讲一遍。再者是也不能说原作把某个人物塑造得不够完整，但我想把这个人物放到另外一个环境里面，他/她会怎么做，对事情怎么反应，这也是我摸索、熟悉和解读原著人物的一个过程。”受访者 B 陈述：“一是喜欢原作，二是因为原作的人物、情节和人物关系有空白之处，原作里没有叙述完的，想通过自己的想象、创作把原本没有的东西给补充完整。”受访者 C 则认为：“……当时（创作）的自我定位是因为喜欢原作，以虚构创作的方式表达对原作的见解。”

同时，访谈对象都认可社群交流和来自爱好者社群的鼓励对自己的创作具有重要作用。如受访者 A 陈述，正是因为有“共同爱好者的鼓励才会开始二次创作”，也是想认识更多的共同爱好者。如果没有共同爱好者社群的鼓励和支持，自己衍生作品的创作应该会受到很大影响。“我也不是没有试过在没有共同爱好者（鼓励支持）的情况下创作某些作品，但是就创作的持久性、故事是不是容易写完这两点来说，在有共同爱好者鼓励的情况下，我完成的作品更多。”受访者 B 也认为爱好者社群的交流对于创作有很大帮助。“当时我的博客内容是以衍生作品和评论为主的，博客留言就成为互动的过程，留言者一般都是比较熟悉的好朋友……在创作的过程中，是在不断地受到社群、同好的鼓励和支持的。”受访者 C 则认为与社群的交流是最根本的动力之一；“我当初去效仿这种创作行为，也是因为我想要进入这个群体，想要成为他/她们的一员……我现在的想法是，（衍生作品）在特定群体内部提供了一种非常高效的、不被外界打扰的语言，因此社群之间这种交流是很高效的，这是我创作（衍生作品）的最根本原因。”

关于经济激励因素是否重要的问题，三位受访者认为创作衍生作品是出于喜爱原作，金钱（获利）完全不是衍生作品创作的激励因素。受访者 A 认为金钱激励“完全不重要”；受访者 B 表明“我是几乎不获利”；受访者 C 系传媒工作从业者，但直接表明“获利对于（衍生作品）创作完全没有影响，或者说这个因素根本没有进入我的视野。我觉得对绝大多数创作者来说都没有考虑过这个问题……金钱的刺激因素整体来说是不重要的”。

再次，就创作衍生作品是否会增进原作权利人的收益的问题，答案也是肯定的。三位受访者均认为，为了深入了解原作中的人物、细节，需要对原著进行比较细致深入的阅读，有时候还要根据原著去查阅辅助资料、其他设定集才能创作。如果原作系影视作品，创作者为了创作衍生文字作品或视频作品，往往会数次前往影院观看电影，并购买后续发行的影碟等影视作品载体，以及权利人授权出版的周边产品。受访者 B 陈述，为了阅读、创作衍生作品而去多次观看原作、购买原作的载体或者周边产品“是理所当然的事情……书架的一格几乎全是原作设定集、周边、小说、漫画等，也一定会多次去影院观看同一部电影或者购买影碟”。受访者 C 则陈述，“肯定会比其他作品支出多一些……如果是从事相关电影的（衍生作品）创作，你多少会把它（原作）当成自己的一部分；感情深了之后，消费就会变多，比如收藏影碟、周边产品，或者多次去影院观看某部电影。比如很喜欢的一部电影刷了十遍，我觉得非常开心。除了喜欢、想一遍又一遍地看之外，也是想把有些细节看得更仔细”。

最后，就阅读能力、创作能力问题，受访者均表示因创作衍生作品而得以提高。受访者 A 表示：“在访谈中，受访者也都表示自己会为了阅读、创作衍生作品而去精读文本、查询更多领域的资料，自己的创作能力与外语能力均因为阅读和创作衍生作品而显著增强。”受访者 A 陈述：“写作技术、阅读、外语等各方面的能力都是（阅读、创作衍生作品的）现实收获……如果以十分制打分的话，在开始（衍生作品）创作之前，我的写作能力大概是五分，而现在可以打到八分到九分。”受访者 B 也表示：“开始衍生作品创作前我的写作能力只有四五十分……现在肯定好一些，有六七十分；最好的时候我认为可以达到七十五分左右。衍生作品对我英语和日语的进步帮助很大。”受访者 C 具有戏剧影视文学专业背景，则更是认为：“因为阅读、写作衍生作品，我的写作能力每年都在进步。在这个过程中，我会去仔细不断看原作，不停地消化、咀嚼，就像做研究一样。能够产生爱好者社群的原作，本身就是很成功的作品；不断接触新的作品，就相当于不停地学习新的成功案例，有一种市场调研和成功案例分析的意义……通过对原作文本的精读、研究，对我个人的原创作品创作是有帮助的。”

就衍生作品与著作权法的关系问题，受访者们对于著作权法的否定评价均有清楚认识。受访者 A 陈述：“在大学时，在 Livejournal 论坛上看到弃权声明，我才开始注意这个问题……觉得人家发这种声明，我也要发这一段声明，这样可以避免麻烦。”受访者B则陈述：“这个（涉嫌侵权）我知道得很早，在2008年之前就有耳闻……我默认这个事情有一定的侵犯版权，虽然没有细想这个事情会到什么程度。”受访者C则表示：“我认为根据大部分国家和地区的法律，如果版权在保护期内，肯定是侵权的。”

然而，这些认知并未妨碍受访者持续阅读、创作衍生作品。受访者认为衍生作品实质上起到了宣传推广原作的作用，“拓展了原作的知名度”，并且存在一种互利关系，即便创作者从中获利，也要“和给原作制造的广告效应一起考虑……相当于推广费，和官方收益相比而言可以忽略不计……有点像犀牛和犀牛鸟的关系”。而且她们也不会因为著作权法可能的负面评价而放弃创作。受访者A陈述：“以前更多的是觉得，既然版权是属于版权方的，我也默认版权方拥有相关的权利，但既然我已经（通过弃权声明）放弃了我的权利，那么也就没有什么责任可追究了。现在大家讨论得也比较多了，一方面是不营利就不会侵犯原作的商业利益，另一方面是善意利用，也听说过有实际的判例，认为这不构成侵权。我的作品基本上不构成对原作商业利益的侵犯，也没有对原作、原作人物构成负面、恶意的利用、污蔑等，所以我也不认为有什么问题。”受访者B表明：“我默认为这个事情一定程度上侵犯了版权，但是也没有细想这个事情会到什么程度。第一，这是我的兴趣，没有妨碍到别人。第二，我的作品是没有营利的。即便有营利，我认为所在的圈子也只是在爱好群体之间进行交流……不会给原作者带来损失，因为原作者本来就不会开拓这个市场；衍生作品反而还会拓展它的知名度，当然这一点原作者可能不会接受。”受访者C则明确表明：“从创作开始，我就清楚地知道这是侵权。但是我认为，这是一种受众对资本的叛逆和抗议……公司声明的话对我完全没有影响，因为公司是一种非人格的存在，如果是作者的话我会考虑自己是否伤害了某个人的感情，但公司是虚拟的，对我们普通消费者来说它只是利益，不是具体的人。如果作者明确反对，我也不会停止创作……我会对作者感到抱歉，但我该怎么做还是怎么做。因为我没有侵犯他的实际利益，他只不过是不开心了。我不会因为他不开心就放弃我的生活方式。”

同时，在访谈中受访者均认为，权利人不针对具体行为人的警告，不会起到实际阻吓衍生作品创作的作用。如受访者A陈述：“如果版权人只是泛泛地禁止同人创作，或者起诉个别作者，我觉得对我影响不是太大，反而会去看一下是什么情况。如果只是基于个别创作者对人物的处理问题，我反而会支持创作者。（版权人）泛泛的行动对我没有什么威慑力。哪怕（版权人）真的明令禁止，表达和创作的欲望还是会在；这是主观个人的愿望，是不可能因为版权人（的禁止）而消失的。我也可以在电脑上写作，拍成照片发给特定的少数人欣赏，规避的方式也很多。”受访者C坦陈，如果是作者本人发出这种泛泛警告，会“觉得自己冒犯了具体某个人的感情”，也“会对作者觉得有些抱歉”，“但不会因此停止衍生作品的创作，因为这是我个人的权利”。受访者B则认为：“如果作者本人发出警告，可能会对我有一些影响……但如果是公司版权人的话我只会想讽刺一番；他们并没有对作品本身作出贡献，只是一种商业行为。我基于对作者的尊重才会考虑停止创作，而不会因为版权方出于商业的考虑而停止创作。”

上述访谈虽然仅针对三名访谈者，但均为衍生作品创作者中较为典型也较为成熟的代表，其陈述与观点具有惊人的相似之处。我们可以直观地认识到，创作者创作衍生作品的动机在表达对原作的见解，其中经济激励因素影响极小，基本可以忽略不计；而依托于互联网络的社群交流与鼓励，衍生作品得以进一步丰盛。创作衍生作品有助于提高创作者的阅读能力与创作能力，并可以增进原作权利人的直接经济收益。同时，衍生作品创作者对于衍生作品可能违反著作权法具有一定的认知，但也认为自己的行为具有一定程度的合理性，不应当成为负面评价的对象。下文将会对访谈中折射出来的现象进行进一步分析，来探讨衍生作品丰盛的深层原因。

（二）文学层累传统与参与文化

1. 文学层累传统

受访者提及对于现有作品未尽之处的遗憾、试图进一步精细化并且讲述自己版本的故事，其实质上属于文学层累传统的一部分。这一传统是人们对已有文学艺术的吸收、累进与再创造，也是人类文化演进、社会成熟的共有现象。对我国传统文学稍有了解者即可知道，用典是我国古典文学中的常见修辞方式之一，文学大家往往善于用典、推陈出新，其作品具有格外深重的意蕴，一向受到知识精英的高度欣赏，其用典艺术也成为后世研究的对象。[①] 因此，在众多大家创作文本中，均能看到前人作品的深沉印迹，这些层累的印迹构成了我

---

① 参见莫砺锋在《杜甫诗歌讲演录》一书中“千家注杜的现象”部分。宋人对杜甫诗中用典之博之精已经极为推崇，黄庭坚曾在家书中言及：“……老杜作诗，退之作文，无一字无来处。”参见莫砺锋：《杜甫诗歌讲演录》，广西师范大学出版社2007年版，第7-8页、第37-38页。

国数千年的精英文学传统。①

戏剧、小说等叙事艺术开始发展繁荣，成为精英与大众日常共同欣赏的文学体裁和公众文化生活的一部分时，这种层累性就尤其明显。明清以降，戏剧、小说等叙事艺术开始发展繁荣，各种衍生作品也应运而生。当然，当时的创作者就作者对作品的控制权和“作品完整性”等概念，并无现代这种个人占有式产权主义的观念，也有研究者认为这属于我国重视知识环流的文化传统。② 以四大名著为例，《三国演义》《西游记》《水浒传》均有其长期流传于民间的话本、杂剧原型，一般认为，上述三部作品均是五六百年来民间传说、平话杂剧的结晶。③ 关于《三国演义》，苏轼《志林》中即已生动记载里巷小儿听“尊刘贬曹”式“说古话”的反应，宋元年间“说三分”甚至成为说书的专门类别之一，元代出版《全相三国志平话》，亦有《三战吕布》《隔江斗智》《单刀会》等大量戏剧。④ 关于《水浒传》宋元以来亦有各种“水浒故事”与“水浒戏”，胡适经考察也认为，水浒“不是从半空里掉下来的”，而是“南宋初年到明代中叶这四百年‘梁山泊故事’的结晶”⑤。鲁迅在《中国小说史略》中也提出类似观点，认为“《水浒》故事亦为南宋以来流行之传”，当时必有众多口口相传之版本，或虽有书本，但失之简略或多有矛盾，故有人去粗取精，集为荟萃，即为《水浒传》。⑥ 《金瓶梅》人物、部分故事情节取自《水浒传》，又在其基础上加以发展，成为我国古代市民小说的巅峰之作。神怪小说的典范《西游记》也是如此；南宋时期出现的《大唐三藏取经诗话》及各种以玄奘法师取经为题材的元杂剧，亦是吴承恩创作的原本。⑦ 相关文献亦对明清小说的成书与传播进行研究，认为明清小说的成书来源基本可分为五类，即世代累积型、续书成书型、改编成书型、文人独创型与出版商组织策划型；从分类可知，其中三大类均是与之前文本密切相关。⑧ 因此，借鉴已经存在的小说人物、情节、结构，敷衍之后再行创作，确是我国传统小说的特色。

---

① 参见雷淑娟：《用典的意义：文本间的遭遇》，载《修辞学习》2002 年第 4 期，第 5 页。

② 参见邵科：《昭隆传统之大美》，清华大学出版社 2019 年版。

③ 详见党月异、张廷兴：《明清小说研究概论》，中央编译出版社 2011 年版，第 57-71 页。

④ 同上注，第 161-166 页。

⑤ 同上注，第 64-65 页。

⑥ 同上注，第 64-65 页。

⑦ 同上注，第 161-166 页。

⑧ 同上注，第 161-163 页。

在二十世纪初，鲁迅所著《故事新编》即是将已有的神话故事赋予新的意义。从通俗读物而言，其时报刊连载的通俗小说极为繁盛，大量“反案小说”（即借助原有小说中的人物来书写新故事的小说）亦随之出现，以致当时稍有影响的畅销小说，都有他人所写的“反案小说”，显现出了相当的想象力。[①] 且当时的著作权扩张意识并未高涨，上述“反案小说”均系公开刊载，作者也自然获得稿酬，成为“开放的、公开的、大众的、营利的”衍生作品，亦被认为是我国通俗文学传统的传承。[②]

西方文学亦有类似传统。莎士比亚的戏剧大量挪用已有作品的架构、情节甚至诗句，[③] 也有文献认为十八世纪的英国诗歌在情感认同式阅读、社区成型及读者与人物之间的联系等即体现了衍生作品的特征。[④] 二十世纪早期，T. S. 艾略特在《传统与个人才能》一文中也明确提出诗歌是对之前所有文化传统的吸收与再创作，是“由有史以来创作的全部诗篇组成的活生生的整体”；[⑤] 其不朽名篇《荒原》更是对传统主题、意象的借用与解构。罗兰·巴特则于二十世纪六十年代提出“作者之死”的观点，即读者以作家式、积极参与的方式理解、进入文本，以创造构建出写作的立体空间，文本是多源与多元的；作品成文之后，作者的声音即不再重要，读者在阅读过程中才是创造者，建立在浪漫主义之上的作者神话应当告于终结。[⑥] 德里达等人则认为，文本与作者无涉，创作即是读者对文本的诠释。任何一个优秀的读者都不会成为所阅读的文本的奴隶，不会满足于原作者对文本意义与形式的理解、诠释，而是有意地发现原作者没有发现、理解的新的东西；对文本的解构和批评正是读者、创造者的责任。[⑦] 福柯则更进一步，认为作者概念不过是意识形态的产物；在这种意识形

---

① 如《秋海棠》《啼笑因缘》等均有大量“反案小说”，详见刘小源：《被遗忘的晚清反案小说：中国网络同人小说的本土文化渊源》，载《百家评论》2019 年第 1 期，第 46-47 页、第 50 页。

② 参见刘小源：《被遗忘的晚清反案小说：中国网络同人小说的本土文化渊源》，载《百家评论》2019 年第 1 期，第 46-47 页、第 50 页。

③ 具体可参见［美］理查德·波斯纳：《论剽窃》，沈明译，北京大学出版社 2010 年版，第 58-63 页。

④ Andrew Crome, Considering Eighteenth - Century Prophecy as Transformative Work, Transformative Works and Cultures, no. 30. https://doi.org/10.3983/twc.2019.1629.

⑤ 参见［英］托·斯·艾略特：《传统与个人才能：艾略特文集·论文》，卞之琳、李赋宁译，上海译文出版社 2012 年版，第 1-12 页。

⑥ See Roland Barthes, The Death of the Author, in Image, Music, Text (London: Fontana, 1977), 142-148.

⑦ See Wilfred Guerin, Earle Labor, Lee Morgan, Jeanne C. Reesman, John R. Willingham, A Handbook of Critical Approaches to Literature (Oxford: Oxford University Press, 2004), 377-378. 当然也有批评认为，后结构主义者（解构主义者）对于文本的解释属于虚无主义。

态的构建中作者是“一个天才，一个永恒的创造力的源泉”，但这只不过是因为实际中作者发挥的作用刚好相反。①

2. 参与文化：传统的疏远与再生

正如前述，以口耳相传和书面形式对已有作品的人物和母题进行发挥、创作的参与文化，是人类固有的文化传统，远远出现在“衍生作品”这一概念之前。近代之前，参与文化重要表现之一，就是民间传说及其演变。民间传说往往随着时代发展而增加了新内容、新色彩，甚至应民众的意识改变了原先的价值观念，从而形成与时代相适应的不同版本。如大众耳熟能详的《白蛇传》即是如此；早期民间传说中蛇妖形象凶残成性，而成书于明代的《警世通言》中《白娘子永镇雷峰塔》一文，则反映了宋、明两代社会的生活观念，塑造了带有强烈人性色彩和反叛意识的白娘子形象。② 清代的《雷峰塔》《义妖传》等剧本又对白娘子形象进行了改造，最终将她变成了一位符合传统道德观念的女性。③ 而二十世纪九十年代的小说及同名电影《青蛇》，则是以现代的观念，赋予故事新的含义。尤其在原书未能完成的情况下，读者更是心心念念要为书中人物安排符合自己心意的结局。据统计，《红楼梦》有30余本续作，在嘉庆年间出版的、具有一定文学研究价值的续作即有《红楼梦补》等八本之多。④在西方，格林兄弟收集、复述民间传说形成《格林童话》，卡尔维诺编纂、重述意大利童话故事而形成《意大利童话》，安吉拉·卡特收集、编纂传说形成《精怪故事集》，并对传说重述后写成《焚舟纪》，也都反映了这种传统。诚如亨利·詹金斯所总结的那样，“从历史上说，我们的文化是通过一个集体的合作和阐发过程而演变的。民间故事、传说、神话和民谣都是在长期的过程中，由民众不断添加对自身语境更有意义的内容而逐渐形成的”⑤。

但是随着工业革命和近代出版业的发展与个人私有主义的盛行，知识产权概念、制度逐步建立，作品的文化价值也越来越被认为源于“作者个人的原创性贡献”。⑥ “作者”（author）或“作者身份”（authorship）的概念，开始随着

① 参见［法］米歇尔·福柯：《作者是什么？》，逢真译，载王潮选编：《后现代主义的突破：外国后现代主义理论》，敦煌文艺出版社1996年版，第270-292页。

② 见王立、刘莹莹：《试论白蛇传故事的嬗变》，载《辽东学院学报》2005年第5期，第40-41页。

③ 同上注，第42页。

④ 见王佩琴：《〈红楼梦〉续书研究》，载《红楼梦学刊》1998年第3辑，第270页。

⑤ 见［美］亨利·詹金斯：《昆汀·塔伦蒂诺的星球大战——数码电影、媒介融合和参与性文化》，杨玲译，载陶东风主编：《粉丝文化读本》，北京大学出版社2009年版，第109页。

⑥ 同上注。

版权法（以及知识产权制度）的演进与浪漫主义思潮的影响而逐步构建、神化；对于这一点，知识产权法学界与文学界均有充分认识。[①] 马克・罗斯在其著作《版权的起源》中即认为："版权不是超越俗世的道德理念，而是印刷技术、市场经济和占有性个人主义为特征的经典自由文化共同制造的现代产物。它也是一套建立在基础不牢固的理论之上的制度：实质上来源于宗教的独创性概念，被称为作者的特定杰出人物凭空创造出作品的概念。"[②] 而传媒产业将文化视为私有化著作权之后，其对于作品"原创性"的大力宣传和逐渐加强的保护手段，渐渐让大众将自己视为文化消费者而非参与者，认可了这种法定文化垄断的权威性；民间文学的累积、联想传统也因此饱受打击。[③] 但这种传统是植根于人类心理深处的；文化产品产量丰富之后，原先仅被视为"受众""消费者"的广大群体也开始自觉或不自觉地将民间文学的传统应用于传媒产业制造的文化产品，以高度热情创作出了大量的衍生作品，从而让这种参与创作的民间文学传统再度兴起。这种参与文化，也是对文化资源垄断的一种对抗；创作者们拒绝传媒产业"生产、授权和管控的最终版本"，而是通过吸收原作中的片段情节和养料，以及集体交流相互借鉴、互相唱和，既使用了集体所认可的共同叙事模式、情节，又以个人化的表达方对它们进行重述，从而达到了集体主义和个性表达的有机融合，创造了一个"所有人都能参与核心文化神话的创作和流通的世界"，[④] 成为参与文化、共享文化的重要组成部分。[⑤]

基于衍生作品的上述特点，当今也有研究文献直接将衍生文字作品比喻成数字时代的民间文学，[⑥] 认为这种生产力不仅产生新的文本，还直接参与建构

---

① 见［美］马克・罗斯：《版权的起源》，杨明译，商务印书馆 2018 年版；See Martha Woodmansee and Peter Jaszi Eds., The Construction of Authorship: Textual Appropriation in Law and Literature (Durham: Duke University Press, 1994); Brad Sherman and Lionel Bently, the Making of Modern Intellectual Property: The British Experience, 1760-1711 (Cambridge, Cambridge University Press, 1999)。

② 见［美］马克・罗斯：《版权的起源》，杨明译，商务印书馆 2018 年版，第 159 页。

③ 见［美］亨利・詹金斯：《昆汀・塔伦蒂诺的星球大战——数码电影、媒介融合和参与性文化》，杨玲译，载陶东风主编：《粉丝文化读本》，北京大学出版社 2009 年版，第 109 页。

④ 同上注，第 109-110 页。

⑤ 有学者认为，现代的"同人文学"与之前的"衍生作品"共同属于广义上的"转换性写作"，其特点均在于社群性，只不过同人文学体现的社群性更为特定而独特。参见郑熙青：《作为转化型写作的网络同人小说及其文本间性》，载《文艺争鸣》2020 年第 12 期。

⑥ See Rebecca Tushnet, Legal Fictions: Copyright, Fan Fiction, and a New Common Law, 17 Loy. L. A. Ent. L. J. 651 (1997); Francesca Coppa, The Fanfiction Reader: Folk Tales for the Digital Age (Ann Arbor: University of Michigan Press, 2017).

原始文本，从而将商业化的叙事转化为大众文化。[1] 而亨利·詹金斯在《文本盗猎者》中亦直接引用了同人音乐创作者的看法，即“同人音乐从商业文化中劫掠材料，就像早前的民间音乐使用传说、民间故事和八卦作为叙事内容……它的原材料来自商业文化，而它的逻辑来自民俗文化”[2]。因此，衍生文字作品、视听作品等从商业作品中挪用表达元素，则可以等同于使用传说文本等作为素材。它不只是和传统紧密联系；它正是参与文化传统的本身；只不过过去口耳相传的改编、街头村尾的说书变成了大量的书写和互联网社区的发帖。它也是人类天性的一部分。正是因此，劳伦斯·莱锡格则是将因十九世纪末至互联网之前的消费文化形式描写为“唯读文化”，而将长时期以来的传统及互联网兴起之后的复兴形式称为“读写文化”，认为参与式的、“诠释与流传”的文化才是文化中最为宝贵的部分。[3] 这种深厚的文学传统，可以说是衍生作品兴盛的文化原因。

（三）个体表达与交流需要

受访者多次认为，发表衍生作品既是个人表达对原作的意见，也是与爱好者群体互相交流、激励的过程。而表达、交流既是个人的本能和基本权利，也是个人作为社会一分子的基本需求。按照自己的想法重述故事的愿望深深植根于人类心理深处，可以说是形成参与文学传统的深层次原因。我们如果仔细聆听小孩子过家家时那些貌似不完整、无意义的喃喃细语，就会发现，他/她们在试着给手中的玩具（很可能是某部电影或传说中的人物）安排台词，让它们作为演员来出演自己心中的剧本；这可以说是衍生作品的最初形式。而当年龄渐长、具备了一定的欣赏与表达能力之后，公众往往会对某部作品的结局、人物的安排发表自己的意见，甚至以口耳相传或者文字方式，来改变原先的故事。访谈者提及创作动机时，均陈述认为是“以虚构创作的方式表达对原作的见解”，或是“原著的故事还没有说尽，我想要讲另一面的故事”，“原作的人物、情节和人物关系有空白之处，原作里没有叙述完的，想通过自己的想象、创作把原本没有的东西给补充完整”。这种个体表达需求，可以说是人类最为古老的

---

① See John Fiske, “The Cutlural Economy of Fandom”, In The Adoring Audience: Fan Culture and Popular Media, Lisa A. Lewis Ed. (London: Routledge, 1992), 40.

② 同上注，第 155-169 页。

③ See Lawrence Lessig, Remix: Making Art and Commerce Thrive in the Hybrid Economy (New York: Penguin, 2008), Chapter 1.

本能之一。

当然，这种表达并非完全出于对原作权威的敬畏和服从。衍生作品按创作者的表达方式可以分为消解原作权威式、拿来主义式与服从（增进）原作权威式衍生作品。消解原作权威式衍生作品多为戏仿与评论类作品，它们创作的目的是借助原作进行讽刺或对原作进行评论，在客观效果上则是对原作的解构、对原作权威的消解。这一点在衍生视听作品中尤为常见；《一个馒头引发的血案》是这类作品的典型代表。拿来主义式衍生作品往往是最为常见的衍生文字作品（如同人小说等），该类作品往往仅借鉴原作的部分元素和作品背景，在文辞、结构和情节等表达方式上则具备自身的独创性。一部分衍生视听作品也属于此类；它们虽然直接使用原作的大量片段，但经过创作者的重新剪辑、组合，已经表达出了完全不同于原作的思想和观念。服从（增进）原作权威式衍生作品，最典型的是忠实爱好者对原作进行整理、编撰所得的介绍类作品，如Warner Bros. v. RDR Books一案中的Lexicon百科全书，[①] 或对《星球大战》系列电影中的人物、星球、种族等进行分类细化介绍的网页。[②] 对原作进行介绍或者仅是为了凸显原作精彩之处的衍生视频作品也属于此类。但无论创作目的为何，衍生作品兴盛的重要原因之一，即是公众需要通过再次创作表达自己对于原作的意见，并经由衍生作品抒发自己的理念、构建自己心目中的理想世界。

衍生作品既反映交流需要，也是交流的产物。受访者都认可交流和来自爱好者社群的鼓励对自己的创作具有重要作用，正是因为有“共同爱好者的鼓励才会开始二次创作”，“在创作的过程中不断受到社群、同好的鼓励和支持”，衍生作品甚至被视为一种高效的社群内部交流的语言。同时，三位受访者均陈述，其已经阅读、创作衍生作品多年，之后也会持续阅读、创作作品。

如果说衍生文字作品是交流的重要手段，那么衍生视听作品的受众群体、交流范围甚至更广于衍生文字作品，因为阅读衍生文字作品尚需对原作有一定了解、有着进入门槛，但观看衍生视听作品的进入门槛则更低，也更容易为大众所接受。衍生视听作品的创作者能够调用多种表达形式的素材，在利用原作片断表达方式的基础上，将其转换为情节、主题、情感完全不同的作品，从而表达自己对原作、对世界的观感。可以说阅读、创作衍生作品作为表达、交流形式的一种，已经成为这一用户群体的生活方式。因此，衍生作品创作者和他

---

① Warner Bros. Entm't, Inc. v. RDR Books, 575 F. Supp. 2d 513 (S. D. N. Y. 2008).

② 如https://starwars. fandom. com/wiki/Main_Page，最后访问日期：2020年10月6日。

人交流的愿望，以及来自爱好者社群的鼓励、支持，可以称为双向交流；这也是衍生作品兴盛的重要原因。

（四）教育普及与互联网络技术发展

从受访者的陈述可见，衍生作品创作者大量阅读、创作衍生作品的时间几乎与互联网在国内崛起的时间同步，主要阅读、发表途径也是依托互联网络。这就不得不让人注意到教育普及带来的创作便利，以及互联网络技术发展的重大作用。

衍生作品创作虽深植于文学传统之中，但在近代之前，囿于教育普及程度与发表手段限制，衍生作品的创作、出版门槛均相对较高，故其创作与读者限于较小群体，并未形成大规模的创作和阅读、传播现象。而近代以来教育日渐普及，公众整体受教育程度有了大幅度提高，尤其女性受教育程度普遍提高，在经济、文化和生活上的独立空间也日渐扩大，从而让更广阔的群体具备了独立创作的条件和可能。① 弗吉尼亚·伍尔芙在二十世纪曾以《一间自己的房间》（A Room of One's Own）为女性独立创作的经济条件和时间、空间大声疾呼，认为“倘若一个女人决意要写小说，她必须要有钱，而且还要有一间属于她自己的房间”。② 这种空间虽未能完全实现，但与之前相比至少已经有了长足进步。美国自二十世纪七十年代以来，电视的兴盛激发了广大观众的热情，衍生作品杂志等也应运而生，在粉丝群体中盛极一时，其中众多参与者即为女性。“这些女人全在写作各自的故事……凯特编辑出版自己的同人志，这个小组一直在收集、装订这些同人志预备铺货。……（写作）既是个人表达方式的同时又是集体身份的来源。她们中每个人都有很有趣的东西和他人共享；这个小组鼓励她们完全地发展自己的才能。”③ 衍生作品的出版更是兴盛。“一期典型的《数据志》列出了现有 258 种不同的印刷物（其中有不少种已经出版了 30 多期甚至更多），还有 113 本正在筹备中。”④ 这些数字只是类似作品的极小部分，也无法

---

① 衍生作品和浪漫小说的阅读与创作群体、动因有一定类似之处。后者详见［美］珍妮斯·A. 拉德威：《阅读浪漫小说：女性，父权制和通俗文学》，胡淑陈译，译林出版社 2020 年版。

② 见［美］弗吉尼亚·伍尔夫：《一间自己的房间》，戴红珍、周淳译，华东师范大学出版社 2017 年版，第 4 页。

③ 见［美］亨利·詹金斯：《文本盗猎者：电视粉丝与参与式文化》，郑熙青译，北京大学出版社 2016 年版，第 147 页。

④ 同上注，第 149 页。

涵盖其他未集结成刊，只是私下交流的衍生作品。[①] 而印刷品时代的星星之火，在网络时代终于呈现燎原之势。而衍生视听作品在网络时代之前也通过录像带剪辑、复制的方式兴盛一时，制作者在社群中享有极高的地位和声誉，并在与观众的直接交流中分享技术、心得，很多观众之后也会开始尝试制作自己的视听作品。[②]

二十世纪九十年代后互联网络的发展、普及，既让受众群体有了便捷的交流方式，也大大降低了创作与发表的成本与进入门槛。教育提升与技术进步，可以说为衍生作品大规模创作和传播准备好了基础条件。七十年代粉丝杂志在粉丝群体中也曾盛极一时，但整体来说，其受众和传播途径相对有限，难以为其他社会公众所接触、知悉。而互联网络普及之后，衍生作品的发表与反馈均十分快捷便利；创作者可以便捷地和具有共同爱好的受众交流、讨论情节，分享社群的观念和叙事模式，从而创作出源自作者独特个人体验、具备个性化表达方式的衍生作品，其作品也能符合受众社群（至少是一部分受众）对于衍生作品的期待。同时，大量衍生作品属于连载作品，创作者在吸取社群观念、情节养料的同时，也会看到读者的即时反馈、评论，从而实现良性的互动。访谈内容也印证了这一观点。三位受访者虽然接触衍生作品时年龄各异，但是从年龄可以推算出，其开始阅读创作衍生作品均为二十世纪初互联网开始兴盛之时，受访者也均认为爱好者网络社群的鼓励、支持对于创作有很大帮助。

衍生视听作品的兴盛则更与互联网络兴起、新型发表平台的发展密不可分。在互联网出现之前，衍生文字作品已经通过同人志的方式大行其道，而衍生视听作品则是以剪辑录像带的形式出现。[③] 但是这一方式对创作者的硬件、技术均有较大依赖，且传播途径有限，因而创作规模和受众也受限甚多。在互联网兴起尤其是各种用户分享式平台兴盛之后，衍生视听作品才开始如井喷般爆发。

因此，教育普及、互联网络与新型发表平台的诞生、发展，对于衍生作品的规模扩张是决定性的因素；教育与科技互联网让衍生作品“社会化的梦想进

① 见［美］亨利·詹金斯：《文本盗猎者：电视粉丝与参与式文化》，郑熙青译，北京大学出版社2016年版，第149页。

② 同上注，第235-237页。

③ 同上注，第235-237页。

入了人类历史上最大的社会空间”，则构成了衍生作品兴盛的重要社会原因。[①]

（五）利益的共生与平衡

1. 利益共生

受访者访谈内容最深刻之处，在于访谈直观地反映了文化产业与衍生作品创作者利益的共生与平衡，这也是衍生作品得以发展壮大的重要原因之一。这种利益共生首先表现为衍生作品创作者对于文化产业推出作品的购买力上。通常情况下，衍生作品创作者需对原作文本进行原本只属于学术研究领域的精读，[②] 才能从细节中得到启示、灵感，并将之用于衍生作品创作之中。三位受访者均认为，为了深入了解原作中的人物、细节，需要对原著进行比较细致深入的深度阅读，有时候还要根据原著去查阅辅助资料、其他设定集才能创作。如果原作系影视作品，创作者为了创作衍生文字作品或视频作品，往往会数次前往影院观看电影，购买后续发行的影碟等影视作品载体，以及权利人授权出版的周边产品。因此，数量广大的衍生作品创作不仅可以转化为直接的经济利益，也扩大了原作的影响力、增加受众群体。而这些创作均为受众自发完成，并不需要传播产业（权利人）付出任何宣传推广费用。受访者均表明，开始创作衍生作品是出于喜爱原作，金钱（获利）不是衍生作品创作的激励因素。受访者 C 系传媒工作从业者，但直接表明“获利对于（衍生作品）创作完全没有影响……金钱的刺激因素整体来说是不重要的”。因此，衍生作品的阅读、创作者基于其对原作的感情投入与感情劳动，[③] 往往是原作的忠实观众，愿意深度阅读原作，也会为原作支出更多的金钱。在消费意愿、消费能力和消费的可预测性上，衍生作品创作者具有费斯克所说的“理想消费者”特点。[④]

但衍生作品创作者对于原作的助力，并不止步于其消费能力；如果这样的话，他们就与刻板印象中的被动消费者无异了。文化产业（权利人）与衍生作

---

① 见储卉娟：《说书人与梦工厂：技术、法律与网络文学生产》，社会科学文献出版社 2019 年版，第 10 页。

② See Veerle Van Steenhuyse, The Writing and Reading of Fan Fiction and Transformation Theory, Comparative Literature and Culture, Volume 13 (2011) Issue 4.

③ See Karen Hellekson, A Fannish Field of Value: Online Fan Gift Culture, Cinema Journal 48 (4), 2009; Turk, Tisha. 2014. “Fan Work: Labor, Worth, and Participation in Fandom's Gift Economy.” In “Fandom and/as Labor,” edited by Mel Stanfill and Megan Condis, special issue, Transformative Works and Cultures, no. 15. https://doi.org/10.3983/twc.2014.0518.

④ See John Fiske, “The Cutlural Economy of Fandom”, in The Adoring Audience: Fan Culture and Popular Media, Lisa A. Lewis Ed. (London: Routledge, 1992), 30-49.

品创作者之间的利益共生，还体现在衍生作品对于原作的支持力度。用户自发创作大量衍生作品，不断提供与原作有关的新的视听阅读材料，这就给既有的观众、用户制造不间断的新鲜感，从而维持原作热度、扩大原作传播范围。这些衍生作品进一步增加了受众的忠诚度,[①] 也为文化产业推出系列作品创造了商业条件。[②] 电影产业尤为明显，如近来为公众熟知的漫威系列电影即是如此。漫威影业围绕其人物创作的每一部系列电影上映期间均相隔二年至三年，在我国国内亦缺乏美国本土的广大漫画受众，如果没有用户不断创作新的衍生小说、衍生视频、衍生绘画等作品，该系列将很难维持相应的热度和宣传效果。正如亨利·詹金斯所观察到的那样，“在竞争激烈的媒体市场，媒体业日益依赖积极而忠实的消费者来宣传他们重要的产品”。[③] 这也是网络时代内容产业商业模式变换的结果：权利人某种意义上并不愿意直接与受众对抗，而是倾向于根据商业利益采取谨慎的、因势利导的策略。[④]

衍生作品创作与文化产业商业模式已经产生了一定程度上的互相激励与匹配。衍生作品创作者根据自己的不同喜好，挑选出原作海量文本信息、视听信息中的一小部分，并通过讨论交流、公开传播等方式将这种喜好反馈给文化产业，从而为之免费提供了价值极高的市场流行趋势与偏好反馈意见;[⑤] 而一般情况下，这种市场调查的费用相当高昂。自然地，文化产业对这种重述与反馈大加鼓励，并因此精准地定位了这部分用户（消费者）的重点需求，在文化产品中为其定制特定的内容；这些内容又反过来加强了用户的黏着度和忠诚度，为其稳定了市场。一言以蔽之，文化产业利用了衍生作品创作者的反馈，制造了具有稳定销路的文化产品，又将含有用户创造的附加价值的内容再次出

---

① 事实上，已经有研究指出媒体行业（权利人）将消费者、观众和用户重新塑造为“粉丝”，实际上是无偿利用、剥削了衍生作品创造者的劳动，将免费的粉丝内容作为广告来吸引粉丝购买更多产品。See Kristina Busse, Fan Labor and Feminism: Capitalizing on the Fannish Labor of Love, Cinema Journal, vol. 54 no. 3, 2015, p. 110-115.

② See Abigail De Kosnik, “Interrogating ‘Free’ Fan Labor”, In Spreadable Media, Henry Jenlcins, Sam Ford, and Joshua Green Eds. (New York: New York University Press, 2013), http://spreadablemedia.org/essays/kosnik/#.UbEevZzqOZQ.

③ 见［美］亨利·詹金斯：《融合文化：新媒体和旧媒体的冲突地带》，杜永明译，商务印书馆2012年版，第209页。

④ 见何天翔：《国际贸易视野下的个人数字著作权侵权与应对——以针对网络粉丝创作行为的企业著作权执法策略为切入点》，载《暨南学报（哲学社会科学版）》2016年第8期，第79页。

⑤ See John Fiske, “The Cutlural Economy of Fandom”, in The Adoring Audience: Fan Culture and Popular Media, Lisa A. Lewis Ed. (London: Routledge, 1992), 47.

售给用户。[①]

从上述分析及访谈内容可知，衍生作品的创作动机通常都是因为对原作的喜爱之情，且衍生作品创作费时费力，一般也无直接经济利益，自发创作衍生作品，本身就是原作影响力和受众忠诚度的证明；而这种创作又反向增加了文化产业的利益。因此，二者之间具有相当程度的利益共生关系。正如受访者 C 所言，衍生作品创作者和原作权利人“类似于犀牛和犀牛鸟，是一种互利的关系”。

2. 动态平衡

为了更好地理解权利人与公众（范围不确定的衍生作品受众与创作者）就衍生作品问题所采取的行为选择，我们可以从研究法律遵从现象的文献尤其是研究行政机关对纳税企业的行为策略的研究文献中得到较好的启示。现有文献经田野调查后认为，行政机关通常会分析执法的成本和收益，并据此对纳税企业采取四种行为策略：低成本低收益下的象征性执法，低成本高收益下的能动性执法，高成本低收益下的弱执法与高成本高收益下的协商性执法。[②] 因此著作权权利人（往往为公司）是典型的理性人，在决定对衍生作品创作者采取的行为策略时，以该等行为的成本和收益为出发点，是基本的路径。

通常而言，权利人可以采取以下行为措施：对整体衍生作品创作者发出警告，对具体的衍生作品创作者和（或）互联网发表平台发出停止侵权的警告函，对具体的衍生作品创作者和（或）互联网发表平台提起诉讼，与互联网发表平台进行协商及推动约束互联网发表平台的立法。上述行为的成本既包括行为本身的直接成本，如委托律师撰写警告声明和律师函、提起诉讼、为推动立法进行公关宣传活动的费用，也包括间接成本，如造成忠实受众及相应收益减少、原作的口碑及影响力下降等隐性成本。行为的直接收益为赔偿金额，间接收益则包括潜在侵权活动的减少、权利人对作品的控制权（许可费用）增加等收益。

我们知道，这些行为的成本和收益均存在较大的差别。对整体衍生作品创作者发出警告是最为简单的、直接成本最低的做法，但是其收益也相对有限。

---

① See Abigail De Kosnik, “Interrogating ‘Free’ Fan Labor”, In Spreadable Media, Henry Jenlcins, Sam Ford, and Joshua Green Eds. (New York: New York University Press, 2013), http://spreadablemedia.org/essays/kosnik/#.UbEevZzqOZQ.

② Xiao Huina, Why Law Enforcement is Weak in China: The Mindset of the Frontline Tax Officials, 31 Colum. J. Asian L. 73 (2018).

在实践中，作者严厉禁止同人创作的情况并不十分多见，即便像乔治・R. 马丁、安妮・赖斯这样对衍生作品明确表示反对的著名作者，也不能禁绝衍生作品的产生，以致前者在访谈中也不得不认可这一现象的存在，只要自己看不到也不作商业用途即可。[①] 而像玛莉恩・辛莫・布拉德蕾禁绝同人后导致双输的局面，更是作者或权利人所不愿意看到的。[②] 因此，这种行为成本虽低，但收益也较低，甚至有可能带来负面效应，因而权利人即使采取该等措施，往往也是象征性的，并不能达到阻吓效果。

对具体的衍生作品创作者和（或）互联网发表平台（网络内容提供商）发出停止侵权的警告函或提起诉讼，则是属于高成本、低收益的选择。与泛泛的声明相比，确定具体个人、平台并发出警告、提起诉讼，权利人所支出的人力成本、诉讼费用、律师费用等成本，比泛泛的声明来说要高得多。同时，基于衍生作品法律地位的模糊性，权利人提起的诉讼并不一定能够得到支持，其收益无法确定。更重要的是，这种“定点攻击”的做法对衍生作品创作者个人的影响较大，往往也会成为媒体报道的焦点，会严重影响权利人在受众群体中的口碑和声誉。2001 年华纳兄弟公司购得《哈利・波特》系列作品的电影版权后，为了扩大其对作品（包括商标权在内）的控制和增加许可费用，曾试图关停青少年受众主办的哈利・波特相关网站，但此举引发了大规模的反抗。一位主办网站的青少年聘请了律师，并将斗争延伸到了媒体。“全世界，每到一处，其他被华纳公司法律代表关闭的网站的青少年网络管理员也都站出来展开斗争”；直到华纳公司公开承认其法律行动是“幼稚”和“错误的沟通行为”。[③] 而其他公司采取的类似行动，甚至遭到了来自法律专业人士的自发抵抗：受众中的律师群体也自发为这些网站提供建议。[④] 这种“定点攻击”式的行为，显然属于高成本、低收益的行为。令人颇感欣慰的是，文化产业开始做出一种招

---

① 安妮・赖斯的态度为“I do not allow fan fiction. The characters are copyrighted. It upsets me terribly to even think about fan fiction with my characters. I advise my readers to write your own original stories with your own characters. It is absolutely essential that you respect my wishes.” 详见 http：//annerice. com/ReaderInteraction-MessagesToFans. htm，最后访问日期：2019 年 10 月 19 日。详见乔治・R. 马丁 2019 年访谈，载 https：//www. youtube. com/watch？ v=u5g9-pfIImw，最后访问日期：2019 年 10 月 19 日。

② See Aaron Schwabach，Fan Fiction and Copyright：Outsider Works and Intellectual Property Protection（Farnham，Surrey：Ashgate，2011），110-113.

③ 见［美］亨利・詹金斯：《融合文化：新媒体和旧媒体的冲突地带》，杜永明译，商务印书馆 2012 年版，第 279-280 页。

④ 同上注，第 282 页。

安的姿态：乔治·卢卡斯开始与粉丝电影制作者合作；在上述冲突之后，华纳公司也采取了类似政策，甚至发表声明称："事实上，我们从一开始就相信，这些网站对我们事业的成功至关重要，这样的网站越多越好。我们最后给予他正式的支持，给他的网站提供信息资料，以便把他纳入到我们的大家庭中，这也有利于恰当地保护《哈利·波特》资源。"① 但衍生作品创造者们对此并不完全买账，认为这只是一种试图将衍生作品处于其可合作、可控制状态的行为，并不能真正保护衍生作品创作者利益。② 可以预测的是，双方的互相博弈远未结束，其关系永远处于动态平衡之中。

与互联网发表平台进行协商，以及推动约束互联网发表平台的立法，则是属于高成本、高收益的行为。采取这一策略时，行为人支付的人员成本、费用直接成本将远高于其他措施，且不一定能够成功。一旦成功，则在短期内可以获得包括许可费用在内的直接收益和在一定程度上妨碍衍生作品传播的效应。如2019年3月26日通过的欧盟《单一数字市场版权指令》第十七条规定即是如此。根据《单一数字市场版权指令》第十七条规定，网络内容供应商（内容发表平台）如果允许公众访问其用户上传的版权作品或其他受保护内容，则视为实施了公众传播行为，不再适用内容存储者的责任限制。因此平台需要尽力取得权利人的授权，并"根据专业注意义务的较高行业标准"，尽最大努力过滤权利人已经提供了必要信息或者发出充分实质通知的作品。③ 这一规定主要由音乐产业、影视产业及音乐人全力推动，在草案阶段即招致社会公众强烈反

---

① 见［美］亨利·詹金斯：《融合文化：新媒体和旧媒体的冲突地带》，杜永明译，商务印书馆2012年版，第280页。

② 同上注，第280-281页。

③ 《单一数字市场版权指令》第十七条规定："1. 成员国应当规定，在线内容分享服务提供者（online content sharing service provider）允许公众访问其用户上传的版权作品或其他受保护内容的，其实施了本指令意义上的向公众传播或向公众提供行为。在线内容分享服务提供者须根据2001/29/EC指令第3条第1款和第2款向权利人取得授权，例如通过签订许可协议获得授权，以便向公众传播或向公众提供作品和其他内容……3. 当在线内容分享服务提供者实施向公众传播或向公众提供作品和其他内容的行为，2000/31/EC指令第14条第1款规定的责任限制不适用于本条所涵盖的情况……4. 如果未获得授权，在线内容分享服务提供者应对未经授权的向公众传播（包括向公众提供）受版权保护的作品和其他内容的行为承担责任，除非服务提供者证明其有以下行为：（a）已经尽最大努力获得授权；（b）对于权利人已向服务提供者提供了相关且必要信息的作品和其他内容，根据专业注意义务的较高行业标准（high industry standards of professional diligence），已经尽到最大努力来确保特定作品或其他内容不被获得；（c）在收到权利人发出的充分实质通知（sufficiently substantiated notice）后，已经迅速采取行动，从其网站上移除或断开访问所通知的作品或其他内容，并根据（b）项的规定，尽最大努力防止它们将来被上传……"腾讯研究院曹建峰、史岱汶译，载https：//www. secrss. com/articles/9879，最后访问日期：2020年5月9日。

对，争议极大。这一规定主要针对视听作品，可以说是高成本、高收益的代表，极大地增强了权利人对其作品的商业控制力、增加了直接的和潜在的许可费用。虽然这一策略的高成本并非权利人能够经常负担，且其直接对抗人类表达、创造的天性，长远而言，其成功程度也堪可疑问。但是由于该做法表面上跳过了终端用户、直接向传播平台获取利润，故而很可能成为权利人在网络时代倾向采取的策略。

经过上述分析，结论是显而易见的：权利人如采取与衍生作品相对抗的策略，则几乎没有低成本、高收益的选择，大多数情况下其行为是低成本、低收益或者高成本、低收益；如其采取高成本、高收益的策略，其结果也具有很大的不确定性。在此情况下，作为理性的人的权利人，直接对抗衍生作品的动力并不充足。衍生作品的兴盛，从某种意义上说，是权利人与用户之间权力斗争（power struggle）在一段时间内趋于动态平衡的结果。

不过，正如前文所述，衍生作品兴盛的是权利人与公众之间通过正式或非正式博弈而自发形成的平衡，也是权利人与用户之间互动的焦点所在。[①] 有学者认为，用户的使用行为大致可以分为三种：可诉并可强制执行的使用、可诉但被容忍的使用，以及不可诉的使用；出于成本收益的考虑，虽然衍生作品在理论上具备可诉性，但权利人仍然容忍了这些使用，这就造成了在前两种使用行为之间广阔的"灰色地带"。[②] 这种"执行成本"对于维系著作权制度公平性有着至关重要的影响，可谓著作权制度的安全阀，也是著作权能够实现"激励创作"这一立法宗旨的重要平衡机制。但因为这种"灰色地带"在目前的正式法律架构中并不具备规范性的地位，且权利人和用户在表达能力、表达可见度、文化资本和经济能力上存在严重的不对等，二者之间也缺少正式的沟通渠道，所以这种平衡也是不稳定的，可能会被权利人的"选择性执法"与强势介入立法所打破。如欧盟《单一数字市场版权指令》即意味着权利人在策略上的重要转换，即从之前主要针对单个侵权行为（或用户）的"通知—删除"规则，转向为"获得许可—严格审查义务"规则。这一指令认为资源聚合者、传播者的网络平台首先应当支付费用、获得权利人许可，如未获得许可，即会面临非常严格，几乎是难以完成的预先审查义务。该等策略的优点在于让权利人避免直

① See Shyamkrishna Balganesh, The Uneasy Case against Copyright Trolls, 86 S. CAL. L. REV. 723 (2013), 752-764.

② Ibid, 757.

接对抗用户，从而避免了“以一对多”“以大欺小”的经济和舆论双重负面影响，降低了其维权成本、增加了收入，用户也暂时不用担心作品被移除的问题。但这一策略长期后果也是明显的：无论是立法还是实际执行过程中，用户均缺乏参与谈判、争取自身利益的渠道和专业能力，可以说将主动权完全交给了著作权人。[①] 而小型网络平台的谈判能力、获利能力均有限，在竞争中将渐渐让位于资金能力较强的大型平台。[②] 如该做法成为著作权法的发展趋势，则执行成本的降低将使得“灰色地带”渐渐消亡，权利人将在这个三角关系中取得新的优势地位，衍生作品又将面临失去发布平台的危机。因此，在著作权法框架中尽量确立衍生作品的地位，其必要性和意义都是相当重大的。

二、衍生作品合法化之意义

（一）正当性之失却与重塑

著作权法对于衍生作品的否定评价与衍生作品的繁荣，可谓一种普遍的法律不遵守现象。尤其值得注意的是，衍生作品创作者们并非对法律毫无认知的法外之徒。从访谈内容可见，受访者们对于著作权法的否定评价均有清楚认识。然而，这些认知并未妨碍她们持续阅读、创作衍生作品，也未能妨碍衍生作品的大规模兴盛。这种现象不能不引发我们的兴趣。

关于人们遵守法律的动机问题，现有文献多集中于刑法、行政法（如税法）等公法领域的守法动机与执法行为选择策略。汤姆·R. 泰勒在其名作《人们为什么遵守法律》中指出，人们遵守法律不是因为惧怕惩罚，而是因为他们认为立法机构是合理的、值得尊重的；法律的正当性意味着无论个人得失如何，都要遵守法律或者支持法定权威。[③] 上述结论虽属于公法领域，但是著作权法系在权利人与社会公众之间划定知识掌控权的边界，著作权也属于典型的、由公权力背书的垄断权利。在文化产业极为发达、大力宣传权利人天生有权控制作品利用的今天，公众对于著作权权利的正当性已经产生了普遍认可，如“金某诉江某案”一审判决中查明的公众意见中，相当一部分公众认为，江某的行

① 学者从 Youtube 采取的“屏蔽—变现”规则中也发现了类似该策略的弱点。参见黄炜杰：《“屏蔽或变现：一种著作权的再配置机制”》，载《知识产权》2019 年第 1 期，第 35-44 页。

② 雷逸舟：《不安全的“避风港”：重新思考中国网络视频平台的著作权侵权责任》，载《电子知识产权》2020 年第 3 期，第 37-38 页。

③ ［美］汤姆·R. 泰勒：《人们为什么遵守法律》，黄永译，中国法制出版社 2015 年版。

为虽然不是抄袭，但也是一种侵权。因此，人们对于著作权法的遵守（不遵守），以及著作权人采取的行为策略，与公法领域法律遵守现象的原理是相通的。在此基础上，我们可以得出合理的推论：如果公众不认为著作权人的权利是合理的、值得尊重的，则其遵守强制的规范的愿望便会降低。

访谈内容也证明了这一点。受访者们认为自己非商业化、无营利的创作是对原作的合理利用，甚至是一种天然的权利和生活方式；无论自觉与否，这都是一种对垄断的无声抗议。衍生作品的大规模创作和盛行，正是公众自觉或不自觉地认识到了著作权垄断的不合理之处，并通过自己的创作解构著作权的垄断性质。

由此可见，衍生作品的兴盛正是一种普遍的法律不遵从现象，其成因正是公众在意识中已经不认为权利人大力扩张的垄断权利是合理的、值得尊重的。衍生作品创作者的访谈也至少可以证明，创作者们在内心深处并不尊重这种权利边界的延伸，反而会讽刺、抵制这种主张。上文对于权利人行为策略的分析也揭示了重要的事实：衍生作品的兴盛是权利人与公众之间权力斗争（power struggle）趋于动态平衡的结果，衍生作品创作者们也并不会因此消减自己的创作欲望、改变自己的生活方式。这种大规模的法的不遵守现象实际上是双方集体默契下的后果，也意味着著作权的垄断性质难以与人类个体的表达、交流欲望、深厚的文学传统相抗衡。因此，如果大量衍生作品在著作权法上的合法性仍不能确定，则著作权法的相关规定非但不能起到指引公众行为的作用，反而会因为这种普遍的法的不遵从现象而消解法律的权威性。在此情况下，对于衍生作品进行有条件的、明确的合法化，是合理而必要的。

（二）著作权法定性质之回应：垄断孤岛

正如前文所述，对于著作权的性质有两种观点：一是著作权是一种自然法上的权利，与作者的人身密切相关，也是一种绝对权。对著作权的限制不是原则，而只是权利的“例外”；换言之，独占式的著作权是海洋，著作权限制则是被海洋包围的孤岛。① 二是认为著作权是法律规定特定边界的权利，一种为了达到促进知识增长、促进学习的目的而授予权利人的有限垄断权；独占式的著作权是孤岛，而著作权限制则是自由的汪洋大海。② 本书认为，从历史、发展进程与现实而言，著作权的本质属于后者。

---

① See Christophe Geiger, Fundamental Rights, a Safeguard for the Coherence of Intellectual Property Law?, 35 IIC 268 (2004), 272-273.

② Ibid.

首先，从著作权的发端源头而言，著作权属于法定权利。十九世纪下半叶之前，法国、意大利（威尼斯共和国）、德国、英国、荷兰的版权发展历史中，版权的合理性均是基于这一理念：作者的智力创造对社会作出了贡献，因此，为鼓励更多作品成为公共文化的一部分，立法者应当给予作者一定的特权。[①]这一论断具有强烈的社会契约色彩，也是著作权（版权）作为法定权利的发端。1793 年的法国著作权法虽是大革命人权意识发展的产物，但当时的立法者、法院和倡导者均将著作权视作推进社会教育的手段；这一宗旨与美国当时版权法的立法宗旨不谋而合，在实践中也存在诸多类似之处。[②] 直到十九世纪上半叶，法国仍倾向于认为，作者享有版权并非因其对其智力创造享有自然权利，而是因为法律授予作者该等权利。[③] 在重视出版界利益的英国更是如此，作者的版权受制于一系列条件与期限。[④] 当时荷兰的主流观点也认为，法律只是为了公众的利益才授予作者某些排他性的权利。[⑤]

其次，著作权的发展进程并不能否定著作权法定权利的性质。从欧洲范围来说，著作权的发展经历了从出版商特权到作者个人权利的历程。十八世纪至十九世纪，洛克的劳动理论和康德的人格理论盛行一时，成为著作权是作者与生俱来的权利的理论基础。前者认为个人对于其创造的财产具有自然权利，作品作为作者的劳动创造，自然属于作者所有；[⑥] 后者认为向公众传播自己的思想是人与生俱来的权利，因此，作者应当有权决定传播其思想的合适时间、方式和人选。[⑦] 这些理念与浪漫主义作者概念的兴起相交织，在此过程中，著作权开始渐渐被视为作者与生俱来的权利。但无论此等转变的侧重点为何，均无法改变著作权属于法定权利的特质。这是因为，从实然状态而言，在著作权转

---

① See Stef van Gompel, "Les Formalites Sont Mortes, Vive Les Formalites! Copyright Formalities and the Reasons for Their Decline in Nineteenth Century Europe", in Privilege and Property: Essays on the History of Copyright, Ronan Deazley, Martin Kretschmer and Lionel Bently Eds. (Open Book Publishers, 2010), 174.

② Jane C. Ginsburg, Tale of Two Copyrights: Literary Property in Revolutionary France and America, 64 Tul. L. Rev. 991 (1989-1990), 1023.

③ Supra note 1.

④ Ibid.

⑤ Ibid.

⑥ ［英］洛克：《政府论（下篇）——论政府的真正起源、范围和目的》，叶启芳、瞿菊农译，商务印书馆 2011 年版，第五章第 27 段。洛克论点对于英国当时著作权观念的影响，可参见 Brad Sherman and Lionel Bently, the Making of Modern Intellectual Property: The British Experience, 1760 - 1711 (Cambridge, Cambridge University Press, 1999), 23。

⑦ Supra note 1, 183.

变和权能扩张的过程中，它已经开始脱离书籍、画作、雕塑等有体物品，以抽象物的形态成为知识产权财产关系的客体和司法判断的基础，而这种抽象物本身就是法律拟制和司法予以人工合成的结果。① 如果说作者就其智力创造物享有一定程度的自然权利，则这种自然权利也应反映在人身权利而非经济权利上；② 同样地，它也要受制于法定条件。

最后，著作权发展现状亦警示我们，应当回复到著作权作为法定权利的传统。正如游说安妮法令的出版商所预计的那样，作者个人经济权利的扩张，最大的受益者仍是囊括各种传播媒介的文化产业。③ 仅以我国网络文学作品发表平台为例，2020 年 4 月作为文化传播企业（网络文学发表平台）的阅文网拟与作者签订的新合同，即被认为充分利用了现有著作权法框架下作者可转让的经济权利，拟订了一系列最大化自身收益的条款，并将作者置于不利的地位；④ 此举也激起了广大网站作者和社会公众的广泛反对，并导致作者呼吁在 2020 年 5 月 5 日停止更新连载，以维护自身的权益。⑤ 而阅文这种做法也是发表平台历年来垄断逐渐加强的集大成者。⑥ 江苏高院发布的“2019 年度知识产权保护十大典型案例”之一“上海某娱乐信息科技有限公司徐州分公司诉张某野等不正当竞争纠纷案”，从知识产权法角度而言并无问题，但在社会上也引起轩然大波，被认为是文化产业利用强势地位、以低价取得著作权经济权利后反而损害作者利益的又一实例。从某种意义上讲，著作权亦是以他人特定自由为代价的特权；⑦ 为分配公平起见，在著作权权利范围立法构建和司法认定的问题上，应当将知识产权视为工具，而非垄断权利。⑧

因此，从整体而言，著作权的本质是法定权利，它是自由之海中的垄断孤岛，其界限必须予以明确建立。在此情况下，衍生作品作为表达权利、公众利益等自由之海的产物，其在一定条件下的合法化，是相当必要的。

---

① ［澳］彼得·德霍斯：《知识财产法哲学》，周林译，商务印书馆 2017 年版，第 221 页。

② See L. Ray Paterson and Stanley W. Lindberg, Nature of Copyright Law: a Law of User's Rights (Athens & London: The University of Geogia Press, 1991), 134-145.

③ Ibid, 163-176.

④ 见《网文作者发起“五五断更节”抵制，阅文集团：明开作家恳谈会》，载 https://www.thepaper.cn/newsDetail_forward_7269287，最后访问日期：2020 年 5 月 10 日。

⑤ Ibid.

⑥ 见陈璐：《阅文作者“新”合同：压死骆驼的最后一根稻草?》，载三联生活周刊公众号，https://mp.weixin.qq.com/s/whAv-GtzDclRISFcMlgrqw，最后访问日期：2020 年 5 月 10 日。

⑦ ［澳］彼得·德霍斯：《知识财产法哲学》，周林译，商务印书馆 2017 年版，第 18-19 页。

⑧ 同上注，第 18-19 页、第 276 页。

（三）促进教育与学习

衍生作品所代表的参与文化，对于教育与学习来说具有重要意义。衍生作品作为教学工具，在语言教学和文学阅读方面具有很好的作用。在瑞典进行的一项教学活动中，老师们对大学一年级英语专业学生（同时也是未来的中学英语老师）采取了以衍生作品创作为工具的任务导向式教学方式。[①] 在教学中，学生们分为多个小组，并由成员扮演《指环王》中的多名角色，以其创作填补原作中未曾着墨的空白之处。因为衍生文学作品包括的流派和风格极广，故创作者在写作时需要仔细注意源文本的文学和语言习俗（例如情节、主题、人物、人物的方言、语言风格、词语选择等）；在这种转换性写作中，创作者将现有的故事和角色转换成新事物，同时又让衍生作品在一定程度上保持熟悉感。[②] 结果是令人惊讶的：精心组织的衍生作品创作有助于学生对于文学文本的分析、提高创造性写作技巧，并促进英语语言能力和词汇水平的发展。[③] 研究者据此认为，外语教育中语言学和文学之间本来就存在一道鸿沟，而这种任务导向式项目成功地在两者之间架起了桥梁。[④] 同时，这种做法也有利于群体合作和集体分享式的学习；原作爱好者作为一个社区，可以给创作者提供额外的框架和灵感；写作过程本身也得到了其他组员的深度支持，每名成员都在为更为宏大的集体故事作出自己的贡献。[⑤] 美国教育学者也认为，利用已有的故事元素进行扮演、叙述是孩子们培养文化素养的过程中具有极大价值的部分；学习者可以根据其技能和兴趣以不同方式参与学习，并且受到社群对获取新知和提高技能的紧密鼓励，会比“从教科书中学到的更多，参与也更积极，联系也更深入”。[⑥] 根据教育界通行的“脚手架理论”，学习者（尤其是未成年人）在学习和成长过程中需要老师、家长给予脚手架一样的支持、帮助，直到他们可以独立完成相应技能；而在衍生作品的阅读、创作氛围中，爱好者社群的每个人都

---

① Shannon Sauro and Björn Sundmark, Report From Middle-Earth: Fan Fiction Tasks In the EFL Classroom, ELT Journal Volume 70/4 October 2016, 414.

② Ibid, 415.

③ Ibid, 414.

④ Ibid, 415-416.

⑤ Ibid, 419.

⑥ 见［美］亨利·詹金斯：《融合文化：新媒体和旧媒体的冲突地带》，杜永明译，商务印书馆2012年版，第267-269页。

或多或少地承担了这种脚手架的责任。他们的宽容和鼓励程度往往比老师更高，[①] 这不仅有助于学习者掌握技能，也有助于他/她们持续为其他人的学习作出鼓励和贡献，从而形成良性循环。

衍生作品对于公众，尤其是成年公众持续学习的贡献，则更为强大。此处的学习并不仅仅是指以学生身份端坐在课堂中的被动式学习，而是指以自我为主体、自行设定目标，以习得某种新技能、增进新知识为结果的学习。已有研究表明，创作、阅读衍生作品都需要对文本的细读，且阅读时属于完全的沉浸式阅读，读者在阅读时会自然在思维中构建文本世界，达到了认知和情绪的深度沉浸和思维想象，[②] 从而可以进入全神贯注、投入忘我的“心流”状态。[③] 因此，无论是为了创作衍生作品而对原作进行关注细节的深度阅读，还是阅读衍生作品时在想象中构建世界，对于读者练习形成深度阅读的习惯和状态都极有帮助。对于众多接触网络的青少年而言，这种参与文化已经不可避免地成为他们生活的一部分，而这种位于传统课堂之外，由他们本身作为主导的阅读方式，也许更利于他们将主流教育的阅读技巧学以致用。正如詹金斯观察到的那样，学生“没有参与到学校所重视的那类阅读，没有读到学校觉得对的东西”，不代表他们不会阅读，事实上，阅读是他们生活中的“关键性组成部分”，如果加以引导，学生将会从创作、阅读衍生作品中，渐渐学会理解阅读和文学，获得力量和自信。[④]

同时，创作能力与解读、诠释作品的能力都属于文学建构能力，两者之间的关系密不可分。在访谈中，受访者也都表示自己会为了阅读、创作衍生作品去精读文本、查询更多领域的资料，自己的创作能力与外语能力均因为阅读和创作衍生作品而显著增强。从上述分析可知，衍生作品如果加以合适的组织，可以成为项目式学习的有效工作，对于文本精读、学习能力和创作能力的提升都具有较大的意义。

---

① 见［美］亨利·詹金斯：《融合文化：新媒体和旧媒体的冲突地带》，杜永明译，商务印书馆2012年版，第272页。

② See Veerle Van Steenhuyse, The Writing and Reading of Fan Fiction and Transformation Theory, Comparative Literature and Culture, Volume 13 (2011) Issue 4.

③ 见［美］米哈里·契克森米哈赖：《心流·最优体验心理学》，张定琦译，中信出版集团2017年版。

④ 见［美］亨利·詹金斯、［日］伊藤瑞子、［美］丹娜·博伊德：《参与的胜利——网络时代的参与文化》，高芳芳译，浙江大学出版社2017年版，第118-119页。

（四）适应共同利益的需要

如上所述，衍生作品的兴盛，是权利人和公众之间就知识、表达的控制权进行权力斗争后动态平衡的产物。随着现实的变化，原先被商业文化降格为消费者（consumer）的观众已经转变成了用户（user），而且还是积极的、吸收文化传统用于表达的用户；他们对于文化产品的消费、吸引、再利用，都在促进着原作的商业推广与用户的黏着度。因此，对衍生作品有条件地合法化，本质上并不违背权利人的商业利益，反而会对作品的商业推广提供助力。但是，权利人对于作品控制权的重视和策略上的谨慎，鲜少有改变著作权立法的动机；而广大用户则缺乏修改立法的能力。在此情况下，尽管权利人的商业模式与社会现实已发生转变，但著作权法及司法对这一转变的反应仍是滞后的，其在个案作出的回应，亦不等同于整体的调整方案。①

随着衍生作品的兴盛与创作群体的扩大，读者与作者的界限、衍生作品的创作者与原创作品创作者的界限已经日渐模糊；对衍生作品的正名，也有利于新的原创作品与原创作家的诞生。通常而言，对于衍生作品持反对意见的创作者往往是网络时代之前即已成名，对于自己的作品仍持有一定的“brain child”观念。如金庸即以提起诉讼明确表明了自己的态度，国外知名畅销书作家中，安妮·赖斯明确表示“我不允许同人小说。这些角色受版权保护……我建议读者们用自己的角色去创作自己的原创故事”②。著名的《权力的游戏》的作者乔治·R. 马丁对衍生作品亦较为反感。③ 成长于网络时代的作者则对衍生作品更为宽松，因为这些作者也是通过创作衍生作品而逐渐积累创作经验。以奇幻文学界为例，自从二十世纪二十年代以来，绝大多数科幻小说作家、编辑、代理商和插画家都曾经是科幻小说爱好者社群的参与者。④ 众多知名原创作者的创作生涯是从衍生作品开始，且之后也一直积极保持衍生作品创作，如 Naomi Novich 是某著名衍生作品网站的创始人，创作了《战龙无畏》（Temirrare）等

① 见何天翔：《国际贸易视野下的个人数字著作权侵权与应对——以针对网络粉丝创作行为的企业著作权执法策略为切入点》，载《暨南学报（哲学社会科学版）》2016 年第 8 期，第 79 页。

② 详见 http：//annerice. com/ReaderInteraction-MessagesToFans. htm，最后访问日期：2019 年 10 月 19 日。

③ 详见乔治·R. 马丁 2019 年访谈，载 https：//www. youtube. com/watch？v=u5g9-pfIImw，最后访问日期：2019 年 10 月 19 日。

④ 见［美］亨利·詹金斯、［日］伊藤瑞子、［美］丹娜·博伊德：《参与的胜利——网络时代的参与文化》，高芳芳译，浙江大学出版社 2017 年版，第 145 页。

一系列原创作品，并以《无根之木》（Uprooted）获得2017年星云奖；而她也是一系列衍生文字作品的创作者，发表了多篇广受读者赞誉的衍生文字作品，这些小说的衍生作品也都在某平台上发表。

同时，近现代社会越来越注重个性的表达，评价机制日益多元化，这也让潜在的衍生作品创作者们不再畏惧自己的作品水准能否符合主流标准、能否为主流媒体所接受。事实上，如果衍生作品能够抓住原作中若隐若现的线索、特征，并且展示较高创作水平的话，它会受到来自忠实受众群体的赞誉，从而增加创作者写作的信心，帮助、鼓励她/他们走上职业创作者的道路。而衍生视频的创作者也可以锻炼自己表达观点的能力、剪辑视频的水平，从而获得与权利人进行合作、收取制作与宣传费用的机会，达致双赢。在访谈中，受访者C也明确表示，她在进行多年的衍生作品创作之后，已经着手创作自己的原创作品，并对自己之前衍生作品创作的意义给予高度评价，认为“如果没有之前创作衍生作品的经历和经验，我现在是不能够进行原创创作的。这对我来说是一个学习和练习的过程”①。

小　结

诚如上文所述，衍生作品的创作在本质上与人类表达本能和文学传统密不可分，但近代以来的出版行业和浪漫主义思潮一起塑造并神化了“作者身份”的概念，又通过立法将作者的创造才能和文学传统分离，通过司法试图在个人创造与集体传统中划出界限。现代文学的学术阅读、研究路径已经开始重视二者的整合，而法律仍然试图在二者中作出细致的区分；② 这种区分不仅与文学传统相背离，也与现实的文学阅读、研究路径相违背。衍生作品的兴盛，有着深刻的文化和社会成因，这让衍生作品已经成为一种互联网络文化现象，且和主流文化的界限日益模糊。

通过行为成本收益的分析，我们可以进一步得知，衍生作品的兴盛，是权利人与公众之间权利斗争、博弈形成的平衡；它并非法律规范制定出来的“平衡”，而是事实存在的、由社会自发形成的秩序，也是权利人与用户之间互动的交汇点所在。③ 不过，正因为这是一种事实上的而非法律上的平衡，它在目前

---

① 见受访者C访谈内容。

② 见储卉娟：《说书人与梦工厂：技术、法律与网络文学生产》，社会科学文献出版社2019年版，第10页。

③ See Shyamkrishna Balganesh, The Uneasy Case against Copyright Trolls, 86 S. CAL. L. REV., 723 (2013), 752-764.

的正式法律架构还没有确定的地位。鉴于权利人和用户在表达能力、表达可见度、文化资本和经济能力上存在严重的不对等，二者之间也缺少正式的沟通渠道，所以这种平衡也是脆弱的、不稳定的，随时可能被打破。从著作权法发展的历史而言，当其激励创作的普遍立法目的受到影响时，司法与立法者均会采取行动，通过独创性、思想表达二分法、合理使用等方法对抗著作权垄断性的影响，保持权利人与社会公众之间利益平衡，以便最大限度地激励创作、增加公共福祉。因此，我们极有必要采取一定行动，在法律之内与法律之外建立起二者正式沟通的桥梁，并在现有著作权法的框架下尽力消除这种“灰色地带”的不确定性，从而为权利人确定可诉性的标准，为用户的使用行为确定合法框架。

·第三篇·

各方利益协调之路径

前文已经论述了衍生作品的合法性的不确定，并指出衍生作品大量涌现从本质上来说是参与文化传统的再生与个体表达的需要。通过进一步的成本收益可知，衍生作品兴盛是权利人与用户博弈后的平衡，也是社会自发形成的秩序。这种事实上的平衡与自发形成的秩序正是著作权制度结构中长期被忽视但又至关重要的组成部分，对于著作权法实现“激励创作”的立法宗旨来说不可或缺。[①] 然而，这种平衡本身依赖于权利人的克制，在法律上不具有规范性，相对而言较为脆弱与不稳定。因此我们极有必要通过各种方式促成这种平衡的持续与巩固，并在现有著作权法的框架下，通过对著作权的追根溯源，明确其立法宗旨、权利范围与判断标准，从而为权利人确定可诉性的标准，为用户的使用行为确定合法框架。

---

① See Shyamkrishna Balganesh, The Uneasy Case against Copyright Trolls, 86 S. CAL. L. REV. 723 (2013), 759.

第一章　法律之外的架构可能

当前社会已经进入互联网时代，我们的生活特别是娱乐生活与网络空间息息相关，这一点并无争议。衍生作品虽然在二十世纪七十年代已经以粉丝杂志的方式大行其道，但是其数量激增、影响人群众多，是因为它完全以互联网为依托；它向公众公开的成本几乎为零，而吸引的观众却为数众多。众所周知，以强制力为依托的法律只是社会调节手段的一种，且并非成本最低、收效最好的手段。如果不得不通过强制手段才能让人们遵守法律的话，将会消耗大量的社会资源；如果可以通过法律之外的规范方式让人们自觉规制其行为，则社会资源将相对节约。① 那么在网络社区、网络空间中是否存在规制人们创作、发表衍生作品的行为的规范，这些规范对创作、发表衍生作品行为有何影响，均应当成为我们研究的对象，正如庞德所言："（各门社会科学）必须研究这种对内在的或人类本性所取得的支配力——它究竟是什么、如何产生；最重要的是，它是如何保持、促进和流传的。"② 本节即拟以考察影响人们行为因素的方法，探讨通过法律之外的手段协调各方利益的可能：即在发展衍生作品的同时，又尽力避免衍生作品对于作者权益的损害。

这种可能性确实具备。早在 1999 年，劳伦斯·莱锡格（Lawrence Lessig）在关于网络法的著名论文 The Law of the Horse：What Cyberlaw Might Teach 中即已指出，有四种规范方式共同规制人们的行为，分别是事物本质架构（architecture）、社会规范、市场和法律；它们既互相竞争，又互相合作。③ 网络空间同样适用这四种规范方式。四种规范之间互相影响的模式有两种：一是法律对于市场、规则和事物本质的影响，二是事物本质对于法律、市场和社会规范的影

① 见汤姆·R. 泰勒：《人们为什么遵守法律》，黄永译，中国法制出版社 2015 年版。

② 见［美］罗斯科·庞德：《通过法律的社会控制》，沈宗灵译，楼邦彦校，商务印书馆 1984 年版，第 9 页。

③ See Lawrence Lessig，The Law of the Horse：What Cyber Law Might Teach，113 Harv. L. Rev. 501（1999）.

响。这些规范的互动对于人们行为的影响又可分为两种：一是该规范方式本身对于人们行为的直接影响，二是一种规范方式对于其他规范方式产生影响，并最终影响到人们的行为，可称之为间接影响。① 因此，本节的重点即在于讨论法律之外的不同因素及其对衍生作品发表、创作的影响，以期对衍生作品的创作活动进行适当规制，从而更好地实现各方利益的平衡。

一、本质架构

衍生作品的本质架构，是人们的表达欲望、对知识的吸收、累进与再创造的民间传说和文学传统的体现，也是人类文化演进、社会成熟的共有现象。现代网络媒体只是为公众积极参与文化层累提供了更为便利的手段。② 基于衍生作品的上述特点，当今以亨利·詹金斯为首的大量研究文献，亦直接将衍生文字作品比喻成数字时代的民间文学，也认为其构成参与文化的重要部分。③ 劳伦斯·莱锡格则是将因十九世纪末至互联网之前的消费文化形式描写为“唯读文化”，而将长期以来的传统及互联网兴起之后的复兴形式称为“读写文化”，认为参与式的、“诠释与流传”的文化才是文化中最为宝贵的部分。④ 因此，衍生文字作品、视听作品等从商业作品中挪用一定元素作为自己的表达方式，正是参与文化的重要表现。⑤

鉴于衍生作品系人类与生俱来的表达愿望，也具有长期的历史传统，从法律层面对其进行扑灭，在架构上基本无此可能。但是，在权利人与用户之间就衍生作品建立沟通、博弈桥梁，设定规制框架方面仍然可以有所作为，而这一规制的着眼点即为其表达平台。所有个体表达都需要交流渠道与平台。在现代

---

① See Lawrence Lessig, The Law of the Horse: What Cyber Law Might Teach, 113 Harv. L. Rev. 512 (1999).

② 见［美］亨利·詹金斯著：《融合文化：新媒体和旧媒体的冲突地带》，杜永明译，商务印书馆2012年版，第207页。

③ See Rebecca Tushnet, Legal Fictions: Copyright, Fan Fiction, and a New Common Law, 17 Loy. L. A. Ent. L. J. 651 (1997); Francesca Coppa, the Fanfiction Reader: Folk Tales for the Digital Age (Ann Arbor: University of Michigan Press, 2017).

④ See Lawrence Lessig, Remix: Making Art and Commerce Thrive in the Hybrid Economy (New York: Penguin, 2008), chapter 1.

⑤ 亨利·詹金斯在《文本盗猎者》中引用了同人音乐创作者的看法，即“同人音乐从商业文化中劫掠材料，就像早前的民间音乐使用传说、民间故事和八卦作为叙事内容……它的原材料来自商业文化，而它的逻辑来自民俗文化”。见［美］亨利·詹金斯：《文本盗猎者：电视粉丝与参与式文化》，郑熙青译，北京大学出版社2016年版，第155-169页。

之前是口耳相传、现场表演或书面出版，而在当代，互联网络为衍生作品的创作、发表带来极大便利，衍生作品数量激增和影响力的扩大，完全依赖于互联网络这一重要架构，故其架构规则对于衍生作品来说也影响极大。[①] 因此，作为本质架构的重要呈现方式，对于权利人来说，最有利的方式就是通过法律对网络平台及规则施加影响；而用户公众则一直在抵制这种影响。Lawrence Lessig 早已预见通过代码、以隐形方式控制社区规范的可能；[②] 在近二十年的发展中，与版权相关法律、规则的修订进程更是进一步证明了这种路径和它带来的冲突。在 PROTECT IP Act（PIPA）与 Stop Online Piracy Act（SOPA）的制定过程中，关于互联网络平台的责任问题均引起极大争议，虽然文化产业对其青睐有加，却受到了众多互联网站和用户的一致抵制，最终导致上述法案未能通过。[③] 而 2019 年 3 月 26 日通过的欧盟《单一数字市场版权指令》第十七条更是争议极大，欧洲联盟委员会认为该指令通过对网络平台施加符合比例的义务的方式平衡了各方利益，但是广大互联网用户、新闻媒体和网站显然并不这么认为。[④] 受著作权权利扩张的影响，小型互联网站将面临越来越艰难的生存境地。因此，表达平台的去中心化、多元化，对于达致三者之间的平衡来说非常重要。

二、社会规范

1. 两种社区规范方式

社会规范是影响人们行为重要的因素，在网络空间中，社会规范直接体现为社区理念及其管理方式。因为社区创始人与创始理念的区别，不同的网络社区架构并不完全相同，也体现对于原作及权利人的不同态度。

一种是建构式、体现作者权威式的社区。如著名奇幻小说、电视剧集《冰与火之歌》的论坛（A Forum of Ice and Fire）即是如此。在这种类型的社区中，作者的才能、创造力被认为是作品能够产生的唯一源泉，作者被放到极高的位

---

① 即 Lawrence Lessig 所称的 Code。See Lawrence Lessig, The Law of the Horse: What Cyber Law Might Teach, 113 Harv. L. Rev. 501 (1999), 541-543.

② See Lawrence Lessig, The Law of the Horse: What Cyber Law Might Teach, 113 Harv. L. Rev. 501 (1999).

③ See https://www.wired.com/2012/01/esa-sopa/，最后访问日期：2019 年 10 月 5 日。

④ See https://www.bbc.com/news/technology-47239600; https://www.forbes.com/sites/michellekaminsky/2019/03/26/eus-copyright-directive-passes-despite-widespread-protestsbut-its-not-law-yet/#6b2a7c782493，最后访问日期：2019 年 10 月 5 日。

置，对作品拥有绝对的控制权。[①] 如二十世纪九十年代的著名美剧《双峰》播出后，某些观众组成的网络群组为了猜测其情节走向，不惜花费大量精力，对大卫·林奇之前的作品、剧集中致敬其他作品的信息进行仔细分析，“对于他们来说，林奇是《双峰》中一切意义的源泉，是这个群组试图解开这一复杂组合问题并衡量其审美价值的意义所在”[②]。这种认知与十八世纪流行的将作者个人天才、品位、创造力想象力视为创造之源并在之后把作者与版权合而为一的思路如出一辙；[③] 浪漫主义更是将作者视为神圣至上、全知全能，作者与作品被视为父子关系。[④] 如在上述 A Forum of Ice and Fire 论坛中，用户只能讨论原作的情节、细节，而不能引向（可能动摇原作者地位的）衍生小说；如果出现可能用于商业的衍生作品，则可能会收到有关作者版权的警告；社区的架构也依据社区成员对于原著（原电视剧）的熟知程度、资源贡献程度及与作者的联系紧密程度，而出现阶层划分。[⑤]

另一种社区架构与前者截然不同。它们更偏向于读者反应式（Reader-responsive）、“对话式”甚至解构式的关系，读者不完全倾向于阅读作者所表达的意义或者致力于观察原作中“强有力的叙事声音”，而是将个人经历、情感体验与阅读体验相结合，侧重于在文本中理解、发现更广泛的社会关系和角色互动。[⑥] 在这种社区互动范式中，用户既是阅读者，又是创作者；尽管他们也通过注明原作者姓名、指明版权人或者作出弃权声明（Disclaim）等方式表明对于作者与版权的尊重，但是整体来说，他们并不将作者的权威性、原作的宗旨和

---

① See Katharine Sarikakis and Claudia Krug, Joan Ramon Rodriguez-Amat, Defining authorship in user-generated content: Copyright struggles in The Game of Thrones, New Media & Society, 2017 Vol. 19 (4) 542-559, 550, 551.

② 见［美］亨利·詹金斯：《文本盗猎者：电视粉丝与参与式文化》，郑熙青译，北京大学出版社2016年版，第106页。

③ See Brad Sherman and Lionel Bently, the Making of Modern Intellectual Property: The British Experience, 1760-1711 (Cambridge, Cambridge University Press, 1999), 35；在十八世纪之前的观念中，作者的思想只是对外部世界的反映，作品也仅是客观生活的一面镜子、生活的一张截图，真正的创造者是上帝或者大自然。

④ 见［美］马克·罗斯：《版权的起源》(Authors and Owners: the Invention of Copyright)，杨明译，商务印书馆2018年版。

⑤ See Katharine Sarikakis and Claudia Krug, Joan Ramon Rodriguez-Amat, Defining authorship in user-generated content: Copyright struggles in The Game of Thrones, New Media & Society, 2017 Vol. 19 (4) 542-559, 550, 551.

⑥ 见［美］亨利·詹金斯：《文本盗猎者：电视粉丝与参与式文化》，郑熙青译，北京大学出版社2016年版，第103-104页。

意义奉为圭臬。他们的重心在于在原作的背景下（有时甚至会更换背景），挖掘角色之间的互动关系、表达自己对于作品的理解。这种类型的社区中，管理者对于衍生作品的干预极少，甚至毫无干预，其互动模式去中心化，更接近于发表衍生作品交流。

这两种方式的差别是明显的。第一种方式明显有利于维持作者的权威和经济利益，但是开放性和长期性都不够；在咀嚼完所有的元文本材料之后，缺乏新的材料，就难以为其衍生作品的增长及观众群体的延续、扩张提供持续性的动力。第二种方式则是开放式、互动式的，但如果利用不当，则可能会重蹈玛莉恩·辛莫·布拉德蕾的覆辙；她曾经鼓励衍生小说创作，但衍生作品妨碍了她的续作出版，从而影响了整个作品体系的焕新，最终成为令人遗憾的双输结局。[①] 那么，什么样的社区规范才会尽可能达到相对较为平衡的结果呢？下文将对网络社区中多年来形成的不成文规范进行探讨，并得出相对最为有利的规范。

2. 有利于达致平衡的社区规范

（1）非营利性规范

非营利性是社区规范的重要特征。自从二十世纪七十年代开始的衍生小说出版物——粉丝杂志开始，社群内部就开始秉承不成文的习惯，即非营利性。这一规范的起源，首先是基于新诞生的共享文化。杂志编辑依圈子中习惯只会收取制作费用以及新的衍生杂志的启动基金，利用这种出版物牟利“会受到谴责”；有的杂志编辑甚至会在杂志中附上鼓励复印、传播其内容的通知，认为其写作目的是共享创作，而非经济利益。[②] 这种做法可谓互联网络时代互动共享的新型文化的先驱，也是对著作权制度经济激励制度的反驳：经济利益远不是刺激衍生作品创作的重要因素，与朋友、同好共享其创作物及理念才是最根本、最强大的动力。在互联网络时代，这一特点就更为突出。原先的粉丝杂志出版、发行尚需成本，但在互联网络上，用户个人所需负担的出版、发行成本几乎为

---

① See Rebecca Tushnet, All of This Has Happened before and All of This Will Happen again: Innovation in Copyright Licensing, 29 Berkeley Tech. L. J. 1447 (2014), 1477; Aaron Schwabach, Fan Fiction and Copyright: Outsider Works and Intellectual Property Protection (Farnham, Surrey: Ashgate, 2011), 110-1113.

② 见［美］亨利·詹金斯：《文本盗猎者：电视粉丝与参与式文化》，郑熙青译，北京大学出版社2016年版，第152-153页。

零；因此通常情况下发表者也不会就此收取费用。[①]将衍生作品的人物名称修改后进行商业化运作的行为虽偶有发生，但在特定社群中一般会带来负面评价；如改编自《暮光之城》的衍生小说《五十度灰》即是如此。[②]“非营利性”规范的另一起源之一，是广大衍生作品创作者认为，这样可以表明不会损害权利人的利益，从而避免诉累。虽然事实上营利性并非著作权侵权的必要构成条件，但大众观念中，已将“营利性”或者“是否牟利”视为创作者对于原作热爱程度的标志之一。[③]

“非营利性”对于作为交流平台的网络社区运营来说，同样非常重要。如果说个人发表衍生作品目标太小、不值得成为诉讼目标的话，网络社区平台如具有营利性，则极有可能成为权利诉讼的目标。值得我们注意的是，某作品库网站即相当出色地在两个层面行使了“非营利性”的社区规范，这种“非营利性”也成为网站生存、繁荣及获利主流赞赏的重要保证之一，这让该网站及其储存的用户作品都有可能存续较长时间。

（2）创新与共享规范

重视衍生作品精髓部分的创新性（或转换性），也是社区规范的重要层面之一。衍生小说中的精髓即在于对原作的重塑；它可以借用原著的精华，也可以从原著中挑出原先未被作者发现并不起眼的部分进行发挥，可以说是“一点新，一点旧，一点借来”。利用原作进行转换性写作的方式多种多样，包括重新设定背景、扩展原作时间、聚焦次要人物（关系）、人物道德重置、文本类型转换、平行宇宙、情感强化等方式。[④]

社区规范往往鼓励衍生作品具备转换性。早在网络时代之前，具备高度转换性的作品通常也代表着较优的创作水平，从而有利于提升创作者在所在群体

---

① 在我国，“非营利性”规范还来自《刑法》第二百二十五条规定的非法经营罪的影响；擅自印刷、出版衍生文字作品属于犯罪行为。

② See Yin Harn Lee，Fan Communities and the Self-Regulation of Digital Creative Space，10 SCRIPTed 364（2013），377.

③ 对于非营利性规范在社区中的实践细节，可参见 Yin Harn Lee，Fan Communities and the Self-Regulation of Digital Creative Space，10 SCRIPTed 364（2013），376-378。该文献中提出了社区规范中对于衍生作品规制有利的四个方面，分别为转换性、注重署名、非营业性与保持完整性，本书则认为非营利性、原创性（转换性）系网络社区规范中最有特色也是作用最强的部分，并从历史渊源及最新实践，解释了为什么这些规范是最具备优势的部分。

④ 见［美］亨利·詹金斯：《文本盗猎者：电视粉丝与参与式文化》，郑熙青译，北京大学出版社 2016 年版，第 155-169 页。

中的声誉。衍生视听作品创作对于硬件、技术的要求更高，其创作者更是在群体中享有盛誉。[①] 在网络时代，这种声誉更加容易获利，它集中体现为网络社区中大量用户的评论、互动、赞美；网络社区互动设置中的“献花”或“赞赏”（kudos），对于用户赞赏与建设性批评意见的鼓励，对原创性的提高起到了重要作用。个别共享网站中，某个影视作品项下水平较优的衍生小说可以得到数以万计的“赞赏”与数以千计的评论互动；这对于个人来说是相当强大的正向动力。衍生作品具备转换性的优点是显而易见的；在版权法体系国家，至少在美国，高度转换性对于构成合理使用（fair use）非常有利。[②] 在我国，如法院以“合理使用”四因素的“转换性”标准进行判断，衍生作品也较易构成著作权限制（虽然这样做的判例为数较少）。

同时，社区创新规范是与共享创新并存的。这一规范是衍生作品得以大量诞生的基石，也使得衍生作品创作者免于彼此指控侵权。如上所述，创新是社区的精髓所在，社区中创作能力较强、创新能力较高的作者，往往会创造出新的人物互动关系、特定情节架构与叙事范式，而这些作者并不认为自己因此主宰了这些独创性的部分，而是乐见这些部分为他人所用；如果这些创新元素足够新颖有趣，或者有充分发挥余地，往往也会被社区成员大量使用，从而导致某一特定情节类型的创意作品兴盛一时。如果说权利人对衍生作品抱持容忍态度是基于利益关系，那么衍生作品创作者对于这种元素借鉴，绝大多数情况确实并不在意。当然，如果在后衍生作品涉及逐字逐句复制的字面侵权，在先创作者与社区对此是不会继续容忍的。

如果我们将眼光放至其他产业，就会惊讶地发现，在著作权法并不起作用的创意产业中也有类似现象。最典型的莫过于时尚产业。时尚产业中服装设计“借鉴”“山寨”层出不穷，整个产业却从不缺乏创意，蓬勃发展。[③] 虽然美国时尚产业一度通过控制百货公司等垄断手段试图消灭服装设计抄袭，但此等垄断行为直接被美国最高法院在 Fashion Originators' Guild of America v. FTC 案中予

---

① 见［美］亨利·詹金斯著：《文本盗猎者：电视粉丝与参与式文化》，郑熙青译，北京大学出版社 2016 年版，第 235-237 页。

② 对于衍生作品具备转换性在英美版权法上的优势，可参见 Yin Harn Lee，Fan Communities and the Self-Regulation of Digital Creative Space，10 SCRIPTed 364（2013），376-374。

③ See Kal Raustiala and Christopher Sprigman，The Knock Off Economy：How Imitation Sparks Innovation（New York：Oxford University Press，2012），21.

以否定性评价。[①] 同样地，时尚产业也很少全盘抄袭，而只是“借鉴”一两个元素；很多著名设计师亦以被“借鉴”“致敬”为荣，认为无人借鉴才是他们最担心的事，甚至暗示“抄袭”有利于创新。[②] 这种对“创新”（或潮流）的欣赏与共享规范，以及用户体验在行业中的重要地位，都与衍生作品社区极为相似；我们甚至可以大胆推论，在市场和客户群细分、用户体验较为重要的产业中，垄断复制权对创新的激励作用并不突出。

因此，考虑到衍生作品对原作的利用，以及是否涉及自身相互侵权问题时，绝不能忽视创新与共享规范的重要作用。

（3）尊重原作规范

虽然其呈现形式较有争议，但尊重原作也是社区规范的重要组成部分。[③] 这种尊重首先体现在写作目的的不同。虽有作者对衍生文字作品“写完了作者要写的东西”表示忧虑，[④] 但它最为核心和重要的作用，在于用户并无取代原作市场的野心和观念。用户写作衍生文字作品主要是为了探索人物之间的新的互动关系与连接，与原作“情节推动”式的做法及写作目的南辕北辙；因此，衍生文字作品多侧重描写、构建人物的心理、情感和互动关系，在世界设定、情节架构与人物性格、发展方向上与原作往往截然不同，也很难让原作者再无发挥余地。此外，这种尊重体现为将官方设定视为“正统”（canon）的社区观念。即便有大量衍生作品可供阅读，原作作者、权利人推出的新作仍然在观众（用户）群体中具有不可替代的地位。为了创作衍生作品，用户往往对原作进行文本细读与仔细分析，如果出现了与衍生作品稍有相似的细节，用户会对此津津乐道，而并不倾向于认为权利人挪用了衍生作品的“独创性内容”且诉诸法律。玛莉恩·辛莫·布拉德蕾的例证在现代网络社区中非常罕见。

但是，这种对原作市场并无取代之心的“尊重”，与现行著作权法意义上的“尊重原作”并非同一概念。重塑原作文本的方式多种多样，即便使用原作背景，衍生文字作品创作者的个人经历、创作经验与水平也高低不等，对于主

---

① See Fashion Originators' Guild of America v. FTC, 312 US 457 (1941), 467.

② Supra note 1, 38.

③ See Yin Harn Lee, Fan Communities and the Self-Regulation of Digital Creative Space, 10 SCRIPTed 364 (2013), 378-381.

④ See Melissa de Zwart, " 'Someone is Angry on the Internet': Copyright, Creativity and Control in the Context of Fan Fiction", in Research handbook on intellectual property in media and entertainment, Megan Richardson and Sam Ricketson Eds. (Cheltenham: Edward Elgar, 2017).

要或次要人物性格的聚焦、放大，有时候也会产生“性格不符”（Out of Character）的问题。而人物性格、人物性别、人物感情关系的重新设定，以及加入成人内容、道德重置等内容，毫无疑问会带来争议；此等类型的衍生作品易改变人物的性格设定和关系，在主流语境下很容易与原作的目的不符。[①] 这种类型的衍生文字作品在衍生作品中也占有一定比例。事实上，与尊重原作相比，这些创作者更容易遵从的是已有的、水平较高的衍生作品确定的类型模式及人物关系设定传统。[②] 在某种意义上，衍生作品的累积所形成的“衍生剧情”（fanon）[③] 也确实接近于口口相传、具备层累效应的民间传说特征，对此我们并不陌生：流传已久的民间传说直接改变公众对于历史人物的认知。因此，在实践中做到完全尊重原作是很难的；完全尊重原作也可能导致创作衍生作品的意义丧失。而这一点也是导致作者、权利人对衍生作品产生敌意的原因之一。

同时，这一规范也会根据社区管理模式的不同而存在差别。在建构式、体现作者权威式的社区中，“尊重原作”的规范相对较为明确，执行力也较强。但在读者反应式、对话式社区中，因社区管理者旨在交流、互动而无意建立以权利人为权威的体系，故这一规范会相对模糊，完全依靠读者的评论、社群舆论形成对创作、发表行为的规制。如个别共享网站的宗旨就是中立、档案库式网站，用户只需加上合适的标签（tag）即可发表衍生作品，志愿者（管理者）不会对作品进行任何审核。但是客观而言，与原作偏离程度大、水平较差的作品通常得到较少评论和赞赏，而水平较优、在原作的设定上进行充分发挥的作品则会收到大量的互动评论和赞美。

小　结

综合以上规范，我们可以得出结论：网络社区中自发形成的非营利性、转换性社会规范和创新与共享规范，对于衍生作品的繁荣与避免互相侵权是有利的；尊重原作规范则因其难以明确、因社区而异，而显得薄弱。但无论如何，衍生作品并非任意生长的法外之地，而是也遵循一定的规范。考虑到衍生作品对于原作具有推广、宣传作用，可以让原作在发行较长时间后仍可以保留在公

---

① 见［美］亨利·詹金斯：《文本盗猎者：电视粉丝与参与式文化》，郑熙青译，北京大学出版社2016年版，第155-175页。

② 亨利·詹金斯曾指出“同人作者……大多会建立在原先已有的同人传统基础上，而非拒绝或忽视原同人传统……新作者一般都会视有经验的作者为榜样，不仅为个人的指导，还为类型模式作出榜样”。同上注，第153页。但是他没有指出这种传统与原作可能会存在一定程度甚至较大程度的偏离。

③ 原作的情节、剧情被称为canon（正典），在意义上与fanon相对。

众视野内，故权利人可以鼓励有利于非侵权方向衍生作品的社区规范，这些措施包括以经济利益、荣誉等方式激励用户创作尽量符合原作、对权利人起到正面推广作用的视频和文字作品；对相应激励感兴趣的用户/创作者即可以与权利人达成一定程度的合作。而更愿意保持创作独立性的用户，也可以采取其他方式进行创作。

三、市场因素

1. 商业化之探索

市场是影响人们行为规范的有力因素。目前为止，对此衍生作品进行商业化的努力和实验，是亚马逊推出的 Kindle Worlds 项目。该项目从 2013 年开始运行，大致流程为：亚马逊从特定的影视作品权利人处取得许可，并鼓励创作者上传衍生作品。[①] 衍生作品定价通常在 0. 99 美元至 3. 99 美元之间，作者可因此获利售价 35%的许可费；如作品属于 5000-10000 字之间的短篇作品，作者只可获得售价 20%的许可费。[②] 亚马逊出版社将取得衍生作品的独占许可，包括衍生作品中具备独创性的元素，这意味着“衍生作品及其新元素必须留在 Kindle Worlds 项目内”，同时，原作权利人可以使用衍生作品中的新元素，并可以免费将这些元素用于其他作品。[③] 尽管有文献对这种新型的项目寄以期望，但该项目仍在 2018 年正式关闭。[④]

Kindle Worlds 项目在商业上终告失败的原因，主要是其出版内容受限，给作者的经济回报也存在问题。首先，Kindle Worlds 能取得许可的作品较为有限，在五年中也只取得了数个剧集的许可，且并非衍生作品较为集中的领域。[⑤] 这

---

① 载 https：//www. amazon. com/gp/feature. html/ref = amb_link_2? ie = UTF8&docId = 1001197431&pf_rd _ m = ATVPDKIKX0DER&pf _ rd _ s = right - 3&pf _ rd _ r = 31VQ8XKPZ8D6ZWDX5N85&pf _ rd _ r = 31VQ8XKPZ8D6ZWDX5N85&pf_rd_t = 1401&pf_rd_p = d99d8a2a-4ad4-4f50-9b1d-14835cc83a8b&pf_rd_p = d99d8a2a-4ad4-4f50-9b1d-14835cc83a8b&pf_rd_i = 1001197421，最后访问日期：2019 年 10 月 5 日。

② 同上注。

③ 同上注。

④ 载 https：//www. readersentertainment. com/blog/2018/kindle - worlds - closing/，最后访问日期：2019 年 10 月 5 日。

⑤ 包括 Gossip Girl，Pretty Little Liars，and The Vampire Diaries；Valiant Entertainment for Archer & Armstrong，Bloodshot，Harbinger，Shadowman，and X-O Manowar；Hugh Howey's Silo Saga；Barry Eisler's John Rain novels；Blake Crouch's Wayward Pines series；and The Foreworld Saga by Neal Stephenson，Greg Bear，Mark Teppo，Eric Bear，Joseph Brassey，Nicole Galland，and Cooper Moo。见 https：//www. amazon. com/gp/feature. html? ie = UTF8&docId = 1001197421，最后访问日期：2019 年 10 月 5 日。

就限制了其他剧集观众、用户的创作热情，也让很多类型的衍生文字作品（如Crossover）变得不可能。其次，Kindle Worlds 和权利人对衍生作品的内容提出明确的限制，其审查制度也让创作者们感受到了压制。[①] 最后，Kindle Worlds 给创作者开出的经济条件并不优惠。根据以上条款，衍生作品的作者相当于以极低廉的价格出售了自己的作品：作者必须给予亚马逊出版社全球范围内的版权授权。作品售价较低，这就意味着衍生作品从出售小说中获利相当有限，而原作权利人则能以极小的代价获得这些作品的原创元素，并依托自己的商业能力赚取高额利润。与独立作家相比，衍生作品的作者们明显处于经济上的不利地位。同时，这些作者本来就乐意基于分享、不为任何经济报酬而创作，因此市场利益并不是创作的重要刺激因素。在 Kindle Worlds 项目的条款项下，衍生作品作者所获得的经济利益不足以弥补其遭受的被剥夺感，自然创作动力普遍不高，也是可以想见的。正如前文所言，激励衍生作品产生、发展的因素有多种，它包括自我表达、交流乐趣、自我价值实现等因素，这一项目既无法激起衍生用户作者的自我表达欲望，也未达到交流乐趣，经济利益也相当有限，故其商业上的失败，几乎是可以预见的。[②]

但是，这并不意味着市场对于衍生作品毫无影响与规制能力。上述项目忽略的激励因素，正足以为其他权利人提供教训，那就是通过正式认可其带来的经济收益，承认衍生作品作者创作的荣誉和市场价值，协助其达到自我实现价值的目的。迄今为止，文化产业对于衍生作品的态度可以分为两种：禁止与合作。禁止的方式无需多言，《哈利·波特》的权利人曾经对其衍生作品创作者发出停止侵权通知函，也曾提起过诉讼，而这只是好莱坞，或者说文化产业的顶层发动的版权系列战役之一。[③] 合作的方式则比较多样：电子游戏产业倾向于允许用户上传其游戏视频；《星球大战》系列的权利人在经过一系列相互矛盾的举措之后，还是采取了合作方式，通过举行粉丝衍生电影（fan film）竞赛

① See Rebecca Tushnet, All of This Has Happened before and All of This Will Happen again: Innovation in Copyright Licensing, 29 Berkeley Tech. L. J. 1447 (2014), 1471.

② 2014 年的文献即对该项目的市场情况表示了谨慎怀疑；见 Jacqueline D. Lipton, Copyright and the Commercialization of Fanfiction, 52 Hous. L. Rev. 425 (2014); Rebecca Tushnet, All of This Has Happened before and All of This Will Happen again: Innovation in Copyright Licensing, 29 Berkeley Tech. L. J. 1447 (2014)。

③ 好莱坞所采取的其他版权诉讼策略详见：William Patry, Moral Panics and the Copyright Laws (Oxford, Oxford University Press, 2009)。

的形式，来鼓励观众创作符合其推广目的、可控性强的衍生作品。[①] 当然，这些竞赛的内容规则是经过权利人精心指导、控制的；它不能像衍生小说那样对时间、场景、人物自由发挥，而只能是对原作的戏仿。[②] 这样就禁止了众多创意可能。目前为止，即便像《星球大战》这样相对开明的权利人，对于衍生作品的鼓励也是建立在自己优势地位之上、以用户作者们事实上付出知识产权为代价的；[③] 这并非真正意义上的市场激励模式。事实上，用户作者们对于这一行为是相当敏感的；在访谈中，数位受访者均表示不能接受这种模式。

商业化面临的另外一个问题，是衍生作品本身具有社区共享文化的性质，其中诸多情节及情节组合常见于多部衍生作品。在衍生作品社区中，这些常见的情节已经成为共享文化的一部分，只要表达方式不同，作者可以任意使用。但商业化的过程也是原作权利人（往往是占据优势资源的文化产业）试图垄断衍生作品著作权权利的过程。文化产业自然希望扩张衍生作品的保护范围，这会让未被商业化的其他衍生作品陷入潜在的侵权风险。在此情况下，法律就更需要明确著作权权能的范围和边界，否则商业化也将招致用户群体的抵触与反对。

2. 承认与吸纳

在讨论“承认与吸纳”之前，我们必须直面这一问题，即权利人从衍生作品的创作、传播中获得的利益是否大于其可能受到的损失。正如前文所述，衍生作品创作者对于文化产业推出作品具有极强的购买力，同时其免费的宣传也扩大了原作的影响力，并在作品推出后较长一段时间内维持作品热度，增加受众群体。更重要的是，文化产业利用了衍生作品创作者的反馈，制造了具有稳定销路的文化产品，又将含有用户创造的附加价值的内容再次出售给用户。[④] 因此有众多研究文献认为，权利人实际上是免费利用了用户自发创造的价值，却占据了法律和价值观的高地，通过话语权让用户认为这种利用理所当然，并

---

① 见［美］亨利·詹金斯：《融合文化：新媒体和旧媒体的冲突地带》，杜永明译，商务印书馆2012年版，第206−210页。

② 同上注，第207页。

③ 在以严格控制版权著称的迪士尼公司收购卢卡斯影业之后，对于用户创作衍生作品的行为可能难以推行鼓励措施。

④ See Abigail De Kosnik, “Interrogating ‘Free’ Fan Labor”, In Spreadable Media, Henry Jenlcins, Sam Ford, and Joshua Green Eds. (New York: New York University Press, 2013), http://spreadablemedia.org/essays/kosnik/#. UbEevZzqOZQ.

制造了衍生作品系原作寄生者的刻板印象。如众多衍生作品创作者认为自己已经利用了他人创造的作品，再从中获利是不适当的；权利人对这种行为的容忍，仅仅是因为用户没有从衍生作品中获得经济利益。只要她/他们未从中获利，就可以免于权利人的诉讼。①

衍生作品给原作可能造成的损失，则主要集中于衍生作品对原作的市场替代作用与许可费用的丧失。衍生作品利用的原作类型主要为文字作品、影视作品与音乐作品；对于前两者而言，衍生作品因其缺乏权威性与专业能力，都难以起到对原作的市场替代作用。而对于音乐作品而言，衍生作品的市场替代性与许可费用的丧失是更加直接的损失，这也是音乐产业与众多音乐人成为《单一数字市场版权指令》第十七条推动者的原因。

整体而言，尽管文化产业存在一定的利益分歧，但权利人往往从衍生作品中直接或者间接地获得巨大利益，也正是因为这种巨大利益而非对免费利用的容忍，权利人才采取了默许（有时甚至是鼓励）的态度。因此，有针对性地采取多重激励方式刺激衍生作品的产生，也许可以让衍生作品既不乏创意，又能在一定程度上符合权利人期许。这些方式可以包括双方对于商业利用的交叉许可，或权利人对合适的衍生作品进行体系上的承认、吸纳成为正式作品的一部分，并给予衍生作品作者与独立作者同等的身份认可与经济利益。在文化产业会从一部原作衍生出众多系列小说（且并非同一作者）的今天，认可用户创作的衍生作品并将其吸纳进相应的系列，可以拓展、丰富作品的内涵和广度，使其生命力延续更久，② 并促进更多理想的衍生产品产生。同时，这种承认与吸纳必须建立在尊重衍生作品的自发性、丰富性与作者创作能力与经济权利的基础上，与参与文化、公众利益相悖的不平等控制、索取、利用做法，将很难达到相应目的。

四、法律之外的方案

在对法律之外影响衍生作品发表、创作的因素进行分析之后，我们可以初步得出以下结论，即衍生作品的本质架构为个人表达。因为目前个人表达、交

① See Abigail De Kosnik, "Interrogating 'Free' Fan Labor", In Spreadable Media, Henry Jenlcins, Sam Ford, and Joshua Green Eds. (New York: New York University Press, 2013), http: //spreadablemedia. org/essays/kosnik/#. UbEevZzqOZQ.

② 如著名的《龙枪》（Dragonlance）系列，即由多名作者创作的190多部小说组成，分为主线小说与支线小说，建构了庞大的龙与地下城幻想小说体系。

流得最便捷、最广泛的平台为互联网平台，成为各方交易、协商的交汇点，因此在实现三方利益平衡的架构中，网络平台处于非常重要的地位。一方面，我们需要鼓励、营造非营利性、创新与共享以及尊重原作的网络社区规范；另一方面，也需要通过网络平台的利益分配，尽可能达致各方利益的平衡。经过多年的发展，网络平台已经经历了中心化—去中心化—中心化的过程，从中可以看出，商业化程度低甚至无商业化、无营利性的网站，更倾向于以用户为主体，在内容上存在去中心化的趋势；而商业化程度高、营利性重的网站，在内容上则普遍存在中心化的趋势。因此，针对不同营利指向的创作行为，则可架构不同性质的网络平台。

通过前文分析可知，大多数用户在创作衍生作品时（至少在初创衍生作品时），均不抱有以此牟利的态度。因此，如用户创作衍生作品时并无获利意图，则宜通过非营利性网站或以非营利性方式进行发布、交流。此种非营利性网站可依靠用户捐赠和志愿者运营进行，网站管理者几乎不承担对作品进行整理、推荐的义务，仅负责对界面的基本维护、管理，由用户自行发表作品并进行交流，并在平台的社区规则中鼓励提倡分享、创新、合作、尊重原作等规范。现行的网络平台责任规则中，无论是避风港的“通知—删除”规则，还是强制网络平台取得许可、科以严格审查义务的规则中，控制性、营利性均是重要考量因素。如网站本身即为去中心化、非控制、非营利的交流社区，则可以尽力避免现行规则的否定性评价。

某作品库即代表着这一方式发展方向，至少是一种极大的可能。该作品库的运行理念认为，“艺术创作不是孤岛，它诞生于群体之中”。[①] 它坚持自身运营的非营利性，其收入主要依靠注册用户与非注册用户的捐赠，其开支主要为

---

① 某网站的创始人之一 Naomi Novik 在同其他 OTW 成员接受 2019 年雨果奖最佳相关作品奖颁奖时发表演讲，认为“同人小说、视频、画作、广播剧，所有同人作品都凝结着一个主题：艺术创作不是孤岛，它诞生于群体之中。这也是该网站的本真含义。我们虽站在这里接过奖杯，可背后却代表着上千名志愿者以及数百万用户。他们团结一致，秉承着我们需要一方专属天地，不为剥削用户，只为服务于人的原则，为同人圈打造起了这处日益蓬勃的家园、这个完全由志愿服务和用户捐赠支撑的非营利与非商业性社区”。详见 https：//transformativeworks. org/ao3% E8% 8D% A3% E8% 8E% B72019% E5% B9% B4% E9%9B%A8%E6%9E%9C%E5%A5%96%E6%9C%80%E4%BD%B3%E7%9B%B8%E5%85%B3%E4%BD%9C%E5%93%81%E5%A5%96/? lang=zh-hans，最后访问日期：2019 年 11 月 4 日。

服务器与网站运营必备开销；其运转也主要依靠招募志愿者完成。[①] 在管理上，它不施加额外的审查制度，在制定良好的规则后，主要依靠独立用户的自我管理能力（使用必要标签、注明原作来源等），以平等的方式收集了大量的衍生作品。本着提倡文化多元性、无偿共享等观念，该作品库在2014年尚被称为“年轻的网站”，但因其独特的运营方式与友好的用户界面，在短短数年运营之后，它已经取代走向商业化的Livejournal和Tumblr，成为收集衍生文字作品最多，也最为繁荣的网站。2019年，某作品库因其独特的管理方法与对衍生作品的巨大贡献，获得了雨果奖最佳相关作品奖（Best Related Work）。[②] 该作品库的独特架构与运行方式，使得它很可能代表着未来非营利性衍生作品的方向。

对于具有营利意图、营利性质的创作行为，特别是衍生视听作品的创作行为，则宜通过营利性方式，协调多方利益。此前权利人将衍生小说商业化的努力虽告失败，但其失败的主因在于其作者选择、内容创作均系权利人主导，而非用户主导；它仍然是一种权利人高高在上的、传统的商业化模式。这种营利性、商业化方式如要获得成功，就必须真正以广大不特定的用户为主体，以平等的态度对待用户创作内容，并从经济角度正视用户的付出与劳动。正如之前所述，用户创作衍生作品与权利人获利之间存在利益共生的关系，而且衍生视听作品的宣传力度之大、影响范围之广，甚至超过了衍生文字作品。但衍生视听作品落入著作权经济权利范围的可能性更大，对于网络存储空间、费用、技术的要求均远高于衍生文字作品，故非营利性方式或网络平台往往难以负担相应的费用；这也正是某作品库无法上传衍生视听作品的重要原因。因此，对于营利性衍生作品尤其是衍生视听作品，则很有必要通过营利性方式做出利益安排。

较易作出的营利性方案，是平台向权利人支付许可费用，衍生作品在该平台上发布时可免于遭受权利人的权利主张。这一方案权利人较为喜闻乐见，因其收益可直接增加，且权利人可以通过授权合同条款对衍生作品的内容、平台

---

① 某网站创办组织OTW发布图表显示，其2018年收入的68.7%来自2018年4月与10月的两次会员捐款，26.1%来自非会员捐款，5.1%来自企业捐款，0.1%来自利息收入；其开支主要用于服务器开销，以及其他衍生文化项目。该网页有详细而透明的费用支出列表。详见http://transformativeworks.org/otw%e8%b4%a2%e5%8a%a1%e5%a7%94%e5%91%98%e4%bc%9a%ef%bc%9a2019%e5%b9%b4%e5%ba%a6%e9%a2%84%e7%ae%97%e6%9b%b4%e6%96%b0/?lang=zh-hans，最后访问日期：2019年11月4日。

② 详见雨果奖官方主页，http://www.thehugoawards.org/。

的审查义务加以种种限制。不过，这一方案貌似加强了权利人对于衍生作品的控制力和收入，但事实上是一种竭泽而渔的安排。在此方案下，衍生作品的发布将受限于平台获得许可的能力。那些缺乏资金或缺少谈判能力的平台，获得许可的机会将远少于资本较为雄厚的大型平台，从而渐渐造成权利人与少数大型网络平台对于衍生作品发布机会的垄断。衍生作品的可能性和多样性也将因此削减。可以想见的是，在此情况下平台将成为权利人的代言者，在平台上发布的衍生作品将大量属于对原作进行宣传、倡导的类别，对于作品进行批评式研究或者表达超出权利人喜好范围的观点的衍生作品，在发布和传播上将占据劣势。这些情况都会打击衍生作品创作群体的创作热情和创作数量，长远来看，对于各方利益均是不利的。

更重要的是，这一安排在权力架构上忽视了衍生作品创作者的权益。这是一种权利人占主导地位的制度，权利人掌握着许可费用、许可范围和许可条件的主动权，平台则易成为权利人的代言者。衍生作品创作者付出的劳动未能得到经济上的承认，仅仅获得被动的豁免，而非积极的权利。从目前情况来看，由权利人占主导的衍生作品创作活动往往缺少普遍性、自发性，其成果也往往限于权利人所能接受和容忍的范畴；且权利人往往会利用优势地位，不仅不给予衍生作品创作者相应的报酬，甚至试图免费占有衍生作品中的独创性表达和劳动，以获得衍生作品的著作权和相应宣传收益。因此，这一安排虽然貌似顺应现行的著作权法体系与优势地位安排，却是一种本质上忽视了各方长远利益的做法。前述 Kindle Worlds 项目的失败，以及我国一些权利人试图免费利用大量衍生作品为原作进行宣传之用的计划草草收场，均是因为过于强调权利人掌控权所致。① 这种强调掌控的做法在著作权制度建立后的前信息时代或可打击竞争对手与简单复制者，但在网络时代，已经不可能给权利人带来过多的直接经济收益，或间接受益的宣传机会。

另一较为流行的安排，是让版权人从衍生作品中获利，从而免除衍生作品创作者的“责任”；如 YouTube 采用的 Content ID 系统即是如此。② YouTube 与其内容合作伙伴（权利人）通过协议进行合作，权利人将相应作品上传到 YouTube 数据库，以便 YouTube 对上传至其平台的作品进行追踪。如发现用户

---

① 《爱奇艺下架粉丝剪辑视频：同人作品，侵权了吗》，载 https://www.huxiu.com/article/349088.html，最后访问日期：2020 年 11 月 1 日。

② 见 https://support.google.com/youtube/answer/6013276，最后访问日期：2019 年 11 月 4 日。

上传内容使用了权利人的作品，用户即可能收到 Content ID 版权声明。YouTube 表示，在大多数情况下，该声明的作用系“追踪影片或透过影片营利，而非封锁影片”（即在视频中加入广告内容并分享收益）；因此用户上传内容在收到声明后“不会下架（但可能会开始显示广告）”，歌曲翻唱者在一定条件下还可以选择分享广告收益。[①] 如用户对于该声明持有异议，其可以根据 YouTube 网站指南提出相应的争议。版权人必须在提出争议后的 30 天内予以回复；如未在该期间作出回复，则版权声明将会失效。[②] 如版权人选择维持声明或要求视听作品下架，而用户认为其符合合理使用规定或争议内容属于公共领域的，则仍可继续提出申诉。对于争议或申诉期间的收益，YouTube 也会作出相应保管安排，待争议解决后，收益会由 YouTube 支付给应得的一方。这一安排比“通知—删除”方案更为灵活，因而在 YouTube 上也基本取代了“通知—删除”方案；[③] 据统计，YouTube 上只有 2%的版权争议是通过“通知—删除”规则来处理的，其余 98%均是通过 Content ID 系统处理。[④] 在通知后，权利人可以作出“下架”（删除）、获利与追踪三种选择，而绝大多数权利人都选择了“获利”选项；据谷歌披露，2017 年 90% 的 Content ID 通知均是通过获利模式解决，而音乐产业的权利人则对 95%的 Content ID 通知选择了获利模式。[⑤]

与单纯的“通知—删除”规则相比，该方案对于衍生作品及其创作者是有利的。绝大多数权利人选择获利模式，意味着衍生作品可以无需下架，用户也可以通过一定途径进行反通知、作出不侵权的异议抗辩。当然，这种方案的缺陷也显而易见。权利人依旧对大量作品享有控制权，并从该方案中获得了高额利益，而广大衍生作品创作者则难以从中获得收益。据统计，自从 Content ID

---

① 见 https：//creatoracademy. youtube. com/page/lesson/respond-to-content-id-claims_what-is-a-content-id-claim_list? cid = respond - to - content - id - claims&hl = zh - TW； https：//support. google. com/youtube/answer/3301938，最后访问日期：2019 年 11 月 4 日。

② 见 https：//creatoracademy. youtube. com/page/lesson/respond-to-content-id-claims_what-can-i-do-about-content-id-claims_list? cid = respond-to-content-id-claims&hl = zh-TW，最后访问日期：2019 年 11 月 4 日。

③ HOW GOOGLE FIGHTS PIRACY，GOOGLE 19（2018），https：//www. blog. google/documents/25/GO806_Google_FightsPiracy_eReader_final. pdf，25.

④ 同上注，第 30 页。但这一比例的绝对数字仍然不容小觑。2017 年 YouTube 收到了 2500 万份左右的删除通知，要求删除的视频数量近 700 万份。YouTube 认为其中不少构成权利滥用，并在审查后拒绝了将近一半的删除要求。

⑤ 同上注，第 25 页。

于2007年上线应用直至2018年，权利人已经从中获利30亿美元之巨。[①] 同时，Content ID并不能自动识别合理使用，从而容易造成权利滥用；为此Content ID系统也受到了众多人士的批评。[②] 2016年，第九巡回法院在Lenz v. Universal Music Corp. 一案中终于作出判决，即权利人在发出下架通知之前必须诚实相信（good faith belief）被控侵权作品是侵权的，且须分析被控侵权作品是否构成合理使用。[③] 这一判决虽然为权利人的通知设定了条件，但仍被认为不能有效阻止权利人滥用版权通知。[④] 在2017年，98%的版权声明（已按权利人的选择偏好设定）是由Content ID系统自行比对、辨识出使用的作品之后自动发出，而无须权利人介入，这种自动比对和通知系统经常误将已经位于公共领域的作品识别为版权作品，也难以区别衍生作品是否构成合理使用；[⑤] 这一缺点YouTube亦予以承认。[⑥] 再者，Content ID系统提出异议的过程较为复杂，创作者对版权法的熟悉程度也远低于拥有专业法务资源的权利人，往往不知晓如何合理提出异议，或是惧怕面临诉讼，故异议数量与版权主张数量相比相当之少。2017年，YouTube收到了2500万份左右根据DMCA作出的删除通知（该数量仅占版权争议的2%），要求删除的视频数量近700万份，但用户提起异议的数量仅有15万份左右。[⑦] 同时，YouTube为了减轻“权利人的负担”，还成立了专门团队，对于这些异议的合理性进行预先审查，其结果是YouTube拒绝了近三分之

---

① HOW GOOGLE FIGHTS PIRACY，GOOGLE 19（2018），https：//www. blog. google/documents/25/GO806_Google_FightsPiracy_eReader_final. pdf，25.

② 如NASA发布的登陆火星视频之一虽含有公共领域内容，但仍因版权通知而被屏蔽，NASA发言人称“YouTube的流程似乎缺少一个‘常识’按钮，尤其是涉及由美国纳税人付钱的、位于公共领域的素材时”。Parker Higgins，Mars Landing Videos，and Other Casualties of the Robot Wars（Electronic Frontier Foundation，8 August 2012），https：//www. eff. org/deeplinks/2012/08/mars-landing-videos-and-other-casualties-robot-wars. 学术界对此也多有批评。See Leron Solomon，Fair Users or Content Abusers：The Automatic Flagging of Non-Infringing Videos by Content ID on Youtube，44 Hofstra L. REV. 237（2015）.

③ See Lenz v. Universal Music Corp.，801 F. 3d 1126（9th Cir. 2015）.

④ Lenz v. Universal Music Corp. Ninth Circuit Requires Analysis of Fair Use Before Issuing of Takedown Notices，https：//harvardlawreview. org/2016/06/lenz-v-universal-music-corp/.

⑤ HOW GOOGLE FIGHTS PIRACY，GOOGLE 19（2018），https：//www. blog. google/documents/25/GO806_Google_FightsPiracy_eReader_final. pdf，28.

⑥ 如一位德国教授上传的古典音乐虽然 属于公共领域，但各大音乐公司仍然纷纷发出版权声明，教授不得不逐一提出异议。

⑦ HOW GOOGLE FIGHTS PIRACY，GOOGLE 19（2018），https：//www. blog. google/documents/25/GO806_Google_FightsPiracy_eReader_final. pdf，30.

二的异议，并认为因此“节省了权利人的时间”。[①]

因此，能够较好顾及各方利益，也适应衍生作品创作的分散性、不特定性特点的，是对 Content ID 采取改进措施，通过三方分享经济收入、广告费用的方式来达致各方利益平衡。因为衍生作品可以最大限度地维持原作的热度、持续期限，节省大量的宣传费用，也为权利人进行了精准的市场调查，用户在创作衍生作品的过程中也耗费了大量精力、劳动，在此情况下，不应当仅以豁免侵权责任作为对用户的回报，而是应当承认用户劳动的正当性，并赋以正向经济回报。

具体来说，Web 1.0 时期用户发布的内容较为简单，也不可避免地存在大量简单的复制侵权行为，故版权法以“通知—删除”规则作出了回应；而现在已经进入 Web 2.0 时期，众多网络平台的获利均来自用户发布内容。[②] 在此情况下，网络平台应当积极采取措施，承担相应的社会责任，在权利人与用户之间建立合作体系。首先，网络平台可以通过与权利人、著作权集体管理组织等进行协商，以及采取类似 Content ID 版权合作伙伴的方式，建立版权数据库，并与用户上传内容进行算法比对。但在比对之后，不能采取 Content ID 那样自动发出通知的模式，而是应当自动通知权利人，由其根据具体情况，决定是否发出版权通知以及在下架、获利或追踪模式中作出选择。这一方式即是让权利人就其措施进行成本收益的考量，从而发挥安全阀作用。[③] 其次，平台应当促使权利人容忍对其作品的使用，并让权利人与用户均考虑到合理使用的可能。对于权利人而言，平台可以借鉴 Lenz v. Universal Music Corp. 一案的做法，要求权利人在发出通知时，载明其已充分考虑被控侵权作品是否符合著作权限制，以及具体的分析过程。对于用户而言，平台可以加入关于著作权限制的法律规定及相应说明，以供其维护自身权益之用。[④] 最后，网络平台可以专门设立衍生作品栏目，并设定收入分享标准。Content ID 最为人诟病的，就是对用户权益

---

① HOW GOOGLE FIGHTS PIRACY，GOOGLE 19（2018），https：//www. blog. google/documents/25/GO806_Google_FightsPiracy_eReader_final. pdf，31.

② See Leron Solomon，Fair Users or Content Abusers：The Automatic Flagging of Non-Infringing Videos by Content ID on Youtube，44 Hofstra L. REV. 237（2015），245.

③ See Shyamkrishna Balganesh，The Uneasy Case against Copyright Trolls，86 S. CAL. L. REV. 723（2013），757.

④ Michael Bechtel，Algorithmic Notification and Monetization：Using YouTube's Content ID System as a Model for European Union Copyright Reform，28 MICH. St. INT'l L. REV. 237（2020）.

重视不够，从而形成了对用户的剥削。在新安排下，如衍生作品创作者具有营利意图的，可在提交时注明原作名称，并选择直接设置收费选项或在作品阅读、浏览前推送广告，如衍生作品可获得收费或广告流量的，则相应收入应按一定比例在三方之间进行分配，在利益分配时也应当尽可能侧重用户权益。具体来说，用户分配比例可以设定一定的区间，而这一区间考量的因素可以包括利用原作的程度、对原作的替代程度、其思想的原创程度。简言之，利用原作程度越低、对原作替代程度越低、思想原创程度越高的，应获得更高的利益分配比例；而利用原作程度高、替代性高、思想原创程度低的，则获得的利益应越低。如权利人认为该衍生视听作品对原作形成了实质性替代、影响其市场，也不具备一定思想原创性，则权利人可根据相关法律法规的规定，通过发出侵权通知，依照相应程序对该衍生作品作出处理。这一方式将正视三方的利益平衡尤其是用户的经济利益，也真正有利于权利人利益的长远发展。

第二章　确定合法性：法律之内的方案

尽管有以上非法律的解决方法，但法律仍然是对人们的行为具有强制约束力，也最有震慑力的准则。如果衍生作品在法律上的合法性不能确定，则广大用户仍将处于不利的法律地位。正如前文所述，衍生作品兴盛是权利人与公众之间通过正式或非正式博弈而自发形成的平衡，也是权利人与用户之间互动的焦点所在。[①] 但鉴于权利人和用户在表达能力、表达可见度、文化资本和经济能力上存在严重的不对等，二者之间也缺少正式的沟通渠道，所以这种平衡也是脆弱的、不稳定的，随时可能会被权利人的“选择性执法”与强势介入立法所打破；如欧盟《单一数字市场版权指令》即是如此。在这种情况下，衍生作品又将面临失去发布平台、渐渐被权利人控制的危机。

因此，在现有著作权法的框架下尽力消除这种灰色领域的不确定性，从而为权利人确定可诉性的标准、为用户的使用行为确定合法框架，就具有相当积极的意义。首先，适当承认衍生作品的合法性，有利于提高公众对于法律的遵从度。衍生作品兴盛是一种普遍的法律不遵守现象，这种现象是人类自身表达和交流的需要，也是传统参与文化的一部分。如果不考虑在一定程度上承认其合法性，反而会消除著作权法规则的合理性和权威。其次，适当承认衍生作品的合法性，是对著作权法法定权利本质的回应，即著作权是法律规定特定边界的权利，是一种为了达到促进知识增长、促进学习的目的而授予权利人的有限垄断权。再次，适当承认衍生作品的合法性，可以为权利人和用户双方确立更易理解、更为适应现行地位的框架。从著作权法发展的历史而言，当其激励创作的普遍立法目的受到影响时，司法与立法者均会采取行动，通过独创性、思想表达二分法、合理使用等方法对抗著作权垄断性的影响，保持权利人与社会公众之间利益平衡，以便最大限度地激励创作、增加公共福祉。在参与文化借

---

① See Shyamkrishna Balganesh, The Uneasy Case against Copyright Trolls, 86 S. CAL. L. REV. 723 (2013), 752-764.

助互联网络再度繁荣的今天，对于现行著作权法的具体规则进行调整、建立适应双方利益的框架，可以促进教育发展，提高广大公众对于文化的参与度与积极贡献程度，从而更有利于实现著作权法的立法宗旨。最后，值得我们注意的是，在某些著作权法实际不起作用的领域，如时装、美食等创意产业中，创意并未因为各种貌似有违著作权法的行为而削弱，虽然存在各种山寨、仿制、衍生情形，但新的创意层出不穷，产业发展亦是如火如荼。[①] 因此，从反向角度而言，将衍生作品适当合法化，对于创意产业的负面作用也较为有限。

值得注意的是，这种框架并非将现有著作权法推倒重来，而是本着实现现行著作权立法政策的根本目的，对于我国现行的司法原则与立法规则进行适当调整，对于权利人的经济权利范围与作者的人身权利进行适当限缩，才能将衍生作品及其代表着的分享共进、复合激励型创造方式予以固定与推广。下文中将对上述调整做出详细论述。

一、政策、原则与规则

（一）政策、原则与规则之区分

德沃金在其著作《认真对待权利》中提出了政策、原则与规则的重要命题。根据德沃金的观点，法律在某种程度上可以说是政策、原则和规则的综合体：政策“规定一个必须实现的目标，一般是关于社会的某些经济、政治或者社会问题的改善”，原则是体现着公平、正义或者其他道德层面的要求，其分量和重要性的深度是规则所不具备的；规则是以全有或者全无的方式所适用的法律条款。[②] 亦即如果将法律视为政策，则属于立法所要达到的目标，原则是实施宗旨的工具，而规则是为了实施原则。[③]

以此作为分析框架，著作权法的规则，即是我国关于著作权法的成文法规定，包括《著作权法》（除第一条立法宗旨之外的其他具体条款）、《著作权法实施条例》、最高人民法院相关司法解释等具体条款规定，这一点应无争议。《著作权法》的政策，则是作为《著作权法》立法基础的《宪法》第二十二条

---

① See Kal Raustiala and Christopher Sprigman，The Knock Off Economy：How Imitation Sparks Innovation（New York：Oxford University Press，2012），167-212.

② ［美］德沃金：《认真对待权利》，信春鹰、吴玉章译，中国大百科全书出版社 1998 年版，第 41 页。

③ See L. Ray Paterson and Stanley W. Lindberg，Nature of Copyright Law：a Law of User's Rights（Athens & London：The University of Geogia Press，1991），57.

第一款的规定："国家发展为人民服务、为社会主义服务的文学艺术事业、新闻广播电视事业、出版发行事业、图书馆博物馆文化馆和其他文化事业，开展群众性的文化活动"。《著作权法》第一条规定的立法宗旨即是这一政策的细化，也可理解为该政策的一部分，即"为保护文学、艺术和科学作品作者的著作权，以及与著作权有关的权益"，"鼓励有益于社会主义精神文明、物质文明建设的作品的创作和传播"以及"促进社会主义文化和科学事业的发展与繁荣"。[①] 而"政策不会自我执行，规则也无法自我界定"；[②] 法院的职责，则是通过司法活动构建的裁判标准构建原则，以保证其原则反映政策的目标，在适用规则时又能够体现原则；诚如雷·帕特森（L. Ray. Paterson）所述："版权法的特别之处，就在于它实施宪法规定的政策，最高法院形成的原则，国会制订的规则。"[③]

因此，某一项部门法律体系如要达到其最佳的实施效果，则该部门法的政策、原则、规则应当是统一的，三者之间能够形成自洽的逻辑。但我国《著作权法》原则的立法宗旨并不明确，在规则上也存在权利范围过于广泛、著作权限制狭窄等问题，司法标准也因此存在多元性，其政策、原则、规则并非完全协调一致。在此情况下，本章将探讨如何通过一定的法律解释方法，尽量促成现行立法的政策、原则与规则协调一致；如在现有法律规定下仍不能协调一致，则考虑提出相应的立法建议。

（二）政策：立法宗旨

《著作权法》第一条以并列形式规定了三种不同的立法宗旨，但其位阶应作如下解释："保护文学、艺术和科学作品作者的著作权，以及与著作权有关的权益"与"鼓励有益于社会主义精神文明、物质文明建设的作品的创作和传播"均是手段，其真正目的是"促进社会主义文化和科学事业的发展与繁荣"。

---

① 《著作权法》第一条规定的宗旨是典型的社会目标，而不是体现公平、正义或道德要求。因此它不应属于原则范畴，而应属于"立法目标"的政策范畴。诚如德沃金所言："把一项原则说成是确定一个社会目标（即一个社会的目标是，在这个社会里，任何人都不得通过自己的错误行为而获利），或者把一个政策解释为声明一条原则（即政策所接受的目标是有一个价值的目标的原则），或者采取功利主义的命题，即正义的原则只是社会目标的伪装（保障最大多数人的最大幸福），就会把它们之间的区分破坏无遗。"参见［美］德沃金著：《认真对待权利》，信春鹰、吴玉章译，中国大百科全书出版社 1998 年版，第 41 页。

② 见 L. Ray Paterson and Stanley W. Lindberg，Nature of Copyright Law：a Law of User's Rights（Athens & London：The University of Geogia Press，1991），57。

③ Ibid，58.

亦即“促进社会主义文化和科学事业的发展与繁荣”才是最根本的立法宗旨。这一解释的合理性在于以下方面：

首先，这一解释符合我国《宪法》所确立的政策目标。《宪法》作为我国的根本之法，其在法律结构中的重要性不言而喻。如上所述，促进文学艺术事业、文化产业与群众性文化活动的发展，是宪法所规定的国家重要目标；这一点在《宪法》第四十七条也可得到印证，即“国家对于从事教育、科学、技术、文学、艺术和其他文化事业的公民的有益于人民的创造性工作，给以鼓励和帮助”，该条款则是对于达至第二十二条规定目标的具体手段。

发展“新闻广播电视事业、出版发行事业”固然存在较明显的促进文化产业发展的目的，但除此之外该条款仍然促进“文学艺术事业”“图书馆博物馆文化馆和其他文化事业”及“开展群众性的文化活动”的发展，故对该条款中的“文化事业”应作整体理解，即促进文化事业与作品的产生与丰富，是《宪法》确定的基本政策目标。《著作权法》作为依据宪法而制定的法律，[①] 其立法宗旨是《宪法》政策目标的细化，亦应符合《宪法》所确立的政策。因此，将《著作权法》第一条中规定的真正政策目标解释为“促进社会主义文化和科学事业的发展与繁荣”，而“保护文学、艺术和科学作品作者的著作权，以及与著作权有关的权益”以及“鼓励有益于社会主义精神文明、物质文明建设的作品的创作和传播”属于手段，这一解释是符合《宪法》规定的政策目标的。

更深一步而言，版权法产生与发展的历史告诉我们，它一直是促进文艺创造、智识繁盛这一政策目标的手段。以著作权法两大体系的源头来说，法国著作权法深受大革命与浪漫主义时代思潮的影响，强调作者基于其创造而与作品产生的特殊联系，从而重视作者对于作品经济权利与精神权利的控制权；[②] 但即便如此，法国著作权法学者也认可，法国的传统是采用保护作者权利的功利性手段，以达到激励文学与艺术活动的目的。[③] 英美版权法传统则向来将版权手段视为功利性工具，认为版权法赋予作者的权利，仅应与其激励作者创作的

---

① 见《著作权法》第一条：“为保护文学、艺术和科学作品作者的著作权，以及与著作权有关的权益，鼓励有益于社会主义精神文明、物质文明建设的作品的创作和传播，促进社会主义文化和科学事业的发展与繁荣，根据宪法制定本法。”

② See Jane C. Ginsburg, Tale of Two Copyrights: Literary Property in Revolutionary France and America, 64 Tul. L. Rev. 991 (1989-1990), 991.

③ Ibid, 992.

程度严格匹配。[①] 英国版权法从开始就对作者利益加以限制，版权制度是给予作者经济回报，从而增进公共利益的手段。[②] 美国版权法则更是如此。美国版权法的宗旨性条款是美国宪法第一条第八款第（八）项规定，即国会权限包括“保证作者与发明者就其作品及发明于限定期间内享有独占权利，以促进科学与艺术的进步”。[③] 美国宪法中的版权条款与法国著作权法形成鲜明对比，把公共利益放到了与作者权益至少同等的地位，作者的专有版权权利只不过是最大化集体智识的工具。[④] 虽然两者选择的手段不同，但是从根本目标来说可谓殊途同归。如将我国著作权法的政策目标理解为促进文化艺术作品的繁荣，这一点也与两大体系版权法的政策目标考量是一致的。

其次，从数量有限、能够侧面反映立法历史的文献而言，立法者或者说当时法学界主要考量因素，也是看中了著作权制度可以促进文艺、科学作品繁荣发展的功利性目的。如 1991 年出版，用于我国司法部、国家版权局培训班的《中华人民共和国著作权法讲析》一书前言《学习实施〈著作权法〉意义深远》中，即认为：“……有了著作权法，不但可以充分地调动文学艺术和科学作品创作者与传播者的积极性，调动一切有创作能力的进行创作的积极性，而且还可以调动广大公众参加社会文化活动、提高自身科学文化素质的积极性……从根本上讲，著作权法……其目的就是要开发我们的民族智力资源，达到提高我们民族的科学文化素质的作用。”[⑤] 该书《著作权立法的意义》一章中也写明，“正是因为我们作者的人身权、财产权都得到了相应的法律保护，这样作者才有

---

① Ibid，993.

② See Gillian Davies and Kevin Garnett QC，“The International Development of Moral Rights”（Chapter 3），In Moral Rights，Gillian Davies and Kevin Garnett QC（London：Sweet & Maxwell，2010），3-004.

③ “To promote the Progress of Science and useful Arts，by securing for limited Times to Authors and Inventors the exclusive Right to their respective Writings and Discoveries”. See U. S. CONST. art. I，§ 8，cl. 8.

④ See Jane C. Ginsburg，Tale of Two Copyrights：Literary Property in Revolutionary France and America，64 Tul. L. Rev. 991（1989-1990），991-992. 同时也有学者认为，版权法制度还存在活跃言论、推进民主发展等多元功能。但要注意的是，不可将版权法的宗旨、目的与其实际效果混为一谈，更不能以其意图达到的效果作为其合理化的理由，否则就成了循环论证。

⑤ 见沈仁干：《学习实施〈著作权法〉意义深远》，载《中华人民共和国著作权法讲析》（中华人民共和国司法部、国家版权局著作权法培训班教材），中国国际广播出版社 1991 年版，前言部分第 1-2 页。该书主讲人包括著名学者及来自国家版权局版权司、北京市高级人民法院的多名实务界人士，应可代表当时学界、实务界的主流意见。

了在文学艺术创作上的积极性，国家的文学艺术创作也就有了不断发展的保证"[①]。在有关《著作权法》制定过程的纪实报道中，也大篇幅报道了因文学艺术作品稿酬低微、作者生活处境不佳，从而直接影响文艺作品的繁荣，并以此强调《著作权法》以保护个人权利为源、促进社会文艺科学进步为果的重要性。[②]

最后，该等解释路径符合我国文化事业发展的现状。《著作权法》立法宗旨将保护作者权利及邻接权放在首位，在特定时代背景下具有积极意义。《著作权法》制定之初，法律和政治观念、社会生活中普遍缺乏对私人权利的关注。有纪实报道载明，当时一些单位、机关出于对作者权利的漠视，任意使用作家作品；据中国作家协会作家权益保障委员会统计，1986 年后该类纠纷占调解的版权纠纷总量的一半以上。[③] 而著作权法侧重个人财产权利、人身权利，对于当时的主流思想来说是极大的冲击；甚至连保证作者的署名权利、制定稿酬标准都引发了很大争议，认为这是为个人争取名利。因此，《著作权法》在经过长期争议后，将"保护文学、艺术和科学作品作者的著作权，以及与著作权有关的权益"列为立法宗旨的第一项，在树立个人权利意识、祛除对个人权利的漠视方面具有相当的积极意义，也是时代特征使然。然而，《著作权法》施行至今已有约 30 年；30 年内，我国的经济、文化事业与通信技术都发生了天翻地覆的变化。与当时个人作品处于弱势地位、随意被人利用的情况相比，如今文化产业年均增长速度极快，已经成为多个城市的支柱产业，权利人通过合同、诉讼等方式维护自己权益的现象相当普遍。在此情况下，作为整体政策目标，就必须考虑著作权的政策目标不仅仅是保护著作权人利益与促进文化产业发展，更重要的是整体的社会文艺科学进步。

因此，从宪法规定的政策目标、立法过程及时代进程而言，著作权法的真

---

① 见《著作权立法的意义》，载《中华人民共和国著作权法讲析》（中华人民共和国司法部、国家版权局著作权法培训班教材），中国国际广播出版社 1991 年版，第 4 页。2001 年《著作权法》修订时，全国人民代表大会常务委员会法制工作委员会所编之《中华人民共和国著作权法释义》一书中认为，三个宗旨"首先是要进一步保护作者因创作作品而产生的正当权益"，并认为从《伯尔尼公约》和许多国家的著作权法律制度看，都是首先或突出保护作者的正当权益的（见全国人民代表大会常务委员会法制工作委员会编、胡康生主编：《中华人民共和国著作权法释义》，法律出版社 2002 年版，第 5-7 页）。从该情况而言，随着产业与市场经济的发展，立法者的态度发生了微妙变化。

② 见吴海民：《"高保真"长篇纪实系列——审判"海盗"：知识产权与名人出庭》，华艺出版社 1995 年版，第 36-38 页。

③ 同上注，第 49 页。

正宗旨，应是促进社会主义文化和科学事业的发展与繁荣。这一政策目标的确立，对于衍生作品合法性的确立与繁荣是有着重要意义的。

（三）原则：司法政策

1. 司法政策发展历程

如考察我国法院著作权法的基本原则，则需考察我国法院著作权法司法政策的进程。根据提出的原则（司法政策）的不同，我国著作权司法进程大致可分为以下阶段：

（1）草创阶段：该阶段为1985年至2001年之间。当时我国知识产权保护体系初步建立，案件数量有所增长，但尚未对案件进行提炼、形成基本原则。其时相关文献多为我国知识产权案件（著作权案件）司法情况的情况介绍，①其形成的“原则”亦非知识产权或著作权案件的共性原则。如1994年文献将原则概括为知识产权纠纷案件应严格适用程序法、一般适用我国法律法规、当事人在适用法律上一律平等等宣示型原则，显然并非知识产权案件审判之独特原则；② 1996年、1999年相关文献也只是根据具体类型案件的特点，强调其应适用的原则，如著作权案件中只保护表达、不保护思想等。③

（2）加强保护阶段：该阶段为2001年至2005年之间，其间案件数量飞速增长，类型也在不断拓展。④ 2001年，应“入世”需求，最高人民法院开始强调“采取有力措施，进一步加强知识产权司法保护”，⑤直至2005年时仍强调要“进一步加强知识产权司法保护工作”。⑥

（3）利益平衡阶段：2005年最高人民法院在第八届全国部分省市知识产权审判理论研讨会中开始指出，要“处理好加强知识产权保护与规制知识产权权利行使的关系，处理好保护知识产权权利人利益与维护社会公共利益的关系”，

---

① 见蒋志培：《中国对著作权的司法保护》，载《中国商贸》1996年第15期，第17页。

② 见程永顺：《中国对知识产权的司法保护》，载《科技与法律》1994年第2期，第44页。

③ 程永顺：《知识产权司法保护的新发展》，载《科技与法律》1999年第1期，第34页；程永顺：《知识产权司法保护的新发展及诉讼实务》，载《中华商标》2002年第11期。

④ 见罗东川：《国家知识产权战略背景下的知识产权司法保护》，载《法律适用》2006年第4期，第2页。

⑤ 见罗东川：《“入世”后进一步加强知识产权司法保护的几个问题》，载《法律适用》2001年12月，第30页。

⑥ 见罗东川：《知识产权司法保护的发展与思考》，载《中华商标》2005年第4期，第16页；罗东川：《国家知识产权战略背景下的知识产权司法保护》，载《法律适用》2006年第4期，第6页。最高人民法院另有文献就知识产权审判的管理性、实务性问题发表意见，参见蒋志培：《要处理好知识产权审判中的三个关系》，载《人民司法》2006年第1期。

该理论可以说是知识产权审判新原则的发端之一。后最高人民法院于 2011 年底颁布《关于充分发挥知识产权审判职能作用推动社会主义文化大发展大繁荣和促进经济自主协调发展若干问题的意见》,① 明确认为："要强化利益平衡观念，把利益平衡作为知识产权司法保护的重要基点，统筹兼顾智力创造者、商业利用者和社会公众的利益，协调好激励创造、促进产业发展和保障基本文化权益之间的关系，使利益各方共同受益、均衡发展。"该文件的标题已表明最高人民法院此时的基本立场，即"促进社会主义文化作品的繁荣与发展"。

2012 年至今，司法对于利益平衡的表述进入了一个新的细化阶段，即加强保护与宽严适度。2012 年，最高人民法院提出我国知识产权司法保护基本政策为"加强保护、分门别类、宽严适度"时，一方面认为"加强保护，是我国当前知识产权司法保护的主要矛盾、基本定位和政策取向……在法律存在裁量空间或者法律适用存在多种可能时，行使司法裁量权应以有利于加强保护为出发点，做出有利于加强保护的选择"；但与其同时，最高人民法院也看到了著作权案件的特有情况，特别强调涉文化领域知识产权司法保护政策和理念应着重强化利益平衡观念，应将利益平衡作为知识产权司法保护的重要基点。自此之后，最高人民法院逐渐强调关于知识产权案件的保护力度及相应的宽严适度原则。2016 年《国家创新驱动发展战略纲要》出台之后，最高人民法院在《中国知识产权司法保护纲要（2016-2020）》中将严格保护置于较高地位,② 并在之后的一系列文章中多次予以强调，认为知识产权基本司法政策为"司法主导、严格保护、分类施策、比例协调"。③

2. 司法政策之总结：利益平衡

从对上述司法政策发展阶段的总结，可以看出自 2001 年以来，我国著作权制度的基本司法原则在实质上仍为利益平衡，即在著作权制度下尽量实现作者利益、文化产业（传播者）利益与用户利益的平衡。虽然"严格保护是我国知识产权司法保护的主基调和基本导向"，但对于著作权、邻接权等，"要根据保

① 《中共中央关于深化文化体制改革推动社会主义文化大发展大繁荣若干重大问题的决定》于 2011 年出台，最高人民法院颁布该文件亦具有相应国家政策背景。

② "严格保护知识产权是实施创新驱动发展战略的必然要求，是我国当前和今后一个时期知识产权司法保护的基本方向。必须以充分实现知识产权价值为导向，以有利于激励创新为出发点，严格执行法律，切实提高知识产权司法保护的针对性和有效性。"见《中国知识产权司法保护纲要（2016-2020）》。

③ 参见宋晓明：《全面深化改革创新 实现知识产权司法保护新飞跃》，载《人民法院报》2017 年 11 月 22 日，第 7 版。

护精神权利与经济权利的双重需求，考虑作品著作权的有限开放性以及邻接权的相对封闭性的特点，合理界定保护范围”。[①] 在重点强调保护的原则和方法的同时，仍然一直坚持“比例原则”，即“统筹兼顾保护权利和激励创新，坚持知识产权保护范围和强度与其创新和贡献程度相协调，侵权人的侵权代价与其主观恶性和行为危害性相适应，知识产权保护与发展规律、国情实际和发展需求相匹配”，以“依法合理平衡权利人利益、他人合法权益和社会公共利益、国家利益”。[②] 因此，本着政策、原则、规则尽量一致的原则，对于著作权规则的司法适用标准，也应当尽量依照利益平衡原则进行解释。

就我国情况而言，已有研究结果在对新中国成立以来的中国知识产权制度进行研究后指出，利益平衡是新中国成立以来著作权制度乃至知识产权制度历次变革的基本着眼点；中国知识产权制度的进程，也是立法在公共利益和个体利益之间不断摇摆以取得均衡的过程。[③] 如果说二十世纪八十年代之前的著作权制度过于侧重于公共利益而漠视了个人利益，从而在一定程度上挫伤了创造的积极性，那么改革开放之后著作权法的历次修正，都在向着保护作者和传播者利益的方向倾斜，以达到新的平衡。

正如在《世界知识产权组织版权条约》序言中所称，《伯尔尼公约》及该条约均反映着“保持作者的权利与广大公众的利益尤其是教育、研究和获得信息的利益之间的平衡”那样，[④] 我国司法政策中对著作权所持的利益平衡原则，既符合国际公约、条约之精神，也符合著作权法作为调整作者、文化产业与用户权利的制度的特点，以及著作权法定权利的本质。我们应分析如何通过利益平衡原则促进原则与规则之协调，以尽量解决权利人经济利益与用户利益的冲突，以及作者精神权利与社会公众表达自由的冲突。

（四）著作权利益主体基本地位与权力结构之变迁

在探讨具体法律解释路径与修订方案以解决上述两大冲突之前，我们首先要意识到，当今时代与著作权法形成时期的社会文化条件相比，已经发生了重

---

① 见陶凯元：《知识产权审判应坚持正确的司法政策》，载《紫光阁》2016 年第 11 期，第 41-42 页。

② 见《中国知识产权司法保护纲要（2016-2020）》。

③ See Wenwei Guan, Intellectual Property Theory and Practice: A Critical Examination of China's TRIPs Compliance and Beyond, (Springer-Verlag: Berlin Heidelberg, 2014), 53-63.

④ 见《世界知识产权组织版权条约》（WCT）序言；中文译文节选自世界知识产权组织官方网站，https://wipolex.wipo.int/zh/text/295161，最后访问日期：2019 年 10 月 30 日。

大变化，即作者地位的消解与著作权各利益主体权力抗衡格局的此消彼长。只有理解这种利益主体地位与权力结构在社会文化生活中的变迁，才能更为深刻地理解著作权制度的发展方向，从而尽可能拟定合适的解决方案。

1. 作者权威的确定与消解

作者对作品的权威，包括财产性权利与精神权利，均是由特定的历史和社会形态所催生，并赋予其权威和广泛传播的过程。[①] 著作权法/版权法意义上的“作者”，是伴随版权法一起被构建的产物。正如马克·罗斯在其著作《版权的起源》中所述：“版权不是超越俗世的道德理念，而是印刷技术、市场经济和占有性个人主义为特征的经典自由义文化共同制造的现代产物。它也是一套建立在基础不牢固的理论之上的制度，实质上来源于宗教的独创性概念，被称为作者的特定杰出人物凭空创造出作品的概念。”[②] 学界亦认为，作者与作者身份（authorship）是十七至十九世纪伴随浪漫主义美学与个人主义思潮而建构出来的产物；[③] 十九世纪初，英国出版行业及知识分子群体接受了德国的浪漫主义观念，[④] 亦出于对出版商与自身经济利益的关系，对作者“是无中生有的杰出天才”这一神话般的理念进行了大力推广。[⑤] 德国在十八世纪五十年代还认为“作者”只不过是书籍生产流程中的一个环节，但在同一个时代新兴的作家阶层亦寻求自身利益，积极推动了类似观念的发展。当作者在社会公众的理念中由“大自然的模仿者”变成“独创式的天才”之后，[⑥] 作者身份因此就具备了三个重要因素：权威、真实性和独创性，[⑦] 而作者主张作品的财产权益、并将

---

① See Carys J. Craig, Reconstructing the Author－Self：Some Feminist Lessons for Copyright Law, 15 Am. U. J. Gender Soc. Pol'y & L. 207 (2007), 240.

② 见［美］马克·罗斯：《版权的起源》，杨明译，商务印书馆 2018 年版，第 159 页。

③ See Crays . J. Craig, Copyright, communication and culture：Towards a relational Theory of Copyright Law (Cheltenham, UK & Northampton, US, Edward Elgar, 2011), 13-14; see also Martha Woodmansee and Peter Jaszi Eds. , The Construction of Authorship：Textual Appropriation in Law and Literature (Durham：Duke University Press, 1994).

④ 关于浪漫主义观念起源、基本理念、特征、传播及影响，可参见［英］以赛亚·柏林著、亨利·哈代编：《浪漫主义的根源》，吕梁、洪丽娟、孙易译，译林出版社 2011 年版。

⑤ 见［美］马克·罗斯著：《版权的起源》，杨明译，商务印书馆 2018 年版，第 138-140 页。

⑥ See Brad Sherman and Lionel Bently, the Making of Modern Intellectual Property：The British Experience, 1760-1711 (Cambridge, Cambridge University Press, 1999), 35；在十八世纪之前的观念中，作者的思想只是对外部世界的反映，作品也仅是客观生活的一面镜子、生活的一张截图，真正的创造者是上帝或者大自然。

⑦ See Carys J. Craig, Reconstructing the Author－Self：Some Feminist Lessons for Copyright Law, 15 Am. U. J. Gender Soc. Pol'y & L. 207 (2007), 246.

作者身份与所有权联系在一起，也就变得顺理成章了。[①] 因此，版权制度的理念深植在数世纪的华兹华斯式“浪漫主义”作者概念之上；创作的过程是孤立的、个人化的，并“为知识之宇宙增添新的元素”。[②] 但事实上，至少在版权法系国家，“浪漫主义”式的作者观念，是为出版商及其他发行者的利益服务的，并且服务得很好。[③] 学界研究也证明，作者在此建构过程中获得的利益相当有限，主要获利者仍是出版行业。

然而，随着文学与思想学术研究的发展，现代的哲学界、文学界学者已经在持续反对这种浪漫主义式的观念。福柯在其《作者是什么?》一文中认为，现代意义上的“作者”概念只是个晚近的发明，也不能客观反映当代的写作实践。[④] 后建构主义、后现代主义的理论对独创性、作者、作品的理念都形成了冲击；1979 年，罗兰·巴特已经宣告了“视文学‘作品’为意义亘古不变、仅用于被动消费”这一观念的终结，并认为读者也是文本的合作创造者，对文本的解释是互文的，意义是流动的、无限的。[⑤] 身为文学界学者的马克·罗斯更是认为，版权制度与文学性思维方式的差距非常明显；“版权制度的基础在于划分不同作品的界限，清楚区分一部作品到哪里为止，而另一部作品又从哪里开始。然而，现代文学思想所主要强调的是不同作品之间的相互借鉴，因此作品之间的清晰界限这一概念将难以为继”。[⑥]

因此，为解决“作者到底对作品在什么层面上享有财产性权利”的问题，我们首先有必要对作者、作品的观念进行重新理解与分析。无论是上述现代文

---

① 见［美］马克·罗斯：《版权的起源》，杨明译，商务印书馆 2018 年版，第 9 页。

② See Martha Woodmansee，“On the Author Effect：Recovering Collectivity”，In The Construction of Authorship：Textual Appropriation in Law and Literature，Martha Woodmansee and Peter Jaszi Eds.（Durham：Duke University Press，1994），27.

③ See Peter Jaszi ，“On the Author Effect：Contemporary Copyright and Collective Creativity”，In The Construction of Authorship：Textual Appropriation in Law and Literature，Martha Woodmansee and Peter Jaszi Eds.（Durham：Duke University Press，1994），27.

④ 见［法］米歇尔·福柯：《作者是什么?》，逢真译，载王潮选编：《后现代主义的突破：外国后现代主义理论》，敦煌文艺出版社 1996 年版，第 270-292 页。See also Martha Woodmansee，“On the Author Effect：Recovering Collectivity”，In The Construction of Authorship：Textual Appropriation in Law and Literature，Martha Woodmansee and Peter Jaszi Eds.（Durham：Duke University Press，1994），15-16.

⑤ 见［法］罗兰·巴特：《从作品到文本》，杨扬译，蒋瑞华校，载《文艺理论研究》1988 年第 5 期。

⑥ 见［美］马克·罗斯：《版权的起源》，杨明译，商务印书馆 2018 年版，第 11 页。马克·罗斯系研究莎士比亚与科幻小说、知识产权史的专家，其介绍载 https：//www. english. ucsb. edu/people/rose-mark，最后访问日期：2019 年 10 月 22 日。

学研究的理论、预言，还是互联网时代衍生作品数量激增的现实，都深深阐明着同一个理念：创作就相当于进入了一场往复不绝的文化对话，前有古人，后多来者；其本质即是衍生、合作、互相交流。著作权法也应顺应事物本质架构与社会现实，无论是我国还是西方的文学传统中，利用数个世代积累的文化成果，对原有文本进行改写、转换是通行的实践做法。当代文学理论研究与写作实践也证明了这一点。“诗歌都是通过利用其他诗歌而创作出来的，小说亦是如此。”① 虽然，“每篇小说都是崭新的”，但是其利用的情节、设定、理念等均是数世纪以来积累的成果，作者也会自觉或不自觉地借鉴其他叙事。② 以当今文化产业为例，迪士尼公司的一大商业模式就是重述公有领域的童话故事，而乔治·卢卡斯为了打造《星球大战》系列，也借鉴了大量神话和典故。③ 然而，著作权法/版权法的立法观念基础，仍旧是将“作品”视为意义固定不变的自治实体，与读者对“文本”的理解毫无关联。④ 这一理念固然服务于权利人的利益，但从其诞生之始，就给著作权制度的规则适用造成了很大的麻烦。目前的司法现状几乎印证了 1762 年匿名者对确立版权普通法财产权后果的预测：“诗人将起诉诗人，历史学家将起诉历史学家，主张文字侵权。陪审团将彷徨无措，盗窃一则逸闻或者偷取戏剧中的一个寓言，应该判处多少赔偿金？各种各样的奇怪变化将不请自来。法院必须以圣贤般的能力来把握纯文学的尺度，而智慧将被写进审判记录。”⑤ 事实上，不论中外，法院在司法实践中遇到的积年难题，大多数也是与“独创性”“作者”“作品”的解读有关。⑥ 因此，在考虑作者对表达元素享有的权利范围时，就必须考虑“作者”权威的建立与消解的进程。

精神权利的发展史同样与“作者”概念的发展史紧密相连。个人主义、个人权利开始形成，浪漫主义在塑造了全新作者形象的同时，对于精神权利的发

---

① 见 Northrop Frye，Anatomy of Criticism（Princeton：Princeton University Press，1957），转引自［美］马克·罗斯：《版权的起源》，杨明译，商务印书馆 2018 年版，第 11 页。

② 见［美］托马斯·福斯特著：《如何阅读一本小说》，梁笑译，南海出版社 2015 年版，第 8 页。

③ See Peter Decherney，Hollywood's Copyright Wars：from Edison to the Internet（New York：Columbia University Press 2012），1-6（Introduction）.

④ See Crays . J. Craig，Copyright，communication and culture：Towards a relational Theory of Copyright Law（Cheltenham，UK & Northampton，US，Edward Elgar，2011），20.

⑤ 见［美］马克·罗斯：《版权的起源》，杨明译，商务印书馆 2018 年版，第 147 页。

⑥ See Crays . J. Craig，Copyright，communication and culture：Towards a relational Theory of Copyright Law（Cheltenham，UK & Northampton，US，Edward Elgar，2011），22.

展亦厥功至伟。[1] 当然，也有观点认为精神权利的历史远早于此：理由之一是精神权利属于自然权利范畴，在各国古老文化中均有雏形；理由之二是各国对法律意义上精神权利的“认识”或“发现”，也要早于浪漫主义时代。[2] 但是，无论现有文献如何追溯精神权利在历史上的源头，不争的事实是，精神权利，特别是完整权，在十九世纪的欧洲大陆才真正得以兴盛；法国法院以判例方式发展了道德权利的实践，而德国则从作者权利、个人权利、人格权、自然权利等多种角度丰富了精神权利的理论，[3] 从而最终导致 1928 年《伯尔尼公约》对于署名权、完整权等精神权利的明确承认。从精神权利发展的历史而言，精神权利，特别是完整权的本质，是对“作者与其作品之间特殊关系的法律承认”，它旨在保护作者不受由于不公正地对待其作品而产生的道德、智力或精神上的伤害；[4] 其假定前提是，对作品的损害也是对作者本人的损害。然而，这种强调作者对作品控制与权威的做法更接近于家父主义的产物，同样与作者地位的变迁历程不再相符。

当然，这些理念目前尚不会动摇著作权制度的基础，但是至少为我们提供了既是旧有的，也是全新的视角，即作者对作品的权威和权利，是由特定的历史和社会形态所催生，并赋予其权威和广泛传播的过程。[5] 不过，这一过程与之前的文学传统、现代的用词参与式写作均不相符，只是历史长河中某个特定的发展阶段，是被版权法抓住而固定下来的一瞬间。[6] 同时，作者的“表达”

---

① See Martha Woodmansee, The Genius and the Copyright: Economic and Legal Conditions of the Emergence of the “Author,” 17 Eighteenth-Century Studies 425 (1984).

② 如精神权利的重要发源地之一的法国，精神权利的规定最早可以追溯到 1777 年的一系列图书贸易条例（这些条例试图打破巴黎出版商和印刷商协会的出版垄断地位，第一次引入了作者权利的概念）；在英国，则是 1769 年具有里程碑意义的 Millar v. Taylor 案认可了精神权利（但出于尊重《安妮法案》打破书商垄断的目的，1775 年 Donaldson v. Beckett 案中英国法院拒绝了这一观点）。See Mira T. Sundara Rajan, Moral Rights: Principles, Practice and New Technology (New York: Oxford university Press, 2011), 53-54; Gillian Davies and Kevin Garnett QC, “Origins of the Theory of Moral Rights” (Chapter 2), In Moral Rights, Gillian Davies and Kevin Garnett QC (London: Sweet & Maxwell, 2010), 2-002.

③ See Gillian Davies and Kevin Garnett QC, “Origins of the Theory of Moral Rights” (Chapter 2), In Moral Rights, Gillian Davies and Kevin Garnett QC (London: Sweet & Maxwell, 2010), 2-005.

④ See Mira T. Sundara Rajan, Moral Rights: Principles, Practice and New Technology (New York: Oxford university Press, 2011), 4-7.

⑤ See Carys J. Craig, Reconstructing the Author-Self: Some Feminist Lessons for Copyright Law, 15 Am. U. J. Gender Soc. Pol'y & L. 207 (2007), 240.

⑥ See Crays . J. Craig, Copyright, communication and culture: Towards a relational Theory of Copyright Law (Cheltenham, UK & Northampton, US, Edward Elgar, 2011), 15.

不是无中生有的天才创造，而是与历史语境、已有文本、现有观念交流、碰撞与互动的过程，创作本身即具有衍生、合作、互相交流的性质。只有在深刻理解这些观念的基础上，才能真正理解利益平衡的原则，并对于著作权的权利范围作出更为恰当的确认与解释。

2. 从消费者到使用者：权力结构的变化

传统的分享文化、层累文化在互联网时代获得新生，阅读者的创作能力普遍提高、发表门槛大大降低，以往被文化产业和著作权法定义的“消费者”已经成为“使用者”。他们也是能动的学习者，对作品内容自主吸收、反馈、交流、分享、传播、重新创造，并在与权利人的权力斗争中形成了对权利人事实上的制衡。①

然而长久以来，著作权法的结构建立在一个假定基础之上：作者只有从创作行为中获得经济利益，才会进行创作。② 因此，著作权法的重点在于“保护作者的付出”与“保护文化产业的投入”，从而形成了作者享有的著作权，与文化产业（传播者）享有邻接权的基础结构。学者对此有生动的描绘：“版权法对这种消费者形象的回应，主要是通过确保版权作品市场正常运作的条件，也就是说，确保有可供他们消费的作品。它的方法是解决基本的公共产品供应问题，即通过给予作者权利，使作者有足够的动力生产可消费的作品，然后允许市场直接投资，以满足消费者的偏好。……除了确保这样的商品被生产出来之外，版权法本身不需要关心消费者的利益，因为在这种观点下，消费者的利益是相当微不足道的。”③ 在这种框架下，“社会公众”基本被定义为被动的作品消费者、购买者，忽视了他们与创作的反馈、互动关系，从而造成了著作权法的权力架构中实际缺失了使用者一极。④ 这一点在二十世纪初即遭到不少学者批评，⑤ 并指出著作权法在对作者身份进行激励时，应当考虑日益复杂的消

---

① Julie Cohen 认为新型的使用者具有四个特征：消费、交流、自我发展与创造式自娱；Liu 则认为“积极消费者”的特征在于自主、交流和创造性的自我表达。刘银良教授则指出了使用者对原作的传播功能。见 Julie E. Cohen，the Place of the User in Copyright Law，74 Fordham L. Rev. 347（2005），370；Joseph P. Liu，Copyright Law's Theory of the Consumer，44 B. C. L. Rev. 397（2003），406；刘银良：《著作权法中的公众使用权》，载《中国社会科学》2020 年第 10 期，第 186 页。

② See Joseph P. Liu，Copyright Law's Theory of the Consumer，44 B. C. L. Rev. 397（2003），398.

③ Ibid，402-403.

④ 见上一条注释。还可参见 Julie E. Cohen，the Place of the User in Copyright Law，74 Fordham L. Rev. 347（2005），347。

⑤ See Yochai Benkler，From Consumers to Users：Shifting the Deeper Structures of Regulation Toward Sustainable Commons and User Access，52 Fed. Comm. L. J. 561（2000）.

费者利益，或者说用户利益。[①]

随着数字时代的日益推进，使用者的积极使用行为日益丰富多彩，这种分享文化、层累文化传统渐渐打破了传统著作权法的假定基础，即作者只有获得充分的经济激励才会创造作品。事实上，这一假定在历史与现实上都遭到一定的挑战。已有学者提出，我国传统文化的创造激励体制即是一种包含了经济与非经济因素，由乐趣、认可、事业和收入组成的“复合酬答体系”；[②] 而在互联网时代中，个人表达、分享与交流才是衍生作品创造的最主要动机。因此，著作权法这一假定对于分享、层累文化来说几乎是不适用的，这也是为何权利人难以通过著作权法框架制裁衍生作品创作者的深层原因。因此，在公众作为“使用者”的地位日益明显的今天，传统的著作权二元权力结构与经济激励假定已经逐渐失去现实基础，从而产生众多矛盾与问题。[③] 目前，不仅诸多学者意识到了这一问题，[④] 亦有国家通过司法案例，修订著作权法等措施，开始确认著作权法结构中使用者的权益；如加拿大即通过最高法院的 Théberge 案[⑤]、CCH 案[⑥]、Bell 案[⑦]、Alberta 案[⑧]等一系列判例，以及 2013 年在版权法中加入用户创作内容条款（UGC 条款）而开始实现这一转换。[⑨]

在考虑作者的精神权利问题时，亦要考虑到现实状况变迁的影响。传统的著作权法实际上是作者/传播者（文化产业）双向框架，原先精神权利的冲突主要存在于有能力创作的作者与文化产业之间，且两大群体都拥有一定的文化资本与社会资源，能够对立法者产生影响，所以立法者对精神权利的关注也主

---

① See Joseph P. Liu, Copyright Law's Theory of the Consumer, 44 B. C. L. Rev. 397 (2003), 422.

② 参见邵科：《昭隆传统之大美》，清华大学出版社 2019 年版，第 37 页。

③ See Julie E. Cohen, the Place of the User in Copyright Law, 74 Fordham L. Rev. 347 (2005), 347.

④ "We have focused so hard on the idea that copyright is an incentive for authors and publishers that it is almost as if we thought that we could achieve the 'Progress of Science' just by filling up some stockroom somewhere with lots of works of authorship." See Jessica Litman, Creative Reading, Law and Contempary Problems 70 (2007), 176-177.

⑤ Théberge v. Galerie d'Art du Petit Champlain inc., [2002] 2 S. C. R. 336, 2002 SCC 34.

⑥ CCH Canadian Ltd. v. Law Society of Upper Canada, [2004] 1 S. C. R. 339, 2004 SCC 13.

⑦ Society of Composers, Authors and Music Publishers of Canada v. Bell Canada, 2012 SCC 36, [2012] 2 S. C. R. 326.

⑧ Alberta (Education) v. Canadian Copyright Licensing Agency (Access Copyright), 2012 SCC 37, [2012] 2 S. C. R 345.

⑨ 我国台湾地区在其所谓“著作权法”中也多处提及了“利用人”（即使用人），详见李治安：《被忽视的版权使用人》，载李亚虹编：《版权、网络与权利平衡》，香港大学出版社 2016 年版，第 41 页。

要着眼于双方之间的矛盾。其时，数量众多但力量分散的用户对作品的利用方式相对有限，亦难以形成规模，故用户利用作品导致的问题尚不足以引起立法者的充分重视；亦即传统权力结构中并无明显的用户利益，只剩下抽象的“公众利益”。而在现今互联网环境下，广大用户对于作品的利用、再创造可以形成强大的传播力和影响力，在权力结构中的影响、地位也在大幅度上升，从而变原先的两极抗衡为三股力量的均衡，即权力结构由作者/传播者（文化产业）转化为作者/传播者（文化产业）/用户。因此，现代版权法也应着眼于实现作者/传播者（文化产业）/用户之间的利益平衡，并将抽象的公共利益明确为具体的用户利益，予以真正的重视。

就我国情况而言，二十世纪八十年代之前的著作权制度过于侧重抽象的公共利益而忽视了个人利益，改革开放之后著作权法的历次修正，都在向着保护作者和传播者利益的方向倾斜。在著作权法制定初期，广大作者处于普遍的失权状态，从创作行为中获取的经济利益极其有限，故而这种给作者（权利人）赋权式的二元式结构对于保护作者权益、激励创作是有利的。但随着我国文化产业的飞速发展与互联网络的普及，我们也迎来了从“消费者”到“使用者”的巨大转变。海量的衍生视频与衍生小说作品，以及数量极广的文化产品使用者即为明证。传统著作权法架构至多着眼于对“使用”行为的合理化，文化（娱乐）产业更是着重将司法关注引向“行为”，而缺少了对“使用者”的关注；[①] 这一点对于我国著作权体系结构同样适用。虽然我国著作权法体系中一直有对“公共利益”的关注，但这种“公共利益”的内涵是模糊的，且在司法实践中仅为抗辩理由，并非真正的积极权利，往往也避让于著作权权能的具体规范。[②] 2020 年《著作权法》也只是采取了小幅度修订的措施，甚至在某种程度上让著作权限制需要满足的条件更多，从而并不能够反映这一现实状况。正如学者指出的那样，知识产权对公共利益的关注一直是中国知识产权制度演变的关键所在，著作权法乃至知识产权法的历次修订都旨在实现知识产权保护中

---

① See Julie E. Cohen, the Place of the User in Copyright Law, 74 Fordham L. Rev. 347 (2005), 365-366.

② 见李治安：《被忽视的版权使用人》，载李亚虹编：《版权、网络与权利平衡》，香港大学出版社 2016 年版，第 34 页；刘银良：《著作权法中的公众使用权》，载《中国社会科学》2020 年第 10 期，第 191 页。

的公私利益平衡。[①] 因此，在经济条件、发表途径、社会生活方式都发生极大变化的今天，著作权法也应当因时而变，从关注抽象的公共利益，转变为对具体的使用者权益的保护。

综上所述，保护范围扩张后的著作权法必须关注到显而易见的事实：作品的阅读、分享、传播与再创造行为的主体，在这个时代渐渐合而为一。只有当著作权法意识到并承认使用者的地位和权益时，著作权法才有可能继续保持公共利益与个体利益之间的微妙平衡，其真正的目标——促进文艺科学作品的繁荣——才有可能在这个时代真正成为现实。

二、原则与规则之协调

如上所述，与规则相比，原则不是以“全有或全无”的方式适用，而是为了合乎某种公平、正义的需求，由法院进行适用的准则。下文将探讨如何本着利益平衡原则，尽量在涉及衍生作品的问题上达致司法标准的统一，以促进原则与规则之协调。

（一）确定权利范围

如第二章所述，我国《著作权法》规定的复制权系狭义复制，而改编权则由 1991 年《著作权法实施条例》规定的“在原有作品的基础上，通过改变作品的表现形式或者用途，创作出具有独创性的新作品”修改为“改变作品，创作出具有独创性的新作品”。[②] 这一新的改编权定义消除了“在原有作品的基础上”“改变作品的表现形式或者用途”等限定性条件，从形式上扩张了改编权的权利范围、加强了对著作权人的保护；同时，该条款并未界定对原作利用到何种程度即构成“改变作品”，也未以列举方式明确改编的具体行为，从而使得改编权的范围较为模糊。[③] 在司法实践中，复制权、改编权也因适用“实质性相似”标准、将作品分解为多个元素进行比对，而存在扩张适用的趋势，从而使得衍生作品落入该两项权利的可能性较大。为解决这一问题，本书将从历史角度分析作者身份的起源、探讨作者权利所及范畴，并通过对美国版权法判

---

① See Wenwei Guan, Intellectual Property Theory and Practice: A Critical Examination of China's TRIPs Compliance and Beyond, (Springer-Verlag: Berlin Heidelberg, 2014), 63.

② 见《著作权法》第十条第一款第（十四）项。

③ 参见李杨：《改编权的保护范围与侵权认定问题：一种二元解释方法的适用性阐释》，载《比较法研究》2018 年第 1 期。

例的比较研究，来确定我国复制权、改编权及兜底权利的解释路径。

从上述两个核心问题的分析中，我们可以初步得出以下观点：首先，作品本身是利用文化层累资源的结果，具有衍生、合作、互相交流的性质。因此，作者对其最为核心的贡献部分，是以其独有的文字组合、文字风格所展示的表达方式；而对于作品的保护，也应当从整体出发，而非将作品拆解为人物、情节、设定等，并于其上分别设定“迷你著作权”。其次，著作权是法定权利，故其权利范围应当严格按照法律规定的文本进行，不能随意作扩张解释。

（1）美国版权判例：经验与教训

上文已经从作品的衍生交流本质、著作权的本质角度，对于利益平衡下严格解释方法的必要性作出论述，在此将从比较研究角度，来对广义解释路径的经验、效果进行分析。众所周知，因为文化产业的发达，美国版权判例法在这方面具有众多的案例，也建立了相应的标准。但是，若经细致分析，便可以看出这并不是美好的先例。

美国《版权法》第一百零一条规定了演绎作品的定义，即“以一份或多份现有作品为基础的作品，如翻译、音乐处理、改编成戏剧、小说、电影版、录音、艺术复制品、删节版、缩写版，或使作品得以重现、转化或者改编的其他形式。包含编辑性修订、注释、注解或者其他修改的作品，如在整体上呈现为由作者创作的、具有独创性的作品，也是‘演绎作品’”。[①] 因为衍生文字作品最先借用的就是原作中的人物、角色，故须考察美国版权法中人物能否构成著作权法独立保护的对象及其相应标准。从立法来说，人物姓名并非美国版权法的保护对象，而人物本身也未被规定为独立的保护对象。[②] 虽有意见认为版权法中应当增加“人物角色”这一独立类别，但国会认为这涉及众多媒体的表达方式，也涉及对文学作品重新定义的问题，故并未于立法中体现这种

① “A ‘derivative work’ is a work based upon one or more preexisting works, such as a translation, musical arrangement, dramatization, fictionalization, motion picture version, sound recording, art reproduction, abridgment, condensation, or any other form in which a work may be recast, transformed, or adapted. A work consisting of editorial revisions, annotations, elaborations, or other modifications, which, as a whole, represent an original work of authorship, is a ‘derivative work’ ”. § 101, Copyright Law of the United States and Related Laws Contained in Title 17 of the United States Code.

② “[w] ords and short phrases such as names, titles, and slogans” are not subject to copyright protection, See the Copyright Office Code of Regulations, 37 C. F. R. § 202. 1 (a) (2010).

独立保护。[①]

不过，美国判例法坚持认为，人物如果能够满足一定的标准，是能构成版权法独立保护对象的。基本来说，美国司法判例中就此问题形成了两种标准。其一是始于第二巡回法院 Nichols v. Universal Pictures Corp. 一案的“充分描述”（sufficiently delineated）标准；在该案中，汉德法官认为人物可以独立于情节而受到保护，但“人物发展得越不充分，就越不能受到版权法保护”；[②] 后该标准即是指人物如充分发展到具有独特性的程度，即值得版权法保护。“充分描述”标准存在的问题，是法院在衡量人物的发展程度时容易将人物单独列出，而忽视文本背景的重要性；且司法尺度较为不一致，存在过分保护文学作品人物的倾向。[③] 其二是第九巡回法院在 Warner Bros. v. CBS（Sam Spade）一案中提出的“人物即为故事”（the story being told）标准，即“如果人物本身就构成故事，则是可以考虑的；但如果角色只是讲述故事的棋子，则他不会落入著作权法的保护范围”。[④] 第九巡回法院据此认为 Sam Spade 这一人物不受版权法的保护。这一标准实质上是要求人物必须体现故事的精华，且使用外部/内部标准进行分析；使用这种标准的案件较难认定人物可以构成保护对象。[⑤] 在具体案件中，采用这两种不同的标准，将很可能会得到不同的结果。[⑥]

1978 年的 Walt Disney Productions v. Air Pirates 案中第九巡回法院认定迪士尼卡通人物与文学人物不同，可以受到著作权法保护；[⑦] 根据 Nimmer 教授的意见，该案也被认为是对形象化角色保护标准的略微放松。[⑧] 1983 年 Warner Bros. Inc. v. American Broadcasting Companies 案件中，第二巡回法院认为，被告

---

① See Samuel J. Coe, The Story of a Character: Establishing the Limits of Independent Copyright Protection for Literary Characters, 86 Chi. -Kent L. Rev. 1305 (2011).

② Nichols v. Universal Pictures Corp., 45 F. 2d 119, 121 (2nd Cir. 1930).

③ See Samuel J. Coe, The Story of a Character: Establishing the Limits of Independent Copyright Protection for Literary Characters, 86 Chi. -Kent L. Rev. 1305 (2011). See also Burroughs v. Metro-Goldwyn-Mayer, Inc. 519 F. Supp. 388 (S. D. N. Y. 1981); Salingerv. Colting, 641 F. Supp. 2d 250 (S. D. N. Y. 2009).

④ "It is conceivable that the character really constitutes the story being told, but if the character is only the chessman in the game of telling the story he is not within the area of the protection afforded by the copyright." See Warner Bros. Pictures, Inc. v. Columbia Broad. Sys., Inc., 216 F. 2d 945, 950 (9th Cir. 1954).

⑤ See Samuel J. Coe, The Story of a Character: Establishing the Limits of Independent Copyright Protection for Literary Characters, 86 Chi. -Kent L. Rev. 1305 (2011).

⑥ Aaron Schwabach, Fan Fiction and Copyright: Outsider Works and Intellectual Property Protection (Farnham, Surrey: Ashgate, 2011), 31.

⑦ Walt Disney Productions v. Air Pirates, 581 F. 2d 751, 755 (9th Cir. 1978).

⑧ See Anderson v. Stallone, 1989 Copr. L. Dec. P 26, 427, 11 U. S. P. Q. 2d 1161.

辩称人物性格特征“只是思想而非表达”，是不正确的；以此思路，除非两个人物一模一样，否则原告的人物就无法受到版权保护。[①] 角色是创作者为其选择的特定才能和特征的累积，单独的特征可能是思想，但其整体就具备表达的特征；[②] 就“超人”来说，这些特征包括人物的背景、外貌、身体特征、特定服装以及“超能力”的设定。某种意义上，这一案件重申了人物角色受到版权法保护的可能性和标准。在 1995 年的 MGM v. Honda 案中，加利福尼亚中部地区法院再次认为，第九巡回法院就形象化角色能否受到版权保护的观点并不清晰；[③] 不过像詹姆斯·邦德这样经由 16 部电影发展出来的人物更接近于洛奇、福尔摩斯、泰山、超人而非 Sam Spade，符合“充分描述”与“可讲述的故事”两个标准；即便演员更迭，也不影响这个角色稳定的性格特质。[④] 因此，邦德这一角色构成了版权法保护的对象。尽管被告的广告片中仅使用了邦德的某些特征，也被认为侵犯了原告就邦德角色所享有的著作权。在距今最近的 2015 年 DC Comics v Towle 一案中，第九巡回法院提出了更为复杂的人物保护标准：首先，人物必须具有实体与概念上的特性；其次，人物必须加以“充分描述”，在其出场时即具有辨识度；最后，人物必须“非常独特”且“包含某些独有的元素和表达”。[⑤]

就原作的情节、场景设定、氛围、节奏等因素能否构成著作权保护的对象而言，Berkic v. Crichton、Kouf v. Walt Disney、Metcalf v. Bochco 等一系列案件中，法院虽然认为“没有人可以拥有故事的基本思想。整体的情节观念不受著作权法保护，而始终是人类艺术的共同财产”，[⑥] 但具体情节、事件发展顺序的具体元素、不受保护的情节元素的组合可以构成版权法保护的对象。[⑦]

从上述分析中我们不难看出，美国版权判例法认可将作品拆解为多种元素，并赋予这些元素在一定情况下独立的著作权地位；如被控侵权作品中的元素与之构成实质性相似，则构成侵权。但到目前为止，这种做法算不得成功。

首先，美国判例法在单独保护标准上极易产生分歧，第二巡回法院的“充

---

① See Warner Bros. Inc. v. Am. Broad. Companies, Inc., 720 F. 2d 231 (2d Cir. 1983).

② Ibid.

③ Metro-Goldwyn-Mayer, Inc. v. Am. Honda Motor Co., Inc., 900 F. Supp. 1287 (C. D. Cal. 1995).

④ Ibid.

⑤ See DC Comics v Towle, 802 F 3d 1012 (9th Cir 2015).

⑥ Berkic v. Crichton, 761 F. 2d 1289 (9th Cir. 1985); Kouf v. Walt Disney Pictures & Television, 16 F. 3d 1042 (9th Cir. 1994); Metcalf v. Bochco, 294 F. 3d 1069 (9th Cir. 2002).

⑦ Berkic v. Crichton, 761 F. 2d 1289 (9th Cir. 1985).

分描述”与第九巡回法院的“人物即为故事”即是明证，甚至同一标准的适用也模糊不清。在 1995 年的 MGM v. Honda 案中，加利福尼亚中部地区法院也承认，第九巡回法院就形象化角色能否受到版权保护的观点并不清晰。[①]

其次，即便标准能够清晰（尽管实践已经证明这几乎不可能），在个案适用时也会因案而异，不确定性很大。如 1981 年纽约南区联邦地区法院在 Burroughs v. Metro-Goldwyn-Mayer 一案即使用了“充分描述”标准，但该判决在论述泰山为何符合“充分描述”的标准上面非常简略，仅说明“泰山是猿人。他是一位能与丛林环境协调一致的个体，能够与动物交流，也能够体验人类的情感。他擅长运动，年轻天真，温和强壮。他是泰山”。[②] 这一判决描述的泰山特征并没有“充分”到与其他丛林角色（如毛克利）相区分的地步，因此也招致批评。[③] 同样作为商业类型剧的主角，Sam Spade 这一人物角色因为不能满足这一标准的而不被保护，邦德却因具备某些特征而受到保护，也确实难以让人确定这一标准具体尺度。正如汉德法官在 Nichols v. Universal Pictures Corp. 一案中所称：“过去没有人能够确定这个边界，以后也不会有人做到。”[④]

最后，即便在个案中适用上述标准，能够成功认定侵权的案例也并不多见。就人物侵权案件而言，在 Warner Bros. Inc. v. American Broadcasting Companies 案件中，第二巡回法院论述了侵权标准，认为被控侵权的角色激起人们对原告角色的记忆，和“两个角色之间存在实质相似”完全是两回事，而只有后者才构成侵权；而被告剧集中 Hinkley 这个角色在性格上和超人存在很大不同，因而不构成侵权。[⑤] 在 1988 年的 Olson v. National Broadcasting Co. 一案中，法院也认为原告的“Cargo”角色只是剧作中的三四行概括描述，角色均是依靠对白和行动来发展，只是勾勒出大致轮廓，没有任何值得版权法保护的充分描述。

就情节、场景、设定而言，在 Berkic v. Crichton、Kouf v. Walt Disney、Met-

---

① Metro-Goldwyn-Mayer, Inc. v. Am. Honda Motor Co., Inc., 900 F. Supp. 1287 (C. D. Cal. 1995).

② “Tarzan is the ape-man. He is an individual closely in tune with his jungle environment, able to communicate with animals yet able to experience human emotions. He is athletic, innocent, youthful, gentle and strong. He is Tarzan.” See Burroughs v. Metro-Goldwyn-Mayer, Inc., 519 F. Supp. 388 (S. D. N. Y. 1981).

③ See Aaron Schwabach, Fan Fiction and Copyright: Outsider Works and Intellectual Property Protection (Farnham, Surrey: Ashgate, 2011), 26.

④ Nichols v. Universal Pictures Corp., 45 F. 2d 119, 121 (2nd Cir. 1930).

⑤ “Stirring one's memory of a copyrighted character is not the same as appearing to be substantially similar to that character, and only the latter is infringement.” See Warner Bros. Inc. v. Am. Broad. Companies, Inc., 720 F. 2d 231 (2d Cir. 1983).

calf v. Bochco 等一系列案件中，法院均花费大量精力，将元素进行拆解、比对，最终仍然难以得出侵权的结论。如在 Berkic v. Crichton 案件中，第九巡回法院分项比较了人物发展、场景设定和互动关系，认为尽管两部作品都是以“健康的年轻人被人麻醉后取走内脏，以便移植给富人”的犯罪故事为情节主线，但人物发展轨迹不同，场景设定侧重点不同（原告作品主要侧重侦探小说气氛，很少出现医院场景；被告作品则是以医院为重点背景，侧重描写先进医疗技术）、人物之间的爱情关系也不同。[①] 在 Funky v. Time Warner 一案中，第九巡回法院也进行分项比较，认为尽管两部作品都是以父亲之死与儿子“浪子回头”开始，但是情节的发展截然不同。在原告作品中，父亲的自杀引出了一连串的谋杀（包括数名主角），且以大哥约翰的生活为中心。而被告作品《六尺之下》却未涉及谋杀，也没有以特定的情节为主线，而是探索了每个家庭成员的私人生活和独特心理、人际互动和依恋情绪，包括在原告作品中并未出现的母亲和女儿；这部作品并非关于死亡，而是关于父亲突然去世后家庭成员如何与生活斗争。两部作品的背景设于不同地区，气氛也与情节一样存在区别；原告作品更侧重悬疑性，而被告作品则更为严肃和内省。两者的事件顺序也存在区别；原告作品的事件以平铺直叙的线性方式展开，而被告作品则使用了反复、梦境、闪回等手法，融合现实与非现实。[②] 因此，法院认定两部作品在情节、场景设定和事件顺序上都不构成实质性相似。

据此我们可以得出结论，美国版权判例法相当擅长拆解作品元素、建立“迷你著作权”，但是它并没有带来标准的统一，也没有让以好莱坞为代表的文化产业赢得对公众的版权战争——迪士尼和卢卡斯影业对于用户大量使用其作品的情况，在绝大多数情形下都保持了务实的沉默；这一点和他们努力扩大版权保护范围的公众形象很不相称。[③] 事实上，在二十世纪初期，起步中的好莱坞电影产业大量借鉴了之前的戏剧、杂耍剧表演元素，法院也作出一系列表演风格、主线情节不构成侵权的判决，帮助好莱坞建立了类型电影的风格与概念。可以说，没有版权法允许下对之前及当代文艺作品、电影作品的大量借鉴，就不可能有好莱坞影业的蓬勃发展。因此，法院花费大量精力创设、论证并一次

---

① Berkic v. Crichton, 761 F. 2d 1289 (9th Cir. 1985).

② Funky Films, Inc. v. Time Warner Entm't Co., 462 F. 3d 1072, 1075 (9th Cir. 2006).

③ See Peter Decherney, Hollywood's Copyright Wars: from Edison to the Internet (New York: Columbia University Press 2012), 1-6 (Introduction).

次在个案中令人费解地适用这些人物、情节保护标准，其实际效果只是制造了更多的疑惑，令权利人与他人都对诉讼结果难以预测；那么在司法中设立保护、确立标准的必要性就非常值得怀疑了。

正如上文所述，作品或者“文本”本身就是创作者与文化层累、社会潮流的互动产物，而版权法则视作品及其权利如不动产般固定、坚实。马克·罗斯身为文学学者，多次就作品侵权问题担任专家证人，[①] 对此更是具有交叉学科的实践经验与清醒的认识，认为现代文学思想强调的是互文性、借鉴性，故版权法意义上的清楚划分作品界限已经变得极其艰难。[②] 因创作过程具有这种衍生、互动、交流的本质，故采取分解元素、单独保护的方法，在本质上就是缘木求鱼、难以为继；这也就决定了美国判例法拆解元素、单独保护的标准注定难以成功。1762 年的匿名文章曾语带讥讽地声称，“法院必须以圣贤般的能力来把握纯文学的尺度，而智慧将被写进审判记录”，[③] 可谓对这种情况的精准预测。

（2）权利范围的具体解释路径

通过对具有丰富案件基础的美国版权判例的分析，我们已经充分看出扩张解释的弊端及其本质原因。因此，本着利益平衡原则，在司法中对于我国《著作权法》规定的复制权、改编权、信息网络传播权、兜底权利作出限缩性的解释，也就成为更加可取的路径。

具体而言，对于我国《著作权法》中的复制权，应本着其基本书义，将之严格限定为“即以印刷、复印、拓印、录音、录像、翻录、翻拍、数字化等方式将作品制作一份或者多份的权利”，即复制权应为狭义复制权，控制的是不加变换的、体现或基本体现作品整体表达方式，或重要的片段表达方式的行为。对于衍生文字作品而言，只有被控侵权作品使用的表达方式与原作整体表达方式基本一致时，才能落入复制权的保护范围。尤其需要注意的是，此处的“整体表达方式”仅指文字表达方式的整体性相同或实质性相似，而非将作品拆解为人物、情节、设定等“迷你著作权”，并分别判断其是否落入复制权的范围。换言之，著作权法所保护的作品应是一个整体，人物、情节与场景设定等均不能脱离原作而单独设定为著作权的保护对象，正如不能将一个人强行拆解为骨

① “我对版权的兴趣，源自我在一系列版权侵权案件中担任文学‘专家证人’。”见［美］马克·罗斯：《版权的起源》，杨明译，商务印书馆 2018 年版，序言部分第 7 页。

② 马克·罗斯（Mark Rose）系研究莎士比亚与科幻小说、知识产权史的专家，其介绍载 https：//www.english.ucsb.edu/people/rose-mark，最后访问日期：2019 年 10 月 22 日。

③ 见［美］马克·罗斯：《版权的起源》，杨明译，商务印书馆 2018 年版，第 147 页。

骼、肌肉、性格和社会关系一样。自然，衍生文字作品也很可能少量使用原作中的某些片段表达方式（如较著名的台词等），但只要不使用原作整体表达方式或使用片段表达方式的程度达到较严重的程度，则不应落入复制权的保护范围。对于衍生视听作品而言，尤其应当侧重这一标准。衍生视听作品不可避免地涉及使用原视听作品的画面、场景及原音乐作品的全部或片段，在此情况下，对于“附带涉及”、程度较轻的使用，也不应当落入复制权的保护范围。

对于改编权的解释，亦应本着严格限定的原则，回归本源，将改编权的范围限定在原《著作权法实施条例》规定的范围内，并认为只有被控侵权作品使用了原作中由互相支持的各个部分组成的整体、基本表达方式的情况下，才构成侵犯改编权。① 这一解释符合改编权在国际公约中的本意，也可在立法过程中找到依据。《伯尔尼公约》第十二条规定：“文学艺术作品的作者享有授权对其作品进行改编、音乐改编和其他变动的专有权利。”② 虽然《伯尔尼公约》对于“改编”并未给出确定概念，而是交由成员国的内国法决定，但大多数评论者认为，从《伯尔尼公约》的制定历史过程而言，“改编”是指现有文学艺术领域内的、从一种体裁到另一种体裁形式的转换，比如将小说转化成剧本，将戏剧变成散文，将文学作品转换成音乐剧，以及诸如此类的行为。③ 2002 年出版的《中华人民共和国著作权法释义》也认为，“改编是在不改变作品基本内容的情况下，将作品由一种类型改变为另一种类型（如将小说改编成电影剧

---

① “改编权保护的是对在先作品的整体改编的权利，如果仅仅使用了在先作品中的部分片段，可能构成侵犯复制权，而不会构成侵犯改编权。总体的原则是这些受著作权法保护的相似部分在在先作品中应该能够互相支持，组成在先作品的基本表达，否则，不应认定构成改编权侵权。”见张玲玲、张传磊：《改编权相关问题及其侵权判定方法》，载《知识产权》2015 年第 8 期。

② 关于改编权的条款最早版本形成于 1883 年伯尔尼国际文学艺术协会（International Literary and Artistic Association，ALAI）会议及 1884 年、1885 年与 1886 年的外交会议期间。当时与会代表团关注的重点即在于翻译、改编、乐曲改编等行为。在这些会议中，困扰与会代表团的一大问题，就是改编、乐曲改编及类似行为，到底在什么程度上就会被视为公约所禁止的非法复制。如何定义这些术语困难重重，在 1885-1886 年会议及 1898 年巴黎会议上耗费了大量时间。1905 年德国政府曾提议使用“对作品的改编及转化”（adaptions and transformations of a work），其后还有一些提案中使用“transformation”，但最终措辞仍为“变动”（alteration）。但从时代背景和制定目的而言，《伯尔尼公约》第二条第三款中的“演绎作品”（derivative works）是指翻译、改编乐曲改编等。第十二条规定“文学艺术作品的作者享有授权对其作品进行改编、音乐改编和其他变动的专有权利”，也与第二条第三款相对应。但是对于“改编”如何定义，仍是令人困惑，公约没有给出确定概念，而是由成员会的内国法决定。See Sam Ricketson and Jane C. Ginsburg，International Copyright and Neighbouring rights：the Berne Convention and beyond，2nd ed.（Oxford：Oxford University Press 2006），2. 08，8. 76-8. 81.

③ See Sam Ricketson and Jane C. Ginsburg，International copyright and neighbouring rights：the Berne Convention and beyond，2nd ed.（Oxford：Oxford University Press 2006），8. 77-8. 81.

本），或者不改变原作品类型而改变其体裁（如将科学专著改写成科普读物）”；“改变作品，一般是指在不改变作品内容的前提下，将作品由一种类型改变成另一种类型”。①

在司法实践中，亦有不少判例认可该观点。如2003年郭某等诉黑龙江省饶河县某乡人民政府等侵犯著作权纠纷案中，北京高院即认为：“音乐作品的改编作品应是使用了原音乐作品的基本内容或重要内容，即对原作的旋律作了创造性修改，却又没有使原有旋律消失。”② 2004年北京市高级人民法院在北京某影视文化有限责任公司与某话剧团等侵犯著作权纠纷一案（“《激情燃烧的岁月》案”）中，北京高院也认为：“著作权法上的改编，是指在原有作品的基础上，通过改变作品的表现形式或者用途，创作出具有独创性的新作品……改编作为一种再创作，应主要是利用了原有作品的基本内容；如果离开了原有作品的基本内容，改编作品本身将无法构成作品。因此，被控侵权作品是否构成对原有作品改编权的侵犯，应当取决于其是否使用了原有作品的基本内容；而且所使用的原有作品的基本内容必须是受著作权法保护的具有独创性的表达或表达方式。”③ 2011年北京某文化传媒有限公司诉北京某传媒有限公司侵犯著作财产权纠纷案（以下简称“《老男孩》案”）中，朝阳法院也认为：“两部作品在众多的主要具体故事情节的安排、人物设置和人物关系等方面几乎完全相同或实质性近似……故从人物及人物关系与具体故事情节相互融合所形成的整体内容来看，两者构成了实质性近似。”④ 2012年上海市第一中级人民法院在（“《胭脂扣》案”）二审判决中亦认为：“通常而言，改编是指在不改变作品基本内容的情况下，将作品由一种类型改变成另一种类型，例如将小说改编成漫画，或者不改变原作品类型而改变其体裁，例如将科学专著改写成科普读物。”⑤ 学界

---

① 见胡康生主编：《中华人民共和国著作权法释义》，法律出版社2002年版，第42-42页、第58页。

② 见北京市高级人民法院（2003）高民终字第246号民事判决书。

③ 见北京某影视文化有限责任公司与某话剧团等侵犯著作权纠纷案，北京市高级人民法院（2004）高民终字第221号民事判决书。

④ 见北京某文化传媒有限公司诉北京某传媒有限公司侵犯著作财产权纠纷案，北京市朝阳区人民法院（2011）朝民初字第24269号民事判决书。

⑤ 见上海某艺术有限公司与某剧院等作品改编权纠纷上诉案，上海市第一中级人民法院（2012）沪一中民五（知）终字第112号民事判决书。

亦在较大程度上同意，改编作品必须建立在原作形式与内容基础上。[①]

因此，对于衍生作品而言，除非其使用了大量原作的情节、表达方式，表达和原作相同或高度近似的主题之外，均不宜认定为落入改编权的保护范围。就衍生文字作品而言，"《胭脂扣》案"的判决已经作出了对于衍生文字作品有利的说理，认为两部作品虽然在人物名称、关系上有一定相似之处，但整体情节发展、具体情节等"在整体印象方面所表现出来的独创性出现了重大的差异"，并认为"尽管从《胭脂盒》中隐约可以看到《胭脂扣》的影子，但这种印象更多地体现为借鉴而不是演绎"。[②] 该案件可谓为衍生文字作品的改编权判断标准开创了好的开端，但因我国并非判例法国家，因该案件个案性、特殊性较强，也存在一定争议，故该标准能否成为类似情况的标尺，尚未可知。而衍生视听作品不可避免地大量使用原作品的片段，因此坚持该标准就尤为重要。当然，如果以"十分钟带你看完某电影"的名义，而使用了原作的整体情节、整体表达方式，表达的主题也和原作无二，那么这样的衍生视听作品自然应当落入改编权的保护范围。

对于信息网络传播权而言，因《民法典》已明确规定了用户在接到侵权通知后可以声明不侵权、提供初步表明不侵权的证据，则至少在法律框架内，衍生作品创作者可以援引《著作权法》中相应的抗辩理由，从而有了维护自身权益、防止衍生作品被删除的程序。因此，信息网络传播权重点亦在于确定何谓"作品"。某网络公司诉某科技公司案中一审法院认为，此处的"作品""不应狭隘地理解为向公众提供的是完整的作品，因为著作权法保护的是独创性的表达，只要使用了作品具有独创性表达的部分，均在作品信息网络传播权的控制范围"。北京知识产权法院在二审中亦认定，"判断某科技公司是否存在提供作

---

① "改编是指以原作品即首次出现的作品为基础，对原有形式进行解剖与重组，创作新的作品形式的行为。"见刘春田主编：《知识产权法》，中国人民大学出版社2009年版，第84页。"只有在保留原作品基本表达的情况下通过改变原作品创作出新作品，才是著作权法意义上的改编行为。"见王迁：《知识产权法教程》，中国人民大学出版社2014年版，第161页。"改编是具备一定独创性且保留作品基本内容的改动行为……受制于原作基本内容的有限度创作，改编后的作品无法完全独立于原作品。"见李杨：《改编权的保护范围与侵权认定问题：一种二元解释方法的适用性阐释》，载《比较法研究》2018年第1期。也有学者认为应将《著作权法》规定的改编权范围进行文体、体裁转化方面的适当限缩，界定为"改变作品，创作出具有独创性的新作品的权利，包括但不限于将作品改编为较短版本、进行忠实的演绎、将表达从一种媒介或类型转换成另一种媒介或类型或其他类似的改变作品方式"。华劼：《改编权权利范围及立法模式研究》，载《南京大学学报（哲学·人文科学·社会科学）》2017年第6期。

② 参见上海某艺术有限公司与某剧院等作品改编权纠纷上诉案，（2012）沪一中民五（知）终字第112号民事判决书。

品的行为，关键还是在于考察涉案图片集是否使用了涉案剧集具有独创性的表达。本案中，涉案图片集截取了涉案剧集中的300多幅画面，系涉案剧集中具有独创性表达的内容，构成提供作品的行为”。[①] 因此，现行司法标准至少有将作品中的片段表达方式也视为“作品”的趋势。在此情况下，对于“作品”亦应持“复制权”中狭义复制的标准，即只有被控侵权作品使用的表达方式与原作整体表达方式基本一致，或利用了原作重要的表达方式时，才能构成侵犯信息网络传播权。如仅是利用了少量原作表达方式，且利用的目的、表达的主题与原作并不一致，则不宜认定落入信息网络传播权的范畴。

同样地，对于《著作权法》第十条第一款第（十七）项所规定的兜底权利，也应当进行严格限缩的解释。《中华人民共和国著作权法释义》中认为该项权利应至少包括注释权，整理权，以有线方式直接公开广播或者传播作品、制作录音制品、按照设计图建造作品的权利，目前我国司法实践主要是在涉及公众传播行为的案件中适用该权利，该兜底权利应当慎重使用、严格解释，以免使其成为复制权与改编权的补充。

综上所述，对复制权、改编权、信息网络传播权与兜底权利的范围，均应本着利益平衡原则，根据相应权利确立之初的原始情况及立法本意，作出相应的限缩解释。对于复制权、信息网络传播权，应当严格限定为对于表达形式几乎不加改变的整体使用或使用重要片段表达方式，而非拆解元素分别赋予著作权，或对极少量的使用也认为落入上述权利的保护范围。对于改编权，应当继续秉持“原有作品的基础上，通过改变作品的表现形式或者用途”这一要件，将“改编”认定为是利用了原作品的主要表达方式、人物角色及情节架构，是在现有文学艺术领域内从一种体裁到另一种体裁形式的转换，比如“将小说转化成剧本，将戏剧变成散文，将文学作品转换成音乐剧，以及诸如此类的行为”。[②] 对于信息网络传播权，则应将“作品”理解为狭义复制权意义上的“作品”。而对于兜底权利，亦应当进行限缩解释，唯有如此，才能符合《著作权法》的政策目的、创作的特点及著作权制度的本质。

---

① 详见北京知识产权法院（2020）京73民终189号民事判决书。

② 虽然《伯尔尼公约》对于“改编”并未给出确定概念，而是交由成员国的内国法决定，但大多数评论者认为，从《伯尔尼公约》的制定历史过程而言，“改编”是指现有文学艺术领域内的、从一种体裁到另一种体裁形式的转换，比如将小说转化成剧本，将戏剧变成散文，将文学作品转换成音乐剧，以及诸如此类的行为。See Sam Ricketson and Jane C. Ginsburg，International copyright and neighbouring rights：the Berne Convention and beyond，2nd ed.（Oxford：Oxford University Press 2006），8.77-8.81.

（二）统一实质性相似标准

我国司法实践中关于文学作品、影视类作品的实质性相似标准，至少存在四种整体比对路径，即“抽象过滤+分解因素+分项比较法”“抽象过滤+分解元素+整体比较法”“整体比对+受众观感法”“内容/表达方式相似法”。除影响不大的“整体比对+受众观感法”之外，其余均系首先考虑思想与表达的分界问题，即“什么样的东西才受到著作权保护”；[①] 其次则是“什么才构成相似”的问题，并在解决这一问题的过程中形成了分项比较和整体比较两种不同的路径；采取不同的路径，对于判断结果亦具备相当之影响。因此，对于实质性相似之标准，应当根据文字作品和视听作品的不同特点，予以针对性的统一。

1. “表达”：人物、故事情节、场景（事件）顺序认定标准之统一

就对于著作权法保护对象（即思想/表达两分法）的问题，上文已阐述过美国判例法的经验与教训，并认为应尽量避免将人物、情节、场景设定等单独分离，设定为著作权的保护对象。但目前司法实践中仍然倾向于认为人物在一定情形下可以构成著作权法保护对象，[②] 足够个性化的情节组合、安排顺序也可以构成独特的表达方式，所以对于人物、故事情节、场景（事件）顺序构成“表达”的标准之统一，本书亦予以探讨。

（1）人物

对于人物能否单独构成保护对象的问题，上海地区法院目前倾向于认为单独的角色名称不能成为著作权法保护的对象，而是与特定的人物性格相关联、具有特定化意义时，才会成为著作权法保护对象。[③] 在判断上则有两种标准：一是单独考量人物性格特征是否鲜明，[④] 二是“人物叙事整体标准”，认为应当综合考虑人物特征、关系与情节，进行整体判断。我国台湾地区智慧财产局对此也认为，“如就原著中人物，个别角色人物，仅仿其人名，但其性格、情节均

① 美国判例中这一趋势在 Feist 案之后尤为明显。Feist 案即指出，“The key to resolving the tension lies in understanding why facts are not copyrightable. The sine qua non of copyright is originality. To qualify for copyright protection, a work must be original to the author.” See Feist Publications, Inc. V. Rural Telephone Service Co., 499 U. S. 340 (1991).

② 详见“《胭脂扣》案”“《圈里圈外》案”“《潜伏》案”二审判决。

③ 见上海某艺术有限公司与某剧院等作品改编权纠纷上诉案，(2012) 沪一中民五（知）终字第112号民事判决书；“《鬼吹灯》案”，(2015) 浦民三（知）初字第838号民事判决书。

④ 见“《圈内圈外》案”：庄某与郭某明等侵犯著作权纠纷案，北京市高级法院 (2005) 高民终字第539号民事判决书。

不相同，则尚无侵害著作权之问题”；[①] 后该局又进一步在解释函中指出：“经过作者高度发展、清晰描绘的角色，属于发展得越完整的角色，此种角色会包含更多的表达成分及较少的思想成分，较能取得著作权之保护。”[②] 并据此认为，金某小说、漫威英雄系列电影中的角色均可构成著作权保护之对象。[③] 而在2019年的“《鬼吹灯》案”中，浦东新区法院则作出了全新认定，认为被控侵权作品即便具有相同的人物姓名、关系、设定背景，但只要情节与表达内容不同，均不会构成侵权。[④]

本书认为，作品应是有机的整体，人物虽然是作品的重要组成部分，但人物绝不能脱离原作的文字表达、叙事情节等整体而独立存在；因此，在考量人物能否作为保护对象时，应当将人物姓名、人物特征、人物关系与故事情节、叙事表达方式等作为一个整体进行判断。如衍生作品除使用人物姓名、特征、关系外，还使用了原作的故事情节和叙事表达方式，方可在此基础上被认定为侵权。

（2）故事情节、场景（事件）顺序

对于故事情节、场景（事件）顺序能否构成保护对象的问题，我国司法整体判断标准为：足够个性化的情节组合、紧密贯穿的安排顺序，可以构成独特

---

① 见我国台湾地区“智慧财产局”2009年7月10日电子邮件980710a号解释函。有文献认为，据此可认定我国台湾地区所谓“著作权法”在认定在人物著作权侵害时，除人名之外还应考量人物性格与故事情节，并视该人物被告作品中的呈现方式而定。See Jyh-An Lee（李治安）：Copyright and the Second Live of Fictional Characters，169 Intellectual Property Right Journal 104（2013）.

② 见我国台湾地区“智慧财产局”2013年10月16日电子邮件1021016号解释函。

③ 见我国台湾地区“智慧财产局”2016年5月3日电子邮件1050503号解释函、2016年8月23日电子邮件1050823b号解释函。

④ “文字作品中的人物形象等要素往往只是作品情节展开的媒介和作者叙述故事的工具，从而难以构成表达本身。只有当人物形象等要素在作品情节展开过程中获得充分而独特的描述，并由此成为作品故事内容本身时，才有可能获得著作权法保护。离开作品情节的人物名称与关系等要素，因其过于简单，往往难以作为表达受到著作权法的保护。被控侵权图书虽然使用了与原告权利作品相同的人物名称、关系、盗墓规矩等要素，但被控侵权图书有自己独立的情节和表达内容，被控侵权图书将这些要素和自己的情节组合之后形成了一个全新的故事内容，这个故事内容与原告作品在情节上并不相同或相似，也无任何延续关系，不构成对原告著作权的侵犯。”见“《鬼吹灯》案”，（2015）浦民三（知）初字第838号民事判决书。但该案衍生作品与原作系出自同一作者，且仅能代表上海某一地区法院意见；作为文化产业重镇的北京地区法院能否突破产业利益、采用该等标准，尚存在疑问。

的表达方式。[①] 但这一标准仍比较笼统，在实践中也发生不同情形，故仍须加以进一步细化。本书认为，故事情节与事件顺序等构成保护对象的标准，仍应本着利益平衡原则，注重整体性，即整体故事情节与细节的组合、主要事件的顺序安排，方可构成保护对象。美国版权法及文化产业的发展史告诉我们，电影、电视等媒体新兴之时，总是倾向于从已有的小说、戏剧、杂耍剧或其他体裁的文本中吸取表达元素与素材，这也是“类型剧”形成的重要过程；对于这些已有的表达元素、素材的边界如何划分，不仅对于抽象意义上的公共领域分界具有重要意义，对产业生态也有着重大影响。因此 Harold Lloyd Corporation v. Witwer、Nichols v. Universal 等案中，Witwer 指控 Harold Lloyd 公司的电影 The Freshman 使用了其小说“不擅长运动的大学生最终成为运动健将并获意中人青睐”的整体情节，[②] Anne Nicols 指控电影 The Cohens and Kellys 侵犯其著名百老汇剧作 Abie's Irish Rose 中的故事结构，但法院认为上述结构整体均不能成为著作权法的保护对象；从某种意义上说，这也促进了电影这一新兴媒体的繁荣。时至二十一世纪，2006 年的 Funky v. Time Warner 案（被控侵权作品为 Six Feet Under“《六尺之下》案”），第九巡回法院更是认为“尽管两部作品乍看起来较为相似，但是细读之后，两部作品呈现的区别更为显著和重要……”[③]，并分项详细对比了情节、人物、主题、场景设定、气氛、节奏、对白、事件顺序上的区别，认为两部作品不构成实质性相似。因此，为达到促进文化产品繁荣、产业整体发展之目的，对于怎样的情节组合、场景顺序才能构成“表达”与著作权法保护对象，是需要慎重对待的。

值得注意的是，在主线不能离开细节构成保护对象的同时，细节也不能与主线分离而单独构成保护对象。如果仅是片段的场景安排顺序、情节结构，即便构成小范围的“被充分描述的结构”，也不能因此认定为著作权保护对象。对于少数“桥段”的组合，某些必要场景的安排，如未能与作品整体结合，则

---

① 我国台湾地区“智慧财产局”则认为：“如果故事情节，包括故事的主要事件、事件顺序、角色人物性格、人物之间的关系及情节发展的描述已经达到足够具体程度，亦即作者已经创造出一个被充分描述的结构（Sufficiently Elaborate Structure）时，就可能构成‘表达’而受著作权法保护……”见我国台湾地区“智慧财产局”2013 年 10 月 16 日电子邮件 1021016 号解释函。

② Harold Lloyd Corporation v. Witwer，65 F. 2d 1（9th Cir. 1933）.

③ See Robert F. Helfing，Substantial Similarity in Literary Infringement Cases：A Chart for Turbid Waters，21 UCLA Ent. L. Rev. 1（2014），21；Funky Films，Inc. v. Time Warner Entm't Co.，462 F. 3d 1072，1075（9th Cir. 2006）. 该案还指出，外部标准是法律问题而非事实问题。

更不足以构成著作权的保护对象。这是因为，某些类型小说、类型剧中，出现类似的桥段及个别桥段的组合，本来就是属于该类型小说的必要场景；“《潜伏》案”二审判决中对此即有较完整的认定。然而我国司法界目前的趋势是将情节越分越细，在情节并不完全连续，甚至只有紧密相连的两个细节，或是只有一个情节的情况下，也可构成独有表达。某些案件认定中的“情节”已与整体剧情相关不大，而更接近于“桥段”，在此情况下，如给予这些细碎组合“迷你著作权”式的保护，将不知伊于胡底。如“《宫锁连城》案”中，二审法院认为被控侵权作品的故事线与原作相比更为复杂，仅9个情节构成相似，且其中的“偷龙转凤”“正妻无子，为保住其地位而偷龙转凤”均系思想，但原告的情节设计增加了留痕、身份对换并为之后两人相爱埋下伏笔等细节，“足够具体”，故可以认定为著作权法保护的表达。然而细加分析，我们不难看出，“留痕”是地方戏曲、民间传说中母亲被迫弃婴时常见做法，如戏曲《牙痕记》（有淮剧、河北梆子剧等）即是以此为全剧情节缘起；“身份对换后两人相爱”也并非独创之举，王度庐长篇小说《铁骑银瓶》中即有类似情节，该小说中甚至还提到不少“偷龙转凤”的民间传说成为换子者的灵感来源（换言之也是作者的灵感来源）。[①] 同时，如果两人再无交集、事情永不败露，则“偷龙转凤”之情节几无设计之必要，称其为“必要场景”亦不为过。“《锦绣未央》案”一审判决认为两作品中均出现的“二月出生、寄养乡下”情节可构成著作权保护的对象，亦有过于细碎之疑惑。如依此逐级下滑，将会导致类型小说的后来者几无桥段可用。

2. 比较标准之统一

（1）美国版权判例法之参考

为理顺认定侵犯复制权与改编标准的问题，我们对美国判例法上实质性相似的标准进行梳理与分析。[②] 上述路径可分为三类：第二巡回法院在 Arnstein v. Porter 案中建立的“普通观察者标准”（其分支则是“更有辨识能力的普通观

---

① “可是刘夫人知书识字，早先闹着没事儿的时候，常把丫鬟仆妇们招到一间屋内，听她说小说书，说甚么‘狸猫换太子’、‘一对银杯巧团圆’等的故事，这位二太太在那时就中了迷，如今全实地作出来了……”详见王度庐：《铁骑银瓶》，“第一回 旅店天寒移鸾换凤 边城春早走马飞龙”，群众出版社2001年版。

② 参见梁志文：《版权法上实质性相似的判断》，载《法学家》2015年第6期；卢海君：《论作品实质性相似和版权侵权判定的路径选择——约减主义与整体概念和感觉原则》，载《政法论丛》2015年第2期。

察者标准”）、第九巡回法院于 Sid & Marty Krofft 案中建立的“外部/内部标准”与第六巡回法院自 Nichols v. Universal 案中发展出来的“抽象—过滤—比较标准”。[①] 根据现有文献的研究结果，“普通观察者”路径仍是主流标准[②]。

①普通观察者标准（Ordinary Observer Test）

普通观察者标准最早起源于 1868 年的 Daly v. Palmer 案。[③] 该案的原告 Daly 与被控侵权作品的作者 Boucicault 均为当时颇有名气的戏剧作家。[④] Daly 创作的戏剧 Under the Gaslight 中有一幕著名场景：舞台上火车呼啸而来，而主角在千钧一发之际被人救下铁轨。[⑤] 在那个年代，这种场景是非常独特的，戏剧也因此大获成功。[⑥] 被控侵权的戏剧 After Dark 中有一幕场景与之十分相似，但是背景设定、人物台词都不相同；两部剧的其余部分也不相同。[⑦] 法院在比较了两剧的区别之后认为，如果观众觉得挪用的场景给人实质性相似的印象，并在观众心中激起相同的感情，那么这就是侵权；同时，正如作曲家对旋律中一系列音调的顺序具有权利一样，戏剧作者对于场景的顺序也有相应的权利。[⑧] 这就

---

① 关于美国判例中实质性相似标准问题，有些文献也有不同的命名和分类方法。Nimmer 教授在 Nimmer on Copyright 中将之分为抽象标准（the abstraction test）、模式标准（pattern test）、整体观感标准（the total conception and feel）及其他标准。但 Nimmer 教授也认为整体观感标准现已不太使用，考虑到其他文献观点，本书采此学说。有文献对各巡回法院关于实质性相似的案例进行分析，认为大致来说，第一、第三、第五、第七与第十一巡回法院适用的是由第二巡回法院在 Arnstein v. Porter 案中发展出来的普通观察者标准，第四、第八巡回法院则遵循第九巡回法院在 Sid & Marty Krofft Television Productions, Inc. v. McDonald's Corp. 中的外部/内部标准，第六、第十巡回法院适用的是第二巡回法院在 Nichols v. Universal Pictures Corp. 一案中发展出来的抽象—过滤—比较标准。在适用上述标准的过程中，第二、第九之外的巡回法院也发展出了不同的变种，或将几种标准中的元素混合适用。See Katherine Lippman, The Beginning of the End：Preliminary Results of an Empirical Study of Copyright Substantial Similarity Opinions in the U. S. Circuit Courts，2013 Mich. St. L. Rev. 513（2013），524.

② 在用于统计的 234 个案例中，运用普通观察者标准的案件占据 54.7%，运用外部/内部标准的案件占 27.8%，而抽象—过滤—比较标准仅占 7.2%，See Katherine Lippman，The Beginning of the End：Preliminary Results of an Empirical Study of Copyright Substantial Similarity Opinions in the U. S. Circuit Courts，2013 Mich. St. L. Rev. 513（2013）。

③ Daly v. Palmer，6 Fed. Cas. 1132，No. 3，552（S. D. N. Y. 1868）. See Bruce E. Boyden，Daly v. Palmer，or the Melodramatic Origins of the Ordinary Observer，68 Syracuse L. ev. 47（2018），147；Robert W. Woods，Copyright：Hollywood v. Substantial Similarity，32 Okla. L. Rev. 177（1979）.

④ Bruce E. Boyden，Daly v. Palmer，or the Melodramatic Origins of the Ordinary Observer，68 Syracuse L. Rev. 147（2018），150-151.

⑤ Daly v. Palmer，6 Fed. Cas. 1132，No. 3，552（S. D. N. Y. 1868）.

⑥ Robert W. Woods，Copyright：Hollywood v. Substantial Similarity，32 Okla. L. Rev. 177（1979）.

⑦ Bruce E. Boyden，Daly v. Palmer，or the Melodramatic Origins of the Ordinary Observer，68 Syracuse L. Rev. 147（2018），155.

⑧ Supra note 4.

是 Daly v. Palmer 案所代表的“受众标准”与“场景顺序标准”。[①] 该案件被认为是美国版权法上里程碑式的案例，并大致标志着版权法的保护对象发生了重大变迁：从保护有形的书籍，跃进到了保护无形的表达方式。[②] 在二十世纪，随着大众传媒文化开始兴盛发达，这一判例所代表的“受众标准”（the audience test）也演变为“普通观察者印象”标准，广为法院所引用。[③]

到了二十世纪三十年代，传统意义上的“普通观察者印象”标准已经大致成型，并适用于较多案例。[④] 如 1933 年 Harold Lloyd Corporation v. Witwer 一案中就阐述了这一原理：“如果一位普通人最近阅读了这个故事……假使存在文字挪用，他应当在没有任何他人帮助、建议或者批评分析的情况下感知到这一事实。公众对这个问题的反应应当是自发而即时的。”[⑤] 亦即传统的相似性标准是指“普通观察者对于两部作品进行比较阅读时自发产生的印象”；复制是指“在未经其他人帮助、建议或者批判分析的情况下，普通理性人能够立刻认识到，复制品与原作非常相似，足以让其认定是从原作中挪用或者复制而来。”[⑥] 这无须通过“专家进行精细分析、讨论和分解”和“谨慎检视”，而是“通过普通的理性读者、观众对……两部作品的观察和印象”得知。[⑦] 而法院之所以坚持这一标准，是因为担心在对作品的分解、抽取和分析过程中，相似之处也会变得

---

① Ibid.

② Bruce E. Boyden, Daly v. Palmer, or the Melodramatic Origins of the Ordinary Observer, 68 Syracuse L. ev. 147 (2018), 147, 162.

③ 该标准在适用过程中产生了一系列问题，被认为太过依靠法官主观判断，因而主观性强而难以预测。在 1946 年的 Arnstein v. Porter 案之后，Daly 案就几乎未曾被法院引用，不过它依然是版权学者们追根溯源的对象。See Bruce E. Boyden, Daly v. Palmer, or the Melodramatic Origins of the Ordinary Observer, 68 Syracuse L. ev. 147 (2018), 175, 177. 也有文献认为，该案的真正标准是：观念虽然相同，但只要表达方式存在充分区别，就不属于对原告作品的模仿抄袭；普通观众的感觉只是描述被告非法复制的程度，而非界定标准。但该案的标准长期以来被误解了；加上其他的案件，就将水搅得更浑。见 Robert W. Woods, Copyright: Hollywood v. Substantial Similarity, 32 Okla. L. Rev. 177 (1979)。

④ Echevarria v. Warner Bros., 12 F. Supp. 632 (S. D. Cal. 1935); Wiren v. Shubert Theater Corp., 5 F. Supp. 358, 362 (S. D. N. Y. 1933); Barbadillo v. Goldwyn, 42 F. 2d 881 S. D. Cal. 1930.

⑤ “The question really involved in such comparison is to ascertain the effect of the alleged infringing play upon the public, that is, upon the average reasonable man. If an ordinary person who has recently read the story sits through the presentation of the picture, if there had been literary piracy of the story, he should detect that fact without any aid or suggestion or critical analysis by others. The reaction of the public to the matter should be spontaneous and immediate.” See Harold Lloyd Corporation v. Witwer, 65 F. 2d 1 (9th Cir. 1933).

⑥ See Robert C. Sorensen, Theodore C. Sorensen, Re-Examining the Traditional Legal Test of Literary Similarity A Proposal for Content Analysis, 37 Cornell L. Q. 638 (1951-1952), 639.

⑦ Ibid, 639-640.

毫不相似；[①] 这些技术解析仅仅反映的是技术创设的术语，而非现实状态。[②] 汉德法官在 Nichols v. Universal Pictures 一案中即表达过类似观点，其他多起案件亦有所反映。[③]

1946 年，第二巡回法院作出了著名的 Arnstein v. Porter 案判决，将 Daly v. Palmer 案的两个标准发展成了同一侵权标准的两个构成要件。[④] 简单而言，根据 Arnstein v. Porter 案确立的普通观察者标准，第一步是用技术分解的方法判断“复制”是否成立，可以说是“场景顺序标准”的细致化版本；第二步是确定“非法复制（挪用）”是否成立，此时“受众标准”，或者说是“普通观察者标准”才是关键，而不再使用技术分解做法。[⑤] 在实质上，普通观察者标准是依靠普通的外行观众来判断被控侵权作品是否挪用了原作。[⑥] 这一标准不仅适用于文字作品，也适用于多种类别的作品，如音乐、电影、戏剧、电台节目等。[⑦]

2000 年，第二巡回法院在 Boisson v. Banian，Ltd. 一案中提出了“更有洞察力的普通观察者”标准，这也是对“普通观察者标准”的进一步发展。[⑧]“更有

① Ibid，641.

② Ibid，642.

③ Nichols v. Universal Pictures，45 F. 2d 119，122，123（2d Cir. 1930）.

④ 该案认为，首先要避免将以下两个独立的因素混淆在一起：一是被告复制了原告享有著作权的作品，二是这种复制是否构成不当挪用。可以证明复制成立的证据包括以下两种情况：被告自认复制，或者环境证据可让事实查明者合理推断存在复制。如果存在接触和相似，则事实查明者必须决定相似之处是否足以构成复制；此时可以使用分析（分解），也可以利用专家证词来帮助事实裁判者作出判断。如果没有接触的证据，那么相似之处必须非常显著，以致两部作品不可能是独立创作而成。如果复制成立，则须考虑非法复制（挪用）问题；其标准是普通的、非专业人士的陪审员的反应。在这个阶段，“分解”和专家意见是不相干的。见 Arnstein v. Porter，154 F. 2d 464（2d Cir. 1946）。

⑤ See Robert C. Sorensen；Theodore C. Sorensen，Re-Examining the Traditional Legal Test of Literary Similarity A Proposal for Content Analysis，37 Cornell L. Q. 638（1951-1952），639-640.

⑥ “In most cases，the test for ‘substantial similarity’ is the so-called “ordinary observer test” which the district court applied：whether ‘an average lay observer would’ recognize the alleged copy as having been appropriated from the copyrighted work.” Folio Impressions，937 F. 2d at 766，quoting Novelty Textile Mills v. Joan Fabrics Corp.，558 F. 2d 1090，1093（2d Cir. 1977）；see also Malden Mills，626 F. 2d at 1113；Laureyssens，964 F. 2d at 141（test is “whether ‘the ordinary observer，unless he set out to detect the disparities，would be disposed to overlook them，and regard their aesthetic appeal as the same’”），quoting Peter Pan Fabrics，Inc. v. Martin Weiner Corp.，274 F. 2d 487，489（2d Cir. 1960）（L. Hand，J.）. See Knitwaves，Inc. v. Lollytogs Ltd.，71 F. 3d 996，1002（2d Cir. 1995）；Nicole K. Roodhuyzen，Do We Even Need a Test-A Re-evaluation of Assessing Substantial Similarity in a Copyright Infringement Case，15 J. L. & Pol'y 1375（2007），1377.

⑦ Supra note 1，639-640.

⑧ Boisson v. Banian，Ltd.，273 F. 3d 262，265，268-69，272-73（2d Cir. 2001）.

洞察力的普通观察者”标准要求事实查明者将不受保护的元素排除在外，在余下的受保护元素的基础上，决定两部作品的整体观感是否构成实质性相似；在比较两部作品时，事实查明者必须从假想的普通观察者角度出发，但观察者必须将受保护的表达方式和不受保护的公共领域素材相区别。

一般认为，普通观察者标准的缺点也是明显的：它过于排斥专家意见，从而容易将问题过于简单化，在适用中不够精准，结论也不甚明确；[①] 更有批评意见认为这一标准本身即属于自我定义式的循环论证。[②] 是否可以依赖普通观察者对两部作品的情绪、感受，来精准判断复制的是作品的表达而非思想，也是很成疑问的；[③] 有批评意见即认为在面对到底是表达方式相似还是思想相似的问题时，该标准就显得过于简单、不够成熟，也不能用于应对新的作品类型（如计算机软件）。[④] 亦有意见从文本分析角度指出，仅仅靠产生的印象、激发的感情相似即判断两部作品相似，相当于不考虑心理接受机制和阅读文本时的社会及政治环境因素。[⑤] 从目前适用来看，Feist 案中即未运用这一标准，而将中心放在被告“是否复制了作品中具有独创性的组成部分”，更为着重于分解与批评分析（critical analysis），而前者则昭示着在比对时须区分出受保护与不受保护的部分。[⑥] 但是从整体来说，法院对于直接拒绝适用普通观察者标准的判决，仍是持否定态度；[⑦] 普通观察者标准仍是最受欢迎、适用最广的标准。

②外部/内部标准（The Extrinsic/Intrinsic Test）

该标准由第九巡回法院在 Sid & Marty Krofft Television Productions, Inc. v. McDonald's Corp. 一案中所创设（以下简称 Krofft 案）。[⑧] 在此案判决中，第九巡回法院认为真正的问题是：需要限制性规则来判断思想与表达之间的经典界限，

---

① Supra note 1, 644.

② See Melville B. Nimmer & David Nimmer, Nimmer on Copyright (New York, NY: Matthew Bender & Company, Inc., 2017), Volume IV, § 13.03 [E] [3], 13-104.

③ See Nicole K. Roodhuyzen, Do We Even Need a Test-A Re-evaluation of Assessing Substantial Similarity in a Copyright Infringement Case, 15 J. L. & Pol'y 1375 (2007), 1391.

④ See Nicole K. Roodhuyzen, Do We Even Need a Test-A Re-evaluation of Assessing Substantial Similarity in a Copyright Infringement Case, 15 J. L. & Pol'y 1375 (2007).

⑤ See Robert C. Sorensen; Theodore C. Sorensen, Re-Examining the Traditional Legal Test of Literary Similarity A Proposal for Content Analysis, 37 Cornell L. Q. 638 (1951-1952), 649.

⑥ See Melville B. Nimmer & David Nimmer, Nimmer on Copyright (New York, NY: Matthew Bender & Company, Inc., 2017), Volume IV, § 13.03 [E] [1] [b], 13-96.

⑦ Ibid, Volume IV, § 13.03 [E] [3], 13-104.

⑧ Sid & Marty Krofft Television v. McDonald's Corp., 562 F.2d 1157, 1163 (9th Cir. 1977).

该界限就是为了既鼓励个人创新和文化发展，又不致损害大众对于思想的挖掘、利用。法院再次强调，版权法的核心就是版权作品的权利只能延及对思想的特定表达方式，从来不是思想本身；[①] 因此，版权诉讼的真正任务，就是决定被告复制的是原告对于思想的表达方式，还是思想本身。[②] 但困难在于如何将不受保护的思想从受到保护的表达方式中萃取出来；在汉德法官的 Nichols v. Universal Pictures Corporation 判决之后，法院或者学界都未能在这个问题上更进一步。

为此，第九巡回法院采取了两个步骤。[③] 第一步是客观的外部标准，即必须判断两部分作品的思想是否存在实质性相似。法院认为，因为这一判断无须依赖事实查明者的反应，而是依据可以罗列、分析的特定标准（如作品类型、使用的素材、表现的对象以及背景），所以分解、解析与专家证言在这一阶段是可行的，这也是应当由法官决定的法律问题。简单而言，这一步是通过客观的分解、列清单的方式比较两部作品的观念是否实质性相似。第二步是主观的内部标准，即判断表达方式上是否存在实质性相似。法院认为，如果存在思想上的实质性相似，事实查明者则必须判断思想的表达方式上是否存在实质性相似，以致足以构成侵权；而判断表达方式上是否存在实质性相似，是更为微妙和复杂的问题。在此法院引用了汉德法官在 Peter Pan Fabrics, Inc. v. Martin Weiner Corp. 一案中的意见："显而易见的是，没有什么原则能够判断出模仿者何时超出了借鉴'思想'的界限，开始借用'表达'。"而判断表达方式上是否近似，应依据普通理性人的反应来决定，而不应适用解析和专家证词。法院随即引用了 Arnstein v. Porter 案，认为该案也适用了相同的两步标准，且大胆推测，该案所提及的第一步中"复制"本身并未构成侵权，因而此处的"复制"仅是指复制了作品中不受著作权保护的思想。因此，法院采取外部/内部标准，即是为了澄清这一问题。事实查明者应当采取完全主观的内部标准，以假定的普通理性人的角度，去判断两部作品的"整体概念和感觉"（total concept and feel）是否

---

① "It is an axiom of copyright law that the protection granted to a copyrighted work extends only to the particular expression of the idea and never to the idea itself."

② The real task in a copyright infringement action, then, is to determine whether there has been copying of the expression of an idea rather than just the idea itself. "(N) o one infringes, unless he descends so far into what is concrete (in a work) as to invade ... (its) expression." National Comics Publications v. Fawcett Publications, 191 F. 2d 594, 600 (2 Cir. 1951).

③ See Sid & Marty Krofft Television v. McDonald's Corp., 562 F. 2d 1157, 1163 (9th Cir. 1977).

相似。Krofft 案的被告认为表达方式完全不同，不构成侵权，并将相关元素分解为情节、设定和人物等用于证明作品之间存在区别。法院拒绝采信这一意见，并援引了 Arnstein v. Porter 案中的观点，认为原告就其作品享有的潜在经济回报源自普通公众的认可，因此普通观众的视听感觉，才能决定被告是不是不当挪用了原先的作品。

Krofft 案中确定的外部/内部标准虽然一直被引用，但一直被认为过于复杂、难以适用，在之后的判例中也在不断被悄悄背离。[①] 当时即有评论认为 Krofft 案判决类似循环论证而忽视了真正的问题，亦即除非被告复制了原告的表达方式，否则被告不可能“不当挪用”。[②] 更直接的问题是：如果版权法本来就不保护思想，那为什么还要判断思想是否存在实质性相似呢?[③] 这种两步法很可能会造成一个后果：即使被告仅仅复制了思想和不受保护的内容，也可能会构成侵权。[④] 在 Krofft 案三年之后，第九巡回法院辖区中的加利福尼亚中区联邦地区法院在 Miller v. CBS 一案中并没有遵循 Krofft 案的先例。[⑤] 该案将作品进行了分解比对，以确定受保护的元素是否构成实质性相似；而这种做法是 Krofft 案明确反对的。[⑥] Jason v. Fonda 一案也是如此，在适用内部标准时将作品分解成了特定的客观主题，来确定表达方式是否实质性相似。[⑦] 在 1985 年的 Berkic v. Crichton 一案中，第九巡回法院继续背离了 Krofft 案的说理，批评原告律师试图以思想相似来证明满足外部标准。[⑧] 该案的说理之后也被近 200 起案件所引用。[⑨] 在 13 年的跌跌撞撞之后，第九巡回法院在 1990 年 Shaw v. Lindheim 案终

---

① See Robert F. Helfing, Substantial Similarity in Literary Infringement Cases: A Chart for Turbid Waters, 21 UCLA Ent. L. Rev. 1 (2014).

② See Robert W. Woods, Copyright: Hollywood v. Substantial Similarity, 32 Okla. L. Rev. 177 (1979).

③ Supra note 1.

④ Robert F. Helfing, Substantial Similarity in Literary Infringement Cases: A Chart for Turbid Waters, 21 UCLA Ent. L. Rev. 1 (2014), 13.

⑤ Miller v. Columbia Broad. Sys., Inc., No. CV 78 - 4291 - RMT (Sx), 1980 WL 1179, at 1 (C. D. Cal. June 5, 1980).

⑥ Ibid. See Robert F. Helfing, Substantial Similarity in Literary Infringement Cases: A Chart for Turbid Waters, 21 UCLA Ent. L. Rev. 1 (2014), 8-9.

⑦ Jason v. Fonda, 526 F. Supp. 774 (C. D. Cal. 1981). See Robert F. Helfing, Substantial Similarity in Literary Infringement Cases: A Chart for Turbid Waters, 21 UCLA Ent. L. Rev. 1 (2014), 9.

⑧ Berkic v. Crichton, 761 F. 2d 1289 (9th Cir. 1985).

⑨ 以 Westlaw Next 查询的数据，截至 2019 年 3 月 26 日，引用该案例的案件数为 192 起，包括 Shaw v. Lindheim, 919 F. 2d 1353 (9th Cir. 1990)。

于不再假装遵循 Krofft 案。[①] 该案中法院认为，第一步外部标准不是比较两部作品的思想，而是判断思想元素的表达上是否存在相似；并特别强调该案中的外部标准不再是 Krofft 案中的外部标准。外部标准考量了文字作品中所有的重要元素，所以不能再将其单纯看作检验思想是否相似的标准，而是更宜将外部标准和内部标准视作"对表达的客观分析和主观分析"。法院还认为第二步内部标准是普通观众在"不经过分析"的情况下"本能的反应"。[②] 尽管第二步仍将作品作为整体来比较，但是不受保护的元素则不在其中——这一点和普通观察者标准是冲突的。此案中，法院正是看到了 Krofft 案中"外部/内部"标准的根本缺陷，因而不再使用 Krofft 案中对思想与表达进行分别检验的做法。从上述多起案例中可以看出，在第九巡回法院的多起判例中，场景设定、文字作品的节奏、情节几乎不能得到保护；多起案件中的情节仅仅是不受版权法保护的"思想"。[③]

2002 年的 Metcalf v. Bochco 一案因持整体比较而非分项比对标准，而成为为数不多的例外。该案中地区法院认为两部作品不构成实质性相似，但第九巡回法院予以改判。第九巡回法院同样使用了外部/内部标准判断是否构成实质性相似，[④] 并认为外部标准是客观标准，聚焦于"情节、主题、对白、气氛、场景设定、节奏、人物以及事件顺序"。法院引用了 Berkic v. Crichton [⑤] 与 Kouf v. Walt Disney[⑥] 两案中的意见，认为受到保护的表达包括作者思想表现形式的特定细节，也包括构成主要角色之间互动关系和事件发展顺序的具体元素；原告 Metcalf 夫妇所主张的细节在单独考量情况下不会受到版权法保护，但两部作品之间有太多情节发展模式和类型作品的相似之处，故可以满足外部标准。[⑦]

---

① See Katherine Lippman, The Beginning of the End: Preliminary Results of an Empirical Study of Copyright Substantial Similarity Opinions in the U. S. Circuit Courts, 2013 Mich. St. L. Rev. 513 (2013), 530.

② Shaw v. Lindheim, 919 F. 2d 1353 (9th Cir. 1990).

③ See Robert F. Helfing, 21 UCLA Ent. L. Rev. 1 (2014), 14. 不过需要指出的是，作者 Helfing 是 Metcalf v. Bochco, 294 F. 3d 1070 (9th Cir. 2002) 与 Funky Films v. Time Warner Entertainment Co., 462 F. 3d 1072 (9th Cir. 2006) 两案中的原告律师，因此很可能会倾向于认为，法院这样适用外部标准将导致对原告不利，从而要批评这种做法。

④ "We employ a two part analysis, an extrinsic test and an intrinsic test, to determine whether two works are substantially similar." See Metcalf v. Bochco, 294 F. 3d 1069 (9th Cir. 2002).

⑤ Berkic v. Crichton, 761 F. 2d 1289 (1985).

⑥ Kouf v. Walt Disney Pictures & Television, 16 F. 3d 1042 (9th Cir. 1994).

⑦ "Here, the similarities proffered by the Metcalfs are not protectable when considered individually…However, the presence of so many generic similarities and the common patterns in which they arise do help the Metcalfs satisfy the extrinsic test." See Metcalf v. Bochco, 294 F. 3d 1069 (9th Cir. 2002).

从判决中我们可以看到，这一案件是典型的整体比较模式，其结果亦是有利于原告方。但此案之后，第九巡回法院在10年内的近30起案件中，都认为原告不能满足外部标准，几乎自动驳回了原告的诉请。①

其他巡回法院也对Krofft案中“外部/内部标准”存在的问题，作出了一定的修正和发展。第四巡回法院在Dawson v. Hinshaw Music一案中虽适用了外部/内部标准，但适用内部标准时，认为应从作品的“目标受众”角度来判断两部作品是否存在实质性相似。② 即只有普通外行观察者是作品的目标受众时，才能用其视角作为判断标准。③ 在援引Arnstein v. Porter案中“潜在经济回报源自普通公众的认可”的意见之后，第四巡回法院认为，尽管该案没有明讲，但以其逻辑来说，之所以要从外行观众的视角出发，是因为他们构成了相关受众。④第四巡回法院随即援引Krofft案中的法院意见，即因Krofft案涉及儿童产品，所以在事实问题中应当考虑两作品对于少儿的意识和想象的影响；并据此主张该案中相关的普通观察者的视角，就是产品特定目标受众的视角，也认可在与计算机软件相关的案件中已经采取了这种“目标受众”标准。⑤ 因此，在适用内部标准判断是否构成实质性相似时，必须考虑原告作品的目标受众。如果目标受众的范围窄于普通外行观众，如果他们具有普通外行观众不具备的与购买产品相关的专业知识，则法院必须从目标受众的视角、感受出发，判断两部作品是否构成实质性相似。

③抽象—过滤—比较标准

这一标准起源于1930年Nichols v. Universal Pictures Corp. 案判决。汉德法官在该案判决中认为：“对于任何作品，特别是对于戏剧而言，在越来越多的事件被剔除之后，则作品可落入诸多更为抽象的叙事模式。最后一层可能仅仅是

---

① See Robert F. Helfing, Substantial Similarity in Literary Infringement Cases: A Chart for Turbid Waters, 21 UCLA Ent. L. Rev. 1 (2014), 19-22.

② “We intend to make the rule more precise, not to change it.” Dawson v. Hinshaw Music 905 F. 2d 731 (4th Cir. 1990).

③ See Dawson v. Hinshaw Music 905 F. 2d 731 (4th Cir. 1990).

④ Ibid.

⑤ “Fortunately, the advent of computer programming infringement actions has forced courts to recognize that sometimes the non-interested or uninformed lay observer simply lacks the necessary expertise to determine similarities or differences between products. In Whelan Associates v. Jaslow Dental Laboratory, 797 F. 2d 1222 (3d Cir. 1986), cert. denied, 479 U. S. 1031, 107 S. Ct. 877, 93 L. Ed. 2d 831 (1987), the Third Circuit concluded that the ordinary observer arm of the substantial similarity test was not appropriate for the complex computer program copyright case before it.”

对作品内容最为抽象的概括陈述，也可能只是标题；但是在这一系列抽象中有一个点，过了这个点就不再受到保护；否则剧作者就可以阻止别人使用其‘思想’，而作者的财产权在于表达，永远不会延伸到‘思想’。”[①] 因此也有评论认为，这段话虽然被称为“抽象标准”，但它根本就不是个标准；[②] 汉德法官的目的并不是让法院确定相似性，而是为了区分思想与表达。[③]

在 Computer Associates International v. Altai，Inc. 一案中，第二巡回法院对这一标准加以修正，并于之后被第六、第十和华盛顿特区巡回法院适用于不同类型作品的案件之中。[④] 根据这一修正后的标准，事实查明者先是将作品的所有元素作为一个整体，然后将受保护的表达方式与不受保护的表达方式相分离，再将不受保护的元素从原作的表达方式中过滤出去。之后再从普通观察者角度，将余下的、受保护的元素与被控侵权作品比对，判断两部作品是否实质性相似。[⑤] 2003 年，第六巡回法院在 Kohus v. Mariol 案中又对该标准作出修正。[⑥] 在该案中，出于和 Feist 案协调的立场，第六巡回法院采取了以下方法：第一，通过一系列分析过程，过滤出不具有独创性的、不受保护的元素——不是由原告独立创造完成，也不具备最低限度的创新性。因此有评论认为，这一做法整合了 Feist 案和汉德法官建立的抽象—过滤—比较标准。第二，比较是否受保护的元素是否构成实质性相似，并认为正如 Dawson v. Hinshaw Music 案一样，实质性相似标准要聚集于目标受众角度，且如果目标受众具有普通外行观众不具备的，与购买产品相关的专业知识，则法院必须从目标受众的视角、感受出发，判断两部作品是否构成实质性相似。[⑦] 这一案件受到的评价颇高；有评论认为，这一做法相当于把理性人标准引入了版权法，观察者的视角可以根据受众的情况进行变化。[⑧]

---

① Nichols v. Universal Pictures Corp.，45 F. 2d 119，121 (2d Cir. 1930).

② Robert F. Helfing，Substantial Similarity in Literary Infringement Cases：A Chart for Turbid Waters，21 UCLA Ent. L. Rev. 1 (2014)，5.

③ Nicole K. Roodhuyzen，Do We Even Need a Test-A Reevaluation of Assessing Substantial Similarity in a Copyright Infringement Case，15 J. L. & Pol'y 1375 (2007)，1382.

④ See Katherine Lippman，The Beginning of the End：Preliminary Results of an Empirical Study of Copyright Substantial Similarity Opinions in the U. S. Circuit Courts，2013 Mich. St. L. Rev. 513 (2013)，532.

⑤ 可以看出，这一标准与我国法院采取的主流标准非常相似。

⑥ Kohus v. Mariol，328 F. 3d 848 (6th Cir. 2003).

⑦ Ibid.

⑧ See William A. Hall，Copyright–Kohus v. Mariol：The Sixth Circuit Adopts Two–Step Test for Substantial Similarity in Copyright Infringement，34 U. Mem. L. Rev. 995 (2004).

④背景及借鉴之分析

在对以上标准进行具体分析之后，我们可以得出以下结论：首先，“普通观察者”标准与“普通观察者”与“外部/内部”标准均在一定程度上存在无法区分思想与表达、可能保护思想（公共领域）的问题，尤其是后者因为Krofft案制造的混乱，已经被称为“一摊浑水”，造成了较大的困惑。[①] 其次，标准的发展对应不同的时代背景，且越来越注重大众利益的平衡。“普通观察者”标准起源于十九世纪末，发展于二十世纪初，其高峰则是在音像产业发展至较成熟阶段、电视尚未出现的二十世纪四十年代，可谓垄断形成期的产物。[②] 但二十世纪后半叶是大众传媒与电视产业飞速发展的时期，电视更是自二十世纪六十年代开始进入美国千家万户，从旧有媒体形式中大量借鉴情节、叙事顺序等素材。此时如对电视作品适用老的“普通观察者”标准，就可能会对新兴行业产生相当的危害。[③] 1977年Krofft案发展出来的“外部/内部”标准及之后的一系列案例中对该标准作出的修正，包括分项比较各个要素，即是对新时代、新类型作品的回应，亦即美国法院采取了一种更为平衡的标准。自美国最高法院于二十世纪九十年代作出Campbell v. Acuff-Rose Music等一系列扩大合理使用范围、注重大众利益的判决之后，这种趋势就更为明显。整体而言，标准的主要目的在两种互相冲突的社会利益中取得平衡：既奖励作者的创造性努力、鼓励继续创作，也保证创意市场的成长、保证整个国家享受对于基本思想的不断利用。[④] 最后，上述标准值得有条件地借鉴。严格的“普通观察者”与“外部/内部”标准均不足以作为借鉴，但第九巡回法院的Miller v. CBS、Berkic v. Crichton、Shaw v. Lindheim、Funky Films Inc. v. Time Warner Entm’t Co. 等一系列案件中的分项比较方法及第四巡回法院在Dawson v. Hinshaw Music一案中的“目标受众”标准均有其合理之处，具备较高的借鉴价值。

（2）比较标准统一之具体路径

我国司法实践中，在侵犯文字作品著作权案件中主要采取的是“抽象过滤

---

① 在Metcalf v. Bochco一案判决意见中，第九巡回法院开始即声明“We delve once again into the turbid waters of the ‘extrinsic test’ for substantial similarity under the Copyright Act.” See Metcalf v. Bochco, 294 F. 3d 1069 (9th Cir. 2002). See also Robert F. Helfing, Substantial Similarity in Literary Infringement Cases: A Chart for Turbid Waters, 21 UCLA Ent. L. Rev. 1 (2014).

② See Robert F. Helfing, Substantial Similarity in Literary Infringement Cases: A Chart for Turbid Waters, 21 UCLA Ent. L. Rev. 1 (2014).

③ Ibid.

④ Ibid.

+分解元素+分项比较”与“抽象过滤+分解元素+整体比较”比对方法，与美国版权法中占较主流地位的“普通观察者”标准及早期“外部/内部”标准均存在一定区别，而是更接近于“过滤—抽象—比较”标准与外部标准的部分结合，但并不对“思想的相似”作出比较。[①] 相形之下，这种首先考虑思想/表达两分法的路径整体而言是可取的。但对于“分项比较”和“整体比较”两条可以导致不同后果的路线，则要确定何者为优。

本书认为，“抽象过滤+分解元素+分项比较”是较为可取的路径。首先，采取该论证的判决在逻辑严谨程度、细致程度上往往高于“整体比较”路径，说理较为充分；而“整体比较法”则显得笼而统之、逻辑不够清晰，因而影响其说服力。其次，该等路径更有利于防止权利人将过多的公共领域表达要素占为己有，从而有利于鼓励更多的衍生作品产生，亦符合《著作权法》的主要立法目的。在我国著作权法典型案件中，采取“分项比较”的案件往往不构成侵权，而采取“整体比较”的案件较易构成侵权，也足以为佐证。最后，该等路径亦符合文化产业发展的趋势。纵观美国实质性相似标准的发展历史，也是新兴技术、新的媒体不断出现与发展的历史，且整体来说越来越向利益平衡的方向发展。从整体而言，这种平衡不但不会对文化产业造成冲击，反而有利于各种素材的利用和文化产品的繁荣。如适用“内部/外部标准”的案件中，除 Krofft 案、Metcalf v. Bochco 案之外，鲜少有案例能够构成情节方面的实质性相似；Metcalf v. Bochco 案之后，第九巡回法院在 10 年内的近 30 起案件中，都认为原告不能满足外部标准，几乎自动驳回了原告的诉请。[②] 但美国的影视文化产业并未因此受到阻碍，而是一直处于蓬勃发展的状态之中。[③] 因此，著作权法在适用时须具有充分的灵活性、考虑到特定创意产业领域的习惯和创新，从而能在同类主题、桥段的日常使用与侵权使用之间作出区分。

此外，“整体印象”亦可以作为该路径的补充考量因素；如果两部作品在客观上给观众的整体印象并不一致，则两部作品不构成实质性相似的可能性就更高。此处的“观众”应借鉴第四巡回法院在 Dawson v. Hinshaw Music 一案中

---

① Katherine Lippman，The Beginning of the End：Preliminary Results of an Empirical Study of Copyright Substantial Similarity Opinions in the U. S. Circuit Courts，2013 Mich. St. L. Rev. 513（2013），532.

② See Robert F. Helfing，Substantial Similarity in Literary Infringement Cases：A Chart for Turbid Waters，21 UCLA Ent. L. Rev. 1（2014），19-22.

③ 也有学者认为，正是这些摇摆不定的判决让好莱坞大量通过内部协议、仲裁和内部注册制度等行业自治方式，来解决作品的独创性、补偿与署名问题。See Peter Decherney，Hollywood's Copyright Wars：from Edison to the Internet（New York：Columbia University Press 2012）.

发展出来的“目标受众”标准，即从作品的“目标受众”的角度出发，来判断两部作品的整体印象是否一致。目标受众方法显然是有其优点的；比如1983年第九巡回法院作出的Twentieth Century-Fox Film Corp. v. MCA，Inc.（星球大战与太空堡垒卡拉狄加）案中，[①] 加利福尼亚中部地区法院认为两部作品不构成相似，从而应被告动议作出部分即决判决；但第九巡回法院认为两者之间的相似之处颇多，星球大战的表达或思想是否确实受到复制，是一个重要的事实问题，因此该案被发回重新审理。[②] 今天任何对科幻影视稍有了解的观众都知道，这两部作品都是科幻领域内的经典之作；如以“目标受众”或是“更具洞察力的观察者”标准，则两者不太可能构成实质性相似。考虑到影视产业、文化产业中存在大量的类型小说，如果适用严格保护的标准，表面上看是保护了权利人的利益，实质上却是损害了产业领域内其他作品提供者的利益，以及大众获得新作品的权利。[③] 因此，对实质性标准，采取“抽象过滤+分解元素+分项比较”，并适当考虑目标受众因素，是较为可取与合适的路径。

就衍生视听作品而言，其表达元素基本均直接来自原视听作品，故一般情况下无须再进行“抽象过滤+分解元素+分项比较”，所以此时“整体印象”就是在侵犯原视听作品著作权情况下的主要考量因素。亦即衍生视听作品虽然利用了原视听作品的表达元素，但判断其是否构成实质性相似，则须视其给目标受众造成的整体印象是否与原作一致。在这种情况下，如衍生视听作品基本是对原作的简单缩编、介绍，给受众的整体印象基本与原作一致，则显然构成实质性相似。如衍生视听作品虽利用了原作的表达元素，但传递、表达了新的思想、情节，造成了与原作基本不相似的整体印象，则不应构成实质性相似。

采取上述限缩解释权利与确定比较路径的方式，不仅有利于减少衍生作品对原作的侵权风险，也有利于减少衍生作品之间相互侵权的风险。正如前文所述，衍生作品本身具有社区共享文化的性质，诸多情节及情节组合常见于多部衍生作品。如果进行扩大解释，则衍生作品不仅侵犯原作著作权的风险较大，衍生作品之间情节相似、相同的可能性也会相当大。如果扩大保护范围，衍生作品这一文化分享的传统将难以为继。因此，对著作权权能的范围和边界进行限缩解释，也是符合现状的选择。

---

① Twentieth Century-Fox Film Corp. v. MCA，Inc.，715 F. 2d 1327（1983）.

② Ibid.

③ See Robert W. Woods，Copyright：Hollywood v. Substantial Similarity，32 Okla. L. Rev. 177（1979）.

（三）从宽解释著作权限制

1. 累积适用路径之确定

我国著作权限制一直采取的是封闭列举式的立法模式。在《著作权法》于2020年修正之前，司法实践中对于著作权限制条款的适用有以下主要做法：一是将《著作权法实施条例》第二十一条规定作为《著作权法》（2010年修正）第二十二条规定的使用“合理性”与“适当引用”的具体标准、分析要件，或是将《著作权法》（2010年修正）第二十二条规定的封闭列举式行为与“三步检验法”并列视为整体考量因素，以上做法均可属于“累积式要件”标准。二是将“不得影响该作品的正常使用，也不得不合理地损害著作权人的合法权益”作为兜底原则考虑，而非累积式适用标准。尽管此等做法对于确立衍生作品合法性或许更为有利，但确与上述条款的层级效力、逻辑结构相悖，《著作权法》于2020年修正后亦将无法适用。三是司法政策性文件及某些法院典型案例中，展现了以“合理使用四因素”作为具体解释“三步检验法”的路径。四是有法院以《著作权法》第一条作为兜底条款，阐释对于著作权人的限制。从2020年修正后的《著作权法》规定而言，衍生作品必须符合《著作权法》第二十四条第（一）项、第（二）项规定的“为个人学习、研究或者欣赏”使用、“为介绍、评论某一作品或者说明某一问题”而适当引用等目的与要件，并且“不得影响该作品的正常使用，也不得不合理地损害著作权人的合法权益”的条件。

因著作权法属于调整作者、文化传播产业与用户权利之间关系的制度，著作权系法定权利而非自然权利，因而必须严格限制其著作权之边界。为尽可能确定衍生作品合法性，本书认为，首先，应依据法律规定，明确《著作权法》第二十四条“不得影响该作品的正常使用，也不得不合理地损害著作权人的合法权益”系累积适用之关系，在逻辑上不可作为兜底原则适用，应限定为市场替代因素。其次，对于《著作权法》第二十四条第（一）项、第（二）项规定的使用目的应本着利益平衡原则进行从宽解释。下文将结合域外立法及司法判决，来对该路径的合理性及具体方法进行论证。

2. “三步检验法”性质及解释路径

（1）立法来源

“三步检验法”源于《伯尔尼公约》第九条第二款规定的“三步检验法”。1967年斯德哥尔摩会议通过的《伯尔尼公约》文本以第九条第一款首次规定了权利人具有授权复制作品的专有权利，同时考虑到各国现行立法中对复制权的限制，以及复制权的行使也需要一定的灵活性，故于第九条第二款规定了成员国有权对于复制权的行使进行一定的限制。[①] 根据该条款规定，各国立法对复制权进行限制或规定复制权例外，须满足三个条件：一是仅限于特定案件，二是不能与作品的正常利用冲突，三是不能不合理地损害作者的合法权益。[②] 因此我们需要注意的是：首先，该条款仅针对复制权，而非针对所有专有权利；[③] 其次，该条款是针对各国立法的要求，而非直接针对每一起案件。

《伯尔尼公约》之后，《TRIPs 协议》第十三条中亦规定了“三步检验法”。[④] 但值得注意的是，《TRIPs 协议》第十三条扩张了“三步检验法”的适用范围，突出体现了《TRIPs 协议》保护产业利益的特点。《TRIPs 协议》第十三条规定：“全体成员均应将专有权的限制或例外局限于一定特例中，该特例应不与作品的正常利用冲突，也不应不合理地损害权利持有人的合法利益。”与《伯尔尼公约》第九条第二款的规定相比，该规定一是将原本适用于复制权的“三步检验法”扩张至专有权利，二是将《伯尔尼公约》第九条第二款规定中不得损害“作者”的利益，改变为不得损害“权利人”的利益。在 Fairness in Music Licensing（DISPUTE DS160）一案中，专家组更是以经济利益为导向，认为“三步检验法”的适用是累积性的，某一行为符合全部三个条件，才能视为满足了“三步检验法”的要求；违反任意一个条件，都将导致违反“三步检验法”。[⑤]“一定特例”是指国内立法中的限制或例外必须定义清晰，且在质与量上的范围都是狭窄的。[⑥]“与作品的正常利用冲突”是指“限制或例外”中规定

① See J. A. L Sterling, Sterling on World Copyright Law, 3rd ed. (London: Sweet & Maxwell: Thomson Reuters, 2018), 10.28.

② 《伯尔尼公约》的目标是，各国既需要审视现行立法中的例外是否符合“三步检验法”的规定，在未来立法时也要遵守“三步检验法”。因此公约中“三步检验法”规定的文本是开放式的。See Sabine Jacques, The Parody Exception in Copyright Law (Oxford: Oxford University Press, 2019), 44.

③ 《伯尔尼公约》第九条规定译文引自世界知识产权组织官方网站，https://wipolex.wipo.int/zh/text/283696，最后访问日期：2019 年 7 月 4 日。

④ 包含“三步检验法”的国际条约规定，还有《世界知识产权组织版权条约》(WCT) 第十条、1996 年《世界知识产权组织表演和录音制品条约》(WPPT) 第十六条第二款、2012 年《视听表演北京条约》第十三条第二款、《关于为盲人、视力障碍者或其他印刷品阅读障碍者 获得已出版作品提供便利的马拉喀什条约》(以下简称《马拉喀什条约》) 第十一条。WCT 及 WPPT 将“三步检验法”的适用扩展到了邻接权，但是从条约的前言而言，其考虑的因素越来越趋向于均衡。

⑤ 见 http://www.wto.org/english/tratop_e/dispu_e/cases_e/ds160_e.htm，最后访问日期：2019 年 8 月 9 日。

⑥ See Report of the Panel, 15 June 2000, WTO Document WT/DS160/R, 6.109-6.112.

的利用作品方式在通常情况下属于作者的专有权利，这种利用方式又与作者从作品中获利的常用方式形成市场竞争，以致剥夺了作者重要的或者可得的经济利益；[①] 这一要求在数字时代的重要性不言而喻。而如果某项“限制与例外”导致或者有可能导致权利人收入不合理减少，即为“不合理地损害权利持有人的合法利益”。[②] 这里需要指出的是，《TRIPs 协议》作为保护与贸易有关的知识产权协定，其主要宗旨在于保护相关产业的利益；因此，在 Fairness in Music Licensing 一案中，WTO 专家组对“三步检验法”作出严格的、倾向于保护著作权人利益的解释，对于 WTO 及其专家组而言是较为自然的事。虽然《TRIPs 协议》宗旨中也提及了利益平衡，但该案件本身与公众利益不存在非常明确的联系，因此，专家组在解释“三步检验法”的标准时，并未将公众利益这一著作权法领域的重要因素纳入考虑范围。

从上述立法来源，我们可以看出，“三步检验法”主要是为了防止被控侵权作品对原作的市场形成冲击，特别是成为原作的市场替代，从而影响原作作者、权利人的狭义复制权与经济利益。因此，“三步检验法”应当着重解释为对复制权、财产权的限制，其根本性质在于防止作品被利用，从而与原作形成市场竞争、市场替代；将“三步检验法”的性质限定为市场影响、市场替代因素，是符合法律逻辑与社会现实的结果。

（2）平衡解释

“三步检验法”的解释原则，仍应是利益平衡原则，其理由如下：

首先，从其在国际公约、条约中的规定目的而言，“三步检验法”是对于内国立法的原则性指南，而非对于个案的具体处理原则。[③] 也就是说，立法中著作权限制所规定的行为，只要是为了特定的目的、限于有限的范围，则可符合“特殊情况”的要求。[④] 诚如德沃金所言，将原则与规则混淆会引起一系列

---

① Ibid，6. 109-6. 180.

② Ibid，6. 109-6. 180.

③ See Christophe Geiger，Daniel J. Gervais and Martin Senftleben，“Understanding the ‘three-step test’”，in International Intellectual Property：A Handbook of Contemporary Research，Daniel J. Gervais Eds.（Cheltenham，UK and Northampton，MA，USA：Edward Elgar，2015），169.

④ See Christophe Geiger，Daniel J. Gervais and Martin Senftleben，“Understanding the ‘three-step test’”，in International Intellectual Property：A Handbook of Contemporary Research，Daniel J. Gervais Eds.（Cheltenham，UK and Northampton，MA，USA：Edward Elgar，2015），169.

的问题；[①] 而不少国家在将国际公约、条约中的“三步检验法”转化为国内法时往往忽略了这一点，从而将这条本来用于指导立法的原则作为具体案件中适用的规则，[②] 这种将“三步检验法”的标准直接移植到内国法的做法，即会根本上改变其目的和含义。[③] 因此，在国内司法中，对已经内化为内国法条款的“三步检验法”本着利益平衡原则进行解释，并不会导致该国立法违反“三步检验法”。值得注意的是，“三步检验法”在纳入《世界知识产权组织版权条约》（WCT）、《世界知识产权组织表演和录音制品条约》（WPPT）、《视听表演北京条约》时，也注意到了其所导致的公众利益失衡问题。上述条约的前言部分都重点强调，应当在版权权利与广大公众的利益，尤其是教育、研究和获得信息的利益之间保持平衡。[④]

其次，严格执行“三步检验法”，会使社会公众、用户的利益遭受过分损害。从比较法研究角度而言，目前严格执行“三步检验法”的案例多见于法国、荷兰、比利时等国，相当于将 WTO 专家组在 Fairness in Music Licensing（DISPUTE DS160）一案中的判断标准应用于个案。在严格型的司法实践中，法国的“《穆赫兰道》案”最为有名，亦广受批评。[⑤] 该案原告购买了电影《穆赫兰道》的 DVD，为了便于与家人一起观看，原告试图将 DVD 转为 VHS 格式，但因 DVD 具有技术保护措施而无法转换；于是原告提起诉讼，认为依据法国《著作权法》第 L122-5 条的规定，原告享有为了个人使用目的而复制作品的权利，而该权利受到被告技术措施的侵犯。[⑥] 巴黎上诉法院支持了原告的诉请，认为法国《著作权法》第 L122-5 条规定了作品的使用者享有获得复制件的积

---

① 见［美］德沃金：《认真对待权利》，信春鹰、吴玉章译，中国大百科全书出版社 1998 年版，第 41 页。

② 欧洲大陆国家因为《欧盟信息社会指令》（2001/29）而普遍引入了该条规定。

③ Supra note 1.

④ 见 WCT 前言部分：“强调版权保护作为文学和艺术创作促进因素的重要意义，承认有必要按《伯尔尼公约》所反映的保持作者的权利与广大公众的利益尤其是教育、研究和获得信息的利益之间的平衡。”WPPT 前言部分：“承认有必要保持表演者和录音制品制作者的权利与广大公众的利益尤其是教育、研究和获得信息的利益之间的平衡。”《视听表演北京条约》前言部分：“承认有必要保持表演者对其视听表演的权利与广大公众的利益，尤其是教育、研究和获得信息的利益之间的平衡。”载 https://wipolex.wipo.int/zh/treaties/profile/WIPO，最后访问日期：2020 年 8 月 22 日。

⑤ Mulholland Drive, French Supreme Court, February 28, 2006 (2006) 37 I. I. C. 760, reversing Paris Court of Appeal, April 22, 2005 (2006) 37 I. I. C. 112. 转引自 Jonathan Griffiths, The “three-step test” in European copyright law-problems and solutions, I. P. Q. 2009, 4, 433-434.

⑥ See Jonathan Griffiths, The “three-step test” in European copyright law-problems and solutions, I. P. Q. 2009, 4, 433-434.

极权利。[①] 但是法国最高法院推翻了这一判决，认为该条规定的权利并非积极权利，而且基于私人目的的复制必须符合《伯尔尼公约》第九条第二款规定的“三步检验法”标准。法国最高法院认为，在当今的数字环境下盗版的风险大为上升，而且DVD的发行对于电影产业具有非常重要的意义；因此，如允许使用者对DVD进行复制，将会影响权利人对作品的正常利用。法国最高法院这一判决，被认为是将“三步检验法”置于其现有著作权法规定的著作权限制之上。对于“三步检验法”和内国法中的著作权限制的效力问题作出同样处理方式的还有荷兰法院。荷兰法院在Ministry Press Reviews和Private Copying from Illegal Sources两案中同样限制了本国著作权法规定的著作权例外[②]；海牙地区法院也考虑了产业利益因素，认为只要某一行为已经违反了《欧盟信息社会指令》第5（5）条规定的“三步检验法”，则该行为是否符合荷兰著作权法中的例外规定并不重要[③]。在Google Inc v. Copiepresse SCRL一案中，被告援引了“新闻报道和引用”的法定限制与《欧洲人权公约》规定的言论自由权来进行抗辩，布鲁塞尔初审法院同样认为，《欧盟信息社会指令》规定的“三步检验法”可以证明著作权限制在本质上是相当严格、狭窄的，因此GOOGLE推出的法文版“GOOGLE新闻”服务（自动搜索新闻网站、生成摘要并进行复制），未能落入法定的著作权限制范畴。[④] 这些国家的做法相当于将《欧盟信息社会指令》中第5（5）条规定的“三步检验法”应用于具体个案的司法判决，而非将之视为立法指导。[⑤]

这些案例中的解释方法均招致了批评。“《穆赫兰道》案”被认为是否定了数字环境下的法定私人使用例外，荷兰法院与布鲁塞尔初审法院的判例也意味着原先法定例外在技术发展面前受到限缩，“三步检验法”是对内国著作权法

---

① See Jonathan Griffiths, The “three-step test” in European copyright law-problems and solutions, I. P. Q. 2009, 4, 433-434.

② Rechtbank Den Haag, March 2, 2005, case no. 192880, LJN AS 8778 [2005] Computerrecht 143 (comment K Koelman); Rechtbank den Haag, June 25, 2008, case no. 246698, LJN BD5690 [2009] AMI 146 (comment C. B. van der Net). 转引自Jonathan Griffiths, The “three-step test” in European copyright law-problems and solutions, I. P. Q. 2009, 4, 434-435。

③ Supra note 1.

④ Google Inc v. Copiepresse SCRL, Court of First Instance of Brussels, February 13, 2007 [2007] E. C. D. R. 5. 转引自Jonathan Griffiths, The “three-step test” in European copyright law-problems and solutions, I. P. Q. 2009, 4, 435-437。

⑤ See Sabine Jacques, The Parody Exception in Copyright Law (Oxford: Oxford University Press, 2019), 47.

中法定例外的叠加。[①] 由此可见，严格标准在数字环境下是对公共利益的限缩，并可能架空原先的法定著作权限制。美国著作权法专家金斯伯格认为，如作出严格解释，即使是传统意义上的合理使用，比如戏仿或学术使用，在特定情况下也可能会被认为是著作权人对于作品的“正常使用”；[②] 可见这种严格解释是不可取的。而且，只要使用者的行为有可能对作品的市场产生一点影响，也难以符合“三步检验法”的第三步[③]。因此，“三步检验法”及专家组对于“三步检验法”的严格解释，均使该方法饱受学界批评。[④]

最后，从比较法角度而言，德国、瑞士、西班牙对于“三步检验法”的适用标准则本着利益平衡原则进行，也收到了较好的效果。[⑤] 德国最高法院虽在其案例中引用了《伯尔尼公约》第 9.2 条及《TRIPs 协议》中规定的“三步检验法”，但正如德国著作权法一向秉持的态度那样，其引用与论证目的在于平衡著作权人与社会公众的利益。[⑥] 瑞士联邦法院在 ProLitteris v. Aargauer Zeitung AG 一案中，也对数字环境下个人使用例外采取了类似的分析方法。[⑦] 瑞士联邦法院认为，被告（文摘机构）的行为完全符合《联邦著作权法》第 19（1）条、第 19（2）条的规定（对作品进行私人使用可以由第三方代为进行）。[⑧] 同时该法院也考虑了利益平衡因素，认为文摘机构交给管理机构合理的使用费已

---

① See Christophe Geiger, The Answer to the Machine Should not be the Machine: Safeguarding the Private Copy Exception in the Digital Environment, [2008] E. I. P. R. 121; Christophe Geiger, The Three-Step Test, a Threat to a Balanced Copyright Law?, (2006) 37 I. I. C. 683. See J. Ginsburg, Toward Supranational Copyright Law? (2001) 187 RIDA 2, 14, http://www.law.columbia.edu/center_program/law_economics/wp_listing_1/wp_listing/181-190.

② 欧盟信息社会指令中第 5（5）条规定的“三步检验法”的用语与伯尔尼公约存在一定区别。

③ See J. Ginsburg, Toward Supranational Copyright Law?, (2001) 187 RIDA 2, 14, http://www.law.columbia.edu/center_program/law_economics/wp_listing_1/wp_listing/181-190.

④ See Christophe Geiger, Jonathan Griffiths, Reto M. Hilty, Declaration on a Balanced Interpretation of the "Three-Step Test" in Copyright Law, IIC 2008, 39 (6), 707-713. 该文件亦在 Max Planck Institute for Innovation and Competition（马克斯·普朗克创新与竞争研究所）网站发布（https://www.ip.mpg.de/fileadmin/ipmpg/content/forschung_aktuell/01_balanced/declaration_three_step_test_final_english1.pdf，最后访问日期：2021 年 5 月 4 日）。该文件联名者包括来自马克斯·普朗克创新与竞争研究所、慕尼黑大学、剑桥大学、伦敦大学、阿姆斯特丹大学的多名著作权法专家。

⑤ See Jonathan Griffiths, The "three-step test" in European copyright law-problems and solutions, I. P. Q. 2009, 4, 437-440.

⑥ Ibid.

⑦ ProLitteris (2008) 39 I. I. C. 990. 转引自 Jonathan Griffiths, The "three-step test" in European copyright law-problems and solutions, I. P. Q. 2009, 4, 439-440.

⑧ Ibid.

经足以弥补作者可能受到的损害，作者、相关产业与第三方的利益已经得到平衡，从而并未违反“三步检验法”的要求。[①] 2012 年，在 Megakini. com v. Google Spain 一案中，Google 因其复制、展示受版权保护的网站内容而被诉，西班牙最高法院也认为，著作权如同其他财产权一样，并非绝对权利，不能滥用；“三步检验法”也应该受制于诚信、防止权利滥用等民法基本原则。[②] 因此，西班牙著作权法中的“三步检验法”不只是“负面”的、解释和适用著作权限制的“限制式”手段，也应当是可以综合其他法律原则而适用的灵活条款。[③]

因此，以利益平衡原则来对“三步检验法”进行灵活解释，是符合公约、条约规定与著作权法政策的。在来自马克斯·普朗克创新与竞争研究所、慕尼黑大学、剑桥大学、伦敦大学、阿姆斯特丹大学的多名著作权法专家联名发布的 Declaration on a Balanced Interpretation of the“ Three-Step Test” in Copyright Law（《在版权法中对“三步检验法”进行平衡解释的宣言》）中，也建议将“三步检验法”解释为更为灵活的适用标准，并建议在就“三步检验法”进行立法时，一定要注意作品作者的利益、著作权人的利益和作品使用者、社会公众利益的平衡。[④]

（3）具体解释路径

对于我国著作权法体系中“三步检验法”的具体解释路径，首先应当指出，根据立法字面意义解释和条款结构，它应当是累积适用，而非《著作权法》第二十四条“著作权例外”的兜底原则。自从 2001 年“三步检验法”规定于修改后的《著作权法实施条例》第二十一条从而正式纳入我国著作权法体系以来，它从来就不是以立法指导原则的面目出现，而是司法者、执法者在具体个案中予以考量的标准。也正是因为如此，其解释路径一直未能达成一致意

---

① Ibid.

② See Raquel Xalabarder, Spanish Supreme Court Rules in Favour of Google Search Engine and a Flexible Reading of Copyright Statutes?, 3 (2012) JIPITEC 162, para. 18.

③ Ibid, para. 27.

④ See Christophe Geiger, Jonathan Griffiths, Reto M. Hilty, Declaration on a Balanced Interpretation of the“ Three-Step Test” in Copyright Law, IIC 2008, 39 (6), 707-713. 该文件亦在 Max Planck Institute for Innovation and Competition（马克斯·普朗克创新与竞争研究所）网站发布（https://www.ip.mpg.de/fileadmin/ipmpg/content/forschung_aktuell/01_balanced/declaration_three_step_test_final_english1.pdf，最后访问日期：2021 年 5 月 4 日）。该文件联名者包括来自马克斯·普朗克创新与竞争研究所、慕尼黑大学、剑桥大学、伦敦大学、阿姆斯特丹大学的多名著作权法专家。

见。[1] 值得注意的是，虽然这一标准是累积性的，但重点仍在于“不合理地损害作者的正当利益”，亦即应当容忍可以忽略不计的或者为达到社会公共利益目的而与目的成比例的合理损害。[2] 具体而言，则是应当将“三步检验法”作为市场竞争、市场替代因素的实质，将其限定为市场影响因素，将其与其他因素进行综合考量，而非将其作为“一票否决”条款予以严格适用。在我国司法实践中，最高人民法院于2011年12月16日发布的《关于充分发挥知识产权审判职能作用推动社会主义文化大发展大繁荣和促进经济自主协调发展若干问题的意见》第六条关于“妥当运用著作权的限制和例外规定”的规定认为：“……在促进技术创新和商业发展确有必要的特殊的情形下，考虑作品使用行为的性质和目的、被使用作品的性质、被使用部分的数量和质量、使用对作品潜在市场或价值的影响等因素，如果该使用行为既不与作品的正常使用相冲突，也不至于不合理地损害作者的正当利益，可以认定为合理使用。”如严格按文义，该意见在体例上杂糅两种著作权限制制度的因素，将“合理使用四因素”作为解释“三步检验法”的前提，在实际上又仍以“三步检验法”作为最终封底，实际上是增加著作权限制的要件，实难起到实际效果。考虑到“三步检验法”的源头主要是防止被控侵权作品对原作的市场形成冲击，特别是成为原作的市场替代，从而影响原作作者、权利人的狭义复制权与经济利益，因而解释路径之一，是根据该意见将“三步检验法”作为“合理使用四要素”中的市场影响因素。这一方法主要是基于“三步检验法”的市场替代本质，但缺点也在于难以理顺四因素与法律规定之间的层级关系。

另一种解释路径则是将“合理使用四因素”作为解释“不得影响该作品的正常使用，也不得不合理地损害著作权人的合法权益”的综合因素。“不得影响该作品的正常使用，也不得不合理地损害著作权人的合法权益”已经成为《著作权法》第二十四条的立法内容，其效力层级已远高于最高人民法院的文件规定。但是，考虑到“三步检验法”作为市场竞争、市场替代因素的源头与实质，故而将“合理使用四要素”作为灵活解释“不得影响该作品的正常使用，也不得不合理地损害著作权人的合法权益”的综合因素，在法律效力层级

---

① 这一现象并非我国所独有。欧洲各国法院在解释“三步检验法”时，同样存在各种不一致之处。See Sabine Jacques, The Parody Exception in Copyright Law（Oxford：Oxford University Press, 2019）, 46-50.

② See Sabine Jacques, The Parody Exception in Copyright Law（Oxford：Oxford University Press, 2019）, 54.

与灵活适用"三步检验法"标准上，都更为适宜。具体而言，在确定何谓"不得影响该作品的正常使用"时，应当将"作品使用行为的性质和目的、被使用作品的性质、被使用部分的数量和质量"作为考量因素。而在考虑何谓"不得不合理地损害著作权人的合法权益"时，则应将"使用对作品潜在市场或价值的影响"列为考量因素；尤其应当将对合法权益"不合理地损害"，解释为对作品潜在市场或价值具有重大不利影响。同时，在对上述因素进行权衡时，应当本着利益平衡原则，根据《著作权法》第二十四条各分项限制规定的目的与目标进行从宽解释，侧重其合理性、公平性，而非狭隘解释。①

也有观点认为，我国应以"三步检验法"作为判断具体使用行为是否合法的标准、代替"合理使用四要素"，② 但这一观点在实践中是难以实施的。首先，合理使用四因素在技术上具备一定的合理性、细致性，其在世界范围内的影响也在逐渐扩大。新加坡、马来西亚的立法已经开始改变在其公平处理的条款中引入合理使用因素的开放式做法，加拿大的立法亦开始趋向合理使用，被称为"合理使用 2.0"；英联邦的公平处理制度考虑的因素，与合理使用四因素亦有密切关联。③ 其次，在我国最高人民法院司法政策性文件的规定、地区高院的意见及较多具体案例中，合理使用四因素已经成为分析、衡量的因素，在具体个案中的使用与影响远高于使用"三步检验法"进行递进式逻辑分析的做法。同时，"三步检验法"在具体适用时具有内在缺陷：它本身是对立法而非个案的指导，太过抽象，直接适用的知名案例亦相当之少（WTO 专家组裁决是为例外，但它也是针对立法的而非个案的分析），因此难以据之展开在个案中具体分析。已有学者指出，严格将"三步检验法"列为累积式因素，则会危害到各国立法中原先存在的具体例外，甚至有架空例外之虞。④

3. 著作权限制条款之整体解释路径

综上所述，我国著作权限制制度的整体解释路径，首先应对使用目的进行扩大解释，其次应回归"三步检验法"的本质，即将其仅仅作为市场替代因素看待，而将使用的合理性、公平性于使用目的之中作扩张性解释。在如何进行

---

① See Sabine Jacques, The Parody Exception in Copyright Law (Oxford: Oxford University Press, 2019), 54.

② 见朱理：《著作权的边界——信息社会著作权的限制与例外研究》，北京大学出版社 2011 年版，第 224 页。

③ 下文中将予以详细论述。

④ Supra note 1.

从宽解释的技术性问题上，则可借鉴加拿大版权法公平处理制度下的相关判例及美国版权法合理使用的相关因素。下文即在对美国版权法合理使用、英国及加拿大公平处理等相关案例作出分析的基础上，探讨如何对我国著作权限制进行解释的整体路径。

（1）目的从宽解释

对著作权限制的目的进行从宽解释，首先符合著作权的本质。如前所述，首先应当认识到著作权法属于调整作者、文化传播产业与用户权利之间关系的制度，著作权是法定权利而非自然权利，因而必须严格限制其边界。同时，个人使用的历史远远超过任何著作权制度的历史，它不仅是著作权的限制，也是用户的权利。正如加拿大最高法院在 CCH 案中所强调的那样，"版权法……规定的著作权限制，可能理解为用户权利更为恰当……在程序上，被告需要证明他或她处理的作品是公平的；然而，将公平处理理解为《版权法》不可或缺的一部分可能更为恰当，而不仅仅是一种抗辩。……与《版权法》中的其他例外一样，公平交易例外是用户的权利。为了维护著作权人的权利与使用者的利益之间的适当平衡，不得对其进行限制性的解释"①。因此，对"为个人学习、研究或者欣赏"进行从宽解释，符合著作权制度的本质。

其次，从宽解释也符合我国《著作权法》的立法精神。在我国《著作权法》制定之初，国家版权局培训用书《中华人民共和国著作权法讲析》一书中即认为著作权限制是为了保证作品可以为公众所用，体现了"我为人人，人人为我"的精神，"强调作者的利益与公众的利益的一致性是我们社会主义国家立法的根本特征，因此，在涉及公众利益时，对作者权利的限制通常要多些……对作者权利加以限制，实际上是规定在利用作品方面作者对社会应尽义

① "The exceptions to copyright infringement, perhaps more properly understood as users' rights, are set out in ss. 29 and 30 of the Act···This case requires this Court to interpret the scope of both owners' and users' rights under the Copyright Act, including what qualifies for copyright protection, what is required to find that the copyright has been infringed through authorization and the fair dealing exceptions under the Act." "Procedurally, a defendant is required to prove that his or her dealing with a work has been fair; however, the fair dealing exception is perhaps more properly understood as an integral part of the Copyright Act than simply a defence. Any act falling within the fair dealing exception will not be an infringement of copyright. The fair dealing exception, like other exceptions in the Copyright Act, is a user's right. In order to maintain the proper balance between the rights of a copyright owner and users' interests, it must not be interpreted restrictively." See CCH Canadian Ltd. v. Law Society of Upper Canada, [2004] 1 S. C. R. 339, 2004 SCC 13, para. 12, 13, 48.

务”。[①] 这一认知可谓利益平衡原则的反映。该书还认为，“个人学习、研究与欣赏”的依据“与国际上通行的理论依据是一致的，即作者的智力劳动成果要受保护，但其成果是在前人劳动基础上创作的，在取得的成果中含有前人劳动的成果；社会上所有的人都有享受艺术、参加社会文化活动、分离科技成果的权利。因此，当个人（含家庭成员在内）为学习、研究、欣赏而非以获利任何经济利益为目的使用作品时，应作为作品受版权保护的例外情况”[②]。由此可见，《著作权法》制定时，参与立法及推广的学界、实务界已经认识到了文化层累与用户权利理念，并认为这才是著作权法限制的真正原因。但 2001 年我国《著作权法》修正之时，立法者对著作权制度的理解开始发生变化。《中华人民共和国著作权法释义》中对“个人使用”的依据认为，“要求每个人在每次使用他人作品时均要征得著作权人同意并支付报酬，是不可能做到的，也是不合理的。第一，个人使用要付酬，很难执行；第二，个人使用还要著作权许可，作品就难以被利用、被传播，创作活动本身也就失去意义了”。[③] 从该段表述而言，立法者对著作权本质的认识已经发生了变化，认为“个人使用”并不是公众的权利，而只是著作权人基于难以付酬、影响传播等理由，大度地给予公众豁免。这一点与我国著作权法的立法目的以及著作权制度的真正宗旨都是有所出入的。不过考虑到 2001 年《著作权法》及随后《著作权法实施条例》的修改，本身就是旨在加强保护、扩张著作权人的权利范围，该等认知也就不足为怪了。

（2）合理使用与公平处理之借鉴

①美国版权法合理使用制度（Fair Use）

美国《版权法》第一百零七条“专有权的限制：合理使用”条款规定，为了批评、评论、新闻报道、教学（包括用于课堂的多件复制品）、学术或研究之目的而使用版权作品的，包括制作复制品、录音制品或以该条规定的其他方法使用作品，系合理使用，不视为侵犯版权的行为。任何特定案件中判断对作品的使用是否属于合理使用时，应考虑的因素包括：a. 使用的目的与特性，包括使用是否具有商业性质，或是否为了营利的教学目的；b. 版权作品的性质；

---

① 见沈仁干：《关于对著作权的限制》，载《中华人民共和国著作权法讲析》（中华人民共和国司法部、国家版权局著作权法培训班教材），中国国际广播出版社 1991 年版，第 195-196 页。

② 同上注，195-196 页。

③ 胡康生主编、全国人民代表大会常务委员会法制工作委员会编：《中华人民共和国著作权法释义》。

c. 所使用的部分的质与量与作为整体的版权作品的关系；d. 使用对版权作品之潜在市场或价值所产生的影响。作品未发表这一事实本身不应妨碍对合理使用的认定，假如该认定系考虑到上述所有因素而作出的。①

在四个因素中，“使用的目的与特性”是最为重要的考量因素之一，其重点是被控侵权作品是否具备商业性使用与转换性使用性质。在 Sony v. Universal City Studios 一案中，美国最高法院认为改变放映时间的使用并非商业性使用，故可成为合理使用抗辩成立的有利因素之一；② 是否为商业性使用的重要性由此可见一斑。然而在某种程度上，转换性使用的衡量甚至超过了商业因素：在 Campbell v. Acuff-Rose Music 案中，最高法院重点申明了转换性使用的重要性，认为转换性是指“新的作品超越了原作的目标”，或者是“加入了新的东西、具有更深远的目的或者不同的性质，改变原作后具有了新的表达、意义、信息”。③ 而且“转换性使用虽非合理使用的绝对必要条件……但新作越是具备转换性，其他因素便越是不重要，比如可能对合理使用不利的商业化因素”。④ 在 Sun Trust Bank v. Houghton Mifflin Company（The Wind Done Gone case）与 Frank Gaylord v. the United States 两案中均引用了 Campbell v. Acuff-Rose Music 案中关于转换性目的的要求，转换性目的的重要性更是被放在商业性目的之前。⑤“版权作品的性质”这一因素对是否构成合理使用也具有一定影响。原作如是虚构性而非事实性的，则受到版权保护的可能性就更大，但这一因素通常并不重要，法院在案例论述中往往也是一笔带过。⑥

第三个因素的关键则是“质与量”。“量”是指相似的部分是否构成原告作品（而非被告作品）的重要组成部分；而且即便相似部分的量并不大，但如果在“质”上是重要的，则仍然对被告不利。在 Chicago Record-Herald Co. v. Tribune Ass'n 一案中，法院认为，不能仅凭字句多少来判断被使用的是否为实质性部分。⑦

---

① 17 U. S. C. § 107. § 107；具体译文参见《十二国著作权法》翻译组译：《十二国著作权法》，清华大学出版社 2011 年版，第 731 页（“美国版权法”章节译者为孙新强）。

② Sony Corp. of America v. Universal City Studios, Inc., 464 U. S. 417 (1984).

③ See Campbell v. Acuff-Rose Music, 510 U. S. 569, 577 (1994), [3], [4].

④ Ibid.

⑤ See Suntrust Bank v. Houghton Mifflin Co., 268 F. 3d 1257 (11th Cir. 2001).

⑥ “The second factor, the nature of the copyrighted work, recognizes that there is a hierarchy of copyright protection in which original, creative works are afforded greater protection than derivative works or factual compilations.” Suntrust Bank v. Houghton Mifflin Co., 268 F. 3d 1257 (11th Cir. 2001).

⑦ See Chicago Record-Herald Co. v. Tribune Ass'n, 275 F. 797 (7th Cir. 1921).

在 Sheldon v. Metro-Goldwyn Pictures 案中，伦纳德·汉德法官认为，不能因为剽窃者原创内容之多寡而原谅其过错；[①] Story 大法官在 Folsom v. Marsh 案中的意见："如果拿得太多，则原作的价值就会明显减少，或者原作作者的劳动就会因他人的挪用而受到损害，在这个程度上，就足以认定为法律上的盗版行为。"[②] 在 Harper & Row v. Nation Enterprises 一案中，最高法院引用了伦纳德·汉德法官的意见，认为尽管被告仅仅使用了原告数万字材料中的几百个字，但该段文字却是整篇文章的精华部分，因此这一因素的衡量对被告是不利的；被告的行为也最终被认为不能构成合理使用。[③]

第四个因素则是市场替代性考虑。因为必须要将四个因素一起考量，所以这一因素并非决定性因素，但显然重要程度极高。法院不仅需要衡量被控侵权作品对原告作品的直接市场影响，也要考虑潜在的影响。在 Castle Rock Entertainment v. Carol Publishing Group 一案中，法院就因为被控侵权产品对于原作未来的市场具有潜在损害，而认为合理使用抗辩不能成立。在 Bridgeport Music and Southfield Music v. UMG 一案中，法院也因为原告可能会遭受实质性的许可费用损失，而拒绝了合理使用抗辩。[④]

②公平处理制度及加拿大版权法案例的发展

A. 公平处理制度概况

公平处理（Fair Dealing）系英国及英联邦国家、地区所通常采取的著作权限制制度，我国香港特别行政区亦采取此立法例。[⑤] 如 1988 年英国《著作权、外观设计与专利法案》第三章第二十九条至第三十条的公平处理规定，即以穷尽方式列举了一系列著作权限制行为，包括以非商业研究或私人学习、批评或评论、新闻报道、引用、戏仿、讽刺漫画（caricature）、仿作（pastiche）为目

---

① Sheldon v. Metro-Goldwyn Pictures Corp.，81 F. 2d 49，56（CA2）.

② See Folsom v. Marsh，9. F. Cas. 342（C. C. D. Mass. 1841）. 但是如果在文学作品中"量"太少，比如只是用了一个句子，那么通常情况下还是被认为太过细小、侵权的可能性不大。See Chicago Record-Herald Co. v. Tribune Ass'n，275 F. 797（7th Cir. 1921）.

③ Harper & Row v. Nation Enterprises，471 U. S. 539（1985）.

④ Bridgeport Music，Inc. v. UMG Recordings，Inc.，585 F. 3d 267（6th Cir. 2009）.

⑤ 有学者认为，英国是在二十世纪早期才开始逐渐统一采取"fair dealing"的术语，仅从用语而言与 fair use 并无本质区别。See Ariel Katz，"Fair Use 2. 0：The Rebirth of Fair Dealingin Canada"，in The Copyright Pentalogy：How the Supreme Court of Canada Shook the Foundations of Canadian Copyright Law，Michael Geist Ed.（Ottawa：University of Ottawa Press，2013），101-102.

的的公平处理行为。[①] 某一行为要构成公正处理，需满足三个条件：a. 该行为必须属于法律明确列举的公平处理行为之一；b. 处理必须是公平的；c. 必须依法注明作品来源（acknowledgement）。[②] 通常而言，公平处理制度的立法传统，即是根据情况不断增加一项项公平限制行为的种类。

整体来说，英国及英联邦国家、地区在考虑何谓“公平”时，所参考的因素是类似的，即通过 Hubbard v. Vosper 等一系列案件所发展出来的因素，包括：a. 使用（处理）的数量；b. 使用（处理）原作的方式；c. 处理的后果；d. 原作是否发表；e. 被告如何获得原作；f. 处理的动机；g. 有无可以达到相同目的的其他手段。[③] 英国在 2002 年的 Ashdown v. Telegraph Group Ltd. 一案中论证了衡量因素之间的等级：a. 被控处理方式是否会形成原作的市场替代；如果形成市场替代，则几乎不可能构成公平处理。b. 原作是不是已经出版或公开发表；如果尚未向公众公开，则也不会构成公平处理，在被告通过违反保密条款或者不当手段获取原作的情况下更是如此，处理的动机非常重要。c. 使用原作的程度（可以使用原作的部分实质性内容）。[④] Associated Newspapers Group v. News Group Ltd. 等案件的判决结果也隐含着这一态度。[⑤] 2003 年修订的英国《著作权、外观设计与专利法案》则侧重强调了研究的“非商业性”是构成公平处理的必要条件，2007 年的 Green Amps 一案也直接反映了这一点：被告的研究具有商业目的，从而不能符合公平处理条款中的研究性目的。[⑥] 因此，在英国判例法中，商业性使用、对市场因素的影响是非常重要的因素，甚至直接超越了其他因素，成为最重要的因素。

值得注意的是，我国香港特别行政区的立法也引入了合理使用四因素的考量，如香港特别行政区《版权条例》第三十八条“研究及私人研习”条款中第

---

① See J. A. L Sterling, Sterling on World Copyright Law, 3rd ed.（London：Sweet & Maxwell：Thomson Reuters，2018），10. 104-106.

② Gluseppina D'Agostino，Healing Fair Dealing-A Comparative Copyright Analysis of Canada's Fair Dealing to U. K. Fair Dealing and U. S. Fair Use，53 McGill L. J. 309（2008），338.

③ See Lionel Bently and Brad Sherman，Intellectual Property Law 4th ed.（Oxford：Oxford University Press，2014），224-227.

④ See Ashdown v. Telegraph Group Ltd.，［2002］Ch. 149.

⑤ See Hubbard v. Vosper，［1972］2 Q. B. 84.

⑥ In my view，this argument fails at the initial stage. Section 29 requires both that what would otherwise be the act of infringement is “for the purposes of research” and that such research should be “for a non-commercial purpose”. The second of these requirements is plainly not satisfied. See The Controller of Her Majesty's Stationery Office，Ordnance Survey v. Green Amps Limited，［2007］EWHC 2755（Ch），para. 21.

三款就指明，“法院在裁定对作品的处理是否第一款所指的公平处理时，须考虑有关个案的整体情况，并尤其须考虑——该项处理的目的及性质，包括该项处理是否为非牟利的目的而作出以及是否属商业性质；该作品的性质；就该作品的整项而言，被处理的部分所占的数量及实质分量；及该项处理对该作品的潜在市场或价值的影响”①。

本书参考公平处理制度案例的理由为：第一，公平处理（Fair Dealing）制度采取的立法例也是以目的、行为为依托的封闭列举式，与美国版权法开放式的合理使用模式存在立法模式上的区别，从而更接近我国的著作权限制体例。美国版权法合理使用采取的模式是原则性的、开放性的，它综合考虑、整体衡量四个法定的因素，研究、私人使用等目的仅是构成合理使用的例证。② 与合理使用相比，公平处理以非开放式、列举式的方法规定了数个特定行为（目的），只有符合这些特定行为（目的），公平处理才能成立。③ 如英国、澳大利亚、加拿大的版权法及我国香港特别行政区的《版权条例》均是如此。具体而言，公平处理是递进式的，它首先考虑被控侵权行为是不是符合研究、私人使用、批评等法定目的，其次考虑被控侵权行为是不是符合“公平”标准（还需考虑是否具有合法来源等因素）；而合理使用则省去了第一步，无需单独考虑使用的目的。④ 如英国 Pro Sieben Media AG v. Carlton U. K Television 一案中，法院即将问题依次总结为三个层面：被告的使用行为是否出于批评或评论目的？如果出于上述目的，能否构成公平处理？如果构成公平处理，是否充分表明作品来源？⑤ 加拿大最高法院在 CCH 案中也认为，“为了证明某

① 该条例第三十九条及第四十一条中亦有类似规定，载 https：//www. elegislation. gov. hk/hk/cap528？xpid＝ID_1438403328663_003，最后访问日期：2019 年 11 月 2 日。

② See Michel Geist，“Fairness Found：How Canada Quietly Shifted from Fair Dealing to Fair Use”，in The Copyright Pentalogy：How the Supreme Court of Canada Shook the Foundations of Canadian Copyright Law，Michael Geist Ed.（Ottawa：University of Ottawa Press，2013），165.

③ 英国有学者认为，“三步检验法”是否为英国公平处理之外额外的附加条件，它是针对立法的要求还是针对司法中个案的要求（或者两者皆是），尚不明朗。See Lionel Bently and Brad Sherman，Intellectual Property Law 4th ed.（Oxford：Oxford University Press，2014），222-223.

④ Supra note 2，157-158.

⑤ “Apart from minor issues not raised in this court，the issues which the judge had to decide were as follows.（1）Did the Carlton programme make use of the TAFF report for the purpose of criticism or review？（2）If so，was that a fair dealing？（3）If so，was there a sufficient acknowledgement？（4）Did the Carlton programme make use of the TAFF report for the purpose of reporting current events？（5）If so，was that a fair dealing？In each case these questions have to be answered within the meaning of section 30 of the Act of 1988，and bearing in mind the independent approach to construction enjoined by section 28（4）.”

项处理符合《版权法》第二十九条规定的公平条件，被告必须证明：（1）该项处理或是为了研究，或是为了私人使用目的；（2）该项处理是公平的”[①]。在 Bell 案中，加拿大最高法院也明确声明：“与美国直接进行分析使用是否合理（fairness）的方法不同，在加拿大，我们不对合理性进行分析，除非我们确信处理是为了《版权法》中以列举方式所承认的某一目的。”[②]第二，加拿大最高法院采取的考量因素与英国类似，即处理的目的、处理的性质、处理的数量、有无可以达到相同目的的其他手段、原作的性质、处理对原作的影响；尽管因素相似，但加拿大采取的整体解释方式更为合理、宽松，特别是对目的进行从宽解释，有利于我国在不改变著作权法条文规定的情况下适应新的形势，因而可作为具体解释路径的借鉴。

综上，虽然公平处理制度下著作权限制的路径与我国著作权法限制制度亦比较相似，但加拿大采取的整体解释方式更为合理、宽松，在具体技术上足可借鉴。下文即对此予以分析。[③]

B. 加拿大公平处理判例

根据现行加拿大《版权法》第二十九条规定，为了研究、私人学习、教育、戏仿或者讽刺目的公平处理不侵犯版权；2012 年版权法修改之前，则不包括戏仿或讽刺目的。加拿大最高法院在二十世纪九十年代本来持限缩解释的保守立场。在 1990 年的 Bishop v. Stevens 案中，加拿大最高法院对版权法的目标持传统观点，并引用了 1934 年 Performing Right Society v. Hammond's Bradford Brewery 案中的意见，认为“1911 年版权法通过时只有一个目标，就是为了文学、戏剧或音乐等各类作者的利益”。[④] 1997 年的 Michelin v. Caw 案中，法院对

---

① See CCH Canadian Ltd. v. Law Society of Upper Canada, [2004] 1 S. C. R. 339, 2004 SCC 13, para. 50.

② “Unlike the American approach of proceeding straight to the fairness assessment, we do not engage in the fairness analysis in Canada until we are satisfied that the dealing is for one of the allowable purposes enumerated in the Copyright Act.” See Society of Composers, Authors and Music Publishers of Canada v. Bell Canada, 2012 SCC 36, [2012] 2 S. C. R. 326, para. 26.

③ 就英国公平处理制度来说，虽有观点认为英国法院在 Pro Sieben Media AG v. Carlton U. K Television 等案中对“目的”采取了宽泛的解释方式，扩大解释了批评、评论、新闻报道等目的，但整体来说，英国版权法项下的解释仍然没有跳出批评、评论与新闻报道的基本框架。故本书对于英国相关判例未予参考。

④ “As noted by Maugham J., in Performing Right Society, Ltd. v. Hammond's Bradford Brewery Co., [1934] 1 Ch. 121, at p. 127, ‘the Copyright Act, 1911, was passed with a single object, namely, the benefit of authors of all kinds, whether the works were literary, dramatic or musical’.” See Bishop v. Stevens, [1990] 2 S. C. R. 467. 该案认定被告复制原告音乐用于两次广播的行为构成侵权。

于公平处理也持保守态度。对于被告主张其使用米其林轮胎小人属于戏仿的抗辩，法院认为，虽然美国判例法允许戏仿作为合理使用原则下的“批评”，但加拿大的公平处理制度与美国的合理使用不同，美国判例也没有任何说服力之外的权威性；在适用美国判例时应当谨慎，并应考虑每一法律体系的具体规则。[①] 加拿大长期以来拒绝将戏仿作为例外，对版权侵权的例外情况也应予以严格解释；法院无意以戏仿作为批评的一种形式，从而在版权法规定之外创造一个新的例外。[②]

在2002年之后，随着网络通信技术的发展，加拿大的整体社会与最高法院均意识到了带来的社交方式、文化作品创作方式的变化，正如版权法学者Teresa Scassa所言：“游戏已经改变了，规则也应该改变。”[③] 自2002年以来，加拿大最高法院在Théberge案[④]、CCH案[⑤]、Bell案[⑥]、Alberta案[⑦]等著名案例中，对于公平处理的“研究、学习”等目的作出了符合时代的解释，[⑧] 而在“公平性”的分析过程中，加拿大最高法院亦将“公平处理抗辩”提升为“用户权利”，这对衍生作品更加有利。

在2004年的CCH案中，加拿大最高法院首次明确了必须对“学习”等公平处理目的作出不限于非商业使用或者私人场景的从宽解释，且将公平处理这一著作权限制制度上升到了“用户权利”（user's right）的高度。判定向其成员等提供复印服务的律师协会构成公平处理。该案中加拿大最高法院引用了2002年Théberge案中的意见，[⑨] 认为版权法的目标是促进文艺作品的创作和传播，

① See Michelin v. Caw，[1997] 2 FC 306，1996 CanLII 11755（FC）.

② Ibid.

③ See Teresa Scassa，“Acknowledging Copyright's Illegitimate Offspring：User-Generated Content and Canadian Copyright Law”，in The Copyright Pentalogy：How the Supreme Court of Canada Shook the Foundations of Canadian Copyright Law，Michael Geist Ed.（Ottawa：University of Ottawa Press，2013），436.

④ Théberge v. Galerie d'Art du Petit Champlain inc.，[2002] 2 S. C. R. 336，2002 SCC 34.

⑤ CCH Canadian Ltd. v. Law Society of Upper Canada，[2004] 1 S. C. R. 339，2004 SCC 13.

⑥ Society of Composers，Authors and Music Publishers of Canada v. Bell Canada，2012 SCC 36，[2012] 2 S. C. R. 326.

⑦ Alberta（Education）v. Canadian Copyright Licensing Agency（Access Copyright），2012 SCC 37，[2012] 2 S. C. R 345.

⑧ 有学者认为加拿大法院这种做法实质上已经让第一步的“目的”标准非常容易达到，以致绝大多数用户使用方式均可落入上述法定的八个目的之中。See Michel Geist，“Fairness Found：How Canada Quietly Shifted from Fair Dealing to Fair Use”，in The Copyright Pentalogy：How the Supreme Court of Canada Shook the Foundations of Canadian Copyright Law，Michael Geist Ed.（Ottawa：University of Ottawa Press，2013），159.

⑨ Théberge v. Galerie d'Art du Petit Champlain inc.，[2002] 2 S. C. R. 336，2002 SCC 34.

以在公众利益与奖励作者之间进行平衡。[①] 在此基础上，加拿大最高法院进一步认为，公平处理是一种用户权利（users'rights），而不仅仅是抗辩；这一认定已经完全超越了以往的认识。[②] 之后加拿大最高法院认为必须对公平处理进行从宽解释，特别是规定的研究、私人使用、批评、评论、新闻报道等目的，以免不当限制用户权利；在该案中则具体体现为"研究"并不限于非商业使用或者私人场景（private contexts）。[③] 该案之后还进一步明确了"公平处理"的标准，即"处理的目的、处理的性质、处理的数量、原作的性质、处理之外是否有其他可用的替代方案，以及处理对于原作的影响"。这一案件的影响是里程碑式的；它确认了"用户权利"及从宽解释公平处理条款的理念，之后的 Bell 案与 Alberta 案也对这些理念进行了确认与发扬光大。

在 2012 年的 Bell 案中，加拿大最高法院则对"研究"概念进行了拓宽解释，并提出了应从"用户角度"看待处理目的的观点，认为向公众提供 30-90 秒的乐曲试听构成公平处理。[④] 与 CCH 案一样，该案突出强调了 Théberge 案中的平衡理念与 CCH 案中的用户权利理念，坚持对于公平处理条款作出自由化的解释。该案首先认为 Théberge 案标志着对早期以作者为中心、聚焦于作者与权利人控制其作品市场使用的专有权利的版权观念的偏离，[⑤] CCH 案则确认了用户权利是推进版权法公共利益目标的关键部分。

Bell 案的一大贡献是对"研究"概念进行了拓宽解释。原告本主张"研究"仅指"对资料和资料来源进行系统的调查和研究，以确定事实、得出新的结论"，"研究"的目的必须是创作有创意的作品，因为只有对创作过程有所贡献的使用才符合公众利益。因此，试听歌曲片段并不等同于"研究"，因为其主要目的不是培养创造力，而是让用户能够在线购买音乐。但这一观点被加拿大最高法院驳回了。加拿大最高法院援引了 CCH 案中"应当对'研究'进行广义的从宽解释，以确保用户权利不受不当的限制"的观点，[⑥] 指出传播作品

---

① See CCH Canadian Ltd. v. Law Society of Upper Canada, [2004] 1 S. C. R. 339, 2004 SCC 13, para. 23.

② Ibid, para. 12, 13, 48.

③ Ibid, para. 51, 54.

④ Society of Composers, Authors and Music Publishers of Canada v. Bell Canada, 2012 SCC 36, [2012] 2 S. C. R. 326.

⑤ Ibid, para. 9, 11.

⑥ Ibid, para. 15.

也是《版权法》的目的之一，亦即无论传播是否具有创造性，均是为了公众利益；因此《版权法》第二十九条规定的“研究”并不仅仅限于“具有创造性的目的”。同时，“私人学习”也不要求具备创造性，因此对“研究”的解释标准也不应当比“私人学习”更严格。① 此外，将研究限于创造性目的也违反了“研究”的一般意义，其中包括许多不需要确认新的事实或结论的活动；“研究”可以是零碎的、非正式的、探索性的或确定的，得出新的结论只是研究的目的之一。② 因此，原告所提出的“研究”仅限于创作新作品的观点，将“目的”与“公平性”两个步骤混为一谈，③ 过分提高了“公平性”的进入门槛，与 CCH 案中确定的“用户权利”理论是相悖的。④

Bell 案的另一大贡献是提出了“用户角度”的观点。加拿大最高法院认为，无论是“研究”的概念或是“处理的目的”，均应当从用户或消费者的角度出发。⑤ 原告主张，网站提供试听纯粹是出于商业目的；⑥ 但法院认为，这一观点不是从消费者的角度，而是从服务提供者的角度来看待预览的目的；此案中最重要的是享受试听服务的最终用户的角度、观点。⑦ 虽然服务提供商提供试听音乐，但这种试听是简短的流媒体式，且质量较低，故其主要是为了便利消费者的研究目的，也为此目的采取了合理的保障措施。⑧

在这些分析的基础上，Bell 案中加拿大最高法院考虑了处理的性质、处理的数量、原作的性质、处理之外是否有其他可用的替代方案，以及处理对于原作的影响等其他因素，认为本案中的试听音乐仅仅是一次性提供，在试听结束后也自动删除，虽然数量较大，但符合处理的目的，尚不足以构成不利影响。⑨同时，基于歌曲的特定表现形式，对用户来说试听部分片段“可能是最实用、最经济和最安全的方式，以确保他们购买他们想要的东西”，因此简短、低质量的流媒体试听是合理必要的；⑩ 也因为这些特点，试听难以和作品本身构成竞

---

① Ibid，para. 21.

② Ibid，para. 21.

③ 详见“（二）英国及英联邦国家、地区”公平处理与合理使用比较部分。

④ Society of Composers，Authors and Music Publishers of Canada v. Bell Canada，2012 SCC 36，[2012] 2 S. C. R. 326，para. 27.

⑤ Ibid，para. 30.

⑥ Ibid，para. 34.

⑦ Ibid，para. 34，35.

⑧ Ibid，para. 34，35.

⑨ Ibid，para. 41.

⑩ Ibid，para. 44-46.

争，而且还增加了作品的销售和传播，所以不能认定试听对作品有负面影响。[①]

在2012年的Alberta案中，加拿大最高法院继续保持其适应时代发展的态度，对“学习”目的保持其从宽解释法定目的的立场。双方争议的行为系教师主动复印课本的简短摘录分发给学生，并要求学生阅读，作为学生使用的主要课本的补充；[②] 原告认为该行为属于教学，并非私人学习，故不能构成公平处理。在此，关于“学习”目的，法院重申了CCH案中确立的用户权利理念和Bell案中的“最终用户角度”，认为教师“不能被描述为具有完全独立的‘教学’目的，其行为也是为了方便学生的研究和私人学习”[③]。“不言而喻的是，大多数学生缺乏寻找或要求其研究和私人学习所需的资料的能力，需要依赖于他们老师的指导。”因此，老师和学生共享同一个目的；在学校里，教学和研究/私人学习是同义反复。[④] 关于何谓“私人学习”，法院也认为，“私人研究”中的“私人”一词不应被理解为要求用户在完全孤立的状态下阅读受版权保护的作品；“学习本质上是个人的努力，无论是众人参与还是独自一人”；因此，重点不在于课堂教学的多人情形，而是学习的概念。[⑤] 而为了达到学生研究和私人学习的最终目的，复制简短的摘录是合理必要的；在考虑“处理的数量”因素时，也应当考虑摘录与整个作品之间的比例，而非全部散发的数量；而本案中摘录与原作的比例较小。[⑥] 虽然20多年来教科书的销售有所下降，但尚有互联网和电子设施、学习资源更为丰富及教科书寿命有限等其他原因，故无任何证据表明老师复印简短的摘录与教科书销售下降之间存在任何联系。在此情况下，法院认为被告的行为符合私人教学目的，并构成公平处理。

加拿大最高法院自2002年以来所作出的一系列版权法案例，通过对目的扩大解释及对用户权的确认，进一步确定了版权的“法定权利”属性，也将单纯的“抗辩”“豁免”上升为可以直接与权利人的版权相抗衡的用户权，[⑦] 从而大幅度提升了用户使用作品行为的合法性，也明确了用户权的自然权利性质，清

---

① Ibid, para. 48.

② Alberta (Education) v. Canadian Copyright Licensing Agency (Access Copyright), 2012 SCC 37, [2012] 2 S. C. R 345, para. 7.

③ Ibid, para. 23.

④ Ibid, para. 23.

⑤ Ibid, para. 27.

⑥ Ibid, para. 32.

⑦ Gluseppina D'Agostino, Healing Fair Dealing, A Comparative Copyright Analysis of Canada's Fair Dealing to U. K. Fair Dealing and U. S. Fair Use, 53 McGill L. J. 309 (2008), 324.

晰地昭示着其对于版权所持的限制性立场。[①] 加拿大著名版权法学者 Michel Geist 也认为，“对于那些既面临着增加版权灵活性的政策压力，又面临着遵守国际规范和保持国内法律确定性问题的公平交易制度国家，加拿大模式可能成为其首选”[②]。因此，这种强调用户权利、对“目的”条件进行灵活处理的方式，既不违背公平处理制度封闭列举式的条款规定，又对时代的呼唤作出了包容适应的应对，足可为采取封闭列举式著作权限制制度的我国所借鉴。

（3）整体解释路径

在综合上述分析的基础上，我们可以得出结论：首先，2020 年修正后的《著作权法》第二十四条规定已经明确了累积适用的逻辑关系，后者不可作为兜底原则适用，且应限定为市场替代因素。其次，对于《著作权法》第二十四条第（一）项、第（二）项规定的使用目的应进行从宽解释。最后，我国《著作权法》第一条规定的“促进社会主义文化和科学事业的发展与繁荣”可作为真正的兜底条款适用。对于具体解释路径，则可作出以下分析：

①个人学习、研究或者欣赏

对于如何从宽解释“为个人学习、研究或者欣赏”，首先，应对“个人”做出从宽解释，着重于此类活动的本质，而避免将上述行为局限于私人空间。自古以来，学习、研究与欣赏本身即非完全孤立的过程，同时各国著作权制度规定“个人（私人）学习、研究”时，并不能想象还有互联网络的存在，可以将世界各地的公众为某一特定目的联结在一起。当今时代，大量“学习、研究与欣赏”的行为往往通过互联网进行，如限定仅在私人空间中限定人数、当面交流才能构成“个人学习、研究与欣赏”，将把数量巨大的学习、研究、欣赏行为排除在外。正如 2012 年 Alberta 案中加拿大最高法院所言，“私人研究”（private study）中的“私人”一词不应被理解为要求用户在完全孤立的状态下阅读受版权保护的作品；“学习本质上是个人的努力，无论是众人参与还是独自

---

① 加上加拿大版权法修改 2012 年公平处理条款并加入 UGC 内容，故有评论认为其实际上消解了公平处理的第一步“目的条件”，且其自由化的解释立场、强调用户权利等观念甚至超越了一向被认为较为灵活的美国合理使用制度，故被称为“合理使用 2.0”。See Michel Geist, “Fairness Found: How Canada Quietly Shifted from Fair Dealing to Fair Use”, in The Copyright Pentalogy: How the Supreme Court of Canada Shook the Foundations of Canadian Copyright Law, Michael Geist Ed. (Ottawa: University of Ottawa Press, 2013), 165-178.

② Ibid, 180.

一人”；因此，重点不在于课堂教学的多人情形，而是学习的概念。[①] 北京高院认为“被告未经许可通过信息网络向他人提供作品”，即不属于“为个人学习、研究或者欣赏使用他人已发表作品”的观点，是存在疑问的。因此，某种行为是否符合“个人学习、研究或欣赏”的目的，重点不在于是否通过互联网向他人传播、提供，而是应从加拿大 Alberta 案中“最终用户角度”及该活动的最终本质出发，确定其是否符合“个人”性质。这一认定标准，不仅有利于用户放心拓宽学习方式，将自己汲取到的学习资源以衍生作品的形式回馈社会，也可以为近年来多种网络公开课程（又称 MOOC、慕课）中的著作权问题纾困解忧。[②]

同时，“个人学习、研究或者欣赏”的对象也应包括视听作品与录音制品。我国《著作权法》并未明确规定或排除该条目的适用的对象，因此，可以认为该条规定适用于所有类型的作品。从同为封闭列举式的公平处理国家立法例而言，英国也于 2014 年将个人学习、研究的例外延伸到了录音制品、电影与广播。

其次，应当本着著作权限制属于用户权利的特点，本着促进学习、文艺研究的原则，对“学习、研究、欣赏”的目的进行从宽解释。对于学习、研究，不应限于严格意义上的学术目的和学术活动，只要是有助于增进知识、见识之者，均可认定为学习、研究。同时，虽然创造新作品很有利于学习、研究目的的认定，但并非认定的必要条件。正如加拿大最高法院在 Bell 案中所言，“研究”并不仅仅限于“具有创造性的目的”；“将研究限于创造性目的也违反了‘研究’的一般意义；‘研究’包括许多不需要确认新的事实、形成新的结论的活动。它可以是零碎的、非正式的、探索性的，也可以用于确证”。[③]

考虑到网络时代的特点，这种“学习、研究、欣赏”不仅包括对于某一作

---

① Alberta (Education) v. Canadian Copyright Licensing Agency (Access Copyright), 2012 SCC 37, [2012] 2 S. C. R 345 para. 27.

② 该问题已经引起了教育界的广泛重视，具体可参见王果、张立彬：《高校图书馆参与化解 MOOC 版权风险的策略与思考》，载《图书馆学研究》2018 年第 24 期；何隽、乔林、林思彤：《MOOC 平台的著作权风险及对策》，载《中国远程教育》2019 年第 4 期；黄璐：《在线教学视域下的著作权问题研究》，载《中国大学教学》2021 年第 1-2 期。网络公开课程（MOOC）并非本书的研究对象，故本书对此不加以详述，但如果将“学习”不再局限于个体、私人空间，对于推动 MOOC 资源、促进社会学习来说，是非常重要的。

③ Society of Composers, Authors and Music Publishers of Canada v. Bell Canada, 2012 SCC 36, [2012] 2 S. C. R. 326, para. 21-22.

品静态的欣赏，也应包括采取其他方法揭示该作品的本质、价值、特点、意义，或以转换性的方式对其进行创造性的揭示与发展。如抽取原作一二人物，某些情节、场景、设定撰写衍生文字作品，也可归于“欣赏”之大类。就同样实现公平处理制度但相对传统的英国版权法来说，Sillitoe v. McGraw-Hill Book 、Newspaper Licensing Agency v. Marks & Spencer 等案件也均表明，转换性（为原有文本加入新的内容）对于符合“学习和私人研究目的”来说相当重要。①

关于转换性因素的具体描述，则可参考 Campbell v. Accuff-Rose、Suntrust v. Houghton Mifflin 案中的相关认定。这种转换性是指“新作超越了原作的目标”，或者是“加入了新的东西、具有更深远的目的或者不同的性质，改变原作后具有了新的表达、意义、信息”。② 而且“转换性使用虽非合理使用的绝对必要条件……但新作越是具备转换性，其他因素便越是不重要，比如可能对合理使用不利的商业化因素”。③ 因此，在 Suntrust v. Houghton Mifflin 一案中，第十一巡回法院认为，被控侵权作品从全新的角度将原作转换成了一个不同的故事，尽管利用了《飘》中的人物，但是后半部分展现了完全有异于原作的情节要素，因此构成转换性使用。④ 因此，衍生文字作品即便使用了原作中的人物、场景、情节等元素，但因其采取了新的角度、设置了新的情节，则可以说是具备了相当的创新性，可以构成扩大解释后的“学习”或“欣赏”之目的。衍生视听作品亦是如此；其即便不是为了介绍、说明、评论某一问题，也可以放入“个人欣赏”的目的之中。因此，为了尽可能确立衍生作品的合法性，应在“个人研究、学习、欣赏”中加入该等衡量因素。

最后，也是最重要的是，这种“个人”使用的直接目的应是非商业性的。这是因为，衍生作品的本质特征是文化层累与共享，而非借此营利；如创造衍生作品直接用于商业目的，则违反了该等本质。本着利益平衡的原则，如衍生作品确实利用了原作中受著作权保护的因素、直接用于商业目的，则不应成为著作权限制的受益者。这一点在我国司法实践中也有着深厚的实践根基。我国

---

① Sillitoe v McGraw-Hill Book Co. [1983] FSR 545；Newspaper Licensing Agency Ltd v. Marks & Spencer Plc，[2003] 1 A. C. 551.

② See Campbell v. Acuff-Rose Music，510 U. S. 569，577（1994），[3]，[4].

③ Ibid.

④ “Approximately the last half of TWDG tells a completely new story that，although involving characters based on GWTW characters，features plot elements found nowhere within the covers of GWTW…While told from a different perspective，more critically，the story is transformed into a very different tale，albeit much more abbreviated.” Suntrust Bank v. Houghton Mifflin Co.，268 F. 3d 1257（11th Cir. 2001）.

《著作权法》虽未对“个人学习、研究、欣赏”的非商业性目的作出直接规定，但是司法实践中，如使用者是商业机构、具有明显商业目的等理由，法院一般会直接驳回被告用于个人学习、研究或欣赏的抗辩。[①] 同时，这种“商业目的”必须是直接用于商业目的或者与商业活动密切相关。正如英国学者所言，“如果酒吧为了招徕顾客而放映影片，即便酒吧未收取观影费用，也可认为与商业活动密切相关。但如果某人进行学习是为了将来成为律师，或者抱着出版作品、收取版税的希望而对某主题进行研究”，[②] 则显然不能构成商业目的。

②介绍、评论、说明

对于“为介绍、评论某一作品或者说明某一问题”，亦应本着上述精神，作宽泛之解释。衍生视听作品多可归于这一类别的目的。正如 Pro Sieben A. G. v. Carlton 案判决所述，“对作品的评论并不限定于一种形式”。[③] 在网络时代，对视听作品的“介绍、评论、说明”往往不局限于文字形式，而是以对原作场景剪切、配合主题的方式进行。如前所述，衍生视听作品有一类型是出于对原作或原作中部分元素（如人物、情节）的热爱，而通过对原作场景进行剪辑、拼接，借以介绍、推广原作或类型作品，只要能够表现出参与介绍式的热情与目的，则可构成该“介绍、评论、说明目的”。另有作品截取原作部分动态或静态画面、声音并加以评论，或者保留原作画面但去除原有台词、声音并另行配音等，这一类作品只要达到评论原作的效果，亦可符合上述目的。对于戏仿类作品，无论是衍生文字作品或是衍生视听作品，均应认为是创新形式的文艺评论方式，具有评论、批评的目的；正如 Suntrust v. Houghton Mifflin 一案中第十一巡回法院所指的那样，美国版权法中虽没有对戏仿的规定，但“如果一部作品出于对前作进行评论或批评的目的，借鉴原作的元素来创造一种新的艺

---

① “本案中，被告系某特教平台微信公众号运营商，某特教系为孤独症儿童康复提供有偿服务的机构，某特教平台微信公众号中不仅发布孤独症儿童有关的文章，同时也提供相关有偿培训服务和教具的销售服务。由此，本院认为被告在某特教平台微信公众号中发布涉案文章的目的并非个人学习、研究或者欣赏，涉案文章的内容基本上来自涉案图书，该种使用方式亦非为介绍、评论某一作品或者说明某一问题而在作品中适当引用他人已经发表的作品。”见某出版社与被告北京某科技有限公司侵害作品信息网络传播权纠纷案，北京市海淀区人民法院（2018）京 0108 民初 41043 号民事判决书。

② See Lionel Bently and Brad Sherman, Intellectual Property Law 4th ed. (Oxford: Oxford University Press), 2.1.1-2.1.7, 2014.

③ See Pro Sieben Media A. G. v. Carlton U. K. Television Ltd. and Another, [1999] 1 W. L. R. 605.

术作品而不是学术作品或新闻作品，那么我们就会将该作品视为戏仿作品”①。

对于何谓“适当引用”，则应当根据其对应的目的，分别予以确定。司法实践中有意见认为应着重考虑被引用的作品是否已经发表，引用目的是否为介绍、评论作品或者说明问题，被引用的内容在被诉侵权作品中所占的比例是否适当，引用行为是否影响被引用作品的正常使用或者损害其权利人的合法利益等因素；② 这一做法即在实质上引入了“合理使用四因素”，并将“是否影响被引用作品的正常使用或者损害其权利人的合法权益”实质上作为考虑因素的一环，在整体结构上具有合理性，但在细部因素上，仍有值得商榷之处。本书认为，上述因素应修正为被引用的作品是否已经发表、引用，是否服务于介绍、评论作品或者说明问题的目的，是否具备转换性，被引用的内容所占原作的比例，引用行为是否影响被引用作品的正常使用或者损害其权利人的合法利益。因衍生作品几乎都依据自己公开发表的作品而衍发，故对于该要素均可满足，不再赘述。本书将对之后三个因素进行讨论。

首先，虽然立法文本中将“介绍”与“评论”“说明”归于一类，但这三者之间实际上有着重要分别。“介绍”更接近于广义的“欣赏”，其在体裁上就侧重描述性、概括性，隐含的转换性和判断能力是相对较低的。而“评论”“说明”则更侧重评判、检视和批判性能力，其隐含的转换性相对较高。因此，在判断某一行为属于目的并确定何谓“适当引用”时，应当根据该目的本身的性质，予以考虑。

其次，对于本着“介绍”目的的衍生作品，在判断“适当引用”是否成立时，应当如同“欣赏”目的一般，更侧重非商业性与转换性使用。如衍生视听作品用于商业性目的，则未必能够满足“介绍”之目的。如果能够对原作中事件、场景发生的顺序自行剪辑，按照用户心目中的中心主题自行安排，从而达到与原作不一样的观赏效果，单纯观看衍生视听作品亦不足以了解原作的基本架构与重要情节，则可认为其具备转换性；如衍生视听作品体现的场景顺序与原作较为一致、对原作的介绍过于详细，观众在观看完衍生视听作品之后对于原作的基本架构、重要情节较为了解，则可认为转换性不够。对于转换性不够

---

① “ …we will treat a work as a parody if its aim is to comment upon or criticize a prior work by appropriating elements of the original in creating a new artistic, as opposed to scholarly or journalistic, work.” See Suntrust v. Houghton Mifflin Co., 268 F. 3d 1257 (11th Cir. 2001), para. 8.

② 见《北京市高级人民法院侵害著作权案件审理指南》第 7.11 条。

的“介绍”类作品，则可能形成对原作的替代产品，更不易满足市场影响因素。

再次，在判断“适当引用”是否成立时，应着重是否服务于“介绍、评论作品或者说明问题”的目的，且应考虑被引用的内容所占“原作”的比例，而非“占被控侵权作品的比例”。用于上述目的的衍生视听作品，可能绝大多数场景都是利用原作剪辑而成，这也是网络时代介绍、评论的新型特点；如果其确实服务于“介绍、评论、说明”问题的目的，仍应认为其至少满足该要件。关于“量”或者比例因素，美国版权法中合理使用第三个因素中的“量”是指相似的部分是否构成原告作品（而非被告作品）的重要组成部分；加拿大版权法也是如此，Bell案与Alberta案中已经指出，“量”的因素考虑的是使用的部分与原作的比例。如以“占被控侵权作品的比例”作为考量因素，则衍生视听作品构成侵权的可能性就会大很多，而这种将大量衍生视听作品排除在外的方式，显然是不符合我国著作权法宗旨和利益平衡原则的。因此，如衍生作品引用的内容占原作比例不大，且又服务于介绍、评论、说明等目的，则有较大可能构成著作权限制。

对于“是否影响被引用作品的正常使用或者损害其权利人的合法权益”的判断，应着重考虑对原作或其改编作品的市场竞争、市场替代因素，正如文献所指出的，在缺乏经济上的实证依据的情况下，本无必要通过扩张复制权、演绎权的范围来让作者实现市场控制；[①]“需要注意的关键点在于，读写文化所创造的混合重组作品与原作并不互相竞争，也不会削弱原作的市场；这两个市场的关系是互补而非竞争。”[②] 因此，原告需承担确实会造成损失或造成损失可能性较大的举证证明责任。在此可参考加拿大Alberta案中的做法；该案对于“使用的数量”采取较为宽松的态度，对于“影响原作市场”的证据标准要求则较高，认为虽然教材的销量有所下滑，但并不能证明系因被告复制小部分教材内容用于教学所致，而是和其他因素有关，如“采取学期教学、注册学生减少，教科书使用寿命延长、互联网和其他电子学习工具的使用日益增加、资源型学

① See Mary W. S. Wong, Tranformative User-Generated Content in Copyright Law: Infringing Derivative Works or Fair Use, 11 Vand. J. Ent. & Tech. L. 1075 (2009), 1139.

② See Lawrence Lessig, Remix: Making Art and Commerce Thrive in the Hybrid Economy (New York: Penguin, 2008), 56.

习增长”等因素。[①]

也有观点认为，衍生作品本身固不足以形成原作的市场替代，但该等使用未经许可，如允许其存在，将会影响原作权利人今后收取权利许可费用。对此本书认为，此处的重点在于考虑权利人一般情况下是否会开发类似的市场；因为权利人开发衍生视听作品的情况少之又少，原作权利人开发此类市场的可能性极小，而且即便开发，也无从收取相应费用，故认为对权利许可费用产生影响的情况也相当罕见。[②] 因此，对于具有“转换性”的介绍类衍生视听作品，仍应认为可符合“适当引用”。

至于负面评论对于原作市场可能产生不利影响，则不应成为考虑因素。如戏仿作品具有强烈的“评论目的”，往往也会放大原作的缺点以作为戏仿的批评依据，《一个馒头引发的血案》就是著名的例子；但在考虑其是否影响被引用作品的正常使用或者损害其权利人的合法权益时，并不能将其对电影带来的负面评价、票房减少作为其受到经济损失的例证，因为公众具有批评之权利，这是电影公开放映时自然应当面临的后果。正如 Campbell 案中美国最高法院所强调的那样，“我们唯一关注的、对演绎作品市场的伤害，是市场替代。戏仿因其对原作的有力批评、评论，可能对原作的市场或演绎作品的市场造成伤害，但均与版权法无关”[③]。而原作的市场应认定为出售原作完整载体及许可改编作品的市场[④]，故戏仿亦不容易形成对原作的市场替代，从而符合相应因素。

最后，对于“评论原作”“说明问题”，需要注意的是无须以非商业性使用为要件。如在英国 Pro Sieben v. Carlton 案中，法院即认为被告制作的电视节目虽然引用了原告的部分报道内容，但其目的是对“重金购买采访权”进行批评；[⑤] 在 Fraser-Woodward v. BBC 一案中，法院也认为被告节目中虽然出现了原

---

① See Alberta (Education) v. Canadian Copyright Licensing Agency (Access Copyright), 2012 SCC 37, [2012] 2 S. C. R 345 para. 33.

② See Sarah Trombley, Visions and Revisions: Fanvids and Fair Use, 25 Cardozo Arts & Ent. L. J. 647 (2007), 671.

③ "[T] he only harm to derivatives that need concern us…is the harm of market substitution. The fact that a parody may impair the market for derivative uses by the very effectiveness of its critical commentary is no more relevant under copyright that the like threat to the original market." See Campbell v. Acuff-Rose Music, Inc., 510 U. S. 569 (1994), para. 18.

④ See Sarah Trombley, Visions and Revisions: Fanvids and Fair Use, 25 Cardozo Arts & Ent. L. J. 647 (2007), 668-669.

⑤ See Pro Sieben Media A. G. v Carlton U. K. Television Ltd. and Another, [1999] 1 W. L. R. 605.

告作为权利人的照片，但是其目的在于对花边小报式新闻报道进行批评。[1] 因此，对于评论、说明类目的，如以非商业性为要件，可能会严重影响公众与媒体正当评论、批评的权利，妨碍公众的表达自由。

综上所述，对于司法实践中的“个人使用”与“介绍、评论原作、说明问题”的适当引用，均应本着利益平衡原则，具体考虑其因素，以使其标准尽量统一。不过，在衍生视听作品可能囊括一部完整的歌曲作品或者歌曲作品的精华部分的情况下，如对歌曲的意义、目的未作改变，则满足转换性使用确有困难；即便某一首歌曲因为制作者的创意变得更有意义，成为其“解释世界的方法”从而具备转换性效果，[2] 它也可能形成对原作的市场替代；同时，允许这种类型的使用可能会涉及原作许可费用的减少。在此情况下，即便对于介绍目的、适当引用进行从宽解释，也确难保证其能够符合著作权限制。这一情况确实是现行法律框架下难以解决的难点。

③著作权法立法宗旨

如上所述，我国著作权法的立法宗旨，从《宪法》规定的政策目标、立法过程及时代进程而言，应当解释为“促进社会主义文化和科学事业的发展与繁荣”。因该条宗旨明确规定于《著作权法》第一条，固可作为具体条款进行引用，并根据该条文的精神，对立法目的及对上述立法目的及使用的“合理性”进行论证，予以援引。

（四）精神权利侵权标准之统一

1. 修改权及保护作品完整权权利范围之研究

我国修改权及保护作品完整权的立法规定，在字面意义上的权利范围极为广泛，且从《著作权法》的立法本意及学界通说而言，《著作权法》第二十四条并不是针对人身权利的限制。因此，衍生作品侵犯修改权、保护作品完整权的可能性是较大的。因为修改权在立法定义中范围极广，只要对作品进行修改即构成侵权，司法实践中对此亦无争议，故通过统一司法实践标准已难以解决这一问题，只能通过立法修订以图解决。而对于保护作品完整权的侵权标准，在司法实践中则形成了修改说、歪曲篡改说（主观标准）、损害作者声誉或作品声誉说（客观标准）等三种不同的标准，且每个标准对于衍生作品构成侵权

---

① See Fraser-Woodward Ltd v. British Broadcasting Corporation, [2005] EWHC 472 (Ch).

② See Rebecca Tushnet, User-Generated Discontent: Transformation in Practice, 31 Colum. J. L. & Arts 497 (2008), 504.

的影响程度是不同的。为达到利益平衡、统一司法标准计，需对相应权能的范围进行研究、确定。

在判断立法规定的范围时，首先需考量文字含义，其次应当从我国著作权法的立法过程及立法例参考等因素出发，着手进行考察。这种考察方法也为世界各国法域所普遍采取，如英国1988年《版权、设计及专利法》第八十条规定了“反对作品受贬损处理的权利”，即如果作品经处理后受歪曲或残缺不全（处理是指对作品进行任何增加、删除、修改或改编），或在其他方面对作者或导演的荣誉或声誉具损害性，则该项处理属贬损处理。[①] 在英国1993年的Morrison案与1996年的Tidy案中，法院均认为“歪曲”或者“残缺不全（割裂）”与“损害作者荣誉或声誉”属于两个独立的标准。[②] 但在1999年的Pasterfield一案中，英国高等法院则从立法目的及立法例参考的角度出发，作出了相反的判断。该案判决认为，1988年《版权、设计及专利法》第八十条“显然是为了让《伯尔尼公约》第六条之二生效”，但按照《伯尔尼公约》第六条之二规定，“歪曲”或者“残缺不全（割裂）”必须满足“损害作者荣誉或声誉”的条件，1988年《版权、设计及专利法》也并不旨在扩大作者的精神权利。[③] 因此，英国高等法院最终认为，必须同时满足“歪曲”或者“残缺不全（割裂）”与“损害作者荣誉或声誉”两个条件才能构成侵犯作品完整权。[④] 2003年的Confetti案亦持该观点。[⑤] 整体而言，Morrison案与Tidy案中的观点饱受批评，认为未能正确理解《伯尔尼公约》的含义，而Pasterfield案及Confetti案中的观点因考虑了法律制定目的、立法例参考等因素，故被认为是对法律的

---

① 英国1988年《版权、设计及专利法》第八十条规定：（1）The author of a copyright literary, dramatic, musical or artistic work, and the director of a copyright film, has the right in the circumstances mentioned in this section not to have his work subjected to derogatory treatment. （2）For the purposes of this section （a）“treatment” of a work means any addition to, deletion from or alteration to or adaptation of the work, other than （i）a translation of a literary or dramatic work, or （ii）an arrangement or transcription of a musical work involving no more than a change of key or register; and （b）the treatment of a work is derogatory if it amounts to distortion or mutilation of the work or is otherwise prejudicial to the honour or reputation of the author or director, 见1988 c. 48 s. 80 U. K.。对于“损害作者声誉”，《伯尔尼公约》的用语实际上为“honor and reputation”。

② See Morrison Leahy Music Ltd. v. Lightbond Ltd., ［1993］E. M. L. R. 144; Tidy v. Trustees of the Natural History Museum, ［1996］39 IPR 501.

③ See Pasterfield v Denham, ［1999］F. S. R. 168.

④ Ibid.

⑤ See Confetti Records v Warner Music UK Ltd., ［2003］EWHC 1274（Ch）.

正确解释。[①] 因此，在考察我国著作权法上修改权及修护作品完整权的范围时，首先需对国际公约规定及参考的立法例进行梳理。

（1）《伯尔尼公约》

《伯尔尼公约》有关精神权利的规定系1928年罗马会议上由法国、意大利、波兰、罗马尼亚等作者权体系的成员国所提出。[②] 但在该会议之前，主要欧洲大陆国家已经普遍建立了精神权利的观念；[③] 随着文艺作品市场的国际化，对作者的权益国际统一保护就显得更加重要：[④] 首先，摄影、广播、电影等新兴技术手段虽使得作品广为传播，与此同时，对作者理念的解读开始离经叛道；[⑤] 其次，各国重视保护自身文化遗产的理念与保护个体作者权益的理念相互交融，也大大提升了罗马会议上作者权系国家对于增加精神权利规定的热情。[⑥] 在罗马会议中，对于作者权体系国家关于精神权利的提案，通常使用诽谤等其他法律手段保护作者相应权利的普通法国家普遍予以反对；最终双方形成妥协，以折中的方式规定了争议较少的两类基本权利，[⑦] 即主张作品归属的权利与要求他人对作品予以尊重的权利。[⑧] 该条款原文为"不受作者版权的影响，甚至在上述版权转让之后，作者仍保有要求其作品作者身份的权利，并有权反对对其作品的任何有损其声誉的歪曲、割裂或其他更改"。上述规定中保护作品完整权

---

① See Elizabeth Adeney, The Moral Rights of Authors and Performers: An International and Comparative Analysis (Oxford: Oxford University Press, 2006), 14.72. 亦有文献认为侵犯保护作品完整权需满足以下条件：1. 存在歪曲或残损的行为；2. 有损于作者或导演的荣誉或声誉；3. 被告实施了第八十条规定的特定行为。See Gillian Davies and Kevin Garnett QC, "The Integrity Right" (Chapter 8), In Moral Rights, Gillian Davies and Kevin Garnett QC (London: Sweet & Maxwell, 2010), 8-008A.

② Supra note 4, 6.05.

③ Ibid, 5.01.

④ Ibid, 5.01-5.03.

⑤ Supra note 4, 6.10.

⑥ Ibid, 6.14-6.18.

⑦ 英国和澳大利亚认为其国内现行立法已经可以符合伯尔尼公约的要求，故予以批准。加拿大的情况则更为复杂一些。See Elizabeth Adeney, The Moral Rights of Authors and Performers: An International and Comparative Analysis (Oxford: Oxford University Press, 2006), 6.26.

⑧ See Sam Ricketson and Jane C. Ginsburg, International copyright and neighbouring rights: the Berne Convention and beyond, 2nd ed. (Oxford: Oxford University Press 2006), 3.28.

的范围局限于"歪曲、割裂或其他更改"，且以"有损其名誉或者声誉"为要件。[①] 值得注意的是，《伯尔尼公约》中的"有损声誉"，其原文为"损害作者的名誉（honor）或名声（reputation）"，前者涉及作者的主观认知，后者涉及社会公众的评价，与中文翻译文本中的"声誉"仍有一定区别。

在1948年布鲁塞尔会议上，与会成员国进一步扩大了保护作品完整权的权利范围，将之扩大至"歪曲、割裂或其他更改，或者其他损害行为"，[②] 但应英国的主张，该次修订将保护作品完整权限的行使期限规定为作者在世期间。[③] 1967年斯德哥尔摩会议则再次取消了这一期限限制。鉴于各国就精神权利具体的实施条件与标准无法达致统一，故此次会议上将第六条之二第（三）项规定为"为保障本条所承认的权利而采取的补救方法由被要求给予保护的国家的法律规定"。[④] 该会议通过的版本则一直使用至今，即"不受作者经济权利的影响，甚至在上述经济权利转让之后，作者仍保有要求其作品作者身份的权利，并有权反对对其作品的任何有损其声誉的歪曲、割裂或其他更改，或其他损害

---

① 《伯尔尼公约》（1928年罗马）第六条之二条文为"Independently of the author's copyright, and even after the transfer of the said copyright, the author shall have the right to claim authorship of the work, as well as the right to object to any distortion, mutilation or other alteration of the said work which would be prejudicial to his honor or reputation." See Elizabeth Adeney, The Moral Rights of Authors and Performers: An International and Comparative Analysis (Oxford: Oxford University Press, 2006), 6.32.《伯尔尼公约》（1948年布鲁塞尔）则将其修改为："Independently of the author's copyright, and even after the transfer of the said copyright, the author shall have the right, during his lifetime, to claim authorship of the work and to object to any distortion, mutilation or other alteration thereof, or any other action in relation to the said work which would be prejudicial to his honor or reputation." See Berne Convention for the Protection of Literary and Artistic Works (Brussels, 26 June 1948, 331 UNTS 217) Article 6bis.

② 《伯尔尼公约》（1967年斯德哥尔摩）英文版本中在action前加上了derogatory，是为了更好地和1948年法文版本相对应，而非实质上的修订。See Elizabeth Adeney, The Moral Rights of Authors and Performers: An International and Comparative Analysis (Oxford: Oxford University Press, 2006), 7.49.

③ Elizabeth Adeney, The Moral Rights of Authors and Performers: An International and Comparative Analysis (Oxford: Oxford University Press, 2006), 7.39.

④ " The means of redress for safeguarding the rights granted by this Article shall be governed by the legislation of the country where protection is claimed." See Article 6bis (3), Berne Convention. See also Sam Ricketson and Jane C. Ginsburg, International copyright and neighbouring rights: the Berne Convention and beyond, 2nd ed. (Oxford: Oxford University Press 2006), 3.28. 认可著作权精神权利的还有1966年《经济、社会及文化权利国际公约》，该公约第十五条之一规定："一、本公约缔约各国承认人人有权：（甲）参加文化生活；（乙）享受科学进步及其应用所产生的利益；（丙）对其本人的任何科学、文学或艺术作品所产生的精神上和物质上的利益，享受被保护之利。"但因为美国的反对以及该条约的商业性质，《TRIPs协议》明确将《伯尔尼公约》第六条之二规定的精神权利排除在外。

行为……”[①] 因此，综合《伯尔尼公约》的具体规定及制定历史可知，《伯尔尼公约》第六条之二并未单独规定修改权，该条款与“修改”有关的，仅是“其他更改”，且必须达到“有损作者声誉”的程度。[②] 同时，《伯尔尼公约》规定的仅是各成员国必须满足的最低标准，各成员国可在《伯尔尼公约》第六条之二基本规定的框架下，通过立法及司法实践确立保护作品完整权的范围。

（2）作者权国家立法例

因保护作品完整权是作者权国家的专有传统，[③] 我国在《著作权法》中也采取了作者权体系的整体框架和保护作品完整权的规定，因此要厘清“保护作品完整权”的来源及范围，除分析《伯尔尼公约》的相关规定外，亦需综合考量作者权体系国家的立法史及司法案例。[④]

①法国

法国《知识产权法典》第 L121-1 条对保护作品完整权的规定为：“作者对自己的姓名、作者身份、作品享有受尊重的权利。”[⑤] 该权利特地强调了“作者身份”（这意味着作者的权威），并包括两种情形：一是对作品物理形态上的完整性的尊重，[⑥] 即不能扭曲、增删和更改作品的表达方式；1998 年法国最高法院处理的一起案件中就认为“作品受到尊重的权利”禁止任何“更改或者修

① “Independently of the author's economic rights, and even after the transfer of the said rights, the author shall have the right to claim authorship of the work and to object to any distortion, mutilation or other modification of, or other derogatory action in relation to, the said work, which would be prejudicial to his honor or reputation.” See Article 6bis, Berne Convention.

② See Sam Ricketson and Jane C. Ginsburg, International copyright and neighbouring rights: the Berne Convention and beyond, 2nd ed. (Oxford: Oxford University Press 2006), 10.20-10.32.

③ 作者权体系国家的“保护作品完整权”即 right of integrity，其范围基本相当于我国《著作权法》中的修改权与保护作品完整权。

④ 精神权利的具体范围因各个国家的立法和理论前提而异；即使在作者权体系中，也存在一定的区别。作者权体系通常认为它是建立在作者与其造物关系之上的权利；精神权利产生于自然法概念，由法律所承认、规定，而非法定权利。见 Elizabeth Adeney, The Moral Rights of Authors and Performers: An International and Comparative Analysis (Oxford: Oxford University Press, 2006), In.05。

⑤ 详见法国《知识产权法典》，最新版本为 2021 年 1 月修订版，但该条款未发生变化；具体版本见 WIPO 官方网站，https://wipolex.wipo.int/zh/legislation/details/18788，最后访问日期：2021 年 7 月 16 日。本译文参考了《十二国著作权法》之译法，参见《十二国著作权法》翻译组译：《十二国著作权法》，清华大学出版社 2011 年版，第 66-67 页。

⑥ See Maria Mercedes Frabboni, “France”, In Moral Rights, Gillian Davies and Kevin Garnett QC (London: Sweet & Maxwell, 2010), 12-011, 365-401.

改，不管其是否重要”。[①] 二是对作品创作时的精神与背景的尊重，[②] 即不能以并非作者本意的方式和背景使用作品。[③] 如在 Jerome Lindon et SACD v. La Compagnie Brut de Beton 一案中，法院即认为法官或者任何第三方都无权对作者的意愿提出意见，因此作者有权要求其戏剧必须全部由男性演出。[④]

与《伯尔尼公约》的规定相比，法国关于保护作品完整权的条款在措辞上更为绝对，[⑤] 对作者的保护也更强。作者只需证明作品物理形态或者精神上的完整性受到损害即可，并不以“有损作者的声誉”为要件。[⑥] 就文字作品而言，出版商不能对作者的文本作出任何修改。出版商将小说作为传记出版，或为免责而在专业书籍上印上警告（从而削弱了书籍的权威），也被认为侵犯作品完整权。[⑦] 至于影视作品，对其删减部分场景、插入广告、将黑白影片制作成彩色影片，亦构成侵权。如作者同意将原作进行改编、演绎（通常是将文字作品改编为电影或者戏剧），其改编作品、演绎作品同样不得对原作进行歪曲、不得损害原作的精神。

②荷兰

荷兰著作权法采取了修改权与保护作品完整权相分离的做法。荷兰《著作权法》第二十五条（1）（c）、（d）两款规定，作者“有权拒绝对作品进行任何其他修改，除非修改的性质表明这种拒绝是不合理的 ”；“有权拒绝对作品作出任何可能损害作者荣誉、声誉或其评价的歪曲、割裂或其他更改”。[⑧] 在此情况下，“修改权”的侵权标准仅需考虑是否符合合理性标准，而“歪曲、割裂或其他更改”则需考虑是否损害“作者荣誉、声誉或其评价”。[⑨] 该规定与我国

---

① See Elizabeth Adeney, The Moral Rights of Authors and Performers: An International and Comparative Analysis (Oxford: Oxford University Press, 2006), 8.65.

② Maria Mercedes Frabboni, “France”, In Moral Rights, Gillian Davies and Kevin Garnett QC (London: Sweet & Maxwell, 2010), 12-013; See Elizabeth Adeney, The Moral Rights of Authors and Performers: An International and Comparative Analysis (Oxford: Oxford University Press, 2006), 8.63.

③ Supra note 3, 8.63.

④ See Jerome Lindon et SACD v. La Compagnie Brut de Beton 15 Octorber, 1992, TGI Paris, 3rd Ch., (1993) RIDA 225.

⑤ Supra note 3, 8.65.

⑥ Supra note 4, 12-011.

⑦ Supra note 4, 12-013.

⑧ Art 25 (1), Auteurswet; Prof. Dr. F. W. Grosheide, “The Netherlands”, In Moral Rights, Gillian Davies and Kevin Garnett QC (London: Sweet & Maxwell, 2010), 16-006.

⑨ Ibid.

著作权法相比，“修改权”的范围较为一致，而“保护作品完整权”的范围则窄于我国规定。

小 结

在对《伯尔尼公约》及作者权体系国家的立法进行考察后，结合我国《著作权法》的文字规定加以剖析，则可得出的结论是，我国《著作权法》规定的修改权与保护作品完整权的权利范围，更接近于法国著作权法体系而非《伯尔尼公约》第六条之二的规定，即并不以“损害作者声誉”作为要件。其理由如下：

第一，与《伯尔尼公约》第六条之二的规定相比，我国既以单独规定修改权的方式突出了对作品形式的修改，且修改权、保护作品完整权也不以“损害作者声誉”为限定条件，故其范围要比《伯尔尼公约》的规定宽泛得多。《伯尔尼公约》第六条之二第（一）项中规定“作者……有权反对对其作品的任何有损其声誉的歪曲、割裂或其他更改，或其他损害行为”，[①]其中“其他更改”是对行为相对客观的描述，“歪曲、割裂”则带有强烈的主观色彩，[②] 但无论是“歪曲、割裂”，还是“其他更改、其他损害行为”，都必须达到有损作者声誉的程度。[③] 从上述《伯尔尼公约》第六条之二的制定历史及精神权利的发展历史中可以看出，这种“有损作者声誉”的限制并非各国一致的观点，而是作者权体系与版权体系国家进行折中调和的结果。作者权体系国家精神权利的范围在传统上较为宽泛；十九世纪浪漫主义运动理念的影响，以及明晰作品创造与利用过程中多方参与者关系的实际需要，都促使欧洲大陆国家于十九世纪早期

① 即“Independently of the author's economic rights, and even after the transfer of the said rights, the author shall have the right to claim authorship of the work and to object to any distortion, mutilation or other modification of, or other derogatory action in relation to, the said work, which would be prejudicial to his honor or reputation.”该条规定包括 paternity right 和 integrity right，见《伯尔尼保护文学和艺术作品公约》（1979 年 9 月 28 日修订）第六条之二第（一）项，中文正式翻译文本中为“不受作者经济权利的影响，甚至在上述经济权利转让之后，作者仍保有要求其作品作者身份的权利，并有权反对对其作品的任何有损其声誉的歪曲、割裂或其他更改，或其他损害行为”。见 WIPO 网站，https://wipolex.wipo.int/zh/text/283696，最后访问日期：2019 年 5 月 8 日。

② See Sam Ricketson and Jane C. Ginsburg, International copyright and neighbouring rights: the Berne Convention and beyond, 2nd ed.（Oxford: Oxford University Press 2006）, 10.21.

③ 根据《伯尔尼公约》的标准，“有损作者声誉”适用于所有行为，但该条款只是对于保护精神权利的最低标准，各成员国可以修改甚至删除这一要求以提供更高的保护。See Sam Ricketson and Jane C. Ginsburg, International copyright and neighbouring rights: the Berne Convention and beyond, 2nd ed.（Oxford: Oxford University Press 2006）, 10.32.

开始发展出精神权利的司法实践与概念。[①] 十九世纪末二十世纪初，法国以一系列案例确定了保护作品完整权的范围，让作者可以反对任何破坏其作品完整性、背离其思想的行为，哪怕是细微的更改、修订、纠正或增添；[②] 同期的德国也通过立法与案例确实了类似权利，其目的也在于保护作者在他人心目中的名誉。[③] 1926 年，意大利亦立法规定“……作者永久有权采取行动，阻止他人以严重的、不公平的损害其精神利益的方式修改或者割裂其作品”。[④] 综合《伯尔尼公约》的具体规定及制定历史可知，《伯尔尼公约》第六条之二并未单独规定修改权，该条款与“修改”有关的，仅是“其他更改”，且必须达到“有损作者声誉”的程度。因此，我国保护作品完整权的立法规定与《伯尔尼公约》的权利范围并不一致，而是比《伯尔尼公约》更为广泛。

第二，从我国《著作权法》的立法规定而言，修改权与保护作品完整权的权利范围之和，更接近于法国著作权法体系中“作者对自己的……作品享有受尊重的权利”的规定。与《伯尔尼公约》的规定相比，法国关于保护作品完整权的条款在措辞上更为绝对，[⑤] 对作者的保护也更强。作者只需证明作品物理形态或者精神上的完整性受到损害即可，并不以“有损作者的声誉”为要件，[⑥] 法国司法判例对于这一规定亦执行得较为严格。我国《著作权法》中关于修改权及保护作品完整权的规定与之也极为相似。

第三，我国《著作权法》的制定过程亦可反映，该规定很可能并不是受《伯尔尼公约》规定影响的结果。我国《著作权法》于 1990 年 9 月 7 日经第七届全国人民代表大会常务委员会第十五次会议通过，而我国加入《伯尔尼公约》则是 1992 年 10 月 14 日，与《著作权法》生效时间相隔两年之久。同时，我国《著作权法》生效之后、加入《伯尔尼公约》之前的著作权法相关解析、释义书籍中，学界亦鲜见对于《伯尔尼公约》第六条之二影响的介绍。如 1991 年面向我国司法部、国家版权局培训班的《中华人民共和国著作权法讲析》一

---

① See Elizabeth Adeney, The Moral Rights of Authors and Performers: An International and Comparative Analysis (Oxford: Oxford University Press, 2006), In. 11.

② See Elizabeth Adeney, The Moral Rights of Authors and Performers: An International and Comparative Analysis (Oxford: Oxford University Press, 2006), 2. 36.

③ Ibid, 2. 37.

④ Ibid, 4. 10.

⑤ Supra note 1, 8. 65.

⑥ See Maria Mercedes Frabboni, “France”, In Moral Rights, Gillian Davies and Kevin Garnett QC (London: Sweet & Maxwell, 2010), 12-011.

书各章节均为名家所著，其中涉及修改权与保护作品完整权的部分也未提及《伯尔尼公约》。[①] 因此，从该条款的字面意义及立法目的、规定来源而言，均得不出我国保护作品完整权及修改权的范围是受《伯尔尼公约》第六条之二影响的结论，而是更接近法国著作权体系，即从形式和内容上保护作品受到尊重的权利，且并不以损害作者的声誉为要件。

因此，通过以上分析可以得知，我国立法中对于修改权、保护作者完整权的规定并不以“损害作者声誉”为要件，其权利范围相当广泛，更接近于法国、日本的立法例。

2. 司法标准之统一：利益平衡原则

（1）引入损害作者声誉标准

①引入该标准之理由

如上所言，我国《著作权法》中修改权与保护作品完整权的规定沿袭了法国著作权法精神，并不以“损害作者声誉”为要件。这一规定对作者的精神权利施加了强有力的保护，其保护力度已经超出了《伯尔尼公约》的范围。本书主张，对于该等过分宽广的权利范围作出约束，尽可能使其回归到《伯尔尼公约》第六条之二为基点的司法标准。其理由如下：

第一，这种做法是保障知识累进和表达自由的需要。我国立法上的修改权与保护作品完整权事实上让作者享有对其作品的绝对控制，并不利于社会整体知识的累进与文化内容环流及再创造，而这正是当今时代的文化活力所在。同时，虽如前所述，《著作权法》第二十四条“著作权限制”第一款、第二款规定在法理上并不能适用于限制精神权利，但该规定仍具有一定的模糊性。其中的“不得不合理地损害著作权人的合法权益”，极易在司法实践中被视为包括精神权利，从而得出在学习、研究、欣赏原作，或为了介绍、评论原作或说明某一问题，而在衍生作品中使用、适当引用原作，均不能侵犯原作的精神权利的结论。众所周知，学习、研究、欣赏原作，或介绍、评论原作、说明问题，均属于公众对知识的吸收、批评、思考和再行创造的行为，是社会整体知识累进的基础。如果社会公众为了学习、评论目的使用原作，即易动辄得咎，则对深入学习、思考与社会知识进一步发展，是相当不利的。

另外，如标准过低，则该条款极易影响个人表达自由。如前文所述，大型

① 参见许超：《著作权人及著作权的内容》，载《中华人民共和国著作权法讲析》（中华人民共和国司法部、国家版权局著作权法培训班教材），中国国际广播出版社 1991 年版，第 177-182 页。

产业公司与资本利益对于版权有着极大的影响，欧盟自二十世纪以来的司法实践也倾向于认为表达自由不足以对抗版权权利。如比利时、瑞士、奥地利最高法院在2001年至2005年之间的判例均认为基本权利无法对抗作者的独占性著作权；[①] 2019年7月CJEU所判决的Funke Medien（C-469/17）、Pelham（C-476/17）、Spiegel Online（C-516/17）等案件中，CJEU也均认为信息自由和表达自由都不能让Directive 2001/29/EC（《统一信息社会中版权及相关权利特定方面的指令》）第五条第二款、第三款范围之外的“限制与例外”合理化。[②] 在这种趋势下，如果还对于精神权利的保护持过高标准，则更易导致表达自由的失衡；而以“损害作者声誉”作为标准，则既可以保护作者的基本权利不受损害，也可以免于过于限制社会公众利益。

第二，这一做法更为符合时代理念的变迁。精神权利的本质是通过保护作者与其作品之间心理上的联系，来保证作者对其作品的绝对控制；对精神权利进行保护的重要理由，是作品是作者的“孩子”（brainchild，作者身份也被称为paternity right），所以作者对它具有完全的控制权。从其形成年代、心理基础而言，这一权利的理论基础更接近于家父主义的产物，强调父亲对于子女的绝对控制。而随着时代的发展和变迁，以控制作为亲子关系基本联系的做法已经渐渐丧失了理论依据和实践基础。在网络时代，“作者”的地位有着明显的去精英化特点，“人人皆可为作者”的参与文化日益成为主流。因此也有观点认

---

① See Christophe Geiger, “Copyright's Fundamental Rights Dimension at EU Level,” In Research Handbook on the Future of EU Copyright, Estelle Derclaye Ed. (Cheltenham: Edward Elgar Publishing, 2009), 43-48；该论文引用了比利时、瑞士、奥地利最高法院在2001-2005年的判例，上述判例均认为基本权利也不能妨碍作者的独占性著作权利。

② Directive 2001/29/EC of the European Parliament and of the Council of 22 May 2001 on the harmonisation of certain aspects of copyright and related rights in the information society，以下简称Directive 2001/29/EC。Funke Medien（C-469/17）一案中CJEU强调作者享有的绝对的、独占性的复制权与向公众提供作品的权利，且内国法的宪法规定亦不能高于欧盟相关指令；最终，信息自由和表达自由都不能让Directive 2001/29第五条第二款、第三款范围之外的“限制与例外”合理化。见Funke Medien NRW GmbH（C-469/17）para 35，36，62，64。在Pelham（C-476/17）案中，CJEU认为，在Directive 2001/29第五条规定的例外与限制之外，成员国不能以内国法规定其他限制与例外。In the light of the foregoing considerations, the answer to the third question is that a Member State cannot, in its national law, lay down an exception or limitation other than those provided for in Article 5 of Directive 2001/29 to the phonogram producer's right provided for in Article 2 (c) of that directive. 在Spiegel Online（C-516/17）一案中，CJEU作出了与Funke Medien（C-469/17）同样的结论，虽然也认为内国法院需要在版权和基本权利之间取得平衡、需要遵守《欧盟基本权利宪章》中的基本权利规定，但强调了信息自由和表达自由都不能让Directive 2001/29第五条第二款、第三款范围之外的“限制与例外”合理化。

为，精神权利在网络时代已经渐渐失去其意义和可执行性。[①]

第三，从比较立法例而言，除法国、瑞士、希腊等部分国家之外，坚持这种强保护标准的国家已经不多。普通法系国家的保护作品完整权标准基本均与《伯尔尼公约》第六条之二的规定一致，美国甚至仅保护视觉艺术作品；而即便是同为作者权体系的国家，德国 、意大利、西班牙、葡萄牙及北欧诸国也未采取这种强势标准。即便是推行强保护模式的法国，也在近来的司法判例中进行了灵活处理，不再坚持原先的主观标准原则，而开始转向客观标准。[②] 因此，将损害作者声誉这一客观标准加入司法实践中侵犯修改权与保护作品完整权的构成要件，是较为合宜的。

②新标准的具体应用及效果

综上所述，在判断衍生文字作品、视频作品是否涉嫌侵犯修改权、保护作品完整权时，首先应当着重判断是否“使用”了作品，即是否构成《著作权法》意义上的复制或者改编。在此基础上，再引入“损害作者声誉”标准，以“损害作者声誉”作为侵犯修改权的要件，以“歪曲篡改”与“损害作者声誉”两者作为侵犯修改权与保护作品完整权的判断要件，而不能将修改作品部分内容的行为一概视为侵犯修改权与保护作品完整权。

同时，在判断何谓“损害作者声誉”时，应当本着“谁主张、谁举证”的基本原则，由原告举证证明被控侵权行为确实让社会公众对作者产生了贬损性的看法，这也是客观标准的隐藏含义。“歪曲”“篡改”的标准相对来说较易判断，现有判决绝大多数情况下并不需要提供证据证明社会公众的意见，而是由法院将自己置于理性人的地位，来判断被告的行为是否会对作品造成“歪曲”或“篡改”。

从比较法角度而言，各国著作权法一般都不会对“声誉”（通常用语为 honour and reputation，直译即“荣誉和名誉”）作出具体规定，所以如何理解“荣誉和名声”，一般都是通过法院来解释。有学者主张，“荣誉”（honor）是作者对自己是否受到损害的主观看法，“名誉”（reputation）则是社会公众对作

① See Denis Flynn，A Comparative Analysis of the Moral Right of Integrity in the UK，Ireland and France，7 King's Inns Student L. Rev. 108（2017）.

② See Maria Mercedes Frabboni，“France”，In Moral Rights，Gillian Davies and Kevin Garnett QC（London：Sweet & Maxwell，2010），12-017.

者是否受到损害的意见。[①] 英联邦国家通常采取类似《伯尔尼公约》的规定，如英国、加拿大、澳大利亚等国均是如此，即歪曲、割裂、修改作品或者在其他背景下使用作品，在达到损害作者的“荣誉和名誉”的情况下，才能构成侵权。加拿大法院通常认为“荣誉和名誉”主要是指作者作为文艺创作者的职业声誉，也可能包括作者的个人声誉；司法实践中也会引用侵犯名誉权的法律规定。[②] 同时，加拿大司法实践中的一大特点是根据作品类型而对适用标准进行区分，如“歪曲、割裂、修改”是针对画作、雕塑或者雕刻，则通常不需要额外证明损害的存在；但是对于文字作品（literally works）而言，证明损害作者声誉的证据是否充分，对于案件的结果就很重要。法院也会综合考虑作者的主观感受和声誉受损的客观标准，如证据冲突，法院则会更倾向于重视声誉受损的客观标准，此时通常会征询专家意见和公众意见。在 Prise de Parole Inc. v Guerin 一案中，被告未经授权即缩写了原告的小说，删减了原作的三分之二，省略了大量描述元素和支线情节。原告在主观上认为自己对缩写感到震惊失望，并且不想自己的名字与该缩写相联系，但专家意见和公众意见都未能证明客观上有损害存在；作者依然在文学创作圈中享有盛誉，职业生涯也未因此受损，亦未有针对他个人的意见见诸报端或公开发表。故法院认为作者并未侵犯保护作品完整权。[③] 这一案例中的标准，即值得我们借鉴；在判断衍生作品是否侵犯保护作品完整权时尤其如此。众所周知，随着衍生作品的蓬勃发展，网络受众对其性质、来源已经熟知，通常不会认为该类作品是原作者所创作或者原作者授权创作；在此情况下，即便衍生作品对作品的人物、场景设定、情节有所修改、变化，重新加以利用，读者通常也不会将该作品的来源与原作者的声誉联系在一起。因此，如采取客观标准，对于衍生作品来说是较为有利的做法，也并不违背《伯尔尼公约》的规定。

尤其值得强调的是，即便在法国这样强调尊重作者权利的国家，在 2007 年著名的 P. Hugo & Soiété des Gens de Letres（SGDL）v. S. A. Edtions Plon 一案中，法国法院对于续作是否尊重原作精神、是否侵犯原作完整权的问题，已经不再坚持其立法规定及司法传统中的主观标准，而是采取了客观标准，并在利益权

---

① See Lionel Bently and Brad Sherman, Intellectual Property Law 3rd ed.（London: Oxford University Press, 2009）, 257.

② See Kristin Lingren, “Canada”, In Moral Rights, Gillian Davies and Kevin Garnett QC（London: Sweet & Maxwell, 2010）, 23-021.

③ Ibid.

衡中重视了社会公众的表达自由。[①] 该案中，被控侵权作品系《悲惨世界》的续作，法院考察了雨果本人文字作品中表明的态度及其后裔的表态，但认为这些证据仍然不足以构成侵犯完整权的充分证据，其判断标准明显开始向普通法系的"名誉"标准倾斜。最终法院认为尽管续作需要尊重原作的精神，但仍享有一定程度的表达自由与理念自由。因此，被控侵权作品描述了《悲惨世界》人物的后续生活、将人物放在不同的社会背景下，不会侵犯作者的保护作品完整权。尽管有批评者认为该案意味着精神权利在法国著作权等级制度中的地位下降、屈从于国际社会通行的商业模式，但该案毫无疑问表明，世界上对完整权最为重视、保护最强的法国著作权体系，也开始接受网络时代的现实。[②]

整体而言，采取"损害作者声誉"标准与现行司法趋势亦不矛盾。目前仅从比例而言，"歪曲篡改"标准在案件中仍占较大比重。如北京知识产权法院在2015年陈某清一案中即明确认为，在现行法律没有明确规定以"损害作者或作品声誉"为标准的情况下，不宜对作者权利进行限制。但该院在2019年做出的"《九层妖塔》案"二审判决中对于"歪曲篡改"标准进行了进一步的细化，已经将"社会公众对作品改动的整体评价"作为综合考量因素之一，并认为对作者声誉的损害虽非侵权构成要件，但可以作为衡量侵权情节轻重的因素。[③] 而近来，"损害作者声誉"标准也渐渐开始占据一席之地。2018年《北京市高级人民法院侵害著作权案件审理指南》第4.8条即规定，"判断是否侵害保护作品完整权，应当综合考虑被告使用作品的行为是否获得授权、被告对作品的改动程度、被告的行为是否对作品或者作者声誉造成损害等因素"。该审理指南整体上旨在扩张文化产业的利益，该规定实质上也是为了便利文化产业对作者作品的商业利用、不致动辄得咎；但其客观效果则是限缩了保护作品完整权的范围，故该等做法仍然符合利益平衡的原则。我们可以预期，之后司法实践中该等做法的地位，将会持续上升。

值得注意的是，如将损害作者声誉引入司法实践的判断标准，则要注意对于不同类型的作品，采取的保护方式和程度也应有所区别。如针对美术作品、摄影作品等视觉艺术作品的原作进行损毁、割裂，则对损害作者声誉的标准应

---

① See Maria Mercedes Frabboni, "France", In Moral Rights, Gillian Davies and Kevin Garnett QC (London: Sweet & Maxwell, 2010), 12-017.

② Ibid.

③ 见张某野等与某影业（北京）有限公司等著作权权属、侵权纠纷案，北京知识产权法院(2016)京73民终587号民事判决书。

当放宽，只要存在上述行为，即可认定损害了作者的名誉。

另一种值得讨论的特殊情形，即改变作品使用场景、环境是否涉及侵权作品完整权。我国著作权法规定的保护作品完整权，是指“保护作品不受歪曲、篡改的权利”，衍生作品中直接使用原作整体表达的情形多见于衍生视听作品，如对背景音乐、特定视听作品片段的使用；该等使用基本属于经济权利所覆盖的复制、传播等行为，同时也涉及改变原作的使用场景与环境。从国际公约规定而言，《伯尔尼公约》第六条之二规定为“作者有权反对有损其声誉的、与其作品有关的、任何歪曲、篡改（割裂）、其他更改，或其他损害行为”。[①] 通说认为，“与其作品有关的行为”既包括经济权利涵盖的复制、表演等相关行为，也包括与作品有关的其他损害行为，如将有特定场景含义的作品放置于其他场景中。[②] 从比较法角度而言，因改变使用场景、环境而构成侵犯作品完整权的案例，并不罕见。[③] 我国司法判例中，北京知识产权法院在陈某清一案中也认为，“即使未对作品本身作任何改动，但使用方式有损作者的名誉、声望的，亦属于对作者人格的侵害，可以通过保护作品完整权予以规制”[④]。该案侵权事实并未涉及该等情形，故上述论述说可谓一种“附带提及”，但该节说理亦可展现法院对该等使用的基本态度。因此，对于仅仅改变作品使用场景、环境的行为，也应参照损害作者声誉标准。

综上所述，采取“损害作者声誉标准”符合《伯尔尼公约》的规定，也是保障知识累进和表达自由的需要，亦符合时代理念与各国司法趋势的变迁，目前在我国司法实践中业已出现这一趋势。但从法律条文字面含义及立法例借鉴而言，我国修改权与保护作品完整权并不以“损害作者声誉”为侵权要件，故在司法侵权标准中加入这一要素，在本质上与我国《著作权法》规定并不相符。因此，为了使各方的利益更为平衡，对该条规定进行立法上的修改，势在

---

① “…the author shall have the right to claim authorship of the work and to object to any distortion, mutilation or other modification of, or other derogatory action in relation to, the said work, which would be prejudicial to his honor or reputation.” Article 6bis, Berne Convention (amended on September 28, 1979).

② See Sam Ricketson and Jane C. Ginsburg, International copyright and neighbouring rights: the Berne Convention and beyond, 2nd ed. (Oxford: Oxford University Press 2006), 10.24.

③ 法国案例中，一张照片被放置到多框相片架之中、画作被倒置展示、作品用于广告等，均可构成侵犯作品完整权；参见 Maria Mercedes Frabboni, “France”, In Moral Rights, Gillian Davies and Kevin Garnett QC (London: Sweet & Maxwell, 2010), 12-015。加拿大案例有 Snow v Eaton Cetre Ltd. (1982) 70 C. P. R. (2d) 105 一案，详情亦可见 Kristin Lingren, “Canada”, In Moral Rights, Gillian Davies and Kevin Garnett QC (London: Sweet & Maxwell, 2010), 23-021。

④ 见北京知识产权法院（2015）京知民终字第 811 号民事判决书。

必行。本书在下一节中将对此予以论述。

（2）适用基本原则条款

我国《著作权法》第一条规定："为保护文学、艺术和科学作品作者的著作权，以及与著作权有关的权益，鼓励有益于社会主义精神文明、物质文明建设的作品的创作和传播，促进社会主义文化和科学事业的发展与繁荣，根据宪法制定本法。"从宪法条款、我国与两大法系版权法立法目的、我国著作权法立法历史而言，该条款应解释为通过"保护文学、艺术和科学作品作者的著作权，以及与著作权有关的权益"以及"鼓励有益于社会主义精神文明、物质文明建设的作品的创作和传播"，以"促进社会主义文化和科学事业的发展与繁荣"。因此，为了达到利益平衡的基本政策目标，鼓励广大用户对于现有文化资源的利用、改进和再创作，在司法实践中可以根据案件情况，援引该条基本原则中的"鼓励有益于社会主义精神文明、物质文明建设的作品的创作和传播"及"促进社会主义文化和科学事业的发展与繁荣"宗旨，以从公共利益角度，构成对著作权人身权利的限制。

我国司法实践中也存在这种适用方式。已有法院援引该条款，以此作为论证我国著作权法旨在达成各方利益平衡的依据，并在事实上限制着著作权的边界。如"《胭脂扣》案"中，上海一中院在论证改编行为的范围时即援引了《著作权法》第一条规定，并据此认为："……显然，著作权法既保护著作权人及邻接权人的排他性权利，又保护社会公众在文化进步方面的利益，它之所以鼓励创作就是为了达到这样一种利益平衡。"[①]"《九层妖塔》案"中，一审法院也援引了该条规定，从而保护文化产业的经济投入与其为作品传播作出的努力。一审判决虽被北京市知识产权法院的二审判决撤销，但也可看出法院利用《著作权法》第一条对著作权进行限制的倾向。

此外，即便是对人身权利非常重视的国家如法国，对于人身权利亦有基于公共利益与表达自由的限制。如在 Peanuts 和 Tarzoon 两案中，法国法院均认为被控侵权作品构成了戏仿，不会与原作混淆，从而并未侵犯保护作品完整权，可以说从利益平衡的角度对保护作品完整权进行了一定的限制。[②]

---

① 见上海市第一中级人民法院（2012）沪一中民五（知）终字第 112 号民事判决书。

② See Sabine Jacques, The Parody Exception in Copyright Law (Oxford: Oxford University Press, 2019), 189.

三、规则与政策之协调

（一）立法宗旨及权利范围之修改建议

1. 立法宗旨修改建议

如上所述，《著作权法》第一条以并列形式规定了三种不同的立法宗旨；本章也对立法宗旨的位阶层次与逻辑关系进行了论证，即基于《宪法》确立的政策目标、立法文献及文化产业发展现状而言，应以“促进社会主义文化和科学事业的发展与繁荣”作为真正的目的，其手段为“保护文学、艺术和科学作品作者的著作权，以及与著作权有关的权益”与“鼓励有益于社会主义精神文明、物质文明建设的作品的创作和传播”。而立法宗旨的修改，亦应当明晰上述逻辑关系，修改为“通过保护文学、艺术和科学作品作者的著作权及与著作权有关的权益，以及鼓励有益于社会主义精神文明、物质文明建设的作品的创作和传播，以促进社会主义文化和科学事业的发展与繁荣”。此等修改，是为了明确立法宗旨之间的逻辑关系，以成文法的形式阐明著作权法的功能与立法目的，以防止对著作权的宗旨发生误解。

部门法的立法宗旨，对于法律解释、适用的影响极为深远。如美国《版权法》的立法宗旨即可上溯为美国《宪法》第一条第八款第（八）项规定，即国会“保证作者与发明者就其作品及发明于限定期间内享有独占权利，以促进科学与艺术的进步”；[①] 美国版权制度因此被视为社会与作者之间的一种契约，从而必须符合促进科学和艺术的宪法既定目标；因此有评论认为，美国这个个人主义非常突出的国家，却确立了一个相当集体主义的宗旨。而这一宗旨也成为美国版权法合理使用衡量标准中侧重“转换性使用”的法律渊源和理论依据；因为“转换性使用”可以促进作品的增加，即“科学和艺术的进步”。

同时，对于这一宗旨中“促进社会主义文化和科学事业的发展与繁荣”，亦不应做过窄的解释，即不能以作品的优劣作为是否符合“社会主义文化事业发展繁荣”的尺度。其理由为：首先，法律不宜介入对文学作品优劣的评判。文学作品的批评具有专业性和时代性，法官、法院并非专业人士，且文学的评品标准、评价结果也因时代和社会环境的变迁而异，暴得大名的作品之后声名

① “To promote the Progress of Science and useful Arts, by securing for limited Times to Authors and Inventors the exclusive Right to their respective Writings and Discoveries”. See U. S. CONST. art. I, § 8, cl. 8.

寂寂，或门庭冷落的作品之后声名鹊起，在文学史上均是常态。如果法律、司法贸然评价作品优劣程度，并以此作为该作品是否促进“社会主义文化事业发展繁荣”的标准，则容易让自己陷入尴尬境地。二十世纪中叶以来，各国司法亦鲜有评价文字作品优劣的案例。其次，文字作品的进步是金字塔式的累进。过高的要求会影响潜在创作者的积极性，既减少了作品数量，潜在创作者也难以通过不断的写作、发表而提高创作水平。因此，将门槛提得过高，也不利于促进文化作品的增长和繁荣。因此，作品的优劣不应成为这一宗旨的检验标准。

2. 权利范围之修改建议

前文已经讨论，我国现行《著作权法》对第十条第一款第（十四）项改编权定义进行修订之后，范围失之过宽，不符合利益平衡原则。但我国作为成文法国家，立法文本中如不进行相应修改，则从文义解释而言，仍可能导致改编权范围的扩张。在此情况下，应当考虑对原有规定进行修改，明确规定改编权控制的是利用作品整体表达方式的行为。在此可参考 1991 年《著作权法实施条例》中“改编，指在原有作品的基础上，通过改变作品的表现形式或者用途，创作出具有独创性的新作品”的规定，将之修改为“改编权，即在原有作品整体表达方式的基础上，将作品改变成其他体裁、种类的新作品的权利”。就文字作品而言，原作的整体表达方式应由人物角色及整体情节架构、背景、文字表达等组成，而受到改编权控制的改编行为，则是从一种体裁到另一种体裁形式的转换。就视听作品而言，如未利用其整体表达方式、体现其整体情节，则亦不应视为落入改编权的保护范围。而对于兜底权利，因著作权的本质属于法定权利，根据利益平衡原则，其界限应尽可能明晰，故该条款建议予以删除。

（二）著作权限制之修改建议

如上所述，衍生视听作品在涉及使用其他视听作品、歌曲或其他音乐作品的时候，仍难以完全避免落入复制权、改编权、汇编权、信息网络传播权及其他权利的范围，不能完全避免侵权之认定。在此情况下，为使其合法性尽量确定，则需考虑在可能的情况下对规则进行修订，从而在源头上建立衍生作品的合法性。本书将参考其他法域的立法，对我国《著作权法》的修订提出适当的建议。

1. 其他法域立法例参考

在参考其他法域的立法例时，本书重点选择了加拿大与我国台湾地区的立法例，其理由如下：（1）两地区均采取穷尽列举式的著作权法例外模式，且需遵循《伯尔尼公约》与《TRIPs 协议》，其立法必须考虑到是否符合“三步检验法”的要求，这一点与我国《著作权法》及《著作权法实施条例》的架构和面临的要求是一致的。(2) 加拿大与我国台湾地区均于近来应对网络时代的需求进行了修改，以增进著作权立法的宽松程度，但所采取的方法刚好形成对照。加拿大采取了增加单项豁免的方法，而我国台湾地区则采取了以“合理使用四因素”作为合理使用标准的方法。因此，对上述法域的立法例进行考察、分析，对于我国著作权制度的修订方向有着较大的参考意义。

(1) 加拿大：UGC 豁免条款

2012 年，加拿大通过《现代化版权法》(Bill G-11)，该立法属于加拿大修订法律以适应数字经济时代的持续性努力之一。它对之前的加拿大版权法进行了修改，而修改后的第 29.21 条即成为其最大特色之一：符合一定条件的非商业性的用户衍生内容（Non-commercial User-generated Content，UGC）不再视为侵权。该条款（以下简称 UGC 条款）规定：“(1) 在符合以下规定的情况下，个人使用已经发表或以其他方式向公众提供的现有作品或其他物品或其复制品以创作有版权存在的新作品或其他物品，及该个人——或该人的住户成员在该人授权下——使用该新作品或其他物品或授权中介人将其发布，不属侵犯版权：(a) 使用或授权发布该新作品或其他物品纯粹是为非商业的目的；(b) 如果在当时情况下是合理的话，提供该现有作品或其他物品或其复制品的来源——以及如果来源有提供的话，提及其作者、表演者、制造者或广播者的名称；(c) 该个人有合理理由相信该现有作品或其他物品或其复制品（视情况而定）没有侵犯版权；及使用或授权发布该新作品或其他物品，不会对该 (d) 现有作品或其他物品或其复制品的利用或潜在利用或其现有或潜在市场构成实质、重大的负面影响（不论财务上或其他方面），包括该新作品或其他物品不会构成该现有作品的替代品。(2) 以下为第一款定义：‘中介人’是指为公众享受作品或其他素材之需，规律性地提供空间或工具的个人或实体；‘使用’指本法项下版权所有人有权可为之任何行为，授权行为除外。”① 如果满足上述条件，则个人使用现有作品创造、使用、许可传播该新作，均不会构成

① S 29.21 Copyright Act（R. S. C.，1985，c. C-42）。部分译文参考我国香港特别行政区立法会 CB (4) 100/14-15 (01) 号文件《2014 年版权（修订）条例草案》委员会个人用户衍生内容，载 https://www.legco.gov.hk/yr13-14/chinese/bc/bc106/papers/bc1061104cb4-100-1-c.pdf，最后访问日期：2019 年 10 月 10 日。

侵权。[①] 加拿大政府还特别加以说明，“用户可于制作新作品时将现有版权材料包含在内，例如制作朋友及家庭成员跟着流行歌曲跳舞的家庭影片并在网上发布，或创作‘重混’（mash-up）影片。这一条款不会允许以下行为：仅对一部电子书增加几行文字，或对歌曲进行简单介绍后将其拷贝免费放到网上，或者对专辑上的歌曲重新排序后，在跳蚤市场上销售该 CD”[②]。

UGC 条款实质上是对非商业用途的个人用户衍生内容进行了标准较为宽松的豁免。它具有以下特点：首先，该条款明确规定，创造 UGC 的用户必须是个人；UGC 条款不能适用于创造者是机构的情形，这一点与公平交易（fair dealing）规定存在区别。[③] 但值得注意的是，该条款也可以间接保护传播 UGC 的平台，这对于网络时代 UGC 的传播来说格外重要。该条款明确规定 UGC 创作者可以许可某个“中介”（依其定义，“中介”可以包括网络服务提供者或内容服务提供者）发表作品；因此，即便该“中介”具有营利性，个人传播 UGC 的行为也不会构成侵权。[④] 其次，UGC 利用的必须是已经公开发表的原作，并指明来源；如果 UGC 中包含了未公开发表的内容，则不能满足该条款的豁免条件。再次，新作必须满足独创性标准，[⑤] 即加拿大最高法院在 CCH 案中确立的“技巧与判断”的独创性标准。[⑥] 该标准的“技巧”是指作者在创作作品时运用知识、成熟的才能或实践能力，“判断”是指运用个人的辨识能力，或通过比较作品中可能出现的不同选项来形成观点或评价的能力；二者均需要智力上的

---

① See Greg Hagen, Cameron Hutchison, David Lametti, Graham Reynolds, Teresa Scassa, Margaret Ann Wilkinson, Canadian intellectual property law: cases and materials (Toronto: Emond Montgomery 2013), 170.

② See Lesley Ellen Harris, Canadian Copyright Law 4th ed. (Hoboken, New Jersey: John Wiley & Sons, 2014), 169.

③ See Teresa Scassa, “Acknowledging Copyright's Illegitimate Offspring: User-Generated Content and Canadian Copyright Law”, in The Copyright Pentalogy: How the Supreme Court of Canada Shook the Foundations of Canadian Copyright Law, Michael Geist Ed. (Ottawa: University of Ottawa Press, 2013), 436.

④ Ibid. 但出版行业也大力呼吁平台要为此向权利人支付费用；See Marian Hebb, UGC and Fan Fiction: Rethinking Section 29.21, (2014) 26 (2) IPJ 237。

⑤ See Teresa Scassa, “Acknowledging Copyright's Illegitimate Offspring: User-Generated Content and Canadian Copyright Law”, in The Copyright Pentalogy: How the Supreme Court of Canada Shook the Foundations of Canadian Copyright Law, Michael Geist Ed. (Ottawa: University of Ottawa Press, 2013), 439-430.

⑥ CCH Canadian Ltd. v. Law Society of Upper Canada, [2004] 1 S. C. R. 339, 2004 SCC 13.

努力。① 以此标准，简单将现有作品的堆砌、累积（如未体现出作者选择性的视频剪切）将不符合 UGC 条款的豁免标准；这一点对于促进衍生作品的转换性、创造力是有利的，也可以避免对原作简单的处理、复制行为。最后，新作的作者享有有限的权利，包括传播及许可他人使用的权利，但不能对新作进行商业性的利用。②

（2）我国台湾地区

我国台湾地区所谓"著作权法"第四款明确规定了"著作财产权之限制"，其中第四十四条至第六十三条系以列举方式，规定了不构成侵犯著作权财产权的若干行为。③ 第六十五条则明确了如何判断上述行为中"合理范围"或其他"合理使用"的标准，即"著作之合理使用，不构成著作财产权之侵害。著作之利用是否合于第四十四条至第六十三条所定之合理范围或其他合理使用之情形，应审酌一切情状，尤应注意下列事项，以为判断之基准：一是利用之目的及性质，包括系为商业目的或非营利教育目的。二是著作之性质。三是所利用之质量及其在整个著作所占之比例。四是利用结果对著作潜在市场与现在价值之影响。著作权人团体与利用人团体就著作之合理使用范围达成协议者，得为前项判断之参考。前项协议过程中，得咨询著作权专责机关之意见"。

整体而言，我国台湾地区著作权限制的规定具有以下特点：一是明确规定该章限制系针对"著作权财产权"，并于第六十六条再次声明，"第四十四条至第六十三条及第六十五条规定，对著作人之著作人格权不生影响"。据此，第四十四条至第六十三条规定的著作权限制仅仅是针对著作权财产权的限制，即控

---

① "By skill, I mean the use of one's knowledge, developed aptitude or practised ability in producing the work. By judgment, I mean the use of one's capacity for discernment or ability to form an opinion or evaluation by comparing different possible options in producing the work. This exercise of skill and judgment will necessarily involve intellectual effort. The exercise of skill and judgment required to produce the work must not be so trivial that it could be characterized as a purely mechanical exercise. For example, any skill and judgment that might be involved in simply changing the font of a work to produce 'another' work would be too trivial to merit copyright protection as an 'original' work." See CCH Canadian Ltd. v. Law Society of Upper Canada, [2004] 1 S. C. R. 339, 2004 SCC 13.

② See Teresa Scassa, "Acknowledging Copyright's Illegitimate Offspring: User-Generated Content and Canadian Copyright Law", in The Copyright Pentalogy: How the Supreme Court of Canada Shook the Foundations of Canadian Copyright Law, Michael Geist Ed. (Ottawa: University of Ottawa Press, 2013), 441.

③ 第五十一条规定："供个人或家庭为非营利之目的，在合理范围内，得利用图书馆及非供公众使用之机器重制已公开发表之著作。"第五十二条规定："为报导、评论、教学、研究或其他正当目的之必要，在合理范围内，得引用已公开发表之著作。"

制的是他人对于作品的财产性利用行为；即便某行为符合构成该款规定下的限制，该行为仍有可能侵犯著作权人格权（精神权利）。二是仍以封闭式、列举式确定多个著作权财产权限制行为，但引入合理使用四要素作为“合理性”的评判标准，即该四因素是对上述条文的补充要求和进一步解释。该四因素的功能，至少在立法层级和逻辑结构上，与我国《著作权法实施条例》第二十一条的功能可以说是一致的。在这个层面上，我国台湾地区所谓“著作权法”在结构上仍是封闭式的，并非美国开放式的“合理使用”制度；这种做法的灵活程度，与新加坡、马来西亚等国家公平处理国家修订立法后，允许“任何目的”的公平处理行为或“包括研究、私人学习、批评、评论或新闻报道、时事报道”等目的的开放性列法方式并不相同。[①] 同时，因我国台湾地区所谓“著作权法”第四十四条至第六十三条中部分条款并无“合理范围”字样，故该等条款是否还需适用第六十五条之规定，尚存在争议。有文献认为“仅于第四十四条至第六十三条出现‘合理范围’时，须依第六十五条第二项之四个标准加以判断，其余的情况不及之”。[②] 也有文献则认为上述理解与第六十五条规定中“或其他合理使用之情形，应审酌一切情状”的规定不符；但如适用第六十五条之规定，势必架空具体行为条款，让所有行为均需适用合理使用因素检验；[③] 在这种情况下，我国台湾地区所谓“著作权法”的规定甚至被认为混淆了著作权限制与合理使用的区别。[④] 三是四因素的具体适用标准类似于美国合理使用制度。有文献认为我国台湾地区所谓“著作权法”的四因素适用标准应与美国合理使用四因素基本一致，即重视转换性价值；转换性的程度越高，则越容易构成合理使用，其他因素则相对弱化。[⑤]

2.《著作权法》立法修改路径

从立法例而言，《著作权法》采取增加类似 UGC 例外豁免的方式较为合宜。首先，该等豁免可直接解决衍生作品的合法性问题。对于衍生作品而言，UGC 条款的优越性是较为明显的：它为用户衍生内容直接规定了豁免，可以避免个

---

① See Michel Geist, “Fairness Found: How Canada Quietly Shifted from Fair Dealing to Fair Use”, in The Copyright Pentalogy: How the Supreme Court of Canada Shook the Foundations of Canadian Copyright Law, Michael Geist Ed. (Ottawa: University of Ottawa Press, 2013), 164-165.

② 简启煜：《著作权法案例解析》，台湾元照出版社 2014 年版，第 312 页。

③ 见谢国廉：《论著作财产权之例外——从英国法之相关变革出发》，载刘孔中主编：《国际比较下著作权法之总检讨》，法律学研究所 2014 年版，第 397 页。

④ Ibid，第 410 页。

⑤ Supra note 2，第 318 页。

案处理的限制，从而让衍生作品的合法性基本予以确定。[①] 基于我国著作权限制采取的是封闭列举式的路径，故增加 UGC 条款，亦不会动摇、破坏我国著作权限制制度的整体基础。基于我国《著作权法》第二十四条已经规定了所有行为均须“应当指明作者姓名或者名称、作品名称”，故在此框架下，只需对《著作权法》第二十四条第一款加以修改即可达到目的。参考加拿大立法例，在设计我国 UGC 条款时应满足以下基本条件：个人（自然人）用户、非营利性目的、所使用的原作载体系经权利人许可而发行。具体条款可表述为“个人用户为非营利性目的，可以适当使用经权利人许可发行的作品而创作新的作品，且可以发表及向公众传播”。

UGC 条款的优势是明确的。首先，如前所述，绝大多数衍生作品可以满足非营利性（非商业性）目的这一重要条件；基于对原作的尊重、热爱的基本社区规范，衍生作品的创作者在绝大多数情况下也会指明来源。同时，这种“新作”需符合“适当使用”的条件，而何谓“适当使用”，则可参考上文关于“个人学习、研究、欣赏”及“适当引用”的标准，尤其应侧重其转换性。在此情况下，衍生作品的法律地位将会较为确定。

其次，该等例外也符合著作权法发展史的进程。著作权法（版权法）的发展史，即是新类型媒体发展并导致各方利益博弈的历史。绝大多数媒体技术都始于盗版工具，[②] 但最终都在相关媒体产业的努力下渐渐划出界限，并因之获得合法化与发展。而衍生作品作为久已存在的传统与最广阔的创造力源泉，随着教育普及与网络技术的发展，它们在我们的生活中已经不可或缺；无论是出于尊重传统，还是“给业余者的创造力松绑”，[③] 版权法均应当以合适的方式，回应这种呼声。

再次，该等豁免并不会增加违反“三步检验法”的风险。UGC 豁免最大的风险，即来自其可能违反“三步检验法”。2014 年香港特别行政区版权署即是以此作为理由之一，认为 UGC 豁免条款不符合“在某些特殊情况下”的条件，

---

① “The Copyright Act does not define what will be ‘fair’; whether something is fair is a question of fact and depends on the facts of each case.” See CCH Canadian Ltd. v. Law Society of Upper Canada, [2004] 1 S. C. R. 339, 2004 SCC 13, para. 52.

② See Lawrence Lessig, Free Culture: How Big Media Uses Technology and the Law to Lockdown Culture and Control Creativity (New York: Penguin, 2004).

③ See Lawrence Lessig, Remix: Making Art and Commerce Thrive in the Hybrid Economy (New York: Penguin, 2008) 254.

也未能考虑到对作品实际或潜在市场的整体影响的要求，故而建议不采取UGC模式修订《版权条例》。[①] 对此问题需要看到，“三步检验法”虽是《伯尔尼公约》《TRIPs协议》及WCT等一系列国际公约、条约对内国立法的要求，但该原则本身并不意味着是对内国著作权限制制度的严格限制，而是指导内国立法、为著作权限制立法开拓空间之用。[②] 且随着时间经过，在后的条约在扩张“三步检验法”适用范围的同时，亦倾向于保护网络用户的权益；WCT更是在其前言中规定，“承认信息与通信技术的发展和交汇对文学和艺术作品的创作与使用的深刻影响，强调版权保护作为文学和艺术创作促进因素的重要意义，承认有必要按《伯尔尼公约》所反映的保持作者的权利与广大公众的利益尤其是教育、研究和获得信息的利益之间的平衡”，“第十条的规定允许缔约各方将其国内法中依《伯尔尼公约》被认为可接受的限制与例外继续适用并适当地延伸到数字环境中。同样，这些规定应被理解为允许缔约方制定对数字网络环境适宜的新的例外与限制”。[③]

虽然在Fairness in Music Licensing一案中，WTO专家组对“三步检验法”作出严格的、倾向于保护权利人市场利益的解释，但也有文献指出，WTO理论上并无遵循先例制度，因而这一裁决对之后的案例并无既定的约束力。[④] 而且根据《维也纳条约法公约》第三十一条“解释之通则”第一款的规定，“条约应依其用语按其上下文并参照条约之目的及宗旨所具有之通常意义，善意解释之”；[⑤]因此，在解释《TRIPs协议》第十三条时，至少也需考虑该协议第一部

---

① 见香港特别行政区立法会CB（4）100/14-15（01）号文件，载https://www.legco.gov.hk/yr13-14/chinese/bc/bc106/papers/bc1061104cb4-100-1-c.pdf，最后访问日期：2019年10月31日；世界知识产权组织的前助理总干事Mihály Ficsor亦认为加拿大的UGC立法不能符合国际公约、条约中的“三步检验法”。但亦有学者对该理由进行了批评，认为“三步检验法”本非普通法系传统，其文本移植及适用本身就存在不统一的情况，并指出拒绝UGC例外将会产生逻辑困境。详见Wenwei Guan, Fair Dealing Doctrine Caught between Parody and UGC Exceptions: Hong Kong's 2014 Copyright Amendment and beyond, 45 Hong Kong L. J. 719（2015）；关文伟：《“用户衍生内容”例外与香港版权条例修订》，载李亚虹编：《版权、网络与权利平衡》，香港大学出版社2016年版，第68-75页。

② See Christophe Geiger; Daniel Gervais; Martin Senftleben, The Three-Step Test Revisited: How to Use the Test's Flexibility in National Copyright Law, 29 Am. U. Int'l L. Rev. 581（2014）, 162.

③ 见《世界知识产权组织公约》（WCT）前言部分及第十条“限制与例外”，译文载世界知识产权组织官方网页，https://wipolex.wipo.int/zh/text/295161，最后访问日期：2019年11月3日。

④ See Christophe Geiger, Daniel J. Gervais and Martin Senftleben, "Understanding the 'three-step test'", in International Intellectual Property: A Handbook of Contemporary Research, Daniel J. Gervais Ed., (Cheltenham, UK and Northampton, MA, USA: Edward Elgar, 2015), 180.

⑤ 见联合国官方网站，https://www.un.org/chinese/law/ilc/treaty.htm，最后访问日期：2019年10月31日。

分“总则与基本原则”中第七条之规定，即“知识产权的保护和实施应当对促进技术革新以及技术转让和传播作出贡献，对技术知识的生产者和使用者的共同利益作出贡献，并应当以一种有助于社会和经济福利以及有助于权利与义务平衡的方式进行”。[①] 而且从“三步检验法”的实践来看，各国对“三步检验法”的态度也正在悄然改变，不少国家在立法与司法层面上都发展出了灵活的应对原则。如上文所述，新加坡、以色列、马来西亚等国均采取较为宽松的立法例；德国、瑞士、西班牙等国的法院也通过具体案例，对“三步检验法”作出进一步的宽松解释。[②] 诚如学者所言，“改变三步试验的过程不需要像修改条约那样激烈的行动”，相反，各国可以以司法的形式实行更为宽容的解释，而这种不动声色但潜移默化的改变，最终会起到消解严格解释的作用。[③] 在此情况下，尽管有 WTO 专家组的严格裁决在先，但综合考虑“三步检验法”的立法目的、背景、《TRIPs 协议》的“有助于社会和经济福利与权利义务平衡”的基本原则，以及各法域在司法实践中所采取的渐进式宽松做法，“三步检验法”应当也可以作出符合时代特点的平衡解释、灵活解释。

即便按照“三步检验法”的字面分析，UGC 条款的内容也并不比“欣赏”“介绍”“说明”等目的更不确定。如果“欣赏”“介绍”“说明”可被认定为属于“特定情况”，则用户衍生内容也可满足这种特定条件。同时，UGC 条款侧重个人用户、转换性与非商业性，属于吸收了目前通行的合理使用四要素中最重要的部分。至于对于权利人市场的影响，目前为止 UGC 充斥互联网络，但权利人对用户进行起诉的情况极其罕见，显然不能证明其市场遭受了重大不利影响。相反，不具备商业目的的 UGC 对于权利人作品的推广作用是相当巨大的，这也正是权利人默认其存在的重要原因之一。因此，UGC 豁免式立法，应当说代表着未来的方向。

最后，我国司法标准中实质上已经采取了合理使用四因素的内容。2020 年修正的《著作权法》在立法中已经吸收了《著作权法实施条例》第二十一条的

---

① 见国家知识产权局官方网站，http：//www. sipo. gov. cn/zcfg/gjty/1063142. htm，最后访问日期：2019 年 10 月 31 日。

② Supra note 1.

③ See Patrick R. Goold，The Interpretive Argument for a Balanced Three－Step Test，33 Am. U. Int'l L. Rev. 187（2017），229－230.

规定，如将合理使用四因素规定进著作权法，难免叠床架屋，不易理顺关系。[①]从比较角度而言，合理使用四因素与公平处理考虑的因素仍存在大量的相似，亦可佐证其作为个案考量因素技术上的共通性。[②] 相形之下，将合理使用四因素作为技术性、工具性的司法标准加以引入而非在立法中加以规定，反而能够统一、灵活处理两者关系，是较为可取的方式。

当然，对 UGC 条款亦存在一定的质疑。这些质疑主要集中体现为以下三点：（1）UGC 条款的“商业性”与“非商业性目的”难以区分；[③]（2）豁免个人用户之后，发布衍生作品的商业平台反而会因此获利，这样对权利人而言是不公平的；[④]（3）UGC 条款未考虑到作者精神权利的问题。[⑤] 对此本书认为，区分“商业性”目的是著作权法一直以来所考虑的技术性问题之一，对于绝大部分具备“直接商业目的”的行为来说，这个分界是相对清晰的。即便它可能存在模糊之处，也并非 UGC 条款单独面临的问题，从而不能成为否认 UGC 条款合理性的理由。其次，关于商业平台因衍生作品获利的问题，事实上，衍生作品对原作的免费推广已经让权利人大获其益。用户自发创作的衍生作品稳定、扩大了原作的忠实观众群体，这让权利人不仅可以通过对原作本身不断的商业开发（如周边产品等）获利，还可以保证之后的系列作品的市场。即便商业平台因为衍生作品吸引的观众人气而获利，权利人的利益也已经从这些推广中得到了补偿。同时，目前已出现由用户筹资金、自我管理的非营利性的专门衍生作品网站，事实上这类网站也相当成功，可以成为未来平台的发展方向。即便认为权利人应当从商业平台的利润中分一杯羹，二者作为有丰富商业活动经验

---

① 也有学者指出，“合理使用”本身是否符合严格意义上的“三步检验法”，可能值得怀疑：首先，合理使用太过灵活，未必能够符合“对限制进行明确定义”“特定情况”的要求；且合理使用综合考虑四个因素，未能将“三步检验法”代表的市场因素作为“一票否决”标准，也不符合严格意义上的“三步检验法”。See Ruth Okediji, Toward an International Fair Use Doctrine, 39 Colum. J. Transnat'l L. 75 (2000).

② See Gluseppina D'Agostino, Healing Fair Dealing - A Comparative Copyright Analysis of Canada's Fair Dealing to U. K. Fair Dealing and U. S. Fair Use, 53 McGill L. J. 309 (2008); Peter K. Yu, The Quest for a User-Friendly Copyright Regime in Hong Kong, 32 Am. U. Int'l L. Rev. 283 (2016), 324.

③ See Peter K. Yu, The Quest for a User-Friendly Copyright Regime in Hong Kong, 32 Am. U. Int'l L. Rev. 283 (2016), 318.

④ See Marian Hebb, UGC and Fan Fiction: Rethinking Section 29.21, (2014) 26 Intellectual Property Journal 237, 247.

⑤ Ibid. Matthias Leistner and Verena Roder-Hießerich, "Transformative use and user generated content, Integrating new paradigms of creativity in copyright law", in The Innovation Society and Intellectual Property, Josef Drexl and Anselm Kamperman Sanders Eds., (Cheltenham: Edward Elgar, 2019), 285-286.

的商主体，也可以通过平等谈判、协商的方式达成交易，而不一定需要法律强行介入。最后，关于UGC条款可能损害作者精神权利的问题，则应当视人身权利的侵权标准而定；下文将对此作出探讨。

因此，尽管UGC条款尚有质疑，但在综合考虑国际公约、条约、其他法域立法例与司法案例，以及我国著作权法现有制度的情况下，引入UGC豁免式条款，是较为合适的方法。假以时日，UGC或可与其他限制、例外一起，成为“使用者权”（user's right）的一部分。①

（三）保护作品完整权之修改建议

如前所述，我国《著作权法》中修改权与保护作品完整权的规定沿袭了法国著作权法精神，对作者的精神权利施加了较强的保护，从而与利益平衡的基本原则不相适应。在此情况下，仅仅通过统一司法标准的方法，也难以符合立法的既定范围。因此，更为根本的方法，应是参考《伯尔尼公约》及其他国家著作权法的相关规定，对立法作出相应调整。本书认为，结合修改权、保护作品完整权的本质与数字时代的特点，在立法调整时，修改权与保护作品完整权当以“损害作者的名誉”为基本原则，并建立精神权利限制体系。

1. 精神权利发展历史与本质

精神权利的发展史与个人权利及“作者”概念的发展史紧密相连；从整体而言，精神权利的发展也是个人主义、个人权利开始浪漫主义在塑造了全新作者形象的同时，对于精神权利的发展也厥功至伟。② 当然，也有观点认为精神权利的历史远早于此：理由之一是精神权利属于自然权利范畴，在各国古老文化中均有雏形；理由之二是各国对法律意义上精神权利的“认识”或曰“发现”，也要早于浪漫主义时代。③ 如精神权利的重要发源地之一的法国，精神权利的规定最早可以追溯到1777年的一系列图书贸易条例（这些条例试图打破巴黎出版商和印刷商协会的出版垄断地位，第一次引入了作者权利的概念）；④ 在

① See Matthias Leistner and Verena Roder-Hießerich, “Transformative use and user generated content, Integrating new paradigms of creativity in copyright law”, in The Innovation Society and Intellectual Property, Josef Drexl and Anselm Kamperman Sanders Eds. (Cheltenham: Edward Elgar, 2019), 285-286.

② See Martha Woodmansee, The Genius and the Copyright: Economic and Legal Conditions of the Emergence of the “Author,” 17 Eighteenth Century Studies 425 (1984).

③ See Mira T. Sundara Rajan, Moral Rights: Principles, Practice and New Technology (New York: Oxford university Press, 2011), 7-8.

④ Ibid, 53-54.

英国，则是1769年具有里程碑意义的 Millar v. Taylor 案认可了精神权利（但出于尊重《安妮法案》打破书商垄断的目的，1775年 Donaldson v. Beckett 案中英国法院拒绝了这一观点）。[①] 但是，无论现有文献如何追溯精神权利在历史上的源头，不争的事实是，精神权利特别是完整权，在十九世纪的欧洲大陆才真正得以兴盛；法国法院以判例方式发展了道德权利的实践，而德国则从作者权利、个人权利、人格权、自然权利等多种角度丰富了精神权利的理论。[②] 在欧洲大陆国家的倡议下，于1928年《伯尔尼公约》正式确立精神权利之后，有两项权利得到了普遍承认：一是作者有权在自己的作品上署名的权利，即“署名权”；二是保护作品不受损害的权利，即“完整权”。

从精神权利发展的历史而言，精神权利特别是完整权的本质，是对“作者与其作品之间特殊关系的法律承认”，它旨在保护作者不受由于不公正地对待其作品而产生的道德、智力或精神上的伤害；[③] 其假定前提是，对作品的损害也是对作者本人的损害。在这一意义上，它具有个人自然权利的属性。同时，精神权利的社会属性在于努力保护现存文化与文化遗产，这也是当时欧陆各国设立精神权利并呼吁在《伯尔尼公约》中设立精神权利条款的重要原因。

然而，精神权利的边界与作品使用者利益是直接相关的；前者范围越广，则后者越狭窄。版权法系国家对精神权利长期以来有着抵触情绪，其主要顾虑也在于精神权利规定会限制作品传播与艺术尝试，与其鼓励文艺作品创造与促进作品传播的版权法宗旨不相容。[④] 但在作者/传播者（文化产业）/使用者（用户）的框架中，原先精神权利带来的冲突主要存在于作者与文化产业之间，且两大群体都拥有一定的文化资本与社会资源，能够对立法者产生影响，所以立法者对精神权利的关注也主要着眼于双方之间的矛盾。其实，数量众多，但力量分散的用户对作品的利用方式相对有限，亦难以形成规模，故用户利用作品导致的问题尚不足以引起立法者的充分重视；亦即在上述三者形成的权力结构中，用户原先处于较为弱势的一环。而在现今互联网环境下，广大用户对于作品的利用、再创造可以形成强大的传播力和影响力，在三者权力结构中的影响、地位也在大幅度上升。在衍生作品已经成为一种现象与生活方式的情况下，

---

① See Gillian Davies and Kevin Garnett QC, “Origins of the Theory of Moral Rights” (Chapter 2), In Moral Rights, Gillian Davies and Kevin Garnett QC (London: Sweet & Maxwell, 2010), 2-002.

② Ibid, 2-005.

③ Supra note 1, 4-7.

④ Supra note 3, 3-004.

如这种普遍存在的、大众心理亦默许的行为被视为违法，公众在此行为上的守法心理基础将难以存在，从而会导致执法成本增加或法律名存实亡。因此，现代版权法，包括我国《著作权法》的立法应当对精神权利进行彻底的梳理和重构，着眼于实现作者/传播者（文化产业）/使用者（用户）之间的利益平衡，并对体现为广大用户利益的公共利益予以真正的重视。

2. 立法例参考

如上所述，精神权利系从实践发展而来，其形成也与各国的独有文化品质密切相关，因而各国规定与解释多少会存在一些差别。故此，在探讨我国修改权及保护作品完整权立法修改之前，本书将首先讨论其他国家修改权、保护作品完整权的立法例，以确认我国保护作品完整权制度在世界著作权法版图上的体系坐标。

（1）强保护标准立法模式

法国是采取强保护模式的代表，采取该等路径的还有日本、瑞士、希腊等国，一般而言，其保护范围远广于《伯尔尼公约》第六条之二的规定。法国《知识产权法典》第 L121-1 条规定，“作者对自己的姓名、作者身份及作品享有受尊重的权利”；因此，作者只需证明作品物理形态或者精神上的完整性受到损害即可，并不以“有损作者的声誉”为要件。在倡导精神权利的学者看来，完整权是法国精神权利制度的基石，其保护力度远超其他法域，从而为世界提供了全面而成熟的立法范例。日本《著作权法》第二十条规定，作者享有保持其作品和作品标题完整性的权利，有权禁止违反其意志对其作品或者作品标题进行的修改、删除或者其他改变；[①] 这种规定并不以作者名誉受到损害为要件。[②] 对于文字作品而言，未经作者同意的微小修改也有可能构成侵犯保护作品完整权，如删除书籍部分前言、后记等。[③] 瑞士《著作权法》第十一条将保护作品完整权的范围界定为反对任何未经授权的修改，即作者完全有权决定“是否更改、何时更改及以何种方式更改作品”，以及“是否利用、何时利用及

---

① 参见《十二国著作权法》翻译组译：《十二国著作权法》，清华大学出版社 2011 年版，第 372-373 页（“日本著作权法”章节译者为李扬）。

② See Kristin Lingren, “Japan”, In Moral Rights, Gillian Davies and Kevin Garnett QC (London: Sweet & Maxwell, 2010), 26-015.

③ Ibid, 26-016.

以何种方式利用该作品创作演绎作品”,[①] 同时，“即使他人因约定授权或法定授权而修改作品，或者利用其创造演绎作品，作者也有权反对任何有损其人格的、对作品的歪曲”。[②] 在司法实践中，法院在适用该条文时也根据作品类型、性质加以一定限制，如瑞士高院在Gold Rush一案中即认为，作品越接近作者人格的表达，则作品和作者人格之间的联系就越紧密，第三方的修改也更易构成侵犯作品完整权。[③] 希腊现行《著作权法》第四条（1）（c）也规定，作者有权“阻止对其作品的任何歪曲、割裂或者更改，以及作品公开展示的环境所导致作者受到的侵害”；没有对“歪曲、割裂或者更改”作出任何限制性规定，也没有限定这些修改可能会对作者形象造成负面影响；任何修改哪怕是对作品或作者有益的修改，都会侵犯保护作品完整权。[④] 上述不以损害作者声誉为要件的立法例，相当于赋予作者拥有对作品形式变动、利用目的和利用背景的绝对控制权。

（2）《伯尔尼公约》第六条之二模式

采取这一模式的法域相当广泛，包括意大利、葡萄牙及北欧诸国，属于版权法体系的英国、加拿大、澳大利亚、新西兰等，以及我国香港特别行政区、台湾地区。我国台湾地区所谓“著作权法”第十七条规定，“著作人享有禁止他人以歪曲、割裂、篡改或者其他方法改变其著作之内容、形式或名目致损害其名誉之权利”，该规定即以“致损害作者名誉”为侵犯保护作品完整权的要件。意大利对于保护作品完整权的规定则在措辞和结构上都类似《伯尔尼公约》，即对作品的更改、修改或者歪曲必须要达到损害作者的荣誉、声誉的程

---

① Art 11, Swiss Copyright Act, https://wipolex.wipo.int/zh/legislation/details/19718. Jacques de Werra, “Switzerland”, In Moral Rights, Gillian Davies and Kevin Garnett QC (London: Sweet & Maxwell, 2010), 20-012.

② Jacques de Werra, “Switzerland”, In Moral Rights, Gillian Davies and Kevin Garnett QC (London: Sweet & Maxwell, 2010), 585-586, 20-013. 但实践中这一标准实际上是客观标准，并不仅因作者本身的意愿而构成侵权。

③ Ibid, 20-014.

④ Article 4, Copyright, Related Rights and Cultural Matters (Law 2121/1993), https://opi.gr/en/library/law-2121-1993. See Irini A. Stamatoudi, “Greece”, In Moral Rights, Gillian Davies and Kevin Garnett QC (London: Sweet & Maxwell, 2010), 14-015.

度，才会侵犯保护作品完整权。[①] 葡萄牙著作权立法规定，作者有权拒绝任何可能有损作者的荣誉或名誉的，对作品进行毁坏、歪曲、割裂或者贬损的行为。[②] 瑞典、丹麦、芬兰、挪威、冰岛等北欧诸国则在二十世纪进行了著作权法统一工作，最终瑞典著作权法成为北欧诸国的权威规定和法律渊源。[③] 根据瑞典《著作权法》的规定，作品的改动方式、向公众呈现的方式或背景均不能损害作者的文学或艺术名誉，也不能损害作者的个性；[④] 保护作品完整权亦以有损作者的名誉或个性为要件；"名誉"侧重于他人眼中作者的地位、声誉，"个性"则是指作者和作品的个人关系、作者对于作品的感情。但是，损害"名誉""个性"均由客观标准来衡量，仅仅作者觉得自己受到冒犯是不够的；这一客观标准就需要考虑作品的性质，以及从文学、艺术角度而言作品的重要程度。[⑤] 上述立法例则是本着《伯尔尼公约》的立场，限制作者与作品之间的主观链接关系，是对作者强控制权的一种抵制与削弱。

因伯尔尼公约允许各国自行决定以何等方式保护精神权利，故英国、美国、澳大利亚等版权法体系主要国家（加拿大除外），在 1928 年罗马会议数十年后均仍采用原有的方式，未在版权法中专门保护精神权利。[⑥] 之后英国在二十世纪七十年代对此问题由 Whitford Committee 进行讨论并形成报告，认为英国尚未能满足《伯尔尼公约》第六条之二的要求。[⑦] 1988 年，英国在版权法中规定包括发表权、保护作品完整权（the right to object to derogatory treatment）在内的四种精神权利的保护。澳大利亚于二十世纪八九十年代对此问题进行讨论，认为

---

① Article 20, Law for the Protection of Copyright and Neighbouring Right, https://www.google.com/url?sa=t&rct=j&q=&esrc=s&source=web&cd=&ved=2ahUKEwiagPG3p5_yAhXVyosBHcKsALEQFnoECBkQAw&url=https%3A%2F%2Fwww.wipo.int%2Fedocs%2Flexdocs%2Flaws%2Fen%2Fit%2Fit211en.pdf&usg=AOvVaw0-uU3ffqWiEFB4ayzA2y6M. 意大利法院通常认为，经济权利的转让并不会导致保护作品完整权的保护受到影响；即便作者在合同中同意可对原作作出一定改动（如改编为电影），但如果该等改动有损其荣誉或名誉，作者也有权拒绝。见《意大利民法典》第 2577 条与第 20.1.a 条。

② Art 30, Code of Copyright and Related Rights, https://wipolex.wipo.int/en/text/451732. See Patricia Akester, "Portugal", In Moral Rights, Gillian Davies and Kevin Garnett QC (London: Sweet & Maxwell, 2010), 18-010.

③ See Johan Axhamn, "the Nordic Countries", In Moral Rights, Gillian Davies and Kevin Garnett QC (London: Sweet & Maxwell, 2010), 17-001.

④ Ibid, 17-004.

⑤ Ibid, 17-019.

⑥ See Gillian Davies and Kevin Garnett QC, "The International Development of Moral Rights" (Chapter 3), In Moral Rights, Gillian Davies and Kevin Garnett QC (London: Sweet & Maxwell, 2010), 3-004.

⑦ Ibid, 3-005.

此等立法并无必要，但在2000年也对版权法进行了修正，主要引入了发表权和保护作品完整权的规定。美国国内电影、广播产业对精神权利的意见较大，美国也一直拒绝接受《伯尔尼公约》第六条之二“用词广泛、几无限制”的精神权利条款，直至1988年才加入《伯尔尼公约》，并于1998年制定了《视觉艺术家权利法案》（VARA），对于视觉艺术作品蕴含的精神权利进行了一定保护。整体而言，版权法系国家尤其是美国，对精神权利的主要顾虑在于其版权体系的宗旨是鼓励文艺作品创造与促进作品传播，但精神权利规定会限制作品传播与艺术尝试;[①] 换言之，精神权利会限制对著作权人（往往并非作者）对经济权利的利用，而这一点与版权法系国家的功利目的是不兼容的。[②]

值得注意的是，加拿大的文化在一定程度上受到法国影响，在二十世纪三十年代早期就已在其著作权法中规定了完整权，在普通法系国家中属于领先者。不过，加拿大1933年版权法关于完整权的规定是否以“损害名誉”为要件，则较为模糊不清。虽然有倡议认为立法应当明确规定不以损害名誉为要件，但1988年的立法修改并未采取这一观点，而是明确了以损害名誉作为侵权判断标准。从目前而言，各国和地区立法修订趋势和司法实践均是倾向于采取损害名誉的客观标准，鲜见有国家和地区采取相反的修订方向。

（3）中间路线

德国与西班牙的立法例则采取了中间路线。德国于十九世纪从作者权利、个人权利、人格权、自然权利等多种角度发展了关于精神权利的多种理论学说，为精神权利奠定了理论基础，并最终形成了一元论（单一主义），即《德国著作权及邻接权法》第十一条规定的“著作权保护作者与作品之间及作者利用其作品时的精神及人身关系”。[③] 一元论的基础是只有“作者的利益”这一种统一的权利，经济权利和精神权利不过是一个权利的两个方面。与法国的二元论相较而言，两种体系均有着财产权利和精神权利之间的划分，但关键的区别是等

① Ibid，3-004.

② Ibid，3-008.

③ 德国的著作权人身权利（作者人格权）与经济权利紧密交织，贯穿整部著作权法始终，这一点与同为作者权体系的法国也存在一定区别。See Elizabeth Adeney，The Moral Rights of Authors and Performers：An International and Comparative Analysis（Oxford：Oxford University Press，2006），9.13. 同时该文献认为，“精神利益”指的是作者就作品（作者精神产物）本身享有的权益，与作者的自我个性（ego）无关；“人身利益”则是作者权的社会层面，即公众对作品观感中产生的、作者享有的声誉。

级制度有所不同；在二元论体系中，理论上精神权利要高于经济权利。[①]

德国关于保护作品完整权的具体规定则见于《德国著作权及邻接权法》第十四条与第三十九条。第十四条“对著作的歪曲”规定：“作者有权禁止对其作品进行歪曲或其他任何贬损处理，如上述行为有损于作者就其作品享有的合法精神利益或人身利益。”[②] 第三十九条“作品的改动”则规定：“如无其他约定，利用权人不得改动作品及其标题或作者名称（第十条第一款）。根据诚实信用原则，作者无法拒绝改动其作品及其标题的，可以允许该等改动。”[③] 整体而言，“作者是保护的主体，作品是保护的对象”。[④] 对于歪曲与贬损处理的限定条件到底为何，存在两种观点：一种观点认为，只有“贬损处理”才以“可能危害作者的精神或者人身利益”为限定条件。另一种观点则认为，“歪曲”是“贬损处理”的一种严重情形，无论是歪曲还是损害，都必须满足“可能危害作者的精神或者人身利益”这一限定条件。[⑤] 后者被认为更为符合德国的现行立法、二战后防止“仅仅是保护作品本身”的司法实践趋势，以及《伯尔尼公约》第六条之二的立法规定。[⑥] 西班牙保持作品完整权的立法较为晚近，其规定则接近于德国著作权法，即作者具有要求他人尊重其作品完整性的权利，从而有权拒绝可能任何有损其合法利益或威胁其声誉的对作品进行的歪曲、改动、更改，或其他涉及作品的行为。[⑦] 德国与西班牙这种规定下的权利范围，

---

① Mira T. Sundara Rajan, Moral Rights: Principles, Practice and New Technology (New York: Oxford university Press, 2011), 51.

② “Distortion of the work: The author has the right to prohibit the distortion or any other derogatory treatment of his work which is capable of prejudicing his legitimate intellectual or personal interests in the work.” See Section 14, Act on Copyright and Related Rights (Urheberrechtsgesetz, UrhG, as last amended by Article 1 of the Act of 1 September 2017). 英文译文引自 WIPO 官方网站，https://wipolex.wipo.int/zh/text/474263，最后访问日期：2019 年 5 月 16 日。

③ “Alterations of the work (1) The holder of a right of use shall not be permitted to alter the work, its title or designation of authorship, section 10 (1), unless otherwise agreed. (2) Alterations to the work and its title to which the author cannot refuse his consent based on the principles of good faith shall be permissible.” See Section 39, Act on Copyright and Related Rights (Urheberrechtsgesetz, UrhG, as last amended by Article 1 of the Act of 1 September 2017). 英文译文引自 WIPO 官方网站，https://wipolex.wipo.int/zh/text/474263，最后访问日期：2019 年 5 月 16 日。

④ See Elizabeth Adeney, The Moral Rights of Authors and Performers: An International and Comparative Analysis (Oxford: Oxford University Press, 2006), 9.84.

⑤ Ibid, 9.90-9.92.

⑥ Ibid.

⑦ See Carmenchu Buganza, “Spain” In Moral Rights, Gillian Davies and Kevin Garnett QC (London: Sweet & Maxwell, 2010), 19-015, 568.

被认为比《伯尔尼公约》第六条之二要宽泛一些。[①]

3. 我国精神权利条款的修改路径

（1）修改权与保护作品完整权的修订

从上述分析可知，我国《著作权法》中关于修改权与保护作品完整权的规定，在形式上类似于荷兰著作权法的修改权与保护作品完整权分离，而在实质上是将法国著作权法中的“作品受尊重权”一分为二，即修改权对应于“对作品物理形态上的完整性的尊重”（即不能扭曲、增删和更改作品的表达方式），[②]保护作品完整权对应于对作品创作精神与背景的尊重（即不能以并非作者本意的方式和背景使用作品）[③]。综合以上立法例的规定，本书倾向于认为，采取类似《伯尔尼公约》第六条之二的规定，将我国修改权与保护作品完整权的规定合二为一，修改为“保护作品完整权，即保护作品不受有损作者声誉的修改、歪曲、篡改的权利”。这一做法更有利于实现利益平衡原则，也更易适用与操作。

首先，对于自己的创作作品进行修改，实为作者的自然权利，即便无法律规定，作者也可自然行使。而法律规定的“保护作品完整权”，从其立法目的而言，应是保护作品不受他人不当侵害，故规定作者对自己的作品享有“修改”或“授权他人修改”之权利，实无必要，且容易将该权利与保护作品完整权相混淆。[④]

其次，从保护作品完整权的立法模式而言，《伯尔尼公约》第六条之二的规定本身即为不同理念、不同保护力度的国家冲突、妥协形成，它至少可以满足两种体系的基本要求，在某种意义上已经是平衡的产物。从该条款的修订历史而言，在罗马会议上法国、波兰、意大利代表团均作出了关于精神权利的提案，意大利代表团所作提案更为全面，成为日后第六条之二的框架基础，其中

① See Adolf Dietz, “Germany”, In Moral Rights, Gillian Davies and Kevin Garnett QC (London: Sweet & Maxwell, 2010), 13-020.

② See Maria Mercedes Frabboni, “France”, In Moral Rights, Gillian Davies and Kevin Garnett (London: Sweet & Maxwell, 2010), 12-011.

③ Maria Mercedes Frabboni, “France”, In Moral Rights, Gillian Davies and Kevin Garnett QC (London: Sweet & Maxwell, 2010), 12-013; See Elizabeth Adeney, The Moral Rights of Authors and Performers: An International and Comparative Analysis (Oxford: Oxford University Press, 2006), 8.63.

④ 王迁教授亦持该观点。见王迁：《我国著作权法中修改权的重构》，载《法学》2007年第11期，第35-40页。

侵犯保护作品完整权的条件是“有损作者精神利益”[①]；这一规定已经是对于强保护标准的削弱，也是考虑到不同标准、不同利益的妥协做法。事实上，这种模式既可以保证作者对于作品的精神关系不受到恶意损害，也不会导致作者对于作品的控制过强，从而妨碍作品进入文化环流，难以成为文化层累的一部分。从上述各国的立法模式可知，该等规定已为意大利、葡萄牙及北欧诸国、英国、加拿大、澳大利亚、新西兰等法域广泛接受。即便是施行强保护模式的日本，亦有学者主张直接以损害作者声誉作为判断侵害保护作品完整权的司法标准，但该主张法律依据并不充分；所以不少学者主张修改立法规定，从平衡作者和利用者之间利益关系的角度对保护作品完整权进行更为严格的限制，以保障私人领域对作品的利用自由。[②]

值得注意的是，各国已有向客观标准转变的趋势。加拿大版权法曾是两大法系的交融之处，但于1977年修订时即从原先绝对保护作品完整权转向要求提供名誉损害的证据。[③] 即便是推行强保护模式的法国，也在近来 P. Hugo & Soiété des Gens de Letres（SGDL）v. S. A. Edtions Plon 一案中采取了客观标准，认为《悲惨世界》的续作（衍生文字作品）并未侵犯原作的完整权。[④] 有学者认为，这一判例为用户自行创作的衍生作品提供了法律支持，即衍生作品创作者并未侵犯原作的保护作品完整权。[⑤] 而1999年修订的我国台湾地区“著作权法”，也将原先的强保护模式修改为《伯尔尼公约》第六条之二的模式，即“著作人享有禁止他人以歪曲、割裂、篡改或者其他方法改变其著作之内容、形式或名目致损害其名誉之权利”。我国台湾地区“高等法院”更是在判决中认为，该立法修改的目的，即是“以免同一性保持权之保护过当，阻碍著作之流通”，因此，“纵然著作利用人改变著作之内容、形式或名目，并不会如过去旧法一样构成侵害著作人之人格权，须其利用达到‘损害著作人名誉’的程度，

---

① 该提案规定为“（作者）有权拒绝对作品作出任何有损其精神利益的修改”，见 Sam Ricketson and Jane C. Ginsburg, International copyright and neighbouring rights: the Berne Convention and beyond, 2nd ed.（Oxford: Oxford University Press 2006），10.07。

② 见李扬、许清：《侵害保护作品完整权的判断标准——兼评我国〈著作权法修订草案（送审稿）〉第13条第2款第3项》，载《法律科学》2015年第1期。

③ See Mira T. Sundara Rajan, Moral Rights: Principles, Practice and New Technology（New York: Oxford university Press, 2011），125-126.

④ See Maria Mercedes Frabboni, “France”, In Moral Rights, Gillian Davies and Kevin Garnett QC（London: Sweet & Maxwell, 2010），12-017.

⑤ Supra note 3, 62-63.

始达到侵害同一性保持权"[①]。

最后，与"损害作者精神利益"的立法模式相比，"损害作者声誉"该等模式更易理解与适用。德国《著作权法》规定"歪曲或其他任何贬损处理"不得损害"作者就其作品享有的合法精神利益或人身利益"，而何谓"合法精神利益或人身利益"，则还要进行进一步的界定，不如直接规定为"损害作者声誉"更为直接，也更易适用。从《伯尔尼公约》第六条之二的制定历史而言，意大利代表团提出的"损害精神利益"条件即因措辞模糊，而遭到了普通法系国家，特别是英国与澳大利亚的强烈反对，最终罗马会议的文本使用了"荣誉或名誉"（honor or reputation）这一说法。[②] 一般来说，"荣誉"被认为侧重于作者个人的主观看法，"名誉"则侧重于社会公众对作者的评价；但在 WIPO《伯尔尼公约》中文本翻译中，两者被合并翻译为"声誉"。考虑到文本统一性、"声誉"侧重于客观标准的特性，以及近来我国司法实践中"损害作者声誉"标准的兴起，将损害作者"声誉"确立为立法规定的侵害保护作品完整权的要件，是可行且易适用的。

当然也有观点认为完整权的适用条件不应当放宽，因为数字时代使用作品极为容易、侵略性太强，宽松的侵权标准会导致作者权利易被侵犯，扭曲社会文化，从而代价过高。[③] 但是这一理由忽略了在网络蓬勃发展的今天，网络用户已经足以了解绝大多数衍生作品并非经由作者授权创作，因此也不会将衍生作品与原作者联系起来。事实上，从"《九层妖塔》案"等案件可知，社会公众将衍生作品与作者紧密联系，衍生作品能够对作者、作品声誉造成严重损害的使用情景，反而是经过作者授权的商业性改编。因此，商业电影产业发达的国家对于保护作品完整权立法及侵权标准，往往是较为严格的。如美国的精神权利立法一直遭到电影产业的抵制，根据兰哈姆法案作出的判例也对于作者名誉的保护较为不利；[④] 北京高院出台的意见在保护作品完整权的侵权标准方面也重点考虑了影视产业的利益。在这种情况下，以侵犯作者名誉为标准，既可

---

① 详见我国台湾地区"高等法院"2003 年第 3167 号刑事判决，转引自罗明通：《著作权法论（I）》，台英商务法律事务所 2009 年版。

② See Sam Ricketson and Jane C. Ginsburg, International copyright and neighbouring rights: the Berne Convention and beyond, 2nd ed. (Oxford: Oxford University Press 2006), 8. 77-8. 81.

③ Mira T. Sundara Rajan, Moral Rights: Principles, Practice and New Technology (New York: Oxford university Press, 2011), 313.

④ Ibid, 137-153.

以将用户自发创作，用于欣赏、交流目的的大量衍生作品排除在侵权之外，又可以保护作者免受商业用途的侵犯。同时，对于大量进入公共领域的文化遗产而言，再次进入利用、知识环流的境地，反而更有利于其维持生命力；否则等待它们的只有僵化与遗忘。

综上所述，对立法进行修改，将损害作者名誉作为保护作品完整权的构成要件，是符合当今时代的社会发展趋势和立法、司法动态的。

（2）建立精神权利限制体系

正如前述，我国著作权法体系精神权利部分源自法国著作权法传统，对于作者精神权利并无真正意义上的限制体系，仅是从解决现实问题角度出发，对于精神权利做出了零散的限制，主要体现为对发表的限制，如违反法律规定的作品禁止出版、传播；以及对修改权的限制，如《著作权法》第三十四条第二款规定，报社、期刊社可以对作品作文字性修改、删节。[①] 但众所周知，作品一旦发表之后即具备公共资源属性，成为公众可以共享的智力成果、智识之池的一部分，过于宽泛的人身权利对于作品的再利用无疑是一种障碍。如果说之前的“《鬼吹灯》案”一审判决是从保护传播的商业利益角度出发、引用《著作权法》基本原则限制作者人身权利，那么在今后的立法体系中则更需要考虑广大用户（包括衍生作品创作者与人数更为众多的受众）的利益，建立从基本原则到细化规则的精神权利限制体系。这一体系至少应当包括以下内容：

一是修订《著作权法》的立法宗旨，以之作为著作权精神权利的限制条款。如上所述，我国《著作权法》第一条规定的立法宗旨，系“为保护文学、艺术和科学作品作者的著作权，以及与著作权有关的权益，鼓励有益于社会主义精神文明、物质文明建设的作品的创作和传播，促进社会主义文化和科学事业的发展与繁荣，根据宪法制定本法”，但“保护文学、艺术和科学作品作者的著作权，以及与著作权有关的权益”以及“鼓励有益于社会主义精神文明、物质文明建设的作品的创作和传播”均为“促进社会主义文化和科学事业的发展与繁荣”的手段。为了明确上述价值观念的位阶序列，该条可修改为“通过保护文学、艺术和科学作品作者的著作权及与著作权有关的权益，以及鼓励有益于社会主义精神文明、物质文明建设的作品的创作和传播，以促进社会主义文化和科学事业的发展与繁荣”。在明确保护作者权益仅为促进文艺、科学事业

---

① 见吴汉东：《知识产权法学》，北京大学出版社 2011 年版，第 100 页。

发展与繁荣的手段时，该条款作为限制著作权精神权利的兜底条款，即较为顺理成章。

二是细化规则，设定行使精神权利的条件及精神权利例外条款，从而对精神权利进行限制。我国的人身权利范围较为宽泛，在行使的具体条件上又无一定限制，从而导致作者对于作品的控制权过强，用户（包括衍生作品创作者在内）在法律上有动辄得咎之虞。因此，在精神权利的行使与主张条件上设定一定限制，作品作为公共资源则更可得到有效利用，也可保证用户不至于承担法律上的侵权风险。

在这一方面，英国《版权法》及我国香港特别行政区《版权条例》均有值得借鉴之处。英国《版权法》第四章是对精神权利的专门规定，包括署名权、保护作品完整权的主张条件及例外。如英国《版权法》第七十七条规定，文字、戏剧、音乐或艺术作品的作者以及电影作品的导演，在该条规定的特定情形中有表明其作者或导演身份的权利，但如果其未按第七十八条规定进行主张，则该权利未受到侵犯。[①] 第七十八条则规定，除非作者已按本条规定（如通过签署文件、在作品或复制件上表明身份等形式）宣示其身份，否则他人实施了第七十七条的行为，并不构成侵犯第七十七条规定的表明作者或者导演身份权。[②] 第七十九条则规定，表明作者或者导演身份权不适用于计算机程序、字体设计或任何由计算机生成的作品、雇主行为，且不适用于该法第三十条规定的时事新闻报道、第三十一条规定的偶然纳入、第三十二条规定的考试题等情形，以及经作者同意后刊载于报纸、杂志或类似期刊、百科全书、词典、年鉴或其他参考用途的汇集作品。[③]

英国《版权法》第八十条则规定，保护作品完整权仅是指文字、戏剧、音乐或者艺术作品的作者与电影作品的导演，有权制止对其作品的贬损处理；而“处理”是指对作品的添加、删减修改或者改编（不包括对文学或者戏剧作品的改编或是对音乐作品的有限改动），“贬损”是指对于作品的歪曲、割裂或其他有损于作者、导演荣誉或声誉的行为。[④] 正如前述，1999 年 Pasterfield 案、

---

① See Section 77, Copyright, Designs and Patents Act 1988. 基于论述需要，本书未直译该条款规定全文，也未穷尽全部情形，条款详细规定见网址，https://www.legislation.gov.uk/ukpga/1988/48/contents，访问日期：2020 年 9 月 17 日。以下皆同。

② See Section 78, Copyright, Designs and Patents Act 1988.

③ Ibid.

④ See Section 80, Copyright, Designs and Patents Act 1988.

2003年Confetti案已对该条款进行了解释，即必须同时满足“歪曲”（或“割裂”）与“损害作者荣誉或声誉”两个条件，才能构成侵犯作品完整权;[①] 该条款本身即是对保护作品完整权权利范围的限制。同时，该条还规定，构成侵犯作品完整权，还必须满足将贬损后的作品进行商业性出版、公开表演/展览或向公众传播等条件。第八十一条又特别规定了保护作品完整权的例外情形，即第八十条不适用于计算机程序或任何计算机生成的作品，旨在进行时事报道的作品，经作者同意后刊载于报纸、杂志或类似期刊、百科全书、词典、年鉴或其他参考用途的汇集作品（在不改变用途的情况下，此类作品在别处的任何后续使用，不视为侵犯作品完整权）。[②]

我国香港特别行政区《版权条例》亦以第四章专门规定了精神权利，其中第八十九条至第九十一条系“被识别为作者或导演的权利”的规定，第九十二条至第九十四条则属于“反对作品受贬损处理的权利”的规定，均与英国版权法类似。但第九十条、第九十二条则进一步对“向公众传播”作了限缩规定，就文学作品、戏剧作品或音乐作品而言，只有将受贬损处理的作品作商业发表、公开表演、广播或包括在有线传播节目服务内，或向公众发放或提供受贬损处理的作品的影片或声音记录的复制品，方可构成作者/导演身份识别权及反对受贬损处理的权利。就影片而言，只有将受贬损处理的影片公开放映、广播或包括在有线传播节目服务内，或向公众发放或提供受贬损处理的影片的复制品，才构成侵犯上述权利。

从上述规定可见，英国版权法中认定侵犯人身权利的大前提，是存在“公开处理”，即将被侵权的文学艺术作品进行商业出版、公开表演或向公众传播，[③] 并且为之设定了诸多基于产业利益（如计算机程序、雇主行为）及基于公共利益的例外情形（如时事报道）等。我国香港特别行政区《版权条例》则更进一步，将“向公众传播”行为限缩为特定情形。有文献认为，英国《版权法》中的精神权利例外条款协调了经济权利和精神权利的保护范围，让法律框

① See Pasterfield v Denham, [1999] F. S. R. 168; Confetti Records v Warner Music UK Ltd., [2003] EWHC 1274 (Ch).

② Section 81, Copyright, Designs and Patents Act 1988.

③ See Gillian Davies and Kevin Garnett QC, "The Paternity Right" (Chapter 7), In Moral Rights, Gillian Davies and Kevin Garnett QC (London: Sweet & Maxwell, 2010), 7-009.

架更为连贯和完整。[①] 否则大量衍生作品虽可借助经济权利限制条款避免侵犯经济权利，却往往落入人身权利的保护范围，这不仅让其法律地位不能确定，在制度设计和逻辑上也是存在矛盾之处的。因此，英国版权法相关条款可以作为我国著作权法对精神权利建立权利限制体系、设定例外条款的参考。

整体而言，我国精神权利限制可考虑纳入以下条款：

（1）明确侵犯作者精神权利原则上以对作品的实质性使用为前提。亦即明确如果被控侵权作品不构成对作品的实质性使用，不构成复制、改编等行为，则侵犯精神权利亦为无源之水，无本之木。而是否构成“实质性相似”，则有赖于具体事实及司法中对于复制权、改编权的权利范围及侵权判断标准能否统一。英国学者也认为这一问题是“事实与法律的混合，‘实质性’使用的标准必须适用于所查明的事实，而最终还是个印象问题”[②]。在实质性使用量与质的标准上，一般而言，“量”自然是重要考量因素，而质比量更为重要，不能单纯以“量”决定是否为实质性使用。[③] 而且，英国《版权法》第七十七条虽然规定，表明作者或导演身份权应当包含“该作品被改编时，表明改编作品之原作品作者身份的权利”，但是《版权法》第二十一条对于“改编”也作出明确的狭义规定，即翻译、戏剧作品与非戏剧作品之间的转化，将故事情节或动作转化为图画等行为，[④] 因此，英国版权法对于侵犯精神权利时何谓“实质性使用作品”的门槛是比较高的，自然也就限制了作者精神权利的应用。如我国立法中可以明确这一点，将会澄清很多不必要的误解。另外，如虽未对作品实施著作权法经济权利规定中的行为，但涉及改变作品使用场景的，则应当明确以“损害作者声誉”为标准。[⑤]

（2）设定类似合理使用的精神权利例外情形。如前所述，著作权法的立法宗旨是促进社会整体智识作品的增加与公众利益，而这一宗旨与公众接触、学习现有作品的自由与表达自由是分不开的。广大社会公众在使用作品上已经受到了权利人的极大限制，但至少我国著作权法仍规定了针对经济权利的例外。

---

① See Eugene C. Lim, On the Uneasy Interface between Economic Rights, Moral Rights and Users' Rights in Copyright Law: Can Canada Learn from the UK Experience?, (2018) 15: 1 SCRIPTed 70, 96.

② See Gillian Davies and Kevin Garnett QC, “The Paternity Right” (Chapter 7), In Moral Rights, Gillian Davies and Kevin Garnett QC (London: Sweet & Maxwell, 2010), 7-010.

③ Ibid.

④ Section 21, Copyright, Designs and Patents Act 1988.

⑤ 详见本章第二节之四。

然而，我国对于作者享有的权利几乎没有类似的限制制度，这在结构上会导致作者的权利过于扩张，从而削弱立法宗旨。因此，对精神权利设立类似合理使用的例外，是实现著作权法立法宗旨、为作者与用户设定合理权利边界与框架的需要。

在设定精神权利例外时，普通法系的相关立法值得我们借鉴。英国版权法长期具有对精神权利的怀疑、限制传统，因此对署名权的行使也设定了若干条件；如英国《版权法》第七十八条则规定，除非作者已按本条规定（如通过签署文件、在作品或复制件上表明身份等形式）主张权利，否则他人实施了第七十七条的行为，并不构成侵犯第七十七条规定的表明作者或者导演身份权。[①]而我国对于署名权向来视为一种绝对权，且现代社会绝大多数作品在发表时均会署名（真名、笔名不论），作者匿名的情况极为罕见，故对于署名条件作出限制性规定的必要性不大。不过，针对其他精神权利设定限制，仍是相当必要的。

首先，可以参考英国版权法中以公开传播、商业发行行为侵权要件的精神，规定仅为个人学习、研究或者欣赏，使用他人已经发表的作品，且未向不特定公众公开的，不构成对作者精神权利的侵犯。就衍生作品的传播而言，既有在论坛公开发表的行为，亦有在成员特定的少数爱好者中传播的行为。对于后者，因其传播范围特定，具有一定的个人使用性质，可以规定成为侵犯精神权利的例外。

其次，出于对公众对文化资源进行介绍、批评、赏鉴的需求，亦需规定如适当使用作品的目的是介绍、评论某一作品或说明某一问题，则可以构成侵犯作品完整权的例外。可以理解的是，当保护作品完整权的规则于十九世纪末二十世纪初开始逐渐形成时，能够发表对作品的介绍、批评及说明问题的主体，往往集中于有一定文化资本的群体之中，这些述评在形式上也往往具有一定的正式性、学术性，因而该规定可以说是对文化批评及文化群体的尊重与豁免。而随着教育普及和互联网的发展，介绍、评论和说明问题已远不只是文化群体在正式刊物上发表，大量形式多样、内容丰富的介绍、评论和说明以衍生视听作品的形式出现，也是由传统文化群体之外的人作出，可以说打破了原先的文化资本垄断，存在形式活泼、群众化、去学术化的特点，同时又是对正式文化

① See Section 78, Copyright, Designs and Patents Act 1988.

批评的有效补充。[①] 在这种情况下，如果以严格的修改权和保护作品完整权的标准，将导致数量众多的丰富的介绍、评论等工作难以展开。因此，设立介绍、评论、说明例外，对于社会公众而言是相当重要的。

在设立该例外的同时，也要考虑到该例外的判断标准或曰适当性、合理性，以避免衍生作品创作者以该例外为避风港，过于损害作者的精神权益。因此，在判断该例外能否适用时，可综合考虑引入诚信原则，考察使用者的意图及是否具有商业目的等因素。以评论或说明目的中较为典型的一类衍生作品——戏仿为例，作者权体系与版权体系均将使用者意图列为重要的考量因素。法国法院认为，如仿者的意图在于伤害作品或作者，则不利于被告引用戏仿抗辩；英国、澳大利亚及加拿大法院则认为，戏仿者的意图对于确定是否构成“公平”处理相当重要。[②] 因此，在考虑是否能够构成这一例外时，有必要结合客观证据，对于介绍、评论、说明是否旨在损害作者声誉加以考察。如现有证据不能证实被控侵权者具有损害作者声誉的目的，则应当保护其介绍、评论、说明的表达自由。同时，如果介绍、说明、评论不具有商业目的或者不具备明显、直接的商业目的，则亦应当从公众利益角度出发，对公众介绍、说明、评论的权利予以保护。如介绍、说明、评论具有明显的商业目的，则应视为对衍生作品创作者不利的因素。

最后，为了更为普适化、原则化，我国著作权法中除设立针对特定行为的精神权利限制条款之外，还可以考虑设定原则化、普适化的限制条款。英国版权法设定的精神权利限制系针对某项具体行为的点对点“列举式”（经济权利限制也是如此），符合限制条件的行为较为有限，这一点也招致了学者的批评。[③] 因此，为了避免列举式行为限制的局限，在我国《著作权法》第二十四条中还可以为精神权利单独设定例外，即第二十四条规定的“在下列情况下使用作品，可以不经著作权人许可，不向其支付报酬，但应当指明作者姓名或者名称、作品名称，并且不得影响该作品的正常使用，也不得不合理地损害著作

---

① 此观点在 John Fiske 所著 In The Adoring Audience：Fan Culture and Popular Media 一书中有所论及。参见 John Fiske，“The Cultural Economy of Fandom”，in The Adoring Audience：Fan Culture and Popular Media，Lisa A. Lewis Ed.（London：Routledge，1992），34。

② See Sabine Jacques，The Parody Exception in Copyright Law（Oxford：Oxford University Press，2019），94-100.

③ See Eugene C. Lim，On the Uneasy Interface between Economic Rights，Moral Rights and Users' Rights in Copyright Law：Can Canada Learn from the UK Experience?，（2018）15：1 SCRIPTed 70，96.

权人的合法权益……”可修改为：“在下列情况下使用、修改作品，可以不经著作权人许可，不向其支付报酬，但应当指明作者姓名或者名称、作品名称，并且不得影响该作品的正常使用，也不得不合理地损害著作权人的合法权益……”因第二十四条中诸项行为均已限定为个人学习、研究或增进公共福利，故在此情况下，如以“合理使用四因素”作为“不得影响该作品的正常使用，也不得不合理地损害著作权人的合法权益”的具体衡量因素，综合考虑修改的目的、性质、质与量及市场价值影响，尤其是使用的目的和性质，即便在现行著作权规定下，大量衍生作品也可免于落入修改权与保护作品完整权的范围。

综上，为避免大量衍生作品处于侵犯经济权利和精神权利的处境，正视精神权利面临的现代问题，有必要引入 UGC 条款豁免，并明确地对著作权精神权利进行一定限制；这种限制既包括正本清源、将修改权与保护作品完整权合而为一，并引入客观限制标准，也包括通过修订立法宗旨、增加权利限制条款等方式，建立较为完整的著作权精神权利限制体系。具体来说，为明确立法宗旨，我国《著作权法》第一条应修改为：“通过保护文学、艺术和科学作品作者的著作权及与著作权有关的权益，以及鼓励有益于社会主义精神文明、物质文明建设的作品的创作和传播，以促进社会主义文化和科学事业的发展与繁荣。”第十条第（十四）项改编权条款可修改为：“改编权，即在原有作品整体表达方式的基础上，将作品改变成其他体裁、种类的新作品的权利”，并删除第（十七）项“应当由著作权人享有的其他权利”。第二十四条的总括性条款应修改为“在下列情况下使用、修改作品，可以不经著作权人许可，不向其支付报酬，但应当指明作者姓名或者名称、作品名称，并且不得影响该作品的正常使用，也不得不合理地损害著作权人的合法权益……”，并将《著作权法》第二十四条第一款修改为：“个人用户为非营利性目的，可以适当使用经权利人许可发行的作品而创作新的作品，且可以发表及向公众传播。”此等修改，是为了明确立法宗旨之间的逻辑关系，以成文法的形式阐明著作权法的功能与立法目的，以防止对著作权的宗旨发生误解；并在此基础上对著作权的权利范围予以限缩、扩大著作权的限制，并正视精神权利产生的时代背景与当今情况，从而对于精神权利作出合宜的处理。

结 论

一、总结

衍生作品的极大丰盛，已经成为不可忽视的社会文化现象；同时它也引发了原作著作权人、衍生作品创作者与社会公众的关注和争议，导致了原作著作权人与衍生作品创作人的立场冲突，以及不同群体之间的利益纠葛。更重要的是，它改变了著作权法原有的权力结构，让“用户利益”正式出现在著作权制度的历史舞台之上，成为权力结构的一极。因此，本书所重点探讨的问题，即如何通过法律之外与法律之内的制度方式，更好地帮助文化产业、作者与用户达致利益的均衡；具体来说，即通过分析衍生作品在我国《著作权法》框架下合法性的不确定及其成因，并在梳理衍生作品的发展历史和社会文化背景的基础上，明确衍生作品合法化的意义，并制定法律手段之外与法律框架之内各方利益协调方案。

在探讨上述方案之前，基于衍生作品内涵外延、表现形式的多样性，首先要对于本书所研究的衍生作品的定义和基本形式进行确定。本书第一篇第二章即旨在确定这一范围。首先，在综合考察相关文献对于改编、汇编作品、演绎作品及“二次创作”“个人用户衍生内容”（UGC）的定义后，本书认为，前三者涉及的主要人物、基本场景设定、情节、表达出来的氛围和整体思想基本受制于原作，难以成为完全独立于原作品的全新作品，后二者范围太过广泛且不确定，均与衍生作品存在本质区别，故本书仍采取了“衍生作品”这一术语，并将其定义为用户借用现有作品的部分表达元素独立创作而成的新作品。其次，衍生作品中的衍生文字作品及衍生视频作品较为习见，创作门槛相对较低，与原作表达元素联系也相对紧密，具备较强的代表性，故本书讨论的衍生作品也集中于以上两种类型。

在确定衍生作品的定义与类型之后，着重于分析衍生作品在我国著作权法上法律地位的不确定性及根本成因。首先通过对我国著作权法相应规定与司法判例的分析，认为根据我国著作权法中的权利范围与司法实践中采取的标准，衍生作品极易落入复制权与改编权、汇编权、信息网络传播权、兜底权利等经济权利，以及修改权与保护作品完整权等人身权利的保护范围。同时，我国著作权法律制度著作权限制较为狭窄，司法实践中标准亦不统一，故衍生作品不符合现行著作权制度的可能性相当之高。之后进一步对这种不确定性的成因进行分析，认为个性原因在于我国著作权法立法宗旨的不确定性、立法上著作权权利范围的扩张与限制的狭窄，以及司法实践标准的多元性；共性原因则在于著作权的本质与利益主体的冲突。前者即为著作权究竟是法定权利还是自然权利，后者则体现为产业、作者与使用者权益在互联网时代的冲突，以及著作权制度与社会公众表达自由的冲突。

为了更好地确定衍生作品法律地位的解决方案、协调各方利益，本书第二篇则着重分析衍生作品兴盛的历史与现实原因，并在其基础上分析衍生作品合法化方案的合理意义。第二篇考察了文学及传媒文化领域对于衍生作品研究的成果，并有针对性地对衍生作品创作者进行访谈，认为衍生作品的历史源流在于文学层累传统与昔日口口相传、不断重述传说与故事的参与文化传统，且这一传统在我国文化史上尤为突出；其深层动因则在于个体的表达和交流需要，并通过再次创作表达自己对于原作的意见，并经由衍生作品抒发自己的理念、构建自己心目中的理想世界。而公众教育的普及尤其是女性受教育程度与独立性的提升，为更广阔的群体提供了阅读衍生作品、独立创作的条件和可能；互联网的兴盛既让受众群体有了便捷的交流方式，也大大降低了创作与发表的成本与进入门槛。因此，借助教育提升与互联网技术，参与文化这一人类古老的文化传统，则以衍生作品的形式焕发新生。

权利人也注意到了这一现状。面对大量出现的衍生作品，作为理性人的权利人，其所采取的策略是利益权衡之后的结果。本书此处重点分析了衍生作品与现有文化产业的利益共生机制，即衍生作品的创作者、受众与原作的受众有着高度重合，前者往往是原作的买单者和忠实用户，拥有较为固定和丰富的购买力；衍生作品的丰盛，本身也是对于原作的免费宣传、传播，可以扩张受众的范围与巩固现有受众的忠诚度，也为文化产业推出系列作品创造了商业条件。通过这一系列活动，文化产业与衍生作品之间已形成了双向激励体系，即文化产业利用了衍生作品创作者的反馈，制造了具有稳定销路的文化产品，又将含有用户创造的附加价值的内容再次出售给用户。① 基于以上的利益共生机制，

① See Abigail De Kosnik, "Interrogating 'Free' Fan Labor", In Spreadable Media, Henry Jenlcins, Sam Ford, and Joshua Green Eds. (New York: New York University Press, 2013), http://spreadablemedia.org/essays/kosnik/#.UbEevZzqOZQ.

权利人也衡量了自身行动的成本与收益。经过分析后可以得知，权利人如采取与衍生作品相对抗的策略，则几乎没有低成本、高收益的选择，大多数情况下其行为低成本、低收益或者高成本、低收益；如其采取高成本、高收益的策略，其结果也具有很大的不确定性。在此情况下，作为理性的权利人，直接对抗衍生作品的动力并不充足。因此，衍生作品规模巨大的现状，也是权利人与用户之间权力斗争趋于动态平衡的结果。

基于以上分析，本书进一步总结了衍生作品合法化的意义（或曰合理性）。首先，衍生作品的繁盛属于一种大规模的法的不遵守现象，这实际上是集体默契下的后果，也意味着著作权的垄断性质难以与人类个体的表达、交流欲望、深厚的文学传统相抗衡。因此，如果大量衍生作品在著作权法上的合法性仍不能确定，则著作权法的相关规定非但不能起到指引公众行为的作用，反而会因为这种普遍的、法的不遵从现象而消解法律的权威性。其次，通过对著作权法的发展历史进行分析可知，著作权的本质与传统均属于法定权利，衍生作品也是公众表达权利的一部分，理应对法定权利构成限制。最后，衍生作品的合法化亦有利于促进教育与学习，也是适应共同利益的需要。

在进行以上分析之后可知，衍生作品的兴盛，是权利人与公众之间权利斗争、博弈形成的平衡；它并非法律规范制定出来的“平衡”，而是事实存在的、由社会自发形成的秩序，也是权利人与用户之间互动的交汇点所在。[①] 出于成本收益的考虑，虽然衍生作品在理论上具备可诉性，但权利人仍然容忍了这些使用，这就造成了在前两种使用行为之间广阔的“灰色地带”。[②] 不过，这是一种脆弱的、事实上的平衡，它在目前的正式法律架构中还没有确定的地位，权利人打破平衡的可能性仍然很大。因此，就很有必要在法律之内与法律之外建立起二者正式沟通的桥梁，并在现有著作权法的框架下尽力消除这种灰色领域的不确定性，从而为权利人确定可诉性的标准、为用户的使用行为确定合法框架；这也是本书第三篇着重讨论的内容。

在第三篇中，首先讨论了法律之外的架构可能。第一章借鉴了劳伦斯·莱锡格提出的事物本质架构、社会规范、市场与法律等规制人们行为的四种要素，试图建立权利人、作者和用户在法律之外平衡各方利益的框架。本章认为，衍生作品的本质架构是个人表达与交流的需求，也属于源远流长的参与文化传统，

① See Shyamkrishna Balganesh, The Uneasy Case against Copyright Trolls, 86 S. CAL. L. REV., 723 (2013), 752-764.

② Ibid, 757.

因此从法律层面对其进行扑灭，在架构上基本无此可能。但是，在权利人与用户之间就衍生作品建立沟通、博弈桥梁，设定规制框架方面仍然可以有所作为，而这一规制的着眼点即为表达平台，经过分析后，本章认为非商业化、去中心化的网络平台是发扬衍生作品个人参与文化传统的最优方式。从社会规范而言，适宜建立沟通桥梁的网络社区规则包括非营利性规范、创新与共享规范以及尊重原作规范，应当予以大力提倡。从市场角度而言，如权利人需要承认与吸纳衍生作品或对之进行商业利用，也必须重视衍生作品社群参与的本质，尊重衍生作品的自发性、丰富性、作者创作能力与经济权利。

尽管有以上非法律的解决方法，但法律仍然是对公众行为最具有强制约束力也最有震慑力的准则。同时，鉴于权利人和用户在表达能力、表达的可见度、文化资本和经济能力上存在严重的不对等，仅仅依据法律之外的框架，仍无法让衍生作品在法律上获得较为确定的法律地位。因此，如何在现行著作权法的框架下对衍生作品的合法性予以适当确认，即成为本篇第二章讨论的重点。正如上文所述，衍生作品在我国著作权法上法律地位的不确定，既有个性原因，也有共性原因。个性原因在于我国著作权法立法宗旨的不确定性、立法上著作权权利范围的扩张与限制的狭窄，以及司法实践标准的多元性；共性原因则在于著作权的本质（法定权利或自然权利）定位不清，且各方利益发生冲突，包括文化产业、作者与使用者权益在互联网时代的冲突，以及著作权制度与社会公众表达自由的冲突。

本书第二篇已针对共性原因之一进行分析，得出著作权本质属于法定权利的结论；第三篇第二章“一、政策、原则与规则”则借助了德沃金与雷·帕特森的分析框架，以针对个性原因与其他共性原因，有的放矢地解决问题。根据上述分析框架，著作权法亦是政策、原则和规则的综合体，其中政策为立法宗旨，原则为我国法院在司法实践中实际执行的司法政策，而规则即为具体立法规定。在对我国宪法及世界范围内著作权法立法历史、著作权法立法背景、立法宗旨条款与历年来的司法政策进行分析之后，本书认为，我国著作权法的立法宗旨（政策）系促进社会主义文化和科学事业的发展与繁荣，司法政策（原则）则为利益平衡；著作权法如要达到其最佳的实施效果，则其政策、原则、规则应当是统一的，三者之间能够形成自洽的逻辑。但正如第一篇第二章原因分析所示，个性原因中司法实践标准的多元性体现了政策与原则的不一致，立法宗旨的不确定性、立法上著作权权利范围的扩张与限制的狭窄则体现了政策与原则的不一致。同时，为尽可能协调共性原因中文化产业、作者与使用者利益在互联网时代的冲突，以及著作权制度与社会公众表达自由的冲突，本节也着重探讨了著作权各利益主体在权力结构中的地位变化，包括作者权威的建立与消解，以及作者/传播者（文化产业）的二元结构已经逐渐变迁为作者/传播者（文化产业）/用户（使用者），并认为只有深刻意识到这种变化，才能更好地促成政策、原则和规则的统一。

第三篇第二章之后的章节即旨在探讨如何通过一定的法律解释方法，尽量促成现行立法的政策与原则协调一致；如仍不能协调一致，则考虑对规则进行修改、提出相应的立法建议。第二节即重在协调政策与原则问题，主要采取了比较研究方法，着重分析美国著作权法相关案例的发展，在吸取他国经验教训基础上对我国著作权法的保护对象及对权利范围予以重新厘清，并统一相应的实质性判断标准。在探讨著作权限制问题时，则从其国际法源流、国内法发展等角度着手，认为首先应对使用目的进行扩大解释，其次应回归“三步检验法”作为市场竞争、市场替代因素的本质与源头，综合考虑将“合理使用四因素”，将使用的合理性、公平性于使用目的之中从宽解释，具体可借鉴加拿大版权法公平处理制度下的相关判例及美国版权法合理使用的相关因素。在修改权、保护作品完整权等精神权利方面，则建议引入更为严格的客观标准。

在考虑到司法层面的局限性之后，第三节则着重讨论了立法修订的必要性，认为应将立法宗旨进一步明确为“促进社会主义文化和科学事业的发展与繁荣”，对现有的著作权经济权利范围予以明确，并将用户创造内容（UGC）规定引入著作权限制。在精神权利方面则考察了精神权利的发展史，认为对修改权与保护作品完整权予以修订，并对精神权利建立限制体系。

二、现实、限制与未来

衍生作品的丰盛，让广大社会公众第一次享有了极高的创作与欣赏自主性，这种创作是社会公众表达自己意见、参与社会文化的重要渠道的重要方式，也是能动学习与创造的重要方式。诚如前文所述，这种创造与参与在丰富了社会文化的同时，也改变着著作权法原有的权力结构，让抽象的“公众利益”以“用户权益”的具体面目出现，迫使著作权权利人与公权力正视这一股不可忽视的力量。本书研究的问题本质，即为著作权制度能否回应，又在何等程度上、以何种方式回应这股力量。但是，因为用户和著作权权利人、作者相比，在表达能力、表达的可见度、文化资本和经济能力上存在严重的不对等，著作权法能否实际回应这一力量、本书设计的方案在多大程度上能够实现，尚有赖于社会公众与权利人对于彼此的权益在更深程度上形成共识，形成更为丰富多彩的相互合作与促进文化创作的模式，建立权利人、作者与衍生作品之间在法律之外的合作体系，特别是可供商业开发、利用、实现良性循环的合作体系，也有赖于司法机构对著作权制度形成更为深刻的认识，在现有的基础上进一步以判例形式适应时代的呼声。只有在这两种力量形成合力之后，才能触发著作权制度对社会现实予以正式的回应。

遗憾的是，因实践中尚缺乏成功的例证，且衍生作品创作者与原作权利人的合作较为复杂之故，本书就衍生作品三方合作、利益协调的模式尚未趋精细，这一模式仍有待将来的市场发展与细致研究予以解决。可以期待的是，在探索这一模式时，我们不必万事求诸外，亦可以求诸内，从我国传统文化中通过知识环流促进创新的惯例中汲取经验。① 同时，囿于本书的篇幅、研究重点和作者专业所限，本书所研究的衍生作品并未囊括所有的衍生作品类型（如衍生美术作品）；虽然本书第二篇第二章中已经说明了选择衍生文字作品与视听作品的原因，是其创作门槛相对较低、受众较广，在与原作著作权的利用关系上亦更具有代表性，但未能穷尽衍生作品的类型，确属遗憾。再者，本书在从文学研究与传媒文化角度对衍生作品的源流与社群性进行研究时，因缺乏相关专业直接教育背景，其观点与结论亦可能存在不够全面之处。最后，因我国著作权法承袭法国著作权法的理念已久，对于作者的精神权利在理论上极为重视，已在学界和司法界形成一定的思维定式，因此在对精神权利限制进行研究时，其立法建议也相对谨慎。上述缺憾，均期待未来的研究者予以进一步细致研究。

无论如何，衍生作品的繁荣再次提醒我们，著作权法保护范围的扩张与著作权保护的增强，不等于著作权法真正的立法目的得以实现。在这个时代，作者与权利人已经渐渐失去其权威与对作品的绝对控制；作品的阅读、分享、传播与再创造行为的主体，已经渐渐合而为一。只有当著作权法意识到并承认用户与衍生作品的地位和权益时，著作权法才有可能继续保持公共利益与个体利益之间的微妙平衡，而它真正的目标——促进文艺科学作品的繁荣——才有可能在这个时代真正成为现实。

---

① 参见邵科：《昭隆传统之大美》，清华大学出版社 2019 年版。

参考文献

一、书籍

（一）中文书籍及汉译文本

1. 吴汉东、曹新明、王毅、胡开忠：《西方诸国著作权制度研究》，中国政法大学出版社1998年版。

2. 李明德、许超：《著作权法》，法律出版社2003年版。

3. 费安玲：《著作权法教程》，知识产权出版社2003年版。

4. 冯晓青主编：《知识产权法》，中国政法大学出版社2008年版。

5. 李扬：《著作权法基本原理》，知识产权出版社2009年版。

6. 刘春田主编：《知识产权法》，中国人民大学出版社2009年版。

7. 吴汉东：《知识产权法学》，北京大学出版社2011年版。

8. 李琛：《著作权基本理论批判》，知识产权出版社2013年版。

9. 王迁：《知识产权法教程》，中国人民大学出版社2014年版。

10. 王迁：《著作权法》，中国人民大学出版社2015年版。

11. 周晓冰：《著作权人格权的保护》，知识产权出版社2015年版。

12. 《中华人民共和国著作权法讲析》（中华人民共和国司法部、国家版权局著作权法培训班教材），中国国际广播出版社1991年版。

13. 方厚枢：《中国出版史话》，东方出版社1996年版。

14. 周林、李明山主编：《中国版权史研究文献》，中国方正出版社1999年版。

15. 李明山：《中国近代版权史》，河南大学出版社2003年版。

16. 胡康生主编：《中华人民共和国著作权法释义》，法律出版社2002年版。

17. 《十二国著作权法》翻译组译：《十二国著作权法》，清华大学出版社2011年版。

18. 邵科：《昭隆传统之大美》，清华大学出版社2019年版。

19. 吴海民：《“高保真”长篇纪实系列——审判“海盗”：知识产权与名

人出庭》，华艺出版社 1995 年版。

20. 莫砺锋：《杜甫诗歌讲演录》，广西师范大学出版社 2007 年版。

21. 马季：《网络文学透视与备忘》，中国社会科学出版社 2010 年版。

22. 党月异、张廷兴：《明清小说研究概论》，中央编译出版社 2011 年版。

23. 储卉娟：《说书人与梦工厂：技术、法律与网络文学生产》，社会科学文献出版社 2019 年版。

24. 孙述宇：《金瓶梅：平凡人的宗教剧》，上海古籍出版社 2011 年版。

25. 李亚虹编：《版权、网络与权利平衡》，香港大学出版社 2016 年版。

26. 简启煜：《著作权法案例解析》，台湾元照出版社 2014 年版。

27. 刘孔中主编：《国际比较下著作权法之总检讨》，法律学研究所 2014 年版。

28. ［英］洛克：《政府论（下篇）——论政府的真正起源、范围和目的》，叶启芳、瞿菊农译，商务印书馆 2011 年版。

29. ［英］以赛亚·柏林著、亨利·哈代编：《浪漫主义的根源》，吕梁、洪丽娟、孙易译，译林出版社 2011 年版。

30. ［英］托·斯·艾略特（T. S. Eliot）：《传统与个人才能：艾略特文集·论文》，卞之琳、李赋宁译，上海译文出版社 2012 年版。

31. ［英］弗吉尼亚·伍尔夫：《一间自己的房间》，戴红珍、周淳译，华东师范大学出版社 2017 年版。

32. ［英］玛丽亚·阿里斯托戴默（Maria Aristodemou）：《法律与文学：从她走向永恒》，薛朝凤译，北京大学出版社 2017 年版。

33. ［美］罗斯科·庞德：《通过法律的社会控制》，沈宗灵译，楼邦彦校，商务印书馆 1984 年版。

34. ［美］德沃金：《认真对待权利》，信春鹰、吴玉章译，中国大百科全书出版社 1998 年版。

35. ［美］理查德·波斯纳：《论剽窃》，沈明译，北京大学出版社 2010 年版。

36. ［美］汤姆·R. 泰勒（Tom R. Tyler）：《人们为什么遵守法律》，黄永译，中国法制出版社 2015 年版。

37. ［美］马克·罗斯（Mark Rose）：《版权的起源》，杨明译，商务印书馆 2018 年版。

38. ［澳］彼得·德霍斯（Peter Drahos）：《知识财产法哲学》，周林译，商务印书馆 2017 年版。

39. 陶东风主编：《粉丝文化读本》，北京大学出版社 2009 年版。

40. ［美］亨利·詹金斯：《融合文化：新媒体和旧媒体的冲突地带》，杜永明译，商务印书馆 2012 年版。

41. ［美］亨利·詹金斯：《文本盗猎者：电视粉丝与参与式文化》，郑熙青译，北京大学出版社 2016 年版。

42. ［美］亨利·詹金斯、［日］伊藤瑞子、［美］丹娜·博伊德：《参与的胜利——网络时代的参与文化》，高芳芳译，浙江大学出版社 2017 年版。

43. ［美］托马斯·福斯特：《如何阅读一本小说》，梁笑译，南海出版社 2015 年版。

44. ［美］米哈里·契克森米哈赖：《心流·最优体验心理学》，张定琦译，中信出版集团 2017 年版。

45. ［美］珍妮斯·A. 拉德威：《阅读浪漫小说：女性，父权制和通俗文学》，胡淑陈译，译林出版社 2020 版。

（二）英文书籍

46. Aaron Schwabach，Fan Fiction and Copyright：Outsider Works and Intellectual Property Protection（Farnham，Surrey：Ashgate，2011）.

47. Brad Sherman and Lionel Bently，the Making of Modern Intellectual Property：The British Experience，1760－1711（Cambridge，Cambridge University Press，1999）.

48. Crays . J. Craig，Copyright，communication and culture：Towards a relational Theory of Copyright Law（Cheltenham，UK & Northampton，US，Edward Elgar，2011）.

49. Daniel J. Gervais Ed.，International Intellectual Property：A Handbook of Contemporary Research（Cheltenham，UK and Northampton，MA，USA：Edward Elgar，2015）.

50. Elizabeth Adeney，the Moral Rights of Authors and Performers：An International and Comparative Analysis（Oxford：Oxford University Press，2006）.

51. Estelle Derclaye Ed.，Research Handbook on the Future of EU Copyright（Cheltenham：Edward Elgar Publishing，2009）.

52. Feng jin（冯进），Romancing the Internet：Producing and Consuming Chinese Web Romance（Leiden，Boston：Brill，2013）.

53. Francesca Coppa，the Fanfiction Reader：Folk Tales for the Digital Age（Ann Arbor：University of Michigan Press，2017）.

54. Gillian Davies and Kevin Garnett QC，Moral Rights（London：Sweet & Maxwell，2010）.

55. Greg Hagen，Cameron Hutchison，David Lametti，Graham Reynolds，Teresa Scassa，Margaret Ann Wilkinson，Canadian intellectual property law：cases and materials（Toronto：Emond Montgomery 2013）.

56. Hannibal Travis，Copyright Class Struggle：Creative Economics in a Social Media Age（New York：Cambridge University Press，2018）.

57. Henry Jenkins，Sam Ford，and Joshua Green，Spreadable Media：Creating Value and Meaning in a Networked Culture（New York & London：New York University Press，2013）.

58. J. A. L Sterling，Sterling on World Copyright Law，3rd ed.（London：Sweet & Maxwell：Thomson Reuters，2018）.

59. Josef Drexl and Anselm Kamperman Sanders Eds.，the Innovation Society and Intellectual Property（Cheltenham：Edward Elgar，2019）.

60. Kal Raustiala and Christopher Sprigman，the Knock Off Economy：How Imitation Sparks Innovation（New York：Oxford University Press，2012）.

61. Kristina Busse，Framing Fan Fiction：Literary and Social Practices in Fan Fiction Communities（Iowa City：University Of Iowa Press，2017）.

62. Lesley Ellen Harris，Canadian Copyright Law 4th ed.（Hoboken，New Jersey：John Wiley & Sons，2014）.

63. Lawrence Lessig，Free Culture：How Big Media Uses Technology and the Law to Lockdown Culture and Control Creativity（New York：Penguin，2004）.

64. Lawrence Lessig，Remix：Making Art and Commerce Thrive in the Hybrid Economy（New York：Penguin，2008）.

65. Lionel Bently and Brad Sherman，Intellectual Property Law 4th ed.（Oxford：Oxford University Press，2014）.

66. L. Ray Patterson & Stanley W. Lindberg，The Nature of Copyright：a Law of

Users' Rights (Athens, Georgia: University of Georgia Press, 1991).

67. Martha Woodmansee and Peter Jaszi Eds., the Construction of Authorship: Textual Appropriation in Law and Literature (Durham: Duke University Press, 1994).

68. Mira T. Sundara Rajan, Moral Rights: Principles, Practice and New Technology (New York: Oxford university Press, 2011).

69. Megan Richardson and Sam Ricketson Eds., Research handbook on intellectual property in media and entertainment (Cheltenham: Edward Elgar, 2017).

70. Melville B. Nimmer & David Nimmer, Nimmer on Copyright (New York, NY: Matthew Bender & Company, Inc., 2017).

71. Michael Geist (ed), the Copyright Pentalogy: How the Supreme Court of Canada Shook the Foundations of Canadian Copyright Law (Ottawa: University of Ottawa Press, 2013).

72. Oliver Wendell Holmes, the Common Law (Cambridge, Massachusetts: Belknap Press of Harvard University Press, 2009).

73. Paul Goldstein, Copyright's Highway: From Gutenberg to the Celestial Jukebox (Stanford: Stanford University Press, 2003).

74. Peter Decherney, Hollywood's Copyright Wars: from Edison to the Internet (New York: Columbia University Press 2012).

75. Sabine Jacques, the Parody Exception in Copyright Law (Oxford: Oxford University Press, 2019).

76. Sam Ricketson and Jane C. Ginsburg, International copyright and neighbouring rights: the Berne Convention and beyond, 2nd ed. (Oxford: Oxford University Press 2006).

77. Tianxiang He, Copyright and Fan Productivity in China: A Cross-jurisdictional Perspective (Singapore: Springer, 2017).

78. Wilfred Guerin, Earle Labor, Lee Morgan, Jeanne C. Reesman, John R. Willingham, A Handbook of Critical Approaches to Literature (Oxford: Oxford University Press, 2004).

79. Wenwei Guan, Intellectual Property Theory and Practice: A Critical Examination of China's TRIPs Compliance and Beyond (Springer-Verlag: Berlin Heidel-

berg，2014).

80. William P. Alford，To Steal a Book is an Elegant Offens：Intellectual Property Law in Chinese Civilization（Stanford：Stanford University Press，1995).

81. William Patry，Moral Panics and the Copyright Laws（Oxford，Oxford University Press，2009).

二、文章

（一）中文文章

1. 何天翔：《国际贸易视野下的个人数字著作权侵权与应对——以针对网络粉丝创作行为的企业著作权执法策略为切入点》，载《暨南学报》2016 年第 8 期。

2. 刘颖、何天翔：《著作权法修订中的“用户创造内容”问题——以中国内地与香港的比较为视角》，载《法学评论》2019 年第 1 期。

3. 陈锦川：《演绎作品著作权的司法保护》，载《人民司法》2009 年第 19 期。

4. 卢海君：《从美国的演绎作品版权保护看我国〈著作权法〉相关内容的修订》，载《政治与法律》2009 年第 12 期。

5. 梅夏英：《民法典编纂中所有权规则的立法发展与完善》，载《清华法学》2018 年第 2 期。

6. 张玲玲、张传磊：《改编权相关问题及其侵权判定方法》，载《知识产权》2015 年第 8 期。

7. 宋慧献：《同人小说借用人物形象的著作权问题刍议——由金某诉江某案谈虚拟角色借用的合法性》，载《电子知识产权》2016 年第 12 期。

8. 袁秀挺：《同人作品知识产权问题迷思》，载《电子知识产权》2017 年第 1 期。

9. 白伟：《同人小说构成“转换性”合理使用的理解与适用——基于金某诉江某〈此间的少年〉著作权侵权案的评论》，载《电子知识产权》2016 年第 12 期。

10. 赵虎：《如何判定同人作品是否侵权》，载《中国知识产权报》2017 年 8 月 25 日，第 10 版。

11. 袁博：《同人作品是合法创作还是事涉侵权?》，载《法人》2017 年第 8 期。

12. 骆天纬：《同人作品的著作权问题研究——以〈此间的少年〉为例》，载《知识产权》2017 年第 8 期。

13. 林莺：《同人作品合法性问题探究》，载《中国版权》2015 年第 5 期。

14. 龙文懋：《同人作品的文化层累功能及其与在先作品竞争法上的法益关系——以〈此间的少年〉为例》，载《电子知识产权》2016 年第 12 期。

15. 卢海君：《同人创作、同人作品与版权责任——〈此间的少年〉案所引发的思考》，载《中国版权》2017 年第 11 期。

16. 王中：《从“馒头血案”谈网络演绎作品的几个法律问题》，载《信息网络安全》2006 年第 3 期。

17. 黄汇：《非法演绎作品保护模式论考》，载《法学论坛》2008 年第 1 期。

18. 刁舜：《添附理论视角下的非法演绎作品保护研究》，载《电子知识产权》2016 年第 8 期。

19. 黄辉：《法学实证研究方法及其在中国的运用》，载《法学研究》2013 年第 6 期。

20. 许德风：《法教义学的运用》，载《中外法学》2013 年第 5 期。

21. 江必新：《司法对法律体系的完善》，载《法学研究》2012 年第 1 期。

22. 高鸿钧：《比较法研究的反思：当代挑战与范式转换》，载《中国社会科学》2009 年第 6 期。

23. 章彦英：《全球化背景下的中国比较法：历史、困境与前路》，载《比较法研究》2014 年第 5 期。

24. 李杨：《改编权的保护范围与侵权认定问题：一种二元解释方法的适用性阐释》，载《比较法研究》2018 年第 1 期。

25. 华劼：《改编权权利范围及立法模式研究》，载《南京大学学报（哲学·人文科学·社会科学）》2017 年第 6 期。

26. 唐艳：《论二次创作的著作权法规制与保障》，载《知识产权》2016 年第 11 期。

27. 锦江法院民一庭课题组：《论二次创作作品独创性之界定》，载《四川行政学院学报》2012 年第 3 期。

28. 邵科：《安守廉与曲解的中国知识产权史——反思国际知识产权不平等秩序之突破点》，载《政法论丛》2012 年第 4 期。

29. 冯晓青、付继存：《著作权中的复制权研究》，载《法学家》2011 年第 3 期。

30. 张书青：《非法演绎作品后续利用行为的侵权定性》，载《电子知识产权》2018 年第 3 期。

31. 梁志文：《版权法上实质性相似的判断》，载《法学家》2015 年第 6 期。

32. 卢海君：《论作品实质性相似和版权侵权判定的路径选择——约减主义与整体概念和感觉原则》，载《政法论丛》2015 年第 2 期。

33. 张广良：《“不计琐细原则”在侵犯著作权案件中的适用研究》，载《法学家》2008 年第 4 期。

34. 陈锦川：《以教材为基础编写的教辅书的著作权侵权认定》，载《中国版权》2016 年第 3 期。

35. 王迁：《论我国〈著作权法〉中“汇编权”的重构》，载《法学论坛》2008 年第 6 期。

36. 王迁：《论汇编作品的著作权保护》，载《法学》2015 年第 9 期。

37. 易玲、邢家仪：《重混创作行为的著作权法规制研究》，载《湖南大学学报（社会科学版）》2020 年第 6 期。

38. 胡开忠：《论重混创作行为的法律规制》，载《法学》2014 年第 12 期。

39. 华劼：《共享经济视域下重混创作版权法律制度的构建》，载《南京社会科学》2018 年第 9 期。

40. 华劼：《改编权权利范围及立法模式研究》，载《南京大学学报（哲学·人文科学·社会科学）》2017 年第 6 期。

41. 蒋洁如：《Web2.0 及数字媒体时代混音音乐的合法性及许可模式探讨》，载《电子知识产权》2016 年第 3 期。

42. 彭辉、姚颉婧：《我国避风港规则适用的实证分析与对策研究——以 170 份裁判书为视角》，载《华中科技大学学报（社会科学版）》2012 年第 2 期。

43. 刘雅婷：《短视频平台版权纠纷间接侵权责任的认定》，载《电子知识产权》2020 年第 9 期。

44. 赵泽睿：《平台革命引发的美国版权责任变革及经验分析》，载《电子知识产权》2020 年第 12 期。

45. 雷逸舟：《不安全的“避风港”：重新思考中国网络视频平台的著作权侵权责任》，载《电子知识产权》2020 年第 3 期。

46. 李扬、许清：《侵害保护作品完整权的判断标准——兼评我国〈著作权法修订草案（送审稿）〉第 13 条第 2 款第 3 项》，载《法律科学》2015 年第 1 期。

47. 张玲：《保护作品完整权的司法考察及立法建议》，载《知识产权》2019 年第 2 期。

48. 张雪松：《论编辑出版中的侵犯修改权与保护作品完整权》，载《知识产权》2002 年第 2 期。

49. 胡云红：《著作权法中电影作品的界定及作者精神权利的保护——以中日著作权法制度为中心》，载《知识产权》2007 年第 2 期。

50. 王坤：《著作人格权制度的反思与重构》，载《法律科学》2010 年第 6 期。

51. 孙山：《合理使用“一般条款”驳》，载《知识产权》2016 年第 10 期。

52. 熊琦：《著作权合理使用司法认定标准释疑》，载《法学》2008 年第 1 期。

53. 熊琦：《中国著作权法立法论与解释论》，载《知识产权》2019 年第 4 期。

54. 苏力：《戏仿的法律保护和限制——从〈一个馒头引发的血案〉切入》，载《中国法学》2006 年第 3 期。

55. 李庆保、张艳：《对我国著作权合理使用制度的反思》，载《知识产权》2013 年第 7 期。

56. 蒋志培：《中国对著作权的司法保护》，载《中国商贸》1996 年第 15 期。

57. 蒋志培：《要处理好知识产权审判中的三个关系》，载《人民司法》2006 年第 1 期。

58. 程永顺：《中国对知识产权的司法保护》，载《科技与法律》1994 年第 2 期。

59. 程永顺：《知识产权司法保护的新发展》，载《科技与法律》1999 年第 1 期。

60. 程永顺：《知识产权司法保护的新发展及诉讼实务》，载《中华商标》

2002 年第 11 期。

61. 罗东川：《国家知识产权战略背景下的知识产权司法保护》，载《法律适用》2006 年第 4 期。

62. 罗东川：《“入世”后进一步加强知识产权司法保护的几个问题》，载《法律适用》2001 年 12 月。

63. 罗东川：《知识产权司法保护的发展与思考》，载《中华商标》2005 年第 4 期。

64. 宋晓明：《全面深化改革创新　实现知识产权司法保护新飞跃》，载《人民法院报》2017 年 11 月 22 日，第 7 版。

65. 陶凯元：《知识产权审判应坚持正确的司法政策》，载《紫光阁》2016 年第 11 期。

66. 刘银良：《著作权法中的公众使用权》，载《中国社会科学》2020 年第 10 期。

67. 胡云红：《著作权法中电影作品的界定及作者精神权利的保护——以中日著作权法制度为中心》，载《知识产权》2007 年第 2 期。

68. 雷淑娟：《用典的意义：文本间的遭遇》，载《修辞学习》2002 年第 4 期。

69. 刘小源：《被遗忘的晚清反案小说：中国网络同人小说的本土文化渊源》，载《百家评论》2019 年第 1 期。

70. 王立、刘莹莹：《试论白蛇传故事的嬗变》，载《辽东学院学报》2005 年第 5 期。

71. 王佩琴：《〈红楼梦〉续书研究》，载《红楼梦学刊》1998 年第 3 辑。

72. 郑熙青：《作为转化型写作的网络同人小说及其文本间性》，载《文艺争鸣》2020 年第 12 期。

73. 王果、张立彬：《高校图书馆参与化解 MOOC 版权风险的策略与思考》，载《图书馆学研究》2018 年第 24 期。

74. 何隽、乔林、林思彤：《MOOC 平台的著作权风险及对策》，载《中国远程教育》2019 年第 4 期。

75. 黄璐：《在线教学视域下的著作权问题研究》，载《中国大学教学》2021 年第 1-2 期。

76. ［法］罗兰·巴特：《从作品到文本》，杨扬译，蒋瑞华校，载《文艺理论研究》1988 年第 5 期。

77. ［法］米歇尔·福柯：《作者是什么?》，逄真译，载王潮选编：《后现代主义的突破：外国后现代主义理论》，敦煌文艺出版社 1996 年版。

78. Jyh-An Lee（李治安）：Copyright and the Second Live of Fictional Characters（故事角色的第二人生：论著作权法对故事角色之保护），169 Intellectual Property Right Journal 104（2013）。

79. 郭斯伦：《演绎作品构成研究》，中国政法大学 2008 年博士学位论文。

80. 查鸣：《戏仿文学的喜剧性研究》，华东师范大学 2013 年博士学位论文。

（二）英文文章

81. Abigail De Kosnik, "Interrogating 'Free' Fan Labor", In Spreadable Media, Henry Jenlcins, Sam Ford, and Joshua Green Eds.（New York: New York University Press, 2013）.

82. Andrew Crome, Considering Eighteenth-Century Prophecy as Transformative Work, Transformative Works and Cultures, no. 30. https://doi. org/10. 3983/twc. 2019. 1629.

83. Anson-Holland, James J., Fan Fiction: A New Zealand Copyright Perspective, 2018 N. Z. L. Rev. 1（2018）.

84. Bruce E. Boyden, Daly v. Palmer, or the Melodramatic Origins of the Ordinary Observer, 68 Syracuse L. ev. 147（2018）.

85. Carys J. Craig, Reconstructing the Author-Self: Some Feminist Lessons for Copyright Law, 15 Am. U. J. Gender Soc. Pol'y & L. 207（2007）.

86. Christophe Geiger, Fundamental Rights, a Safeguard for the Coherence of Intellectual Property Law?, 35 IIC 268（2004）.

87. Christophe Geiger; Daniel Gervais; Martin Senftleben, The Three-Step Test Revisited: How to Use the Test's Flexibility in National Copyright Law, 29 Am. U. Int'l L. Rev. 581（2014）.

88. Eugene C. Lim, On the Uneasy Interface between Economic Rights, Moral Rights and Users' Rights in Copyright Law: Can Canada Learn from the UK Experience?,（2018）15: 1 SCRIPTed 70.

89. Francesca Coppa, the Fanfiction Reader: Folk Tales for the Digital Age（Ann Arbor: University of Michigan Press, 2017）.

90. Gluseppina D'Agostino, Healing Fair Dealing－A Comparative Copyright Analysis of Canada's Fair Dealing to U. K. Fair Dealing and U. S. Fair Use, 53 McGill L. J. 309 (2008).

91. Jane C. Ginsburg, Authors and Users in Copyright, 45 J. Copyright Soc'y U. S. A. 1 (1997).

92. Jane C. Ginsburg, Tale of Two Copyrights: Literary Property in Revolutionary France and America, 64 Tul. L. Rev. 991 (1989－1990).

93. Jani McCutcheon, The Honour of the Dead－The Moral Right of Integrity Post－Mortem, 42 Fed. L. Rev. 485 (2014).

94. Jacqueline D. Lipton, Copyright and the Commercialization of Fanfiction, 52 Hous. L. Rev. 425 (2014).

95. John Fiske, "The Cutlural Economy of Fandom", In the Adoring Audience: Fan Culture and Popular Media, Lisa A. Lewis (ed) (London: Routledge, 1992).

96. Jonathan Griffiths, The "three－step test" in European copyright law－problems and solutions, I. P. Q. 2009, 4, 433.

97. Joseph P. Liu, Copyright Law's Theory of the Consumer, 44 B. C. L. Rev. 397 (2003).

98. Julie E. Cohen, The Place of the User in Copyright Law, 74 Fordham L. Rev. 347 (2005).

99. Jyme Mariani, Lights: Camera: Infringement: Exploring the Boundaries of Whether Fan Films Violate Copyrights, 8 Akron Intell. Prop. J. 117 (2015).

100. Karen Hellekson, A Fannish Field of Value: Online Fan Gift Culture, Cinema Journal 48 (4), 2009.

101. Katherine Lippman, The Beginning of the End: Preliminary Results of an Empirical Study of Copyright Substantial Similarity Opinions in the U. S. Circuit Courts, 2013 Mich. St. L. Rev. 513 (2013).

102. Katharine Sarikakis and Claudia Krug, Joan Ramon Rodriguez－Amat, Defining authorship in user－generated content: Copyright struggles in The Game of Thrones, New Media & Society, 2017Vol. 19 (4) 542－559.

103. Kristina Busse, Fan Labor and Feminism: Capitalizing on the Fannish Labor of Love, Cinema Journal, vol. 54 no. 3, 2015.

104. Lawrence Lessig, Copyright's First Amendment, 48 UCLA L. Rev. 1057 (2001).

105. Lawrence Lessig, The Law of the Horse: What Cyber Law Might Teach, 113 Harv. L. Rev. 501 (1999).

106. Leanne Stendell, Fanfic and Fan Fact: How Current Copyright Law Ignores the Reality of Copyright Owner and Consumer Interests in Fan Fiction, 58 S. M. U. L. Rev. 1551 2005.

107. Leron Solomon, Fair Users orContent Abusers: The Automatic Flagging of Non-Infringing Videos by Content ID on Youtube, 44 Hofstra L. REV. 237 (2015).

108. L. Ray Patterson, Free Speech, Copyright, and Fair Use, 40 Vand. L. Rev. 1 (1987).

109. Mary W. S. Wong, Tranformative User - Generated Content in Copyright Law: Infringing Derivative Works or Fair Use, 11 Vand. J. Ent. & Tech. L. 1075 (2009). 1139.

110. Marian Hebb, UGC and Fan Fiction: Rethinking Section 29. 21, 26 I. P. J. 237 (2014).

111. Michael Bechtel, Algorithmic Notification and Monetization: Using YouTube's Content ID System as a Model for European Union Copyright Reform, 28 MICH. St. INT'l L. REV. 237 (2020).

112. Mynda Rae Krato, Fictitious Flattery: Fair Use, Fanfiction, and the Business of Imitation, 8 Am. U. Intell. Prop. Brief 91 (2017).

113. Natalie H. Montano, Hero with a Thousand Copyright Violations: Modern Myth and an Argument for Universally Transformative Fan Fiction, 11 Nw. J. Tech. & Intell. Prop. Xvii 2012-2013.

114. Nicole K. Roodhuyzen, Do We Even Need a Test-A Re-evaluation of Assessing Substantial Similarity in a Copyright Infringement Case, 15 J. L. & Pol'y 1375 (2007).

115. Pamela Samuelson, Copyright and Freedom of Expression in Historical Perspective, 10 J. Intell. Prop. L. 319 (2003).

116. Patrick R. Goold, The Interpretive Argument for a BalancedThree - Step Test, 33 Am. U. Int'l L. Rev. 187 (2017).

117. Patrick R. Goold, Why the U. K. Adaptation Right Is Superior to the U. S. Derivative Work Right, 92 Neb. L. Rev. 843 (2014).

118. Peter K. Yu, The Quest for a User-Friendly Copyright Regime in Hong Kong, 32 Am. U. Int'l L. Rev. 283 (2016).

119. Raquel Xalabarder, Spanish Supreme Court Rules in Favour of Google Search Engine... and a Flexible Reading of Copyright Statutes?, 3 (2012) JIPITEC 162.

120. R. Anthony Reese, Transformativeness and the Derivative Work Right, 31 Colum. J. L. & Arts 467 2007-2008.

121. Rachel L. Stroude, Complimentary Creation: Protecting Fan Fiction as Fair Use, 14 Marq. Intell. Prop. L. Rev. 191 2010.

122. Rebecca Tushnet, All of This Has Happened before and All of This Will Happen again: Innovation in Copyright Licensing, 29 Berkeley Tech. L. J. 1447 (2014).

123. Rebecca Tushnet, Copy This Essay: How Fair Use Doctrine Harms Free Speech and How Copying Serves It, 114 Yale L. J. 535 (2004).

124. Rebecca Tushnet, Legal Fictions: Copyright, Fan Fiction, and a New Common Law, 17 Loy. L. A. Ent. L. J. 651 (1997).

125. Rebecca Tushnet, User-Generated Discontent: Transformation in Practice, 31 Colum. J. L. & Arts 497 (2008).

126. Robert F. Helfing, Substantial Similarity in Literary Infringement Cases: AChart for Turbid Waters, 21 UCLA Ent. L. Rev. 1 (2014).

127. Robert W. Woods, Copyright: Hollywood v. Substantial Similarity, 32 Okla. L. Rev. 177 (1979).

128. Robert C. Sorensen; Theodore C. Sorensen, Re-Examining the Traditional Legal Test of Literary Similarity A Proposal for Content Analysis, 37 Cornell L. Q. 638 (1951-1952).

129. Roland Barthes, The Death of the Author, in Image, Music, Text (London: Fontana, 1977), 142-148.

130. Ruth Okediji, Toward an International Fair Use Doctrine, 39 Colum. J. Transnat'l L. 75 (2000).

131. Samuel J. Coe, The Story of a Character: Establishing the Limits of Independent Copyright Protection for Literary Characters, 86 Chi. -Kent L. Rev. 1305 (2011).

132. Sarah Trombley, Visions and Revisions: Fanvids and Fair Use, 25 Cardozo Arts & Ent. L. J. 647 (2007).

133. Shannon Sauro and Björn Sundmark, Report From Middle-Earth: Fan Fiction Tasks In the EFL Classroom, ELT Journal Volume 70/4 October 2016.

134. Shyamkrishna Balganesh, The Uneasy Case against Copyright Trolls, 86 S. CAL. L. REV. 723 (2013).

135. Stacey M. Lantagne, Sherlock Holmes and the Case of the Lucrative Fandom: Recognizing the Economic Power of Fanworks and Reimagining Fair Use in Copyright, 21 Mich. Telecomm. & Tech. L. Rev. 263 (2015).

136. Stef van Gompel, "Les Formalites Sont Mortes, Vive Les Formalites! Copyright Formalities and the Reasons for Their Decline in Nineteenth Century Europe", in Privilege and Property: Essays on the History of Copyright, Ronan Deazley (ed), et al. (Open Book Publishers, 2010).

137. Turk, Tisha. 2014. "Fan Work: Labor, Worth, and Participation in Fandom's Gift Economy." In "Fandom and/as Labor," edited by Mel Stanfill and Megan Condis, special issue, Transformative Works and Cultures, no. 15. https://doi. org/10. 3983/twc. 2014. 0518.

138. Veerle Van Steenhuyse, The Writingand Reading of Fan Fiction and Transformation Theory, Comparative Literature and Culture, Volume 13 (2011) Issue 4.

139. Xiao Huina, Why Law Enforcement is Weak in China: The Mindset of the Frontline Tax Officials, 31 Colum. J. Asian L. 73 (2018).

140. Yin Harn Lee, Fan Communities and the Self-Regulation of Digital Creative Space, 10 SCRIPTed 364 (2013).

141. Yochai Benkler, From Consumers to Users: Shifting the Deeper Structures of Regulation toward Sustainable Commons and User Access, 52 Fed. Comm. L. J. 561 (2000).

图书在版编目（CIP）数据

衍生作品著作权法中法律地位问题研究：法律、现实及对策 / 殷源源著 . —北京：中国法制出版社，2023. 4

ISBN 978-7-5216-2677-3

Ⅰ. ①衍…　Ⅱ. ①殷…　Ⅲ. ①著作权法-研究-中国　Ⅳ. ①D923. 414

中国版本图书馆 CIP 数据核字（2022）第 076232 号

责任编辑：秦智贤（qinzhixian@ zgfzs. com）　　封面设计：杨鑫宇

衍生作品著作权法中法律地位问题研究：法律、现实及对策

YANSHENG ZUOPIN ZHUZUOQUANFA ZHONG FALÜ DIWEI WENTI YANJIU：FALÜ、XIANSHI JI DUICE

著者/殷源源

经销/新华书店

印刷/北京虎彩文化传播有限公司

开本/710 毫米×1000 毫米　16 开　　印张/ 19. 25　字数/ 342 千

版次/2023 年 4 月第 1 版　　2023 年 4 月第 1 次印刷

中国法制出版社出版

书号 ISBN 978-7-5216-2677-3　　定价：68. 00 元

北京市西城区西便门西里甲 16 号西便门办公区

邮政编码：100053　　传真：010-63141600

网址：http：//www. zgfzs. com　　**编辑部电话：010-63141798**

市场营销部电话：010-63141612　　**印务部电话：010-63141606**

（如有印装质量问题，请与本社印务部联系。）